Il veneziano «de là da mar»

Beihefte zur Zeitschrift für romanische Philologie

Herausgegeben von
Claudia Polzin-Haumann und Wolfgang Schweickard

Band 441

Il veneziano «de là da mar»

Contesti, testi, dinamiche del contatto linguistico e culturale

A cura di
Daniele Baglioni

DE GRUYTER

Università Ca' Foscari Venezia
Dipartimento di Studi Umanistici

ISBN 978-3-11-077767-3
e-ISBN (PDF) 978-3-11-065277-2
e-ISBN (EPUB) 978-3-11-065281-9
ISSN 0084-5396

Library of Congress Control Number: 2019947141

Bibliographic information published by the Deutsche Nationalbibliothek
The Deutsche Nationalbibliothek lists this publication in the Deutsche Nationalbibliografie; detailed bibliographic data are available on the Internet at http://dnb.dnb.de.

This volume is text- and page-identical with the hardback published in 2019.
Typesetting: Integra Software Services Pvt. Ltd.
Printing and binding: CPI books GmbH, Leck

www.degruyter.com

Indice

Daniele Baglioni

Al posto di un'introduzione

Dal curatore di una raccolta di saggi di vari autori è lecito attendersi una presentazione del tema generale del volume e del modo in cui l'argomento è declinato nei diversi contributi, che giustifichi la struttura e, in qualche modo, la ragione stessa del libro. Chi scrive, però, si trova di fronte a una situazione inedita: il fatto cioè che un'*Introduzione al veneziano «de là da mar»* esiste già e, pur precedendo questo libro di ben cinquant'anni, rimane tuttora il miglior viatico alla lettura dei suoi capitoli, i quali proprio da quella *Introduzione* traggono ispirazione. Il riferimento – *ça va sans dire* – è all'articolo che Gianfranco Folena scrisse alla fine degli anni sessanta del secolo scorso per il «Bollettino dell'Atlante Linguistico Mediterraneo» (Folena 1968–1970), e che poi ripubblicò, con lievi modifiche, altre due volte (Folena 1973; Folena 1990): si tratta notoriamente di «uno dei capolavori della saggistica di Gianfranco Folena» (Dotto 2008, 11) che, pur nella sua brevità (una quarantina di pagine in tutto), riuscì a squadernare, in una prosa scorrevole e ancora oggi di piacevolissima lettura, «un capitolo suggestivo di storia linguistica romanza fornendo un vivido ed efficace panorama dei molteplici contatti che il veneziano aveva conosciuto nell'area adriatica e mediterranea nel corso dell'espansione politica e commerciale di Venezia nel medioevo» (ibidem). All'*Introduzione* di Folena, cioè alla rotta aperta da «un filologo romanzo curioso di superare i confini della sua disciplina e insieme capace di utilizzarne nozioni basiche per ricostruire un quadro organico a partire da frammenti casualmente sopravvissuti» (Stussi 2015, 426), devono il proprio impulso le più recenti ricerche sul veneziano fuori dalla madrepatria, non solo nel Mediterraneo orientale, cioè propriamente *de là da mar*, ma anche *de qua da mar* – secondo la felice espressione coniata da Lorenzo Tomasin nel primo capitolo di questo libro –, ossia sulle coste occidentali del *mare nostrum*. Parimenti, l'*Introduzione* è servita da riferimento, esplicito fin dal titolo, per la giornata di studi *«De là da mar». Per una storia del veneziano in Oltremare*, tenutasi all'Università Ca' Foscari il 9 dicembre 2015, della quale questo volume raccoglie i lavori, insieme con i contributi di altri studiosi successivamente aggiuntisi all'impresa.

L'insuperata efficacia dell'*Introduzione* foleniana, al tempo stesso sintesi e «agenda di lavoro» (Tomasin in questo libro), deriva fra l'altro dall'inclusione di tutti i territori d'irradiazione del veneziano a est di Venezia sotto l'unica etichetta di *de là da mar*: un'etichetta che si è deciso di mantenere in questa raccolta, malgrado che le sue occorrenze nei testi antichi siano scarse e semanticamente non univoche, come rilevano Anna Rinaldin e soprattutto

https://doi.org/10.1515/9783110652772-001

Diego Dotto nei paragrafi introduttivi dei rispettivi saggi. Nella Venezia medievale e della prima età moderna, infatti, lo spazio *de là da mar* (o *oltra mar*, secondo un'espressione di gran lunga più diffusa nei documenti) è una realtà tutt'altro che definita geograficamente e culturalmente: corrisponde prevalentemente al Mediterraneo orientale, cioè al Levante, ma può essere riferita con accezione più ristretta alla sola Terra Santa, specie nella letteratura sacra e negli *itineraria* dei pellegrini, oppure estendersi fino a comprendere l'Estremo Oriente. Inoltre non include una parte consistente dei territori la cui documentazione è recensita e commentata da Folena, vale a dire l'Adriatico orientale e, in particolare, la Dalmazia, la cui maggiore vicinanza alla madrepatria si riflette nell'antica denominazione *colfo de Venexia*, ciò che spiega le diverse e più intense dinamiche della venezianizzazione linguistica di questa regione.

Tuttavia, non solo in omaggio al grande studioso, ma anche in assenza di glottonimi migliori (l'espressione concorrenziale «veneziano coloniale» pone problemi ben più spinosi), conservare la formula foleniana è parsa la soluzione preferibile: denominazioni alternative, che verranno forse proposte in futuro, non potranno non tener conto dei differenti contesti geografici e sociolinguistici, e riusciranno quindi a imporsi solo quando le nostre conoscenze degli usi del veneziano nel Mediterraneo ci consentiranno di frammentare uno spazio che, ancora oggi, ci appare tanto vasto quanto in larga parte ignoto. Va detto comunque che «veneziano ‹de là da mar›», proprio come nell'uso di Folena, è un nome di comodo, una sorta di contenitore di varietà linguistiche eterogenee ricavabili dall'esame di testi assai diversi, non solo per coordinate geografiche e cronologiche, ma anche per generi, funzioni, scriventi, contesti di produzione e di ricezione. La fisionomia veneziana (o meglio, il modello veneziano di riferimento) è l'elemento comune, che assume però forme cangianti secondo i documenti e, solo in alcuni contesti, dà luogo a *scriptae* locali «venezianeggianti», com'è ormai prassi qualificare queste tradizioni scrittorie sulla base, ancora una volta, del saggio di Folena ([1968–1970] 1990, 250).

***

Di Folena si riprende non solo la terminologia, ma anche la progressione della trattazione, che procede secondo la rotta da lui tracciata da Venezia verso oriente. Ciò è evidente nella macrostruttura di questo libro, che si articola in tre sezioni: I. Venezia e l'Oltremare; II. Dalmazia; III. Candia e il Levante. All'interno delle sezioni poi, i diversi capitoli, affidati ai maggiori studiosi del veneziano fuori – e in alcuni casi anche dentro – Venezia, si succedono in ordine cronologico (sezione I), geografico (sezione II), geografico e cronologico (sezione III).

La prima sezione si apre con il capitolo di Lorenzo Tomasin, dedicato alla diffusione del veneziano nel Mediterraneo a oriente e a occidente di Venezia: seguendo fedelmente l'impostazione foleniana, Tomasin illustra le direzioni e i principali vettori d'irradiazione del volgare fuori dalla madrepatria, mettendone in luce le caratteristiche comuni e anche le differenze, senza tralasciare il contributo che lo studio dei documenti veneziani oltremarini può dare alla ricostruzione della storia (non solo «esterna», ma anche strutturale) del veneziano metropolitano. Il secondo capitolo, firmato da Anna Rinaldin, si concentra sulla lingua dei mercanti, soffermandosi in particolare sullo straordinario patrimonio delle lettere a Pignol Zucchello, un'eccezionale testimonianza delle fitte relazioni commerciali tra Venezia, Candia, il Mar Nero, Alessandria d'Egitto, Cipro e altri empori mediterranei a metà del Trecento e del processo di ibridizzazione linguistica dei mercanti italiani in Oltremare, nel quale il ruolo del veneziano è preponderante. Infine, nel terzo capitolo Francesco Crifò, sulla base di un'ampia base documentaria, indaga la conoscenza e la percezione delle lingue «orientali» (dalle lingue balcaniche a quelle asiatiche) nelle cronache veneziane del Cinquecento, in particolare in quella miniera di informazioni sulla Venezia rinascimentale e le sue relazioni con il Mediterraneo che sono i *Diarii* di Marin Sanudo, di cui Crifò è tra i maggiori esperti.

La seconda sezione si compone dei due capitoli di Nikola Vuletić e Diego Dotto, dedicati rispettivamente a Zara e Ragusa (Dubrovnik). Nel capitolo di Vuletić, dopo una dettagliata ricostruzione del quadro storico e sociolinguistico di Zara nei secc. XIII e XIV, s'illustra l'interessantissimo corpus delle scritture volgari trecentesche autoctone conservate nell'Archivio della città, alla cui edizione attende lo stesso Vuletić insieme con Dotto: di questo corpus si danno notizie relative alla consistenza, alle tipologie dei testi e degli scriventi, ai tratti più caratteristici della grafia, della fonologia e della morfologia (e, attraverso la loro analisi, al grado di penetrazione del veneziano nelle *scriptae* zaratine e alle dinamiche del contatto con la locale varietà slava), e si offrono anche alcuni assaggi testuali. Il capitolo di Dotto invece fa il punto, a più di dieci anni dall'edizione delle *Scriptae venezianeggianti a Ragusa nel XIV secolo* (Dotto 2008), sulla posizione di Ragusa/Dubrovnik nel contesto della venetofonia e soprattutto venetografia mediterranea: la ricca documentazione in volgare dell'Archivio di Stato di Dubrovnik viene anzitutto considerata nel quadro del plurilinguismo della Ragusa del Trecento; quindi esaminata nelle sue due componenti, la produzione cancelleresca (a sua volta composta da documenti scritti all'interno della cancelleria e documenti vergati al di fuori di essa e copiati dai cancellieri) e la produzione extracancelleresca, che riflette maggiormente l'uso locale; infine impiegata – solo per quel che riguarda il corpus extracancelleresco – per una rassegna dei principali tratti di divergenza tra la *scripta* venezianeggiante autoctona e il coevo volgare di Venezia.

La terza sezione è la più eterogenea sul versante geografico e anche cronologico. Si apre con il capitolo di Rembert Eufe dedicato a Creta veneziana (Candia) e alle dinamiche della graduale toscanizzazione della lingua scritta nei secc. XV–XVI, così come ricostruibile dall'analisi delle carte della cancelleria del Duca di Candia conservate all'Archivio di Stato di Venezia. Nell'ampia rassegna, che segue la monografia dell'Autore sullo *status* e sull'uso del veneziano a Creta (Eufe 2006), attraverso l'analisi di specimi di diversi generi testuali (*bandi*, *missive*, *memoriali*) si mettono in luce le evoluzioni della grafia, della veste fono-morfologica e del lessico, con osservazioni anche sulla sintassi e sulla testualità; il capitolo si chiude con l'isolata – e per questo tanto più significativa – testimonianza di una scrittura della seconda metà del Seicento, il testamento di un nobile veneto-cretese prigioniero ad Algeri, la quale documenta la persistenza, fuori dall'uso cancelleresco, di una varietà candiotta di veneziano, rimasta ben caratterizzata fino agli ultimi anni del dominio della Serenissima sull'isola. Segue il capitolo di Laura Minervini sul contatto fra il veneziano e il francese negli Stati Crociati, in particolare nel Regno di Cipro, la realtà di più lunga durata e che, per questo, offre anche la documentazione più abbondante: l'esame del francese locale, soprattutto dei numerosi italianismi che vi si riscontrano, permette a Minervini, grazie alle più recenti teorie sui prestiti e le loro tipologie, di ricostruire le complesse dinamiche del contatto linguistico inter-romanzo in un contesto, quello dell'Oriente latino, profondamente segnato anche dall'interferenza delle lingue autoctone. Chiude infine la sezione il capitolo firmato da chi scrive, in cui si tenta di raccordare le vicende del veneziano d'Oltremare a quelle, indagate solo molto di recente, della fortuna dell'italiano come lingua sovranazionale nell'Impero Ottomano: il bilancio, necessariamente provvisorio, è di un'indubbia continuità fra i due episodi, in forme però diverse secondo gli scriventi e non sempre facilmente apprezzabili per via dell'eterogeneità delle lingue in contatto, romanze e non romanze, che si affiancano al veneziano e all'italiano di base toscana.

***

Nella perlustrazione di ambiti geografici, linguistici e culturali così diversi e ancora, tutto sommato, poco noti, la cui conoscenza dipende quasi *in toto* dal materiale archivistico edito e commentato (e, ancor prima, dalla documentazione conservatasi), non è stato possibile coprire l'intero spazio *de là da mar* come si sarebbe voluto. Così, nella sezione relativa alla Dalmazia, si sono dedicate molte pagine a Zara e a Ragusa, ma non a Spalato, che pure offre una documentazione di grande interesse (se ne sta occupando Camilla Granzotto per la sua tesi di dottorato: cfr. un primo assaggio testuale in Granzotto 2018); del resto, sembra probabile che anche altri centri minori della Dalmazia (Sibenico, Curzola ecc.) e, più a sud, dell'*Albania veneta* (come Scutari, la lingua dei cui Statuti è stata brevemente analizzata da Pellegrini 2002) possano fornire ulteriori testimonianze, utili ad arricchire il quadro già variegato ricostruito finora. Per quel che riguarda l'Oriente latino, il contatto tra il francese e il veneziano è stato esplorato a Cipro, ma non a Rodi, dal 1309 al 1522 sede dell'Ordine degli Ospitalieri, i quali fecero uso di un volgare italo-romanzo con tratti venezianeggianti già in alcuni brani e allegati dei Capitoli Generali della seconda metà del Quattrocento, come informano le ricerche di Giuseppe Brincat (2003). L'assenza più vistosa, però, riguarda i possedimenti veneziani in Morea e soprattutto nell'Egeo, da Negroponte a Nasso alle isole Ionie, queste ultime, com'è noto, rimaste allo *stato da mar* fino al Trattato di Campoformio: il motivo di tale assenza è che, di là da minimi recuperi testuali, come l'interessante lettera trecentesca del fattore Antonio de Adam al canonico di Patrasso Rodolfo de Santis, su cui ha portato l'attenzione Manlio Cortelazzo (2000), la documentazione resta in larga parte inesplorata, specie relativamente alla lingua. Questa raccolta, allora, riflette inevitabilmente non lo spazio *de là da mar* nella sua interezza, bensì lo stato attuale delle ricerche sulla diffusione del veneziano nell'Adriatico orientale e nel Levante.

Allato alle mancanze abbondano poi le sovrapposizioni, altrettanto inevitabili nella ricostruzione di uno spazio che, più che come un susseguirsi lineare di territori, si configura come un'intricata rete di punti in stretta dipendenza l'uno dall'altro, oltre che in continua relazione con Venezia. Ne consegue che, malgrado la chiara articolazione del volume per aree, alcune informazioni e considerazioni si trovano ripetute in più di un capitolo. Il lettore che, per esempio, sia interessato alle lettere a Pignol Zucchello ricaverà dati e commenti preziosi non solo nel capitolo di Rinaldin, ma anche in quello esordiale di Tomasin, con rimandi l'uno all'altro. Analogamente, chi cerchi notizie sui dragomanni ('interpreti') nelle relazioni tra Venezia e Costantinopoli nel XVI secolo dovrà rivolgersi non solo al capitolo finale, espressamente dedicato all'Impero Ottomano, ma anche al capitolo di Crifò, che alla conoscenza del turco nella Venezia del Cinquecento dedica un informatissimo paragrafo. Prevedibile, inoltre, il fitto dialogo tra Vuletić e Dotto nei rispettivi capitoli, ciascuno dei quali mette a confronto la situazione di Zara e di Ragusa fornendo dati sulla storia e la documentazione d'archivio dell'una e dell'altra città. Per consentire ai lettori di reperire agevolmente le informazioni, il volume è stato dotato di un indice completo dei nomi di persona citati, comprensivo tanto delle personalità storiche quanto degli studiosi moderni. L'indice è stato redatto da Camilla Granzotto, a cui si deve anche un'accurata revisione editoriale di tutti i capitoli.

***

A conclusione della sua *Introduzione* Folena parlava del «veneziano coloniale» come di «una prospettiva futura di ricerca, che dovrebbe vagliare una massa enorme di documenti prima di poter giungere a risultati sicuri» (Folena [1968–1970] 1990, 260). A cinquant'anni di distanza, i risultati sicuri sono ancora pochi e il materiale da vagliare tanto, e però si può senz'altro convenire sul fatto che il veneziano d'Oltremare sia ormai non più soltanto una prospettiva di ricerca, ma un filone di studi sufficientemente ben avviato. Questo libro vorrebbe porsi allora come un'integrazione all'*Introduzione* foleniana (e, per alcuni aspetti, quasi una sua esegesi) e allo stesso tempo come una guida per gli studiosi che negli anni a venire si cimenteranno in queste ricerche.

Corre dunque l'obbligo di ringraziare quanti hanno creduto nel progetto e contribuito alla sua realizzazione: gli autori, che hanno accettato con entusiasmo l'invito a partecipare e atteso con pazienza la lunga gestazione del volume; Camilla Granzotto, che ha fornito un contributo insostituibile all'*iter* redazionale grazie alla sua competenza e intransigente meticolosità; Wolfgang Schweickard e Claudia Polzin-Haumann, che hanno accolto il libro nella prestigiosa serie dei *Beihefte zur Zeitschrift für romanische Philologie*; infine, il Dipartimento di Studi Umanistici dell'Università Ca' Foscari di Venezia, che ha finanziato la pubblicazione del volume. Della qualità del prodotto finale, e di quanto si sia avvicinato al suo obiettivo, non potranno che giudicare i lettori.

Bibliografia

Brincat, Giuseppe, *L'uso del volgare nei documenti ufficiali dei Cavalieri di San Giovanni a Rodi e a Malta tra Quattrocento e Cinquecento*, in: Maraschio, Nicoletta/Poggi Salani, Teresa (edd.), *Italia linguistica anno Mille, Italia linguistica anno Duemila. Atti del XXXIV Congresso internazionale di studi della Società di Linguistica Italiana (SLI), Firenze, 19–21 ottobre 2000*, Roma, Bulzoni, 2003, 376–391.

Cortelazzo, Manlio, *Il veneziano «coloniale»: documentazione e interpretazione*, in: Fusco, Fabiana, et al. (edd.), *Processi di convergenza e differenziazione nelle lingue dell'Europa medievale e moderna, Atti del Convegno Internazionale (9–11 dicembre 1999, Università degli Studi di Udine/Centro Internazionale sul Plurilinguismo)*, Udine, Forum, 2000, 317–325.

Dotto, Diego, *«Scriptae» venezianeggianti a Ragusa nel XIV secolo. Edizione e commento di testi volgari dell'Archivio di Stato di Dubrovnik*, Roma, Viella, 2008.

Eufe, Rembert, *Sta lengua ha un privilegio tanto grando. Status und Gebrauch des Venezianischen in der Republik Venedig*, Frankfurt am Main, Peter Lang, 2006.

Folena, Gianfranco, *Introduzione al veneziano «de là da mar»*, Bollettino dell'Atlante Linguistico Mediterraneo, 10–12 (1968–1970), 331–376 [quindi in: Pertusi, Agostino (ed.), *Venezia e il Levante fino al secolo XIV. Atti del I Convegno internazionale di storia della civiltà veneziana promosso e organizzato dalla fondazione Giorgio Cini (Venezia, 1–5 giugno 1968)*, Firenze, Olschki, vol. I: *Storia – Diritto – Economia*, 1973, 297–346; rist. in: Folena, Gianfranco, *Culture e lingue nel Veneto medievale*, Padova, Editoriale Programma, 1990, 227–267].

Granzotto, Camilla, *Per lo studio delle scritture italoromanze a Spalato nel Quattrocento. Edizione e commento del testamento di Nicola de Petruci (1404)*, in: Malagnini, Francesca (ed.), *Migrazioni della lingua. Nuovi studi sull'italiano fuori d'Italia*, Firenze, Cesati, 2018, 107–118.

Pellegrini, Giovan Battista, *Osservazioni sulla lingua degli Statuti*, in: Nadin, Lucia (ed.), *Statuti di Scutari della prima metà del secolo XIV con le addizioni fino al 1469*, Roma, Viella, 2002, 63–75.

Stussi, Alfredo, *Il Veneto di Gianfranco Folena (Savigliano 1920 – Padova 1992)*, in: Folena, Gianfranco, *Culture e lingue nel Veneto medievale*, ristampa anastatica con una nuova *Presentazione* di Paolo Trovato e *Il Veneto di Gianfranco Folena* di Alfredo Stussi, Limena, libreriauniversitaria.it, 2015, 419–429 [già in: Mengaldo, Pier Vincenzo, et al. (edd.), *Gianfranco Folena dieci anni dopo. Riflessioni e testimonianze. Atti del convegno, Padova, 12–13 febbraio 2002*, Padova, Esedra, 2006, 121–132].

I Venezia e l’Oltremare

Lorenzo Tomasin

1 De qua e de là da mar

1 Dopo l'*Introduzione*

Gianfranco Folena pubblicò per ben tre volte l'*Introduzione al veneziano «de là da mar»*, e tale reiterazione non si deve, ovviamente, ad un'ansia – quella del *(re)publish or perish* – che non perteneva né all'uomo (il quale non ne aveva bisogno), né all'ambiente (non ancora intossicato da certe pratiche).

Il motivo della replica è legato alla natura stessa di quello scritto, il quale più ancora che un'introduzione rappresenta una sorta di agenda di lavoro, i cui impegni restano aperti fino a quando non vi si assolva completamente, e che perciò è opportuno ribadire e diffondere se necessario anche in aggiornamenti periodici. In questo senso, l'*Introduzione* può benissimo essere ristampata ancora oggi (come è accaduto, di fatto, in tempi recenti),[1] visto che più d'una delle pratiche che vi si indicano attendono tuttora di essere disbrigate.

Occorrerà comunque osservare, a mo' di bilancio provvisorio, che svariate linee di ricerca che nell'*Introduzione* sono indicate o, in varia misura, già aperte attraverso sondaggi preliminari sono state proseguite da altri, con risultati dei quali Folena stesso, credo, non potrebbe che compiacersi.

Alludo allo sviluppo conosciuto da quello che già nel saggio foleniano è l'asse di ricerca più chiaramente individuato, cioè lo studio linguistico dei documenti volgari prodotti, in ambiente *venezianeggiante*, sulla sponda orientale del mare Adriatico: negli eccellenti lavori di Diego Dotto (in particolare Dotto 2008) e in quelli che ora s'annunciano di Nikola Vuletić, si dischiude un capitolo a lungo ignorato della storia linguistica romanza.

Movendo, anzi navigando, verso oriente, tasselli importanti – e ancora indisponibili a Folena – della storia linguistica della Candia veneziana sono stati ricostruiti da Rembert Eufe in vari suoi lavori (in particolare Eufe 2006), e da Gino Belloni (2007) nel suo contributo filologico-linguistico all'edizione dei documenti ducali di quell'isola.

Passando da Creta a Cipro, l'isola che Folena ([1968–1970] 1990, 256–257), in piena guerra fredda, indicava ironicamente come «la portaerei inglese per il Medioriente» è divenuta la pacifica base di un volume di Daniele Baglioni (2006), esemplare anche per la capacità di gestire l'ampio panorama linguistico,

1 Cf. Folena (2015).

https://doi.org/10.1515/9783110652772-002

non solo romanzo, di quell'isola, che fin dal Medioevo e in forme nel tempo mutevoli è *omphalos* del plurilinguismo mediterraneo.

Spostandosi ulteriormente verso est, a Laura Minervini (2010) si deve una compiuta descrizione linguistica, fondata su un ampio corpus di documenti, del francese d'Oltremare, cioè di quell'entità linguistica che ancora a Folena appariva tanto suggestiva quanto, *pro tempore*, fantomatica («che lingua avranno parlato fra loro, per disputare insieme, certo cortesemente e diplomaticamente, Enrico Dandolo e Baldovino di Fiandra?», Folena [1968–1970] 1990, 255): molto nel disvelamento di quella che Folena ([1968–1970] 1990, 254) chiama «simbiosi franco-italiana» si deve già, per il versante veneziano, a un suo allievo diretto, Alberto Limentani, e alla sua magistrale edizione di Martin da Canal (1972). E molto, beninteso, resta ancora da fare sulla scia dei lavori appena indicati.

Quanto ai contatti linguistico-letterari tra Venezia e l'Oltremare, in quest'ambito Folena non mancava di indicare l'importanza di due autori a lui cari, Giovanni Quirini e Bertolomè Zorzi, non solo per il legame che a diverso titolo essi intrattengono con l'Oriente: sono, anzi, due autori-ponte, che collegano Venezia con culture occidentali (rispettivamente quella toscana e quella provenzale) e al tempo stesso con il quadrante mediterraneo levantino nel quale entrambi per certo passano e – forse in un caso – trascorrono l'ultima parte della vita.

Se dunque della pratica Quirini si è occupata, una decina d'anni fa, Elena Maria Duso – allieva *di seconda generazione* di Folena –,[2] ancora aperto resta il *dossier* Zorzi, da tempo in carico alla stessa scuola padovana. Sebbene sia, in apparenza, il meno *ultramarino* (nel senso di orientale) dei testi richiamati nell'*Introduzione*, il canzoniere di Bertolomè potrebbe rappresentare, una volta convenientemente edito, un ottimo banco di prova per verificare un fenomeno complementare a quello della «simbiosi franco-italiana» richiamata da Folena ([1968–1970] 1990, 254), e ben integrabile nel quadro del plurilinguismo veneziano medievale. In attesa di una desiderabile edizione aggiornata e integrale di Zorzi, qualche utile spunto si può raccogliere con relativa certezza dall'edizione di Emil Levy (1883). Già Folena parlava (in un altro contributo) di Zorzi come «probabilmente il meno corretto dei trovatori italiani» dal punto di vista grammaticale, per via di vari tratti d'interferenza italoromanza settentrionale, «come la trascuranza della distinzione in rima fra vocali aperte e chiuse, p. es. *camel*: *fidel*, o l'affricata dentale sonora per la palatale, come *za* e *leuzer* per *ja* e *leugier*», nonché per le sistematiche «forme di congiuntivo in *-a* dei verbi in *-ar* come nei testi settentrionali antichi» (Folena

2 Cf. Duso (2002).

[1976] 1990, 134). Non meno significativi – perché attribuibili all'autore con maggior certezza – mi sembrano gl'italianismi lessicali di Zorzi. Folena segnalava *preison* 'prigioniero' (ma col significato di 'carcere' si tratta pur sempre di un termine anche provenzale) e *sobrandes* 'andasse sopra' (che tuttavia non trova puntuale riscontro in testi italo-romanzi). Aggiungerei qualche altro elemento, come l'hapax (zorziano e trobadorico) *amoroseta*, peraltro riferito a un altro termine, *bevanda*, che a sua volta potrebbe essere considerato un italianismo (la forma provenzale più comune è *bevenda*, cf. SW, I, 143):

L'amoroseta bevanda
Non feric ab son cairel
Tristan n'Iseut plus fortmen
Quand ilh venion d'Irlanda.[3]

Giusto l'occitano è indicato dallo stesso Folena come una delle componenti nel complesso gioco delle interferenze romanze anche nel Levante (di «coinè occitanica» egli parla a proposito del patto del signore di Tiro col Soldano, della metà del Duecento; Folena [1968–1970] 1990, 254). L'occitano, dunque, arriva a Venezia da ovest e si irraggia da qui (e da Genova) verso est, nei luoghi in cui Venezia «mandet» lo Zorzi, «per castellan a un castel qui ven apellatz Coron, e lai el definet» (così la *vida*, edizione Levy 1883, 37). E anche se gli incontri linguistici tra veneziano e provenzale sono in effetti più rari di quelli con il francese, non sono certo meno interessanti. Al caso letterario dello Zorzi si affiancano vari altri esempi nel campo delle scritture documentarie, che dalle coste orientali ci portano a quelle occidentali del Mediterraneo.

Per quanto riguarda il veneziano dei provenzali (d'origine), un esempio mirabile ne offrono gli attergati prodotti in gran quantità da Guglielma Venier tra la fine del Duecento e i primi del Trecento e perciò doppiamente preziosi (in quanto scrittura femminile, cioè, e in quanto testimonianza di tale contatto, cf. Stussi 1987; Stussi 1988).

E quanto al veneziano dei veneziani attivi nel Mediterraneo occidentale, nessuna attenzione è stata ancora posta al fatto che in quei quadranti la *scripta* lagunare resta ben riconoscibile anche in contesti saturi di possibili interferenze, sia toscane, sia gallo-romanze. In effetti, se si osservano le non poche lettere di veneziani (operanti per lo più tra Provenza, Catalogna continentale e Baleari) conservate all'Archivio Datini, vi si osserva una complessiva permanenza, fino ai testi più recenti (del 1410), dei tratti linguistici veneti, o in altre parole la scarsissima incidenza di un fenomeno che è stato considerato tipico

---

3 Edizione Levy (1883, 44, 3.50–3.53).

di questo genere di documenti, almeno nel secolo XV, cioè la progressiva apertura al toscano, tanto maggiore nella corrispondenza con mercanti di quell'origine. A tal proposito, valga come esempio, invero ben rappresentativo d'una compagine documentaria ampia e ancora poco studiata dal punto di vista linguistico, la lettera perfettamente veneziana che il padrone di cocca Antonio Concianave indirizza al mugellano Cristoforo Carocci, della compagnia Datini, dall'isola di Ibiza, il 10 luglio 1404:[4]

> + Al nome di Dio, am(en). 1404, adì 10 luii in < . . . > Hieviza.
> Charisimo, p(er) q(ue)sta ve fazo asave(r) che p(er) altro ve ò schrito p(er) altre vostre, e may no(n)n ò avudo nisuna vostra resposta. Ma pregove charame(n)to [*sic*] qua(n)to io so e posso che me debié schrive(r) a Vallenza, p(er)ché io serò llà, chomo è seguido de q(ue)lla stopa io ve llasié, se vui la avé venduda ho no, p(er)ché dexidero de save(r)llo.
> Altro p(er) q(ue)sta no(n) me resta a dir. Se alguna cossa possa far, schrivéme a Vale(n)za al vostro piaxe(r).
>
> Antuo(n)io (Con)zanave salute

Una categoria ancora diversa è poi quella dei testi occitanici copiati da veneziani in ambiente cancelleresco: tale è il caso dei testi provenzali primo-trecenteschi trascritti nei registri più antichi dei *Commemoriali* (due lettere provenienti da Marsiglia e l'estratto di un proclama di Montpellier, copiati da cancellieri veneziani). Sono, ancora una volta, documenti che parlano di un *de là* occidentale, anziché orientale, e che testimoniano anche di un'ulteriore componente del multilinguismo urbano nella Venezia di quest'epoca (cf. Tomasin 2016a).

Gli stessi volumi dei *Commemoriali* – una sorta di registro collettaneo in cui venivano copiati tutti i documenti relativi ai rapporti diplomatici di Venezia che, non avendo carattere di atti ufficiali, non erano ammissibili nei *Libri pactorum*, o costituivano comunque materiale integrativo e laterale – ospitano vari altri *pezzi* che testimoniano dei rapporti tra le lingue parlate *de qua* e *de là da mar*.

Anche in questo caso, alcuni esemplari meriterebbero di essere pubblicati (o ripubblicati in veste affidabile) ma soprattutto studiati linguisticamente: parzialmente pronta a uno studio linguistico è la documentazione armeno-veneta risalente al 1307, edita da ultimo da Alessio Sopracasa (2001, 61–79), ma solo limitatamente al privilegio del re d'Armenia in francese (d'Oltremare), e

4 Archivio di Stato di Prato, Archivio Datini, Carteggio commerciale, busta 1072, inserto 11, codice 1101306. Un quadro linguistico non troppo diverso – salvo il caso in cui i testi siano manifestamente redatti da scrivani non veneziani – emerge dai testi degli scriventi veneziani di lignaggio più elevato: è il caso delle lettere dei membri delle famiglie Corner, Falier, Condulmer e Morosini conservate nello stesso archivio, la cui pubblicazione e il cui studio linguistico sarebbero parimenti auspicabili.

all'attestazione – pure in francese – dell'indennizzo versato dai veneziani per i danni dati al regno armeno. Nel manoscritto dei *Commemoriali* tale dichiarazione è seguita da un inventario di beni oggetto della controversia, redatto in un misto di veneziano («questa sì è la domandason de lo re de Armenia») e di latino, saturo di gallicismi relativi al lessico materiale («It(em) aurigler ij laborati») affiancati a tipici lessemi veneziani («pironus») e a termini insieme esotici e familiari, come certi orientalismi di ampia circolazione mediterranea («It(em) bocaran ij»: tipo di tappeto, dal nome della città uzbeka di Buhara, vedi DI s.v.).[5]

Per restare ai *Commemoriali*, non meno prezioso, e pubblicato solo nell'Ottocento dal benemerito Louis de Mas Latrie (1880, 67), che tuttavia non aveva gli strumenti adatti a districarne l'ingarbugliata trama linguistica, è anche il documento del 1311 riguardante l'armamento di cinque galere di Carlo di Valois lasciate in deposito a Venezia dallo scudiero Jacques de Caurroy: armamento descritto in un francese denso di venezianismi, molti dei quali sono stati fraintesi sia da Mas Latrie, sia, ben più recentemente, da Fennis (1995, I, 37), secondo il quale

> «ce texte a été clairement dressé par un Vénitien, car son français fourmille d'italianismes et rappelle la littérature franco-italienne de l'époque: des pluriels masculins en *-i: barili*, [*masceli*], *stropi*, des pluriels féminins en *e: cambre*, *manece* 'manches' (cf. *chapias* 'chapes', qui laisse le lecteur perplexe), ou encore ‹autre lignam *que besogne* as galées›. Cf. les termes *antene*, *arbre*, *lignam(e)*, *rampegon*, *sarche*, *scale* 'échelle' [*superche*] et *(remes) tensarols*, qui viennent sûrement ou très probablement de Venise. Notre scribe mêle *fourniment*, *forniment* et *fornement*, *remes* et *rimes* (‹c'on dist *arrimons*›, c'est-à-dire *avirons* ! *On*, ce sont évidemment les Français); *rimon* est un hapax. D'autre part, *enastade* 'enhastée', *roure* et *taulef* [= *taules*] sont des formes occitanes, ce qui rend ce document encore plus énigmatique».

Come conferma una verifica diretta sul manoscritto, i *masceli* sono ovviamente *masteli*, le *manece* sono *manere*, cioè 'accette' o simili strumenti da taglio, i *tensarols* sono banali *terzaroli*, *rimon* non è un hapax se si legge *timon*, *enastade* e *rovre*, considerate forme occitaniche, sono normali termini veneziani: di «rampegoni inastadi» si parla anche in uno dei testi di Stussi (1965, 71), e il *rovre* era, assieme all'*albèdo*, la principale materia prima dei cantieri dell'Arsenale.

Si tratta insomma, in tutti i casi considerati *enigmatici* da Fennis, di termini veneziani mal trascritti o fraintesi sì, ma non certo dal copista, né probabilmente dall'autore stesso dell'inventario, il quale – se pure era francese – impiegava lessico veneto per descrivere i fornimenti di una galea: questa volta l'occitano non

5 Archivio di Stato di Venezia, *Commemoriali*, registro I, numero 306, cc. 116v–117r. Diversa interpretazione etimologica del termine dava a suo tempo Cardona (1969a): dall'ar. *'abū qalamūn* 'camaleonte' (e, per traslato, 'stoffa cangiante').

c'entra proprio. C'entra, invece, una varietà di francese a forte tasso di venezianità che poteva essere diffusa nella marineria, naturale luogo d'incontro e di contaminazione tra diverse lingue. Anche questo inventario meriterebbe una paziente riedizione.

2 L'importanza di un carteggio

Siamo di nuovo *de qua da mar* (meglio che *de çà*, espressione solo apparentemente più veneziana),[6] in un movimento oscillatorio che ripercorre quello dell'*Introduzione* foleniana, della quale vorrei ora richiamare, e approfondire con maggiore ampiezza rispetto agli assaggi fin qui tentati, un'altra pratica in sospeso: si tratta di una raccolta di testi segnalata in una nota a piè di pagina come meritevole di una specifica istruttoria supplementare («converrà ritornarci su», 260), che poi Folena non ebbe tempo di fare.

Le *Lettere di mercanti a Pignol Zucchello* sono in effetti il più interessante carteggio mercantile veneziano del Medioevo, edito nel 1957 da Raimondo Morozzo della Rocca senza i requisiti minimi di attendibilità che avrebbero consentito un suo puntuale studio linguistico: del difetto Alfredo Stussi si accorse e diede conto già nel 1963, in un breve articolo in cui si salvava il salvabile della pur benemerita edizione. In anni più recenti, anche Rembert Eufe (2007) è tornato sulla raccolta, proponendo la ripubblicazione di due dei 70 testi di un corpus di cui Anna Rinaldin annuncia ora una completa riedizione (cf. il cap. 2).[7]

Il carteggio – conservato all'Archivio di Stato di Venezia – consta, oltre che di due atti notarili in latino, di 50 testi volgari scritti tra il 1336 e il 1349 circa da alcuni mercanti toscani nei quali mi è capitato di osservare una peculiare casistica d'interferenza veneziano-toscana (Tomasin 2016b), nonché di 18 testi scritti in veneziano da persone in costante movimento tra i territori *de qua* e *de là da mar*. Anche questi testi hanno subìto recentemente gli effetti del pregiudizio

6 La formula «de ça e de là da mar» talora usata (ad esempio Formentin 2015, 10) riecheggia imperfettamente il «de ça e de là da mer» della *Geste Francor*, v. 11553, edizione Zarker-Morgan (2009, 736); per il resto, l'espressione *de ça da mar* è documentata a Genova nel Trecento (Ive 1882–1885, 28), ma manca nei testi veneziani noti, nei quali – pur dandosi naturalmente casi di *ça* < ECCE HAC – è del tutto assente il tipo *de çà da*, mentre si hanno vari esempi della locuzione *de qua da* (*de qua da Canal(e)* una volta nel *Capitolare dei Camerlenghi di Comun*, Tomasin 1997–1999, 69, e tre nel *Capitolare degli Ufficiali sopra Rialto*, Princivalli/Ortalli 1993, 34, 50, 56).

7 Un breve testo volgare contenuto nel registro e rimasto escluso dall'edizione è stato intanto recuperato altrove (Tomasin 2016b).

che vuole le presenze linguistiche toscane come indici di un irresistibile prestigio socio-culturale (secondo Ricci 2010, 872, «già nelle lettere della prima metà del Trecento che alcuni mercanti veneziani scrivono da Creta al pisano Pignol Zucchello si legge un volgare inequivocabilmente toscaneggiato»). Si tratta tuttavia di un abbaglio, giacché il volgare «inequivocabilmente toscaneggiato» è in realtà la lingua di scriventi appunto *toscani*, dei quali andrà rilevata, all'opposto, la non scontata concessione ad almeno occasionali venezianismi. Di qui in avanti i rinvii al carteggio corrispondono alla pagina dell'edizione di Morozzo della Rocca.

Interessano in particolare i testi dei corrispondenti senesi e fiorentini di Pignol, cioè dei fratelli Francesco e Cristoforo Bartolomei, da Siena, e Vannino Fecini, da Firenze. Quest'ultimo si esprime in un fiorentino generalmente impeccabile, ma è capace di spingersi, nelle sue lettere spedite da Setia (Candia) e da Alessandria d'Egitto, non solo fino all'uso di lessemi veneziani tipici del linguaggio mercantile, cioè nomi di merci come *pevere* e *zenzovi* (87, rr. 2 e 4 e passim; 88, lettera 45, rr. 22 e 24),[8] bensì addirittura di forme fonomorfologicamente veneziane per elementi del lessico comune, come nel caso di *amisi* (105, r. 7; 109, r. 22) e *nievo* (86, r. 2). Lo stesso Vannino ricorre poi a espressivi venezianismi nelle formule usate per riferirsi a conoscenze comuni con il suo interlocutore realtino (ma in realtà di origine pisana!): «Salutami Marcho Grifo, tuti quelli di chasa sua e mia chomare Chatarina e tuti quelli di chasa sua e Luvato e la sua dona e madona Crestina e tute le *mamole* e scrivi a Firenze a la mia gente chom'io sono sano e salvo [...]» (86, rr. 6–9, corsivo mio).

Lasciamo da parte la maggioranza – a base toscana – delle lettere a Pignol Zucchello, per concentrarci sui diciotto testi in veneziano, spettanti in un caso allo stesso Pignol (pisano di origine, certamente cresciuto e forse nato a Candia, e trasferitosi a Rialto prima del 1328), nonché a vari suoi soci in affari. Il suo unico testo autografo superstite è una *memoria* relativa a debiti estinti, datata 6 aprile 1347. Se non sapessimo che l'autore è originario di Pisa, forse non lo sospetteremmo nemmeno, visto che il suo testo non mostra, direi, alcun tratto di toscanità. L'unico elemento che è stato interpretato come possibile spia della sua provenienza è l'uso del grafema <h> per l'occlusiva velare sorda in forme

8 La prima di queste forme si trova ad esempio anche nelle lettere del marchigiano Gilio de Amoruso (pure all'archivio Datini), per cui Bocchi (1991, 171) annota: «l'uso della forma accusativale [...] è probabilmente dovuta all'influsso delle consuetudini dell'ambiente veneziano con cui Gilio doveva trovarsi a contatto: mi sembra cioè che il caso sia da avvicinare a quello di *tola*, per cui è lecito supporre una certa possibilità di ricezione di un termine merceologico diverso dall'uso comune del parlante».

come *Handia* e *haxa* (la prima attestata più volte anche nelle note di ricevuta che lo stesso Pignol apponeva di suo pugno alle lettere pervenute d'Oltremare). Ma non si tratta evidentemente, né potrebbe in alcun modo trattarsi, come annotava già Stussi (1963), di un fantomatico esempio della *gorgia* toscana, dato che tale segno figura in posizioni foneticamente incompatibili con un fenomeno che, com'è noto, comparirà ben più tardi irradiando certamente da Firenze. Ciò che non è stato osservato, tuttavia, è che proprio questo uso grafico potrebbe cautamente essere riguardato come un possibile tratto candiotto della scrittura di Pignol, giacché è vero che l'uso di <h> in luogo di <c> o di <ch> ha numerosi esempi antichi, ma quello veneziano più prossimo nel tempo e nello spazio riguarda un'epigrafe oggi conservata al Museo Correr e anch'essa di provenienza (o almeno di pertinenza) cretese: «mccclxiii i(n) t[e]npo d(e) misier p(re) | Agnolo d(e) Cha[n]dia e d(e) sier Bort|olamio d(e) Cehin fo fato» (Stussi 1997, 166).

Il veneziano più copiosamente attestato nel carteggio è comunque quello di Nicoletto Gatta, titolare di sei lettere scritte per lo più da Tana, sul Mar Nero: pellicciaio, finirà per essere ridotto in schiavitù per debiti e per scrivere a Pignol – che probabilmente nel frattempo era già morto di peste, nel 1348–1349 – una missiva disperata, in cui emergono i lineamenti di una scrittura che in epoca moderna non esiteremmo a chiamare *semicolta* tanto per il *ductus* e per alcune caratteristiche patologie esecutive (ripetizioni, salti di lettere), quanto per il concitato disordine sintattico (Morozzo della Rocca 1957, 125–126 [lettera 68]).

Non sappiamo se Nicoletto sia nato a Venezia: ciò appare probabile sia per le fattezze generali della sua lingua (pure accidentata da vari tratti fonomorfologicamente incongrui, ma occasionali e incoerenti), sia per il ricorso a espressioni che appaiono appunto tipiche d'un veneziano («elo non è miga 'l viagio da Riolto a San Marcho», scrive in una lettera del 24 maggio 1340, Morozzo della Rocca 1957, 17, rr. 5–6). Tuttavia, su tale base linguistica s'innestano curiose tessere di un linguaggio mercantile di matrice inconsapevolmente letteraria. A Nicoletto spetta infatti uno degli esempi dell'espressione *per fino amore* che mi è capitato di raccogliere in testi mercantili italiani (settentrionali) della metà del Trecento. Essa rappresenta la sopravvivenza extraletteraria e semanticamente slittata di una *iunctura* trobadorica (*per fino amore* vale in questo ed altri casi simili 'senza interesse [dichiarato]', ed è formula impiegata anche nei contratti di mutuo coevi, Tomasin 2016c); e allo stesso Nicoletto si deve anche l'immagine della Tana come «prixion cortexe a vadagnar» (Morozzo della Rocca 1957, 16, r. 18), cioè 'esilio dorato' dai buoni affari, con espressione d'ascendenza genericamente letteraria già entrata, all'epoca, nel linguaggio militare e giudiziario francese e, per tramite di questo, in quello italiano.[9]

Fors'anche più interessante del veneziano di Nicoletto Gatta è il caso di Moretto Greco, nipote di Pignol Zucchello, dalla cultura grafica più solida e dai tratti linguistici ben caratterizzati. Moretto scrive da Candia in un veneziano nel quale è possibile rilevare vari tratti fono-morfologici che ben s'accordano con altri testi prodotti sull'isola nel corso del secolo XIV. Uno di essi è l'uscita sigmatica della seconda persona dell'indicativo presente e futuro e del congiuntivo presente, ben attestata anche nei testi veneziani più antichi, sulla quale converrà ora soffermarci per una mirata digressione grammaticale.

3 Sulle terminazioni sigmatiche di seconda persona, tra Candia e Venezia

Si tratta di un carattere la cui esatta cronologia e la cui distribuzione nel veneziano attendono ancora una compiuta descrizione. A partire dai testi di Moretto e da altri testi candiotti, si può tentar di chiarire meglio i contorni del fenomeno, che a ben vedere è caratteristico sia del volgare medievale (tanto da essere puntualmente notato fuori Venezia, e riprodotto quale marca espressiva di venezianità, a partire dal Dante del *De vulgari eloquentia*), sia – in forme peculiari – del dialetto moderno, nel quale come è noto la consonante finale del morfema di seconda persona si conserva nella formula interrogativa, protetta dal pronome *tu* in posizione enclitica (è il tipo *gastu?* 'hai?', *credistu?* 'credi?' ecc.).

Osserveremo dunque che, nei testi antichi di cui discorriamo, *-s* si conserva con una certa costanza quando sia preceduta da vocale tonica, cioè nelle voci verbali monosillabiche e in quelle del futuro di tutte le coniugazioni, formate con *-às*. Se dunque il nostro Moretto presenta le forme *as* 'hai', *sas* 'sai' e i futuri *troveràs*, *averàs*, forme analoghe si osservano anche nel *Quaternus Consiliorum* del Duca di Candia, nei cui testi volgari secondo Belloni (2007, XXIII) «forse l'elemento più stabile e significativo è [. . .] la conservazione della *s* finale per la seconda persona»:[10] accanto ai medesimi *has* (98, 217), *sas* (143, 144), si hanno

9 L'espressione *prison courtoise* si trova ad esempio nelle *Chroniques* di Froissart, cf. da ultimo Ambühl (2013, 113).

10 I testi volgari del *Quaternus* consistono in «registrazioni di corrispondenza: precisamente della trascrizione di lettere già inviate o da mandarsi (*mittende*) a terzi *ex parte* del Senato candiota (*Consilium rogatorum*) a nome del Duca, ovvero del Dominio: a volte in risposta di altre

qui vari altri esempi sigmatici di monosillabi con diversa vocale tonica, come *des* (179), *dies* 'devi' (231), *pos* 'puoi' (217), *ses* 'sei' (231). Si tratta di una situazione nel complesso coerente con quella veneziana coeva, nella quale i medesimi tipi sono documentati anche in contesti diversi da quello con *tu* in cui *-s* continua a conservarsi fino al dialetto moderno.[11]

Tali forme venivano già all'epoca progressivamente sostituite in veneziano da altre in cui *-s* nei monosillabi non dà luogo al caratteristico esito *-i*, ma dilegua semplicemente, per cui si ha ancora oggi *ga* nel presente di 'avere', *-à* nella seconda persona del futuro di tutte le coniugazioni, e almeno nei testi antichi *die* per 'devi', *po* per 'puoi' (modernamente sostituite, queste ultime, da forme irrelate da quelle antiche monosillabiche con *-s*):

1. Grioni, *Santo Stady* (nell'edizione di Badas 2009): «con' tu die esser fermamente» (30, v. 736).
2. *Ivi:* «se tu te pò arecordar niente» (124, v. 3500).
3. *Amaistramento de Sallamon* (nello *Zibaldone da Canal* edito da Stussi 1967): «ché avanti tu die saver da chui / e perché» (103, vv. 67–68).

Questi sviluppi appaiono regolari nel dialetto di città, mentre solamente da Lio Mazor, nell'area lagunare, vengono esempi trecenteschi di forme come *ài* per la seconda persona del presente indicativo del verbo 'avere', e di forme in *-arài* per la seconda persona del futuro (Elsheikh 1999).[12] Se in effetti anche il veneziano antico partecipa, pur se limitatamente, allo sviluppo -S > *-i* nei monosillabi che Giovan Battista Pellegrini ([1956] 1991) ha descritto come caratteristico di buona parte dell'Italoromania,[13] l'assenza di *ài* e del futuro in *-rài* a Venezia

lettere (qui non testimoniate, ma alle quali le nostre possono rinviare), ovvero all'interno di un carteggio fra la cancelleria veneziana di Candia e gli emiri o gli ufficiali preposti a presidiare territori interessati dal commercio veneziano» (Belloni 2007, XII). Concretamente si tratta di sette documenti redatti da altrettante mani e compresi tra il 9 aprile 1355 e il 12 settembre 1361.

11 Si ha ad esempio nel *Santo Stadi* del Grioni (nell'edizione di Badas 2009) spesso *tu es* (vv. 755, 1130, 4109 ecc.), *tu sies* (v. 4103), *tu ves* (v. 4270); nello *Zibaldone da Canal* (Stussi 1967), *tu des* (32), *tu dies* (25, 90), *tu ses* (36), e inoltre, fuori dai monosillabi, *tu lo multipliches* (87). *Tu pos* è ad esempio in una delle lettere del 1309 tratte dai registri del Minor Consiglio edite da Stussi (1996, 344). Frequentissimo è poi *vos* 'vuoi', per il quale rispondono Paolino Minorita (Mussafia 1868, 4, 50, 51, sempre nella formula *o vos* 'oppure'), e ancora Grioni (Badas 2009, vv. 760, 3049, 4289, che ha pure *vuos* vv. 4403, 4575) e lo *Zibaldone da Canal* (Stussi 1967, 24, 25, 26 ecc.: 19 occorrenze).

12 Si tratta dei futuri *acordarai* (16, 24), *menarai* (73), *serai* (39), *torai* (24) e di *ài* (14, 32, 37, 44, 47, in tre occorrenze seguito da *tu* nella formula interrogativa).

13 Già nei testi veneziani più antichi del corpus dell'*OVI* si rintracciano forme come *nui*, *vui*, *poi* ecc., le quali pure s'affiancano stabilmente alle corrispondenti formule senza *-i*.

conferma che l'evoluzione di -S dei monosillabi non verbali e quella delle desinenze di seconda persona avvennero qui in tempi e in condizioni differenti.

Quanto appena osservato ha un'altra conseguenza che da Creta e da Venezia si ripercuote su fatti fono-morfologici generali dell'Italoromania. Come è noto, l'evoluzione di -S dei verbi di seconda persona, in particolare nell'uscita -AS di I coniugazione, è stata messa in relazione con la morfologia italo-romanza dei plurali della I declinazione. In particolare, Maiden (1998, 96) con riferimento al toscano ha indicato la coincidenza tra l'uscita del plurale di I declinazione (*rose*) e l'antica terminazione in *-e* della 2ª persona del presente (*tu ame*) tra le prove dell'identica discendenza di entrambe da -AS, cioè tra gli argomenti in favore di un'interpretazione accusativale e puramente fonetica dell'uscita dei plurali femminili italiani.

Orbene, giusto il veneziano antico, tenace conservatore della -S verbale e privo di qualsiasi traccia di *-s* nei plurali dei sostantivi, mostra come sia forse imprudente associare, e stringere in interpretazioni meramente fonetiche, gli sviluppi di terminazioni che potrebbero essersi sviluppate, qui e altrove, in fasi cronologiche e quindi in condizioni ben distinte, sotto la spinta di ragioni prevalentemente morfologiche.

Tornando a Candia e alle lettere a Pignol Zucchello, lo stesso Pellegrini ([1988] 1991) fu tratto in errore dalla forma *presis* (123) per 'prezzi', in cui egli scorse l'unica, preziosissima attestazione di un antico plurale sigmatico che avrebbe suggestivamente affratellato il veneziano al friulano. Che quel *presis* presenti la seconda *s* «cancellata con due lineette verticali, correttive d'un'incipiente banalissima dittografia sillabica» ha già rilevato Alfredo Stussi (2005, 73), dopo un'opportuna ispezione del manoscritto. Aggiungerei che il testo in questione è una lettera dettata dal già citato fiorentino Vannino Fecini, divenuto ormai cieco d'un occhio e malato di peste, a un ignoto scrivano candiotto, e rappresenta il meno attendibile e sincero degli indizi sul quadro fono-morfologico veneziano antico.

Ad un analogo, ma altrettanto ingannevole paragone col friulano potrebbe indurre un altro aspetto della conservazione di *-s* nei testi veneziani candiotti, e prima ancora in quelli *de qua da mar*. Assenti nelle lettere del carteggio di Zucchello, le voci verbali sigmatiche polisillabiche ricavabili dal *Quaternus consiliorum* del Duca di Candia mostrano costantemente per la I coniugazione l'uscita *-is* (*curis* 217, 231), *domandis* (99, *mostris* 231, *ordinis* ibidem), uscita identica a quella del presente delle altre coniugazioni (*intendis* 179, *prometis* 231, *scrivis* 99, 179, 233) e addirittura dell'imperfetto indicativo (*devevis* 178, 233) e congiuntivo (*devessis* 178, 231).

La medesima terminazione *-is* dei verbi della I coniugazione si ritrova in effetti, in alternanza con *-es* e con il «moderno» *-i*, nei testi veneziani di città (anche a prescindere, quindi, dai *Vangeli* veneziani ma di mano triestina editi da Gambino 2007, che pure ne presentano svariati esemplari). Esempi di forme d'indicativo presente della I coniugazione si ricavano in Paolino Minorita (edizione Mussafia 1868, 44: «Onde se tu voravis k'el to amigo fosse ricco, tu amis lo to amigo d'amor de amistade; le richeçe tu le amis de amor de concupiscentia») e nello *Zibaldone da Canal* (edizione Stussi 1967: «paga bexanti IJ÷ e de cori bexanti 4 e de marchadantie che tu portis», 48; «E se tu portis mill(ie)r J d'oio de Puia in Mixina ello te tornerà cafessi 57 ½» 53; «se tu vas a la tera e tu portis la toa marchadantia», 71; «E se tu portis gss[i]. de Venexia elli li conta CLIIJ per C deremi» 71), e nel *Santo Stadi* di Franceschino Grioni. Qui si hanno da un lato anche nel congiuntivo presente di I coniugazione (edizione Badas 2009: «che tu no 'l churis un boton» 31, v. 750; «che tu me façi questo don, / che tu albergis in toa maxon» 62, vv. 1645–1646; «che tu me menis in toa guida» 101, v. 2811; «che tu non te lasis perir», 132, v. 3748; «che tu lassis questa follia», 145, v. 4121); da un altro – e sarà interessante notarlo data la presenza di -AS nella forma originaria – nelle forme d'indicativo imperfetto («Tu eris a Roma» 38, v. 971; «tu avevis muier al to plaxer» 39, v. 979).

A proposito delle forme *afrontis*, *apontis*, *contis*, *montis*, *vadagnis* del sonetto veneziano di Nicolò de Rossi, Stussi (2005, 73) vi riconosce un «livellamento analogico sulla seconda singolare della quarta [coniugazione]» che rende ben ragione dell'alternanza con *-es*, cioè di un'interferenza alternativa, e in una certa fase forse convivente, con l'uscita della II coniugazione.[14] Alla natura d'innovazione analogica di *-is* del veneziano il friulano già richiamato da Pellegrini offre, in questo caso, un'utile controprova, cioè la generale coincidenza tra le uscite (*-es* o *-is*) della 2ª persona del presente indicativo della I coniugazione e quella dei plurali femminili, entrambe ricondotte legittimamente ad -AS.[15] Tale coincidenza non solo non è mai storicamente attestata nel veneziano (né in presenza, né in assenza di *-s*), ma non appare nemmeno agevolmente ricostruibile, sulla base degli esiti documentati, in una sua fase preletteraria.

In un lavoro in cui si annunciavano ulteriori indagini anche alle altre varietà venete medievali, Alvise Andreose (2012) ha interpretato la distribuzione delle forme concorrenti di seconda persona (tutte asigmatiche) del veronese antico come indizi – non ancora risolutivi, in attesa di una più ampia ricognizione – di

---

14 Secondo Andreose (2012, 105), l'uscita analogica sulla II coniugazione avrebbe preceduto quella modellata sulla IV.

15 Cf. Benincà/Vanelli ([1975] 2005, 238–239): «Dalle inchieste di Pellis per l'ALI e dai materiali di Francescato, risulta per la I coniugazione una corrispondenza quasi perfetta fra il trattamento della vocale finale femminile e la 3ª pers., e fra la desinenza del plurale femminile e la 2ª pers.».

una maggiore plausibilità delle ipotesi morfologiche, che scorgono nelle uscite in *-e* e in *-i* il frutto di progressivi riassestamenti analogici piuttosto che i diretti discendenti dei morfemi originari. Motori della strategia sarebbero, secondo Andreose (2012, 103), «(A) la tendenza a *differenziare* il morfema della II persona da quello di altre persone del singolare (III pers. sing. nell'ind., I e II pers. sing. nel cong.); (B) la tendenza ad adottare un'*unica forma* in tutte le coniugazioni e in tutti i modi del verbo». La distribuzione delle forme sigmatiche nei testi veneziani *de qua* e *de là da mar* si accorda con tale quadro interpretativo. Di più, essa mostra che una distribuzione delle vocali dell'ultima sillaba complessivamente simile a quella delle varietà che hanno già perduto del tutto *-s* (quali il veronese, e – aggiungeremmo – il toscano) si produce anche in presenza della consonante finale, e quindi – vien da dire – in modo indipendente da sviluppi fonetici conseguenti alla sua evoluzione (cioè dal suo eventuale passaggio a *-j*).

Concludendo, la ricognizione di testi come quelli da cui siamo partiti consente, in questo ridotto segmento della morfologia verbale e di quella nominale, di osservare contrastivamente una situazione candiotta probabilmente attardata appetto a quella veneziana di città, ricavandone utili conferme su una configurazione morfologica non frequente nella Romània, in cui la conservazione di -S in alcuni ambiti della morfologia verbale si accompagna a una realizzazione parziale del passaggio -S > *-i* nei monosillabi e crucialmente a una morfologia dei plurali nominali/aggettivali priva di vestigia di *-s*.

Se il confronto tra testi di città e testi ultramarini si rivela utile per ricostruire le condizioni veneziane, queste ultime potranno dare informazioni utilmente complementari nella ricostruzione d'un quadro (italo-)romanzo ancora bisognoso di una conveniente messa a punto.[16]

Bibliografia

Ambühl, Rémy, *Prisoners of war in the Hundred Years War. Ransom culture in the late Middle Ages*, Cambridge, Cambridge University Press, 2013.

Andreose, Alvise, *Il morfema di II persona singolare nel veronese medievale*, in: Benozzo, Francesco, et al. (edd.), *Culture, livelli di cultura e ambienti nel Medioevo occidentale. Atti del IX Convegno della Società Italiana di Filologia Romanza (Bologna, 5–8 ottobre 2009)*, Roma, Aracne, 2012, 81–106.

Badas, Mauro (ed.), *Franceschino Grioni, La legenda de Santo Stadi*, Roma/Padova, Antenore, 2009.

Baglioni, Daniele, *La «scripta» italoromanza del regno di Cipro. Edizione e commento di testi di scriventi ciprioti del Quattrocento*, Roma, Aracne, 2006.

16 Il tema è al centro in particolare della recente monografia di Vincenzo Faraoni (2018).

Belloni, Gino, *Nota sui testi in veneziano*, in: Ratti Vidulich, Paola (ed.), *Duca di Candia. Quaternus consiliorum (1350–1363)*, Venezia, Comitato per la pubblicazione delle fonti relative alla storia di Venezia, 2007, IX–XXXII.

Benincà, Paola/Vanelli, Laura, *Morfologia del verbo friulano: il presente indicativo*, in: Eaed., *Linguistica friulana*, Padova, Unipress, 2005, 237–271 [già in: Lingua e contesto 1 (1975), 1–60].

Bocchi, Andrea (ed.), *Le lettere di Gilio de Amoruso, mercante marchigiano del primo Quattrocento. Edizione, commento linguistico e glossario*, Tübingen, Niemeyer, 1991.

Cardona, Giorgio Raimondo, *Italiano «bucherame»*, in: *Studi linguistici in onore di Vittore Pisani*, vol. 1, Brescia, Paideia, 1969, 205–219.

DI = Schweickard, Wolfgang, *Deonomasticon Italicum. Dizionario storico dei derivati da nomi geografici e da nomi di persona*, 4 vol. + 2 suppl., Tübingen, Niemeyer/Berlin, de Gruyter, 2002–2013.

Dotto, Diego, *«Scriptae» venezianeggianti a Ragusa nel XIV secolo. Edizione e commento di testi volgari dell'Archivio di Stato di Dubrovnik*, Roma, Viella, 2008.

Duso, Elena Maria (ed.), Giovanni Quirini, *Rime*, Roma/Padova, Antenore, 2002.

Elsheikh, Mahmoud Salem (ed.), *Atti del podestà di Lio Mazor*, Venezia, Istituto Veneto di Scienze, Lettere ed Arti, 1999.

Eufe, Rembert, *Sta lengua ha un privilegio tanto grando. Status und Gebrauch des Venezianischen in der Republik Venedig*, Frankfurt am Main, Peter Lang, 2006.

Eufe, Rembert, *Marco Polo veneziano e le lingue*, in: Palagiano, Cosimo, et al. (edd.), *L'impresa di Marco Polo: cartografia, viaggi, percezione*, Roma, Tiellemedia, 2007, 125–148.

Faraoni, Vincenzo, *L'origine dei plurali italiani in «-e» ed in «-i»*, Alessandria, Edizioni dell'Orso, 2018.

Fennis, Jan, *Trésor du langage des galères. Dictionnaire exhaustif*, 3 vol., Tübingen, Niemeyer, 1995.

Folena, Gianfranco, *Introduzione al veneziano «de là da mar»*, Bollettino dell'Atlante Linguistico Mediterraneo, 10–12 (1968–1970), 331–376 [quindi in: Pertusi, Agostino (ed.), *Venezia e il Levante fino al secolo XIV. Atti del I Convegno internazionale di storia della civiltà veneziana promosso e organizzato dalla fondazione Giorgio Cini (Venezia, 1–5 giugno 1968)*, Firenze, Olschki, vol. I: *Storia – Diritto – Economia*, 1973, 297–346; rist. in: Folena, Gianfranco, *Culture e lingue nel Veneto medievale*, Padova, Editoriale Programma, 1990, 227–267].

Folena, Gianfranco, *Tradizione e cultura trobadorica nelle corti e nelle città venete*, in: Arnaldi, Girolamo/Folena, Gianfranco (edd.), *Storia della cultura veneta*, Vicenza, Neri Pozza, vol. 1: *Dalle origini al Trecento*, 1976, 452–562 [rist. in: Id., *Culture e lingue nel Veneto medievale*, Padova, Editoriale Programma, 1990, 1–137].

Folena, Gianfranco, *Culture e lingue nel Veneto medievale*, ristampa anastatica con una nuova *Presentazione* di Paolo Trovato e *Il Veneto di Gianfranco Folena* di Alfredo Stussi, Limena, libreriauniversitaria.it, 2015.

Formentin, Vittorio, *Il mercante veneziano del Duecento tra latino e volgare: alcuni testi esemplari*, con *Annotazioni paleografiche* di Antonio Ciaralli, Studi Linguistici Italiani 41:1 (2015), 3–53.

Gambino, Francesca, *I Vangeli in antico veneziano. Ms. Marciano It. I 3 (4889)*, Roma/Padova, Antenore, 2007.

Ive, Antonio, *Prose genovesi della fine del secolo XIV e del principio del XV*, Archivio glottologico italiano 8 (1882–1885), 1–97.

Levy, Emil (ed.), *Der Troubadour Bertolome Zorzi*, Halle, Niemeyer, 1883.

Limentani, Alberto (ed.), Martin da Canal, *Les estoires de Venise. Cronaca veneziana in lingua francese dalle origini al 1275*, Firenze, Olschki, 1972.

Maiden, Martin, *Storia linguistica dell'italiano*, Bologna, il Mulino, 1998.

Mas Latrie, Louis de, *Commerce et expéditions militaires de la France et de Venise au Moyen Âge*, Mélanges historiques 3 (1880), 5–240.

Minervini, Laura, *Le français dans l'Orient latin (XIIIe–XIVe siècles). Éléments pour la caractérisation d'une «scripta» du Levant*, Revue de linguistique romane 74 (2010), 119–198.

Morozzo della Rocca, Raimondo (ed.), *Lettere di mercanti a Pignol Zucchello (1336–1350)*, Venezia, Comitato per la pubblicazione delle Fonti relative alla storia di Venezia, 1957.

Mussafia, Adolfo (ed.), *Trattato De regimine rectoris di fra Paolino Minorita*, Vienna/Firenze, Tendler/Vieusseux, 1868.

Pellegrini, Giovan Battista, *Appunti di fonetica italiana (i monosillabi in «-i» da «-s»)*, in: Id., *Dal venetico al veneto. Studi linguistici preromani e romanzi*, Padova, Editoriale Programma, 1991, 319–332 [già in: Studi mediolatini e volgari 4 (1956), 225–240].

Pellegrini, Giovan Battista, *Il veneziano e l'aquileiese (friulano) del Mille*, in: Id., *Dal venetico al veneto. Studi linguistici preromani e romanzi*, Padova, Editoriale Programma, 1991, 207–227 [già in: Antichità altoadriatiche 32 (1988), 363–386].

Princivalli, Alessandra/Ortalli, Gherardo (edd.), *Il capitolare degli Ufficiali sopra Rialto. Nei luoghi al centro del sistema economico veneziano (secoli XIII–XIV.)*, Milano, La storia, 1993.

Ricci, Alessio, *Mercanti e lingua*, in: Simone, Raffaele (ed.), *Enciclopedia dell'Italiano*, Roma, Istituto della Enciclopedia Italiana, vol. 1, 2010, (<www.treccani.it/enciclopedia/mercanti-e-lingua_%28Enciclopedia-dell%27Italiano%29/>).

Sopracasa, Alessio (ed.), *I trattati con il regno armeno di Cilicia, 1201–1333*, Roma, Viella, 2001.

Stussi, Alfredo, *Appunti su una raccolta di testi antichi*, L'Italia dialettale 26 (1963), 146–150.

Stussi, Alfredo (ed.), *Testi veneziani del Duecento e dei primi del Trecento*, Pisa, Nistri-Lischi, 1965.

Stussi, Alfredo (ed.), *Zibaldone da Canal. Manoscritto mercantile del sec. XIV*, Venezia, Comitato per la pubblicazione delle Fonti relative alla storia di Venezia, 1967.

Stussi, Alfredo, *Notizie dall'Egeo*, in: Holtus, Günter/Kramer, Johannes (edd.), *Romania et Slavia Adriatica. Festschrift für Žarko Muljačić*, Hamburg, Buske, 1987, 341–349.

Stussi, Alfredo, *Provenzali a Venezia (1258–1268)*, Annali della Scuola Normale Superiore di Pisa, Classe di Lettere e Filosofia, s. III, 18/3 (1988), 947–960.

Stussi, Alfredo, *Venezia 1309*, in: Benincà, Paola, et al. (edd.), *Italiano e dialetti nel tempo. Saggi di grammatica per Giulio C. Lepschy*, Roma, Bulzoni, 1996, 341–349.

Stussi, Alfredo, *Epigrafi medievali in volgare dell'Italia settentrionale e della Toscana*, in: Ciociola, Claudio (ed.), *«Visibile parlare». Le scritture esposte nei volgari italiani dal Medioevo al Rinascimento. Atti del Convegno Internazionale di Studi, Cassino-Montecassino, 26–28 ottobre 1992*, Napoli, Edizioni Scientifiche Italiane, 1997, 149–175.

Stussi, Alfredo, *Medioevo volgare veneziano*, in: Id., *Storia linguistica e storia letteraria*, Bologna, il Mulino, 2005, 23–80.

Tomasin, Lorenzo, *Il Capitolare dei Camerlenghi di Comun (Venezia, circa il 1330)*, L'Italia dialettale 60 (1997–1999), 25–103.
Tomasin, Lorenzo, *Documenti occitanici e balearici trecenteschi in un registro della cancelleria veneziana*, Cultura neolatina 76:3–4 (2016a), 321–342.
Tomasin, Lorenzo, *Urban multilingualism. The languages of non-Venetians in Venice during the Middle Ages*, in: Selig, Maria/Ehrich, Susanne (edd.), *Mittelalterliche Stadtsprachen* (Forum Mittelalter-Studien, Bd. 11), Regensburg, Verlag Schnell&Steiner, 2016, 63–75 (= 2016b).
Tomasin, Lorenzo, *Dai trovatori ai creditori. Destini feneratizî della «fin'amor»*, Romanische Forschungen 128 (2016), 303–315 (= 2016c).
Zarker-Morgan, Leslie (ed.), *La Geste Francor. Edition of the «Chansons de geste» of MS. Marc. Fr. XIII (= 256)*, Tempe (Ariz.), Arizona Center for Medieval and Renaissance Studies, 2009.

Anna Rinaldin

2 Il veneziano dei mercanti in Oltremare

1 Venezia nel Mediterraneo

La storia dell'Oltremare riguarda da vicino la sorte delle culture e delle lingue romanze nel loro insieme, accomunate dalla condivisione dello spazio mediterraneo. L'apertura di vie di pellegrinaggio e commercio e la conquista di porzioni significative del Mediterraneo orientale a partire dalla prima crociata portarono, fin dai primi decenni del XII secolo, allo sviluppo di varietà coloniali delle lingue romanze. La proiezione in uno spazio «diverso», non romanzo, come il Levante mediterraneo, l'Oriente latino, portò alla diffusione di locuzioni per indicare quello spazio, come il prov. *outramar*, il fr. *outremer*, l'it. *oltremare*, oltre che il prov. *de lai mar*, il fr. *dela mer*, il venez. *de là da mar*, e anche deitticamente inverse, come il fr. *deça mer*, il prov. *de sai mar*, il venez. *de qua da mar.*[1]

Se è vero che, parallelamente alla spinta commerciale, la rivoluzione linguistico-culturale culminò con l'affermarsi nei testi scritti dei nuovi volgari delle nazioni che sul Mediterraneo si affacciano,[2] è altrettanto assodato che Venezia abbia avuto un ruolo particolare, agevolato *in primis* dalla sua posizione geografica. Il veneziano poté espandersi sull'altra sponda dell'Adriatico, probabilmente già dai secoli IX e X, in Istria e in Dalmazia, sovrapponendosi agli idiomi là parlati.[3] Divenne la lingua internazionale dell'Adriatico, nel mondo balcanico e greco, già in tempi antichi, e di questo è spia la fisionomia arcaica di alcuni prestiti: «da solo il veneziano ha portato forse più prestiti in lingue straniere di quanto abbia fatto la nostra lingua letteraria» (Folena [1968–1970] 1990, 233).

Venezia offre dunque nell'Occidente europeo medievale, insieme con la formazione di un'aristocrazia mercantile che è la più antica d'Europa, l'esempio più precoce e universale di metropoli coloniale.[4] Sul contatto diretto con tutti i popoli dell'Oriente mediterraneo si è fondata la duplice vocazione veneziana di

1 Folena ([1978] 1990, 271). La prima testimonianza veneziana della locuzione *de là da mar* (dopo Jacopone, ed. Contini, XIII ui.di.) è attestata nel *Contratto per compravendita di sapone* (1302), contenuto in Stussi 1965, 34–35, a pagina 35: «lo dito savon se devea ma*n*dar de là da mar», Corpus OVI. Rimando alle considerazioni di Tomasin e Dotto rispettivamente ai capp. 1 e 5.

2 Folena ([1968–1970] 1990, 232).

3 I documenti a nostra disposizione sono tardivi, non anteriori agli ultimi decenni del Duecento, quando questo processo era avanzatissimo (Stussi 1965).

4 Nel XIII secolo Venezia contava circa settanta–ottantamila residenti, a cui si deve aggiungere «qualche decina di migliaia di veneziani in giro per i mari e nelle colonie» (Stussi 2005, 24–25).

https://doi.org/10.1515/9783110652772-003

attaccamento al proprio dialetto e insieme di plurilinguismo, foriero di 'un dare e un avere'.[5] Il veneziano accolse termini greci, *in primis* quelli legati alla tecnica marinaresca bizantina, come *galea* (gr. *galea*, *galia*; DELI*n* s.v.) e *squero* (gr. *eskhárion*; DELI*n* s.v.), e arabi, legati all'attività economica, mercantile e industriale, come *fontego* (ar. *funduq*; DELI*n* s.v. *fondaco*), *arzanà* (ar. *dār as-sinā'a*; DELI*n* s.v. *arsenale*), *zecca* (ar. *sikka*; DELI*n* s.v.), *dogana* (ar. *dīwān*, *dīwāna* di origine persiana; DELI*n* s.v.), *tariffa* (ar. *ta'rīfa*; DELI*n* s.v.), *gabella* (ar. *qabāla*; DELI*n* s.v.), rivoluzionando su queste basi tutto il vocabolario economico del Mediterraneo.

L'egemonia economica e politica di Venezia già dal 1204, dopo la quarta crociata, ebbe per conseguenza effetti evidenti nei documenti prodotti dai mercanti-scriventi che commerciavano nelle colonie amministrate direttamente dalla Serenissima. È del resto nota l'importanza dei testi documentari mercantili di epoca medievale nella ricostruzione delle più antiche fasi del volgare;[6] questa produzione non avrebbe potuto fissarsi se nell'ambiente culturale mercantile non si fosse affermata, a partire almeno dal XIII secolo,[7] la necessità professionale dell'esercizio della scrittura,[8] per gestire, controllare e dirigere

5 Folena ([1968–1970] 1990, 237).

6 Stussi ([1977] 1982, 69); Folena ([1968–1970] 1990, 228); Stussi (2000) parla in proposito di «filologia mercantile».

7 Tuttavia, come sottolineava già Migliorini (1960, 101), alcune circostanze confermano l'esistenza di un uso scritto mercantile anteriore al Duecento: lo ribadisce Folena ([1968–1970] 1990, 229). Dopo di loro, Formentin ha indagato le *scriptae* dei mercanti veneziani del Medioevo fra il XII e il XIII secolo, dimostrando l'esistenza di «una vicenda predocumentaria del volgare scritto» (Formentin 2012, 64), e «di una tradizione di lingua scritta mercantile intrinsecamente mescidata» di latino e volgare (ivi, 67). Egli dimostra come il mercante veneziano possedesse una struttura grammaticale latina di base «pront*a* ad aprirsi al volgarismo di rilievo più morfosintattico che fonetico», a costituire «uno strumento espressivo di compromesso, che colma il vuoto di una tradizione di scrittura schiettamente volgare appoggiandosi al latino e adottando una sua peculiare grammatica» (ivi, 88–89). Sulla stessa linea si veda l'ulteriore approfondimento in Formentin (2015, 6, 10 e 12): «occorre [...] liberarsi [...] dal pregiudizio [...] che del latino il mercante avesse sempre e solo una competenza passiva»; «il latino volgareggiante, duttile e concreto, impiegato dai mercanti veneziani poteva presentarsi sullo scenario mediterraneo, nei contatti con mercanti di diversa nazionalità»; e ancora: «se dovessimo indicare il momento della svolta indicheremmo la metà del Duecento, quando per molti e convergenti indizi ci accorgiamo che nell'ambiente mercantile di Venezia, cioè nella classe dirigente della Repubblica, i tempi si eran fatti maturi per un uso consapevole e appropriato del volgare materno».

8 Sulla massiccia richiesta di alfabetizzazione e sul sistema educativo che si sviluppò nelle realtà comunali nel corso del XIII secolo ha scritto Palermo (1999, 482–488). Alcuni esercizi scolastici provenienti dal Veneto duecentesco consistevano nella traduzione di brevi frasette a uso dei mercanti (Stussi 1987, 36–37).

le sorti di imprese commerciali che in alcuni casi raggiunsero dimensioni ragguardevoli.[9]

Il volgare veneziano ebbe così nel Mediterraneo trecentesco una circolazione assai ampia, tanto da prevalere sul toscano, anche in varietà coloniali diverse da quelle parlate e scritte in madrepatria: si ebbero, cioè, forme diverse di veneziano coloniale a seconda del diverso tipo di ibridazione e se ne fece un uso scritto di cui restano pochi ma significativi esempi.[10]

L'etichetta di veneziano «coloniale» o *de là da mar*, secondo le espressioni coniate da Bidwell (1967) e da Folena ([1968–1970] 1990), si applica alle *scriptae* veneziane o venezianeggianti attestate nelle colonie dello *stato da mar* della Serenissima e nei territori limitrofi. In queste realtà «il veneziano era la lingua non solo degli scambi commerciali, ma anche dell'amministrazione (non di rado accanto ad altre lingue, specie nelle colonie non direttamente amministrate da Venezia), e veniva spesso scritto da non veneziani: così si giustificano i frequenti fenomeni d'interferenza con le lingue del posto (greco, dalmatico, croato ecc.) e anche con gli altri volgari italiani e con il francese» (Baglioni 2016, 133).

In Folena ([1968–1970] 1990, 260) è precisato che per *lingua coloniale* si intende «quel complesso di fenomeni che accompagnano il trasferimento di una comunità da un *habitat* naturale, da una madrepatria (che in questo caso è una metropoli marinara) in un *habitat* nuovo e separato, distante nello spazio e comunicante a distanza con la base di partenza, talora a lungo separato da essa o con comunicazioni rare, in stretto contatto d'altronde col nuovo ambiente che lo circonda». Le caratteristiche di questa varietà sono la maggiore conservatività rispetto al volgare della madrepatria e – d'altro canto – una spinta all'innovazione che viene dal diverso ambiente e dal mondo circostante, in particolare per il lessico e la semantica. Il fattore più potente è quello della koinizzazione, il livellamento come necessità primaria in uno spazio geografico ampio, abitato da genti diverse in contatto che usavano la lingua come veicolo di commercio.[11]

---

9 Cito il caso esemplare della fitta rete mercantile tessuta nella seconda metà del Trecento dal mercante pisano Francesco di Marco Datini, che, da Pisa, dirigeva i suoi collaboratori collocati negli snodi di Firenze, Pisa, Genova, Barcellona, Valenza, Maiorca, Ibiza, a loro volta punti di partenza per i traffici che toccavano i principali porti del Mediterraneo e oltre. L'Archivio Datini, nella consistenza che ci è pervenuta, comprende oltre 150 mila lettere, circa 500 registri e libri di conti, migliaia di polizze e assegni. Mezzo secolo prima lo stesso ruolo era già stato ricoperto su scala più ridotta da un altro pisano, Pignol Zucchello, per cui vedi *infra*.

10 Cf. Stussi (1982–1983); Stussi (1996); Stussi (2005, 28).

11 «Oltre al contatto con le altre lingue, caratteristiche comuni alle varie manifestazioni del veneziano d'Oltremare sono da un lato gli arcaismi fono-morfologici (come la conservazione della forma forte dell'articolo *lo*, un tratto obsoleto nel veneziano di Venezia fin dal secondo

Da questa premessa «venezianocentrica» – rafforzata dal prevalere in tutto il Mediterraneo orientale dei volgari settentrionali sul toscano – si sono susseguiti svariati importanti approfondimenti sulle *scriptae* prodotte in Oltremare in ambiente mercantile, in epoche e aree diverse.

Seguendo l'itinerario geografico tracciato da Folena nella sua *Introduzione*, prenderò in considerazione come testimoni fondamentali i documenti prodotti da mercanti, come gli epistolari, che tramandano, formule a parte, la lingua viva d'uso nel suo registro colloquiale: «la lettera è la fonte fondamentale, spesso unica, per la conoscenza della cultura linguistica dei mercanti».[12]

Strumento di comunicazione usato dai mercanti stanziati sulle coste del Mediterraneo, questa produzione risulta esposta al contatto linguistico, e apre certamente a importanti prospettive in merito al contagio lessicale sia per l'ingresso di lessemi esogeni, sia per l'espansione del veneziano in tutto il bacino del Mediterraneo e oltre.

Questo vale meno per altri tipi di testo.[13] Il problema della «fonte poco utile» è lamentato da Stussi anche in merito alle pratiche di mercatura (come lo *Zibaldone da Canal*, edito dal medesimo Stussi 1967), spesso conservate in copie più tarde, quando ormai il toscano aveva preso il sopravvento sulle altre varietà, dopo revisioni e aggiornamenti di mani diverse (cf. in merito Cortelazzo 1976, 673–677, che compara pratiche diverse). Lo stesso vale sia per la traduzione dall'arabo al veneziano del *Pactum Soldani de Aleppo*, databile al 1207–1208 ma conservato in copie della metà del Trecento,[14] sia per il testamento di Pietro Veglione redatto il 10 dicembre 1263 a Tabriz in una lingua di base veneziana a cui si è sovrapposto il pisano del redattore che lo stese.[15] Il problema che si pone è quindi se l'ibridismo contenuto in testi di questo tipo sia originario o acquisito successivamente, e in quale misura: «un eventuale

Trecento), dall'altro i fenomeni attribuibili a tendenze di smunicipalizzazione e koinizzazione con altri volgari italiani (per es. la non sistematicità dell'apocope vocalica nelle condizioni lagunari e una certa resistenza alla neutralizzazione della 3ª e della 6ª persona dei verbi)» (Baglioni 2016, 133–134).

12 Quarant'anni fa Stussi auspicava uno studio complessivo della produzione epistolare (Stussi [1977] 1982, 70).

13 Escludo in questa sede le pur interessanti testimonianze di cancelleria perché non direttamente inerenti alla lingua mercantile. Ma cito almeno le *missive* e *responsive* dei registri del Duca di Candia dei secoli XIV–XVI edite e studiate in Eufe (2006); si vedano anche Belloni (2007) e Eufe (2008).

14 Edito da Belloni/Pozza (1990); vedi anche Stussi (2005, 32).

15 Sono anche presenti francesisimi, grecismi e arabismi: cf. Stussi (1962); Stussi (1996, 151); Stussi (2005, 38); Petrucci (2000, 28).

repertorio delle fonti dovrà dunque tener conto di una gerarchia delle scritture mercantili dal punto di vista linguistico» (Stussi ([1977] 1982, 72).

2 Il veneziano in Dalmazia

A Ragusa (Dubrovnik) furono prodotte alcune fra le prime testimonianze di veneziano coloniale risalenti alla fine del Duecento, pubblicate e analizzate già in Folena ([1968–1970] 1990, 263–267). In questo studio, pur basandosi su pochi testi, Folena aveva individuato come a tratti veneziani arcaici se ne affianchino altri innovativi. Nei documenti trecenteschi aveva evidenziato una forte evoluzione prodotta da una parte dalla presenza di tracce toscaneggianti,[16] dall'altra dalla sovrapposizione del veneziano al dalmatico, pure se in maniera discontinua. Su questa scia, Dotto (2008a) ha raccolto testi e documenti medievali in volgare venezianeggiante conservati all'Archivio di Stato di Dubrovnik e risalenti al periodo che va dalla fine del XIII al XIV secolo, valorizzando i tratti in comune con la *scripta* veneziana coeva.

Vivace crocevia di lingue e culture, Ragusa fu caratterizzata da un dinamico (interdipendente) plurilinguismo: in questi documenti sono attestati almeno tratti croati, ragusei, veneziani, toscani. Le relazioni politiche, economiche e sociali che legarono Ragusa a Venezia, in particolare durante la dominazione veneziana tra il 1205 e il 1358, avevano avuto rilevanti conseguenze sul piano linguistico, con il trapianto di un volgare a base veneziana sottoposto a differenti processi di ibridazione.

Oltre ai documenti della *scripta* cancelleresca, il corpus di Dotto ne contiene altri in *scripta* autoctona, di scriventi ragusei: si tratta di 53 testi, fra inventari e lettere inviate da mercanti ragusei a organi giudiziari del Comune per controversie. Le lettere erano scritte fuori Ragusa, nei mercati dell'*hinterland* balcanico, dove i mercanti risiedevano per seguire i propri affari commerciali. Dotto ha dimostrato come il modello veneziano offrisse una base salda e compatta, ma ha anche documentato abbondantemente come esso fosse rielaborato – fatte salve le normali oscillazioni d'uso – per sottrazione di tratti specifici (sono usate le forme *santo* e *fanti* invece che *sento* e *fenti*; è rifiutata la desinenza *-è* della 1ª pers. sing. dell'indicativo futuro *pagarè*, sostituito da *pagarò*; gli avverbi sono formati con *-mente*, mai con *-mentre*) o con innovazioni che mostrano la creazione di un modello

16 Scrive di «un crescente sentore di toscanità» (Folena [1968–1970] 1990, 251).

relativamente indipendente da quello assunto come riferimento (l'uso di ‹l› per la resa degli esiti di -LJ-, come per *muler* 'moglie' contro *muier* o *mugler/muger*; l'uso di ‹n› per la resa degli esiti di -GN- e -NJ-, come per *vina* 'vigna' contro *vigna*); l'uso di ‹g› in luogo di ‹ç›/‹z›, cui soggiace probabilmente uno spostamento del luogo di articolazione dell'affricata sonora da dentale a postalveolare, come per esempio in *gudisi* 'giudici' contro *çudisi/zudisi*).[17]

3 Il veneziano a Cipro

Altri documenti significativi provengono da Cipro e risalgono al secolo successivo, quando si pongono le premesse per l'annessione dell'isola da parte della Serenissima. Anche questa strada è stata aperta da Folena ([1968–1970] 1990, 256–258) e approfondita da uno studio complessivo di Baglioni (2006).

All'estremo lembo orientale del Mediterraneo, Cipro fu sottoposta alla dominazione prima dei Franchi dal 1192, poi dei genovesi (per il porto di Famagosta) dal 1374 e dei veneziani dal 1489: Baglioni nota come questa periodizzazione sia riflessa solo in parte nei documenti prodotti nell'isola, perché il francese (con molti tratti in comune con la variante siro-palestinese) entrò nel repertorio linguistico cipriota con la fondazione del regno, mentre i volgari italiani rimasero limitati alle comunità mercantili italiane come lingue di minoranza. Solo nella seconda metà del XV secolo, a seguito della crescente influenza di Genova e Venezia nella vita politica dell'isola,[18] una *scripta* italo-romanza penetra nelle cancellerie cipriote e comincia a essere usata anche da burocrati non italofoni (Baglioni 2006, 38–52).

In particolare, mancano documenti veneziani databili al Trecento, periodo nel quale – a partire dal 1306 – i veneziani ottennero i primi privilegi commerciali. Però dal Quattrocento le scritture in veneziano diventano

---

17 Si vedano i capp. 4 e 5 di questo libro, a firma di Vuletić e Dotto. Rimando ad altri lavori in cui sono analizzati singoli testi, come un documento veneziano del 1284, in cui è riportata una lite tra mercanti veneziani e dalmatini a bordo di una nave a Ragusa (Dotto 2007), e il contratto per il nolo di un'imbarcazione tra un comandante raguseo e un mercante zaratino (Dotto 2008b). Formentin ha recentemente pubblicato un testo inedito di ambiente veneziano, scritto da mani diverse. Esso contiene alcune annotazioni contabili, in parte relative al trasporto e alla vendita di legname (Formentin 2012, 93–96), ed è databile alla prima metà del XIII secolo. Lo studioso individua alcune tracce linguistiche di ibridismo coloniale e ipotizza una provenienza istriano-dalmatica.

18 I testi pervenuti a noi non sono molti, e gli unici sopravvissuti sono in un volgare venezianeggiante fortemente interferito dal francese locale.

molto più comuni.[19] Baglioni evidenzia «la sostanziale uniformità del genovese e del veneziano di Cipro ai relativi modelli metropolitani, quando invece ci si aspetterebbe che la lunga presenza delle colonie italiane sull'isola avesse prodotto, così come a Creta, in Dalmazia e nelle isole dell'Egeo, delle varietà coloniali, caratterizzate da arcaismi e allo stesso tempo da innovazioni per lo più dovute al contatto con le lingue indigene» (Baglioni 2006, 38–39). Nel 1474 la Serenissima poi ottenne il controllo dell'isola e sostituì i funzionari esistenti con uomini mandati direttamente da Venezia, annullando (o confermando definitivamente) l'omologazione con la lingua parlata nella madrepatria.

Quello che importa dire però è che, contrariamente al genovese, il veneziano segnò profondamente la *scripta* italo-romanza dei ciprioti, un fatto probabilmente dovuto al maggior grado di interazione dei mercanti veneziani con i locali. Questo contatto diretto e profondo portò – biunivocamente – al contatto del veneziano stesso con le altre lingue in uso a Cipro, prime fra tutte il francese e il greco.

4 Mercanti e veneziano nel Mediterraneo orientale: le *Lettere* a Pignol Zucchello

Dopo la costa dalmata e Cipro, Folena cita in ultima analisi e assai brevemente i documenti provenienti da Creta, facendo riferimento in particolare alla raccolta costituita dai documenti mercantili di Pignol Zucchello, pubblicata per cura di Raimondo Morozzo della Rocca nel 1957 nella serie delle *Fonti relative alla storia di Venezia*.[20] Essa non ha avuto il riscontro scientifico che meriterebbe perché la

19 Il primo documento noto in volgare veneziano scritto sull'isola è del 28 maggio 1419, redatto a Nicosia da Andrea Verardi, rappresentante commerciale di Francesco Zorzi, e destinato al console veneziano di Alessandria, Biagio Dolfin.

20 Folena ([1968–1970] 1990, 258–259). L'importanza delle informazioni di carattere storico-economico che forniscono i testi è stata sottolineata a più riprese da vari studiosi, pure con le riserve dovute alla difficoltà di lettura dell'edizione (si veda la recensione di Romano 1960). Più recentemente Asolati, che studia il commercio della lana, ha citato le bolle mercantili presenti nel carteggio dello Zucchello e scrive: «non esistono repertori esaustivi di tali marchi commerciali e le pur numerose testimonianze cartacee sopravvissute che riguardano per esempio i registri dei carichi navali o la corrispondenza tra mercanti [...] non sono ancora sufficientemente studiate da consentirci di individuare con certezza i nomi dei personaggi siglati sulle bolle, anche in considerazione della frequenza delle omonimie [...] cosicché in definitiva poco o nulla si riesce a sapere su coloro cui alludevano questi manufatti e sull'oggetto e la dimensione dei loro traffici» (Asolati 2012, 289–290).

trascrizione dei testi non è sempre corretta, e in alcuni casi addirittura insufficiente a scopi linguistici e filologici (tra l'altro, due testi sono rimasti inediti fino a oggi; si vedano nell'Appendice 1 i testi in grassetto). Sto allestendo una nuova edizione del corpus testuale, e ne do in questa sede qualche informazione introduttiva.[21]

Il mannello è costituito da 70 testi datati fra il 1336 e il 1349–1350, contenuti in un faldone conservato presso l'Archivio di Stato di Venezia (coll. IT ASVe 3056 006) e disposti in ordine cronologico. Alcune carte presentano segni di cattiva conservazione: il faldone fu custodito per lungo tempo presso il fondo di S. Anna di Castello, nel cui monastero si era ritirata la moglie Caterina dopo la morte di Pignol Zucchello, avvenuta nel 1349 circa in seguito all'ondata di peste nera.[22]

I documenti qui contenuti, di tipologia diversa, sono così riassumibili, seguendo l'ordine dei mittenti (rimando per i dettagli alla tabella nell'Appendice 1):

38 lettere scritte dal senese Francesco Bartolomei, da Candia;

1 accordo davanti al notaio veneziano Pietro Pino, scritto a Venezia;

6 lettere scritte dal veneziano Nicoletto Gatta, dalla Tana, da Caffa e da Candia (?);

1 ricevuta di prestito scritta dal veneto Ghuvam;

---

21 Su questa edizione scrisse Stussi nel 1963 in una recensione molto critica uscita su «L'Italia dialettale». L'Ufficio Filologico dell'Opera del Vocabolario Italiano decise poco dopo (la scheda di descrizione è datata al 1967) di non includere l'edizione fra le fonti per la redazione del *Tesoro della Lingua Italiana delle Origini*. Anche Folena, nella già citata *Introduzione al veneziano «de là da mar»*, parla di raccolta «manchevole» dal punto di vista della cura del testo, ma che riveste un «interesse eccezionale» (Folena [1968–1970] 1990, 259 e nota 90). Simili le posizioni di Manlio Cortelazzo (1976, 683–684), che però a parziale discolpa di Morozzo scrisse: «le obiettive difficoltà di lettura hanno spesso tenuto lontano i possibili editori delle antiche carte veneziane» (ivi, 683, nota 35). Stussi ([1977] 1982, 70) scrive come la raccolta sia «uno dei più vivaci documenti di prosa mercantesca del Trecento», e che «meriterebbe uno studio molto accurato». Ancora Stussi (2000, 270) afferma che l'edizione di Morozzo della Rocca è «filologicamente disarmata e quindi inaffidabile». E poi: «è stato tratto in inganno un utente del calibro di Giovan Battista Pellegrini, il quale, a conforto della sua tesi sull'impronta friulana del veneziano antico, ha portato, trovandolo in quelle lettere, un *li presis* con tanto di esse finale, che però è solo errore di trascrizione» (sullo stesso fraintendimento cf. le osservazioni di Tomasin nel cap. 1 di questo libro). Ancora più recentemente l'interesse è stato espresso in Eufe (2007, 136–138 e 142–145), in Formentin (2015, 28) e in Tomasin (2016, 65), oltre che dalla redazione dell'OVI in vista dell'inserimento dei testi nel *Corpus*. Ringrazio Pär Larson, che mi ha messo a disposizione i materiali dell'Ufficio Filologico dell'Opera del Vocabolario Italiano, e che sta seguendo i lavori di riedizione.

22 Oltre alla loro trasmissione al fondo monastico, è probabile che le carte siano state raccolte e ordinate dalla stessa Caterina: sul fondamentale ruolo delle donne nella conservazione degli archivi mercantili di famiglia, cf. Stussi (2000, 276) e Formentin (2014–2015).

1 lettera del senese Cristoforo Bartolomei, fratello di Francesco, da Candia;
1 *memoria* del pisano Pignol Zucchello, scritta a Venezia;
1 atto notarile in latino, da Candia;
1 *recordaxon* del veneziano Iacomello Trevixan, da Venezia, e 2 sue lettere da Famagosta e Zara;
8 lettere del fiorentino Vannino Fecini (1 scritta da uno scrivano), da Setia, Alessandria e Candia;
4 lettere del veneziano Moretto Greco, da Candia e Setia, e 1 listino di prezzi da Famagosta (?);
1 lettera del veneziano Marco Ramella, da Candia;
1 lettera del veneziano Vettor fisico, da Candia;
1 lettera del veneziano (chioggiotto?) frate Pacino, da Rimini;
1 lettera del fiorentino Nicolò Dietifeci;
1 attestazione di un'offerta ricevuta per l'anima dello Zucchello in latino, scritta a Venezia.

La raccolta offre l'immagine di un gruppo piuttosto articolato di mercanti *de qua* (Venezia e Rimini) e *de là da mar*, attivi fra Tana, Caffa, Candia, Famagosta, Zara e Setia (si veda la carta all'Appendice 2).[23]

Il destinatario delle lettere è (quasi) sempre Pignol Zucchello. Originario di Pisa, vissuto per lungo tempo a Candia e trapiantato a Venezia già prima del 1328, dove sposò la veneziana Caterina, ricevette lo status di piena cittadinanza (detto *de intus et de extra*), ambìto per i privilegi concreti e per le esenzioni fiscali che comportava.[24] Egli investiva nel commercio marittimo, effettuato in

23 Le città ebbero una storia di occupazione che le vide cadere sotto l'influenza genovese, veneziana e turca in periodi diversi. La Tana venne rifondata dai veneziani nel XIV secolo; passò ai genovesi, di cui rappresentò un importante emporio per il commercio con l'Orda d'Oro delle merci che giungevano dalla via fluviale della seta fino al 1368, dopodiché subì una progressiva decadenza. Caffa era la capitale dei genovesi nel Mar Nero (cf. Pistarino 1986): a partire dal 1325 è documentata la presenza di un console veneziano alla Tana, che dal 1332 poté accogliere la concessione di un quartiere veneziano (cf. Heyd 1923, II, 181). Candia cadde sotto il dominio veneziano nel 1204, in seguito agli eventi della quarta crociata, e vi rimase fino al 1669, quando fu presa dagli Ottomani. Precedentemente parte del regno di Cipro, Famagosta fu genovese dal 1374 fino al 1464. Zara fu per secoli una delle città più importanti della Repubblica di Venezia, di cui fece parte fino alla sua caduta. Dal XIII secolo Setia, nella punta orientale di Creta, fu dominio dei veneziani. Questi ne fecero una base per la loro successiva espansione nella zona del mare Egeo. Nel 1651 i veneziani sconfitti dai turchi ottomani, pur di non consegnarla al nemico, la incendiarono.

24 Lo status era concesso dapprima a persone dedite ad attività locali, poi a coloro che producevano beni destinati all'esportazione (la cittadinanza *de extra*, in particolare, consentiva di

genere secondo la modalità della colleganza. Si stipulava cioè un contratto in base al quale il *socius stans*, che restava a Venezia, affidava una somma di denaro al *socius tractator*, il quale, affrontando una lunga e pericolosa navigazione, comprava e rivendeva per far fruttare quei soldi; entro un certo tempo (sei mesi, un anno), il navigatore rendeva la somma ricevuta e il guadagno veniva diviso in parti diseguali: di solito tre quarti a chi aveva rischiato i soldi, un quarto a chi aveva rischiato la vita (Stussi 2000, 275). Lo Zucchello guidava in questo modo da Venezia i propri affari comunicando con il suo *entourage* veneto-toscano stabilito nei *domini da mar*.

Bisogna ricordare che la fioritura delle imprese commerciali toscane nel primo Trecento, con diramazioni e filiali nei principali centri d'Italia, creò numerose occasioni di contatto fra scriventi di provenienza diversa. Tali contatti epistolari producevano un certo influsso della varietà dell'interlocutore più autorevole sulla lingua dell'altro scrivente. Il fenomeno fu motivo di un'ulteriore espansione del toscano, che affiancava e corroborava, a livello di lingua d'uso, l'influenza che la lingua di Dante e Petrarca esercitava già da tempo sul piano letterario (Palermo 1999, 494). Cito due esempi un poco più tardi. Nelle lettere in siciliano di Giovanni Abbatelli dei primi anni del Quattrocento le forme ipercorrette *fogitu* per *fuggito*, *iorati* per *giurati*, *dobitamu* per *dubitiamo* rivelano il tentativo di adesione al sistema vocalico toscano da parte dello scrivente (esemplare anche l'uso di *costà*) e costituiscono spie «della pressione esercitata dalla scrittura dei corrispondenti toscani» (Curti 1972, 50), cioè Francesco Datini e i suoi collaboratori.[25] Nello stesso periodo, anche nelle lettere dei fattori salentini di Lorenzo Acciaioli si nota «la contemporanea presenza nello stesso contesto della lingua volgare fiorentina e della lingua volgare meridionale, che nell'azienda pisana dell'Acciaioli convivono senza alcuno squilibrio» (De Blasi 1982, 48).

Il caso dei documenti raccolti da Pignol Zucchello – pur precedenti di almeno un cinquantennio, quindi prima dell'ascesa del fiorentino a modello di lingua – è opposto a quello testimoniato dalle scritture appena citate. Nel mannello rimane

---

commerciare per mare senza passare per l'intermediazione di un mercante veneziano). L'immigrazione, essenziale alla sopravvivenza delle città nel Medioevo, veniva incentivata o disincentivata a seconda delle necessità avvertite dai governanti di Venezia attraverso una serie fitta di leggi e emendamenti di leggi. In ballo erano alcuni privilegi di cittadinanza da accordare a immigranti che ne avessero i requisiti; essi comportavano vantaggi economici concreti, appunto, ma non diritti politici, essendo il governo della Repubblica un monopolio dell'*élite* aristocratica (Mueller 2010). Il privilegio di cittadinanza si concretizzava in una lettera patente che fungeva da vera e propria carta d'identità. Gli immigranti di rango si costituivano spesso in *scole*, comunità di *nationes* straniere, attraverso le quali cercavano di mediare la propria integrazione con la popolazione locale.

25 Cf. anche Stussi (1996, 147–148).

un solo documento autografo, redatto a Venezia il 6 aprile 1347 (n° 35, pagine 71–72),[26] il quale dimostra come Zucchello – pisano – si fosse ben integrato tanto da aver assimilato quasi completamente l'idioma della città che lo ospitava da circa vent'anni: nel vocalismo si osservano il passaggio -ARI(UM) > *-er* in *deneri*, e l'apertura di *e* protonica in *a* in *fanestra*. Antitoscane sono la lenizione della labiale intersonantica -P- in *avr(il)* e quella della dentale intervocalica -T- in *mandado*, l'affricata dentale in luogo della palatale toscana (*façо, Franzischin*), l'evoluzione *v-* di *W- germanico (*varda*). Nella morfologia, il pronome personale soggetto di prima persona singolare *mi*, in particolare davanti al nome proprio *Pignol* a mo' di formula (accanto anche all'uso di *io*, pure significativo), segna un netto stacco dalla *scripta* documentale coeva, nella quale prevale ancora la forma nominativale *eo*. A questa base veneziana, nel breve scritto dello Zucchello, si sovrappone talvolta anche l'interferenza del sistema d'origine, come per esempio nell'oscillazione fra *di* e *de*.[27]

Anche *de là da mar* i mercanti toscani si trovavano a comunicare – come testimoni linguistici esterni – in territori in cui il veneziano era il volgare dominante; il senese Bartolomei accenna addirittura alle difficoltà che poteva incontrare un veneziano nel leggere una lettera «al modo toschano» (27 ottobre 1345, n° 19, pagina 46). La particolarità linguistica delle lettere dei mercanti toscani in questa raccolta, tanto preziosa perché solo qui testimoniata per l'Oltremare, è proprio il tentativo di 'venetizzare' la lingua usata, pur in gradi diversi.[28]

---

26 Per comodità oltre alla data indico il numero progressivo dell'edizione di Morozzo della Rocca (come da tabella nell'Appendice 1), e il numero delle pagine. Correggo – se del caso – la trascrizione delle porzioni di testo cui faccio qui riferimento.

27 Cf. Drusi/Vescovo (2003–2004, 78).

28 Cf. Tomasin (2016, passim) e, dello stesso studioso, le osservazioni in questo volume al cap. 1. Riporto di seguito qualche esempio di predominanza veneziana *de qua da mar* sulla bocca di mercanti non veneziani. Il mercante di Copertino Sabatino Russo – fra la fine del Trecento e l'inizio del Quattrocento – scriveva al suo *partner* veneziano Biagio Dolfin in una prosa compattamente salentina dalla quale affiorano alcuni elementi veneziani, che – per la loro posizione in locuzioni formulari – sembrano desunti dalle lettere del Dolfin: da *sapié* 'sappiate' del Dolfin viene *sazati* del Russo; ma si noti anche l'uso della forma obliqua del pronome di prima persona singolare *my* per 'io' in funzione di soggetto (Stussi [1965] 1982; Stussi 1996, 146–147, dove si fa riferimento all'«ibridismo interromanzo»; Stussi 2000, 277–278). Il marchigiano Gilio de Amoruso, appartenente alla sfera d'influenza datiniana e anche lui ben caratterizzato linguisticamente, usa tuttavia *tole* 'tavole' e *pevere* 'pepe', termini delle piazze commerciali veneziane nelle quali si trovava ad operare (Bocchi 1991; Stussi 1996, 148). I mercanti lucchesi profughi a Venezia scrivevano a Giusfredo Cenami nel 1375 usando *luni* 'lunedì', *marti* 'martedì', *péroli* 'orecchini', *entimele* 'federe' (Bini 1853–1856; Bini 1857). La prosa di Giovanni Bolani console di Venezia a Lecce lascia emergere forme salentine (*prometastivo* 'prometteste', *ède* 'è') e forme settentrionali (*fradelo* 'fratello'; Stussi 1982–1983). È documentata anche una testimonianza analoga per

I fratelli senesi Francesco e Cristoforo Bartolomei scrivevano da Candia certamente in volgare senese (nella lettera n° 51 del 23 settembre 1347 leggiamo *lettare*, *scrivarà* e *deviti*), però segnato da qualche termine veneziano (per esempio *fadiga* e *savone*), legato nella maggior parte agli oggetti del commercio, perché è evidente che la possibilità di esprimersi univocamente in merito ai prodotti di commercio – di cui Venezia in quel momento aveva la gran parte della gestione – agevolasse la comunicazione fra gli addetti ai lavori.

Il fiorentino Vannino Fecini, invece, che scrive da Candia e da Alessandria, si esprime in una varietà di base sostanzialmente fiorentina (nella lettera n° 43 del 1° agosto 1347 leggiamo, diversamente dal caso precedente, *lettere* e *scrivere*), ma usa più massicciamente (molto più dei fratelli Bartolomei) anche forme veneziane che hanno un equivalente morfo-fonologico toscano: egli impiega, per esempio, *pevere* (n° 44) e *zénzovi* ('zenzeri' alla n° 45, ma anche *gengiovi* alla n° 44).[29] Quello che è significativo dire in merito alle lettere di Fecini è che l'uso di termini veneziani investe anche ambiti che commerciali non sono, riguardanti faccende organizzative non strettamente professionali, come *nievo* (n° 43) e *amisi* (nn[i] 52, 56, 57, ma anche *amici* n° 44).

Per ciò che riguarda l'ultima tipologia di testi compresi nel faldone, quella dei mercanti veneziani, la lingua non presenta tracce marcate di toscanizzazione. La lettera del veneziano Nicoletto Gatta del 26 settembre 1341 (n° 6, pagine 20–21) mostra chiaramente i tratti del volgare veneziano della prima metà del Trecento, come lo scempiamento delle consonanti intense, la sonorizzazione delle occlusive intervocaliche e intersonantiche (*saludo*, *vegnudo*, *indriedo*, *mandado*), e i pronomi tonici (*de*) *ti*, (*a*) *mi*. In più, propria di alcune varietà settentrionali è anche la forma del condizionale *vorave*. Tratto arcaico che sarebbe sparito dal veneziano intorno alla metà del Trecento è la conservazione di *-s* in *tu sas che tu averas*.[30]

Nel complesso, i documenti raccolti da Pignol Zucchello «documenta*no* una simbiosi mercantile tosco-veneta» (Folena [1968–1970] 1990, 259–260 e nota 90): se le lettere in veneziano non presentano influenze di altri volgari italiani, quelle scritte dai mercanti toscani sono classificabili come miste.

Genova, quella del pratese Pietro Benintendi, un esponente della nutrita colonia dei banchieri e mercanti toscani impiantatisi nella città marinara. La sua corrispondenza con Francesco Datini (1392–1409, quindi di cinquant'anni più tarda dei documenti raccolti dallo Zucchello) mostra tracce della più che quarantennale permanenza a Genova: forme come *duxe*, *chieixa*, *palaxio* testimoniano l'influsso della *scripta* genovese sul sistema grafico d'origine. A queste si affianca un certo numero di ligurismi fono-morfologici, come *meise*, *preisso*, *figioli*, *pigiare*, *marvaxio*, *possando*, *guardè*, *afretè* (cf. Palermo 1999, 495).

29 A proposito dell'accentazione proparossitona, si veda lo studio sugli esiti di ZĬNGĬBER di Tomasin (2016–2017).

30 Sulle seconde persone sigmatiche si veda il cap. 1; cf. anche Eufe (2007, 136–137).

La raccolta trasmette anche importanti indicazioni sulla cultura dei mercanti, sulla terminologia tecnica economica,[31] soprattutto per quanto riguarda le parole della marineria e del commercio. I rapporti economici che, fin dal IX secolo, i mercanti delle repubbliche marinare (Venezia in primo luogo, ma anche Pisa, Genova, Amalfi) intrattengono con il Levante e l'Africa fanno sì che molte parole d'Oltremare circolino – a partire dal Duecento – in quantità via via sempre maggiore nei volgari italiani (i mercanti veneziani, per esempio, furono i principali artefici dell'irradiazione di bizantinismi in area italiana).[32]

I testi documentano dati lessicali nuovi: nuove forme (come per esempio *faitador* 'conciatore di pelli', forma veneziana per *affaitatore*, TLIO s.v.), prime attestazioni (come per *greparia* 'nave da trasporto per merci e passeggeri', TLIO s.v.)[33] e nuove attestazioni. Illustro un esempio di questo ultimo caso, di parole, cioè, non presenti nei dizionari. Cito dalla lettera di Francesco Bartolomei a Vannino Fecini, spedita da Candia a Venezia (n° 13, 26 febbraio 1345): «De' Turchi vi fu morti intorno de .CCC. fra qua' sì fu el signiore da la Tira fratello di Morbasciano e Morbasciano e cialabi d'Altoluogho feriti malamente» (pagine 31–32). Invece di distinguere la congiunzione dal sostantivo (*e cialabi*), l'edizione di Morozzo della Rocca riporta «ecialabi» con univerbazione, che rende impervia la sintassi della frase. I *cialabi* sono 'signori, principi': *çelebi* era un tradizionale titolo onorifico turco, usato nel periodo ottomano dopo il nome di una persona di sesso maschile con un significato che all'incirca significa 'gentiluomo'; originariamente indicò la nobiltà, ma successivamente fu generalizzato ad indicare gli uomini istruiti, quelli cioè che gestivano il potere.[34]

5 Un primo bilancio

È legittimo pensare dunque che non si tratti – stanti tutti gli aspetti descritti – di episodi linguistici limitati alla comunicazione epistolare, ma piuttosto di spie di

---

31 Talora di ascendenza cortese, come la locuzione *imprestadi per fin amor* (pagina 17). La locuzione è accompagnata alla tipica formula del commercio marittimo toscano *salvi in terra*, cioè 'da regolare una volta giunti sani e salvi a destinazione'. Essa si trova anche nella pratica di Balducci Pegolotti ed è ripetuta in vari altri punti del carteggio Zucchello, alle pagine 73, 74, 102 (cf. Tomasin 2016, 310–311, note 26–27).

32 Si veda Cortelazzo (1970).

33 Cf. anche Cortelazzo (1970, 109–110).

34 Cf. Heyd (1923, II, 558) e l'*Encyclopaedia of Islam*, s.v. Nell'indice finale presente nel volume di Zachariadou (1983) il termine è registrato nelle forme *çialabi*, *çelebi*, *çalebi*, *cialabi*, *zalabi*, *zalep(p)i*, *celebì*, τζαλαπῆς. Per un approfondimento degli apporti lessicali nel testo rimando a una selezione di glossario in Rinaldin 2018.

una lingua d'uso, sulla quale, su una base italo-romanza già composita, si innestano elementi greci e arabi. Si intravvede in questo modo quel vocabolario mediterraneo la cui ricostruzione si è spesso auspicata: nel moto continuo e laborioso dei mercanti che si muovevano per terra e per mare è scritto uno dei capitoli più significativi non solo della storia della nostra lingua, ma di tutta la cultura europea.

Bibliografia

Asolati, Michele, *Mercanti di lane a Venezia nel XIV e XVI secolo. Bolle e contrassegni plumbei dal Lazzaretto Nuovo e dal territorio padovano*, in: Busana, Maria Stella/Basso, Patrizia (edd.), *La lana nella Cisalpina romana. Economia e società. Studi in onore di Stefania Pesavento Mattioli. Atti del convegno Padova–Verona, 18–20 maggio 2011*, Padova, Padova University Press, 2012, 289–296.

Baglioni, Daniele, *La «scripta» italoromanza del regno di Cipro. Edizione e commento di testi di scriventi ciprioti del Quattrocento*, Roma, Aracne, 2006.

Baglioni, Daniele, *L'italiano fuori d'Italia: dal Medioevo all'Unità*, in: Lubello, Sergio (ed.), *Manuale di linguistica italiana*, Berlin/Boston, de Gruyter, 2016, 125–145.

Belloni, Gino, *Nota sui testi in veneziano*, in: Ratti Vidulich, Paola (ed.), *Duca di Candia. Quaternus consiliorum (1350–1363)*, Venezia, Comitato per la pubblicazione delle fonti relative alla storia di Venezia, 2007, IX–XXXII.

Belloni, Gino/Pozza, Marco, *Il più antico documento in veneziano. Proposta di edizione*, in: Cortelazzo, Manlio (ed.), *Guida ai dialetti veneti XII*, Padova, CLEUP, 1990, 5–32.

Bidwell, Charles E., *Colonial Venetian and Serbo-Croatian in the eastern Adriatic. A case study in language contact*, General Linguistics 7 (1967), 13–30.

Bini, Telesforo, *I lucchesi a Venezia. Alcuni studj sopra i secoli XIII e XIV*, Lucca, Tip. di Felice Bertini, 1853–1856.

Bini, Telesforo, *Lettere mercantili del 1375, mandate da Lucchesi residenti in Venezia a Giusfredi Cenami*, Atti della I. e R. Accademia Lucchese di Scienze, Lettere ed Arti 16 (1857), 129–175.

Bocchi, Andrea (ed.), *Le lettere di Gilio de Amoruso, mercante marchigiano del primo Quattrocento. Edizione, commento linguistico e glossario*, Tübingen, Niemeyer, 1991.

Corpus OVI = *Corpus OVI dell'italiano antico*, ed. Artale, Elena/Larson, Pär, <http://gattoweb.ovi.cnr.it/>.

Cortelazzo, Manlio, *L'influsso linguistico greco a Venezia*, Bologna, Pàtron, 1970.

Cortelazzo, Manlio, *La cultura mercantile e marinaresca*, in: *Storia della cultura veneta*, Vicenza, Neri Pozza, vol. 1: *Dalle origini al Trecento*, 1976, 671–691.

Curti, Luca, *Antichi testi siciliani in volgare*, Studi mediolatini e volgari 20 (1972), 49–139.

De Blasi, Nicola, *Tra scritto e parlato. Venti lettere mercantili meridionali e toscane del primo Quattrocento*, Napoli, Liguori, 1982.

DELI*n* = Cortelazzo, Manlio/Zolli, Paolo, *DELI – Dizionario etimologico della lingua italiana*, Bologna, Zanichelli, 2ª edizione in volume unico, edd. Cortelazzo, Manlio/Cortelazzo Michele A., 1999.

Dotto, Diego, *Nuova ricognizione di un testo veneziano del XIII secolo: Ragusa, 1284*, Quaderni Veneti 46 (2007), 9–36.

Dotto, Diego, *«Scriptae» venezianeggianti a Ragusa nel XIV secolo. Edizione e commento di testi volgari dell'Archivio di Stato di Dubrovnik*, Roma, Viella, 2008 (= 2008a).

Dotto, Diego, *Per il veneziano fuori di Venezia: due livelli d'ibridismo in un contratto marittimo raguseo della metà del Trecento*, Zeitschrift für romanische Philologie 124:2 (2008), 250–282 (= 2008b).

Drusi, Riccardo/Vescovo, Piermario, *Prima e dopo la letteratura. Il veneziano e il fantasma della grammatica*, Quaderns d'Italià 8/9 (2003/2004), 67–90.

Encyclopaedia of Islam (The), edited by Gudrun Krämer, Denis Matringe, John Nawas and Everett Rowson, Leiden, Brill, 1997.

Eufe, Rembert, *Sta lengua ha un privilegio tanto grando. Status und Gebrauch des Venezianischen in der Republik Venedig*, Frankfurt am Main, Peter Lang, 2006.

Eufe, Rembert, *Marco Polo veneziano e le lingue*, in: Palagiano, Cosimo, et al. (edd.), *L'impresa di Marco Polo: cartografia, viaggi, percezione*, Roma, Tiellemedia, 2007, 125–148.

Eufe, Rembert, *Continuité linguistique et discontinuité territoriale. Le «volgare» des documents du «Duca di Candia»*, in: Heinemann, Sabine/Videsott, Paul (edd.), *Sprachwandel und (Dis-)Kontinuität in der Romania*, Tübingen, Niemeyer, 2008, 57–69.

Folena, Gianfranco, *Introduzione al veneziano «de là da mar»*, Bollettino dell'Atlante Linguistico Mediterraneo, 10–12 (1968–1970), 331–376 [quindi in: Pertusi, Agostino (ed.), *Venezia e il Levante fino al secolo XIV. Atti del I Convegno internazionale di storia della civiltà veneziana promosso e organizzato dalla fondazione Giorgio Cini (Venezia, 1–5 giugno 1968)*, Firenze, Olschki, vol. I: *Storia – Diritto – Economia*, 1973, 297–346; rist. in: Folena, Gianfranco, *Culture e lingue nel Veneto medievale*, Padova, Editoriale Programma, 1990, 227–267].

Folena, Gianfranco, *La Romània d'oltremare: francese e veneziano nel Levante*, in: Vàrvaro, Alberto (ed.), *XIV Congresso Internazionale di Linguistica e Filologia Romanza (Napoli, 15–20 Aprile 1974), Atti*, vol. I, Amsterdam/Napoli, Benjamins/Macchiaroli, 1978, 399–406 [rist. in: Id., *Culture e lingue nel Veneto medievale*, Padova, Editoriale Programma, 1990, 269–286].

Formentin, Vittorio, *La «scripta» dei mercanti veneziani del Medioevo (secoli XII e XIII)*, Medioevo Romanzo 36:1 (2012), 62–103.

Formentin, Vittorio, *Scritture femminili veneziane del medioevo*, Atti e Memorie dell'Accademia Galileiana di Scienze, Lettere ed Arti già dei Ricovrati e Patavina 127 (2014–2015), 63–101.

Formentin, Vittorio, *Il mercante veneziano del Duecento tra latino e volgare: alcuni testi esemplari*, con *Annotazioni paleografiche* di Antonio Ciaralli, Studi Linguistici Italiani 41:1 (2015), 3–53.

Heyd, Wilhelm von, *Histoire du commerce du Levant au Moyen-Âge*, 2 vol., Leipzig, Harrassowitz, 1923.

Migliorini, Bruno, *Storia della lingua italiana*, Firenze, Sansoni, 1960.

Morozzo della Rocca, Raimondo (ed.), *Lettere di mercanti a Pignol Zucchello (1336–1350)*, Venezia, Comitato per la pubblicazione delle Fonti relative alla storia di Venezia, 1957.

Mueller, Reinhold C., *Immigrazione e cittadinanza nella Venezia medievale*, Roma, Viella, 2010.

Palermo, Massimo, *La lingua dei mercanti*, in: Borsellino, Nino/Pedullà, Walter (edd.), *Storia generale della letteratura italiana*, vol. 1: *Il Medioevo. Le origini e il Duecento*, Milano, Motta, 1999, 482–511.

Petrucci, Livio, *Rassegna dei più antichi documenti del volgare pisano*, in: Werner, Edeltraud/Schwarze, Sabine (edd.), *Fra toscanità e italianità. Lingua e letteratura dagli inizi al Novecento*, Tübingen/Basel, Francke, 2000, 15–46.

Pistarino, Geo, *The Genoese in Pera – Turkish Galata*, Mediterranean Historical Review 1 (1986), 63–85.
Rinaldin, Anna, *«De qua» e «de là da mar». Questioni filologiche e rarità lessicali dalle carte mercantili di Pignol Zucchello (1336–1350)*, in: Pîrvu, Elena (ed.), *Il tempo e lo spazio nella lingua e nella letteratura italiana. Atti dell'VIII Convegno internazionale di italianistica dell'Università di Craiova, 16–17 settembre 2016*, Firenze, Franco Cesati, 2018, 209–218.
Romano, Ruggiero, *Marchands toscans et vénitiens au XIVe siècle*, Annales 15 (1960), 392–397.
Stussi, Alfredo, *Un testamento volgare scritto in Persia nel 1263*, L'Italia dialettale 25 (1962), 23–37.
Stussi, Alfredo, *Appunti su una raccolta di testi antichi*, L'Italia dialettale 26 (1963), 146–150.
Stussi, Alfredo (ed.), *Testi veneziani del Duecento e dei primi del Trecento*, Pisa, Nistri-Lischi, 1965.
Stussi, Alfredo (ed.), *Zibaldone da Canal. Manoscritto mercantile del sec. XIV*, Venezia, Comitato per la pubblicazione delle Fonti relative alla storia di Venezia, 1967.
Stussi, Alfredo, *Antichi testi salentini in volgare*, in: Id., *Studi e documenti di storia della lingua e dei dialetti italiani*, Bologna, il Mulino, 1982, 155–181 [già in: Studi di Filologia Italiana 23 (1965), 191–224].
Stussi, Alfredo, *Il mercante medievale e la storia della lingua italiana*, in: Id., *Studi e documenti di storia della lingua e dei dialetti italiani*, Bologna, il Mulino, 1982, 69–72 [già in: Beck, Hans Georg, et al. (edd.), *Venezia centro di mediazione tra Oriente e Occidente: secoli XV–XVI. Aspetti e problemi. Atti del II convegno internazionale di storia della civiltà veneziana (Venezia, 3–6 ottobre 1973)*, Firenze, Olschki, vol. 2, 1977, 545–548].
Stussi, Alfredo, *Un nuovo documento di veneziano coloniale*, Studi mediolatini e volgari 29 (1982–1983), 165–173.
Stussi, Alfredo, *Un esercizio scolastico duecentesco*, in: Belloni, Gino/Pozza, Marco (edd.), *Sei testi veneti antichi*, Venezia, Jouvence, 1987, 27–44.
Stussi, Alfredo, *Esempi medievali di contatto linguistico nell'area mediterranea*, Studi e saggi linguistici 36 (1996), 145–155.
Stussi, Alfredo, *Filologia mercantile*, in: Masiello, Vitilio (ed.), *Studi di filologia e letteratura italiana in onore di Gianvito Resta*, Roma, Salerno editrice, vol. 1, 2000, 269–284.
Stussi, Alfredo, *Medioevo volgare veneziano*, in: Id., *Storia linguistica e storia letteraria*, Bologna, il Mulino, 2005, 23–80.
TLIO = *Tesoro della lingua italiana delle origini*, fondato da Pietro G. Beltrami, ed. Leonardi, Lino (<http://tlio.ovi.cnr.it/TLIO/>).
Tomasin, Lorenzo, *Urban multilingualism. The languages of non-Venetians in Venice during the Middle Ages*, in: Selig, Maria/Ehrich, Susanne (edd.), *Mittelalterliche Stadtsprachen* (Forum Mittelalter-Studien, Bd. 11), Regensburg, Verlag Schnell&Steiner, 2016, 63–75.
Tomasin, Lorenzo, *Sugli esiti di* ZĪNGĪBER, Vox Romanica 75 (2016) [ma 2017], 59–72.
Zachariadou, Elizabeth A., *Trade and crusade. Venetian Crete and the Emirates of Menteshe and Aydin (1300–1415)*, Venezia, Istituto Ellenico di Studi Bizantini e Postbizantini di Venezia, 1983.

Appendice 1 –Tavola sinottica dei documenti contenuti nel fascicolo di Pignol Zucchello

Riporto la numerazione dell'edizione Morozzo della Rocca, integrata con due testi esclusi, affiancata dalla nuova numerazione fra parentesi quadre.

N.	Data	Mittente	Da	Destinatario	A
1 [1]	1336.10.20	Francesco Bartolomei	Candia	Vannino Fecini	Firenze
2 [2]	1337.01.?	Francesco Bartolomei	Candia	Vannino Fecini	?
2bis [3]	1338.03.19[35]	Pietro Pino notaio	Venezia	=	=
3 [4]	1340.05.24	Nicoletto Gatta	Tana	Pignol Z.	Venezia
4 [5]	1341.05.26	Nicoletto Gatta	Tana	Pignol Z.	Venezia
5 [6]	1341.06.22	Nicoletto Gatta	Tana	Pignol Z.	Venezia
6 [7]	1341.09.26[36]	Nicoletto Gatta	Tana	Pignol Z.	Venezia
7 [8]	1343.08.26[37]	Ghuvam	?	=	=
8 [9]	1344.03.19	Francesco Bartolomei	Candia	Pignol Z.	Venezia
9 [10]	1344.10.05	Francesco Bartolomei	Candia	Pignol Z.	Venezia
10 [11]	1344.11.25	Francesco Bartolomei	Candia	Pignol Z.	Venezia
11 [12]	1344.12.08	Cristoforo Bartolomei	Candia	Pignol Z.	Venezia
12 [13]	1344.12.28	Francesco Bartolomei	Candia	Pignol Z.	Venezia
13 [14]	1345.02.26	Francesco Bartolomei	Candia	Vannino F.	Venezia
14 [15]	1345.05.15	Francesco Bartolomei	Candia	Pignol Z.	Venezia

35 Accordo davanti a notaio con Francesco Bocco, escluso dall'edizione di Morozzo della Rocca e pubblicato in Tomasin (2016, 74–75).
36 Ripubblicata da Eufe (2007, 142–144).
37 Ricevuta di prestito.

(continua)

N.	Data	Mittente	Da	Destinatario	A
15 [16]	1345.05.26	Francesco Bartolomei	Candia	Pignol Z.	Venezia
16 [17]	1345.10.04	Francesco Bartolomei	Candia	Pignol Z.	Venezia
17 [18]	1345.10.05	Francesco Bartolomei	Candia	Pignol Z.	Venezia
18 [19]	1345.10.05	Francesco Bartolomei	Candia	Pignol Z.	Venezia
19 [20]	1345.10.27	Francesco Bartolomei	Candia	Pignol Z.	Venezia
20 [21]	1345.11.09	Francesco Bartolomei	Candia	Pignol Z.	Venezia
21 [22]	1345.11.09	Francesco Bartolomei	Candia	Pignol Z.	Venezia
22 [23]	1346.02.?	Francesco Bartolomei	Candia	Pacino frate	Venezia
23 [24]	1346.02.06	Francesco Bartolomei	Candia	Pacino frate	Venezia
24 [25]	1346.03.17	Francesco Bartolomei	Candia	Pignol Z.	Venezia
25 [26]	1346.04.10	Francesco Bartolomei	Candia	Pignol Z.	Venezia
26 [27]	1346.05.12	Francesco Bartolomei	Candia	Pignol Z.	Venezia
27 [28]	1346.05.16	Francesco Bartolomei	Candia	Pignol Z.	Venezia
28 [29]	1346.05.26	Francesco Bartolomei	Candia	Pacino frate	Venezia
29 [30]	1346.08.07	Francesco Bartolomei	Candia	Pignol Z.	Venezia
30 [31]	1346.08.20	Francesco Bartolomei	Candia	Pignol Z.	Venezia
31 [32]	1346.09.20	Francesco Bartolomei	Candia	Pignol Z.	Venezia
32 [33]	1346.10.01	Francesco Bartolomei	Candia	Pignol Z.	Venezia
33 [34]	1346.10.05	Francesco Bartolomei	Candia	Pignol Z.	Venezia
34 [35]	1346.10.07	Francesco Bartolomei	Candia	Pignol Z.	Venezia
35 [36]	1347.04.06[38]	Pignol Z.	Venezia	=	=

38 *Memoria*, ripubblicata da Eufe (2007, 144–145).

(continua)

N.	Data	Mittente	Da	Destinatario	A
36 [37]	1347.05.16	Francesco Bartolomei	Candia	Vannino F.	Venezia
37 [38]	1347.06.04	Francesco Bartolomei	Candia	Pignol Z.	Venezia
38 [39]	1347.06.04	Francesco Bartolomei	Candia	Pignol Z.	Venezia
39 [40]	1347.06.15[39]	=	Candia	=	=
40 [41]	1347.06.30	Francesco Bartolomei	Candia	Pignol Z.	Venezia
41 [42]	1347.07.01	Francesco Bartolomei	Candia	Pignol Z.	Venezia
42 [43]	1347.07.28[40]	Iacomelo Trevixan	Venezia	=	=
43 [44]	1347.08.01	Vannino Fecini	Setia	Pignol Z.	Venezia
44 [45]	1347.08.11	Vannino Fecini	Alessandria	Pignol Z.	Venezia
45 [46]	1347.09.14	Vannino Fecini	Alessandria	Pignol Z.	Venezia
46 [47]	1347.09.18	Francesco Bartolomei	Candia	Pignol Z.	Venezia
47 [48]	1347.09.19	Moretto Greco	Candia	Pignol Z.	Venezia
48 [49]	1347.09.20	Marco Ramella	Candia	Pignol Z.	Venezia
49 [50]	1347.09.21	Moretto Greco	Candia	Francesco Greco	Venezia
50 [51]	1347.09.22	Francesco Bartolomei	Candia	Pignol Z.	Venezia
51 [52]	1347.09.23	Cristoforo e Francesco Bartolomei	Candia	Pignol Z.	Venezia
52 [53]	1347.09.28	Vannino Fecini	Alessandria	Pignol Z.	Venezia
53 [54]	1347.10.09	Francesco Bartolomei	Candia	Pignol Z.	Venezia
54 [55]	1347.10.17	Iacomel Trevixan	Famagosta	Pignol Z.	Venezia

39 Atto notarile in latino.
40 *Recordaxon* 'promemoria'.

(continua)

N.	Data	Mittente	Da	Destinatario	A
55 [56]	1347.10.27	Moretto Greco	Setia	Pignol Z.	Venezia
56 [57]	1347.11.21	Vannino Fecini	Alessandria	Pignol Z.	Venezia
57 [58]	1347.12.18	Vannino Fecini	Alessandria	Pignol Z.	Venezia
58 [59]	1347.12.23	Vannino Fecini	Alessandria	Pignol Z.	Venezia
59 [60]	1347.12.24	Vettor fisico	Candia	Pignol Z.	Venezia
60 [61]	1348.01.09	Francesco Bartolomei	Candia	Pignol Z.	Venezia
61 [62]	1348.02.17	Moretto Greco	Candia	Pignol Z.	Venezia
62 [63]	1348.02.28	Iacomel Trevixan	Zara	Pignol Z.	Venezia
63 [64]	1348.04.12	Nicoletto Gatta	Caffa	Pignol Z.	Venezia
64 [65]	1348.04.29	Pace (Pacino frate)	Rimini	Pignol Z.	Venezia
65 [66]	1348.05.18	Nicolò Dietifeci	?	Pignol Z.	Venezia
65 bis [67]	1348.07.11[41]	Johannes de Plebe	Venezia	=	=
66 [68]	1349.01.08	scrivano di Vannino F.	Candia	Caterina Z.	Venezia
67 [69]	1349?[42]	Moretto Greco?	Famagosta	=	=
68 [70]	1350?	Nicoletto Gatta	Candia?	Pignol Z.	Venezia

41 Attestazione di un'offerta ricevuta per l'anima di Pignol Zucchello, in latino.
42 Listino di prezzi.

Appendice 2 – La rete commerciale di Pignol Zucchello in Oltremare

(© <https://d-maps.com/carte.php?num_car=3140&lang=it>)

Francesco Crifò

3 Venezia e le lingue balcaniche, levantine e orientali (1496–1571)

1 Introduzione

Dal tardo Medioevo in avanti si infittiscono nei documenti le tracce profonde dei contatti anche linguistici di Venezia con tutto il Mediterraneo e in particolare con il Levante. Sono le prime fasi di questo contatto, comprensibilmente, ad avere attratto soprattutto le attenzioni della ricerca, che però non ha del tutto trascurato gli sviluppi quattro e cinquecenteschi. Già nel capitale saggio di Gianfranco Folena sul veneziano *de là da mar* ([1968–1970] 1990, 252–253) non mancano sia pur cursorie escursioni nel XVI secolo, segnatamente a proposito dell'effettiva natura della *lingua franca* parlata nei Balcani a quest'altezza cronologica, per cui fonte indispensabile era ed è la *Relazione della Dalmazia* di Giovan Battista Giustiniani (1553).[1] Gli studi storici apparsi nel frattempo e ancor più le ulteriori ricognizioni nella documentazione veneziana di XVI secolo, singolarmente abbondante e oggi più agevolmente accessibile che in passato, permettono ora di dettagliare meglio il quadro. Ci si propone qui di fornire appunti utili alla definizione del panorama linguistico adriatico, levantino e orientale come si presentava agli occhi e alla percezione dei veneziani del XVI secolo nei loro viaggi verso est e nei rapporti con le popolazioni incluse nel Dominio e nella stessa città lagunare, proponendo ove possibile qualche inferenza che rimarrà da verificare con esami più puntuali e mirati. Si considereranno le aree linguistiche pertinenti procedendo verso est, dopo una breve introduzione dedicata ai principali mutamenti intervenuti nell'area sul finire del XV secolo e alcune note sull'ambito della vita militare, particolarmente interessante in chiave di contatto interlinguistico.

Molto generosi di informazioni di rilievo si rivelano anche in questo caso i *Diarii* di Marin Sanudo (consultati nell'edizione Fulin et al. 1879–1903; nel seguito DMS).[2] Si privilegiano in generale i testi pratici e cronachistici e si relegano

1 Già edita da Šime Ljubić (1877, 190–271), è stata recentemente ristampata a corredo di una traduzione in croato (Šimunković 2011, 147–230). Per una rassegna dei passi nevralgici del testo cf. Dotto (2008, 48–49).

2 Sul filone diaristico, naturale evoluzione della cronachistica in epoca di comunicazioni rapide e fitte favorite dalla stampa a Venezia e non solo, cf. Neerfeld (2006) e Crifò (2016, 34–39). Marin Sanudo si distingue non solo per l'inarrivabile prolificità ma anche per la curiosità inesauribile, che spesso sosta anche su fatti di lingua (pur con la consueta carenza di senso critico; cf. Varanini 2014, 233, 299, 457, 463).

https://doi.org/10.1515/9783110652772-004

invece ai margini del quadro le testimonianze paraletterarie della commedia plurilingue, che pure conobbe un momento di gloria proprio in corrispondenza della battaglia di Lepanto (Lazzerini 1977; Cortelazzo [1971] 1974; Cortelazzo 1989). Ci si limita a citare due codici letterari modellati caricaturalmente sulle interlingue venezianeggianti di parlanti levantini, cioè il veneto-greco (*greghesco*), talvolta ibridato di elementi dalmatici e istriani (*stradiotesco*), praticato dal Burchiella (Antonio da Molino), e lo *schiavonesco* (Cortelazzo [1971–1972] 1989; Eufe 2006, 62–65). Come rilevato da Manlio Cortelazzo ([1971] 1974, 125–126), il turco resta quasi assente dal repertorio.

2 Condizioni generali

2.1 Cenni storici

La politica veneziana di espansione sulle coste e nelle isole dei Balcani aveva conosciuto il proprio culmine a cavallo tra XIV e XV secolo: è a questa fase che risale la gran parte dei venezianismi in albanese e in greco. Il cardine della storia del Mediterraneo nel XVI secolo è invece l'apogeo raggiunto dall'Impero Ottomano, che sull'onda della conquista di Costantinopoli e delle vittorie dei decenni successivi appariva ormai inarrestabile per terra e per mare. Tra il 1499 e il 1503 il sultano Bāyezīd II (1481–1512) aveva privato Venezia di possedimenti nevralgici, quali Durazzo, Lepanto, Corone e Modone. La supremazia turca si imponeva nel frattempo anche nel Medioriente grazie ai successi di Selīm I (1512–1520) contro l'Egitto mamelucco e la Persia safavide; il successore di questi, Solimano I (1520–1566), aveva quindi potuto volgere nuovamente le proprie ambizioni a Occidente. L'espansione travolse allora la Serbia e i residui territori veneziani nei Balcani; dal 1526 Ragusa divenne tributaria dell'Impero Ottomano. Gli eventi circostanti la battaglia della Prevesa (1538) privarono la Repubblica di gran parte dei domini d'Oltremare, tra i quali il Ducato di Nasso (anche se Cipro cadde solo nel 1571, per opera del nuovo sultano Selīm II), e resero malsicure le rotte commerciali; quella di Gerba (1560) sancì anche a Ponente l'invincibilità della flotta turca. Nel Levante passarono nelle mani degli Ottomani Gerusalemme e Rodi; altre imponenti campagne coinvolsero l'Africa mediterranea, l'Europa centrale e l'altopiano iranico.

Le campagne vittoriose del Turco non furono che l'ultima delle cause dello straordinario afflusso di comunità alloglotte a Venezia a partire dagli ultimi decenni del XV secolo. Negli strati più alti della società veneziana non sembra sia stata avvertita l'esigenza di una precisa politica linguistica «esplicita» (nell'accezione, pressappoco, di 'caratterizzata da una legislazione vincolante', secondo una formulazione di Georg Kremnitz adottata da Eufe 2003, 27) né *de là da mar* né in patria. Ciò non significa che il plurilinguismo di ampie sezioni della società non fosse avvertito da parte della popolazione come un problema intrecciato a quello della diversità delle etnie e delle confessioni, come documentato da una supplica dei mercenari stradioti.

2.2 Un caso esemplare di plurilinguismo: le lingue degli eserciti

Quello degli *stradioti* è, notoriamente, un corpo di cavalleria leggera di estrazione balcanica assoldato al servizio di Venezia fin dal XV secolo.[3] Nella storia della Repubblica il fulcro della difesa della Terraferma rimase sempre affidato a corpi mercenari di terra. Le difficoltà che questa politica comportava anche in virtù della necessità di un'efficiente ed esatta comprensione reciproca erano ben evidenti ai nobili veneziani, molti dei quali vantavano nel proprio *cursus honorum* ruoli di comando militare.[4] Appunto i rappresentanti degli stradioti, a nome di una comunità ormai stabilmente insediatasi nel Dominio veneziano, supplicarono ufficialmente il 4 ottobre 1511 le autorità di concedere loro un cimitero separato e una chiesa intitolata a San Giorgio[5] dal momento che la cappella di San Biagio, provvisoriamente messa a disposizione dei residenti ortodossi, era troppo angusta e, inoltre,

3 Gli stradioti sono senz'altro «albanesi» nell'opera storica di Bembo (nel volgarizzamento d'autore del 1552, I, 9v: «gli Albanesi soldati a cavallo della Repub. che Stratioti particolarmente si chiamano»). In simili casi il riferimento sarà di tipo amministrativo (agli abitanti per lo più slavofoni della *Albania Veneta*, nella regione costiera dell'attuale Montenegro) prima che etnico; certo non coerentemente religioso né linguistico (Nadin 2008, 59–65; Orlando 2010, 104 e bibliografia alla nota 56). Non doveva sfuggire agli osservatori contemporanei la continuità quantomeno esteriore di singoli corpi mercenari albanesi con gli usi e i costumi ottomani (cf. Preto 2013, 30 a proposito della soldatesca albanese-turca assoldata nel 1510).

4 «Loro inimici [la Lega Santa] sono tutti di una lengua, e nostri di varie nation» (DMS XX, 241).

5 La fabbrica di San Giorgio dei Greci inizierà però solo nel 1536. Per un inquadramento storico della vicenda cf. Fedalto (2002, specialmente pagina 94), che riconduce la richiesta al complesso della comunità greca di Venezia. Gli estensori del testo qui citato (e significativamente intestato «Supplica Stratiotarum») sono però espliciti nel vantare la propria estrazione militare («essendo nui reducti in questa terra, conducti da le Excellentie Vostre per vostri militi et defensori del vostro glorioso stato, et havendo etiam condutto la mazor parte de noi le brigate nostre zoè moier et figlioli [...]»).

> «perché anche mesedandose (in) ditto loco a un tempo diverse zente, lengue, voci et officij greci et latini, se fa una confusion che passa quella de Babilonia, quando Dio irato contro Nembrod suo rebello confuse la humana generation per la division di linguagi in modo che né loro intendeno nui, né noy intendemo loro, anzi più forte che né loro s'intendono tra essi, né tra noy stessi, et se licito fusse, se diria che né etiam Domenidio intende le nostre oration né le sue [. . .]» (Lamansky 1968, II, 061).

Dal punto di vista del governo della Repubblica, oltre agli evidenti vantaggi pratici nella trasmissione delle consegne, la conoscenza almeno del greco da parte dei generali veneziani doveva avere effetti positivi anche sul morale del corpo militare, il quale manteneva una spiccata individualità nazionale a scapito della scarsa omogeneità etnica di partenza. Già nel luglio 1495, durante le manovre successive alla battaglia di Fornovo, gli stratioti «di Levante» (Fulin 1883, 515) accolsero il nuovo *provedador* Bernardo Contarini con particolare benevolenza «perché havia *etiam* lui la lengua loro» (ivi, 530). Andrea Surian viene eletto *provedador di stratioti* nel marzo 1510 per il suo valore in guerra ma anche perché «à la lengua grecha» (DMS X, 27). Nelle commedie del Burchiella il linguaggio parodistico denominato *greghesco* ricordato nel paragrafo 1 è associato in primo luogo proprio al personaggio ricorrente di uno stratiota, Manoli Blessi (anche pseudonimo dell'autore; cf. Crimi 2011).

La situazione non è troppo diversa nelle armate da mare: il capitano Cristoforo Canal riteneva di grande importanza che non solo capitani e nostromi delle galee fossero poliglotti, ma che anche gli equipaggi

> «fossero di natione italiana, di greca, di schiava et di turca [!] o vero che tra tutti loro questi quattro linguaggi venissero perfettamente intesi. Accioché nel torre lingua, come noi diciamo, con qualunque navilio o in ciascun paese delle dette nationi potessero supplire al mancamento della cognitione delle lingue che al loro padrone trovasse»[6].

3 Le lingue delle popolazioni del Mediterraneo orientale

3.1 «Schiavone» e dalmatico

In base alle testimonianze dei contemporanei sembra stabilizzarsi a quest'epoca nei territori dalmati una diglossia tanto nel parlato quanto nello scritto tra «italiano» o «franco» acrolettale (un volgare italo-romanzo semplificato, orientato su

6 Nani Mocenigo (2010, 185).

un toscano ancora ampiamente venezianeggiante) e croato[7] basilettale (Bartoli 1906 [ed. Duro 2000], § 128; Vianello 1955; Metzeltin 1988, 556–557; 1992, 320–321; 1998, 607; Muljačić 2000, 11, 131–138, 155–172 e passim). La situazione reale è però certo più sfaccettata: nel 1519 una donna, pure illustre, indirizza alle autorità veneziane un'importante richiesta di aiuto in «lingua serviana» (DMS XXVII, 33).

Tra i veneziani non plurilingui una vera conoscenza del croato, e in genere delle lingue balcaniche, non doveva essere diffusa; gli scambi a livello lessicale non sono una prova in senso contrario. Emerge però in singole fonti qualche cognizione, si direbbe oggi, di variazione diatopica: «I costumi Spalatrini sono tutti all'usanza schiava, la cui lingua materna è così dolce et vaga, che come dell'italiana la tosca è il fiore e la più nobile et migliore, così della Dalmazia questa di Spalato tien il principato» (Šimunković 2011, 174; cf. Dotto 2008, 48). Non è facile neppure reperire nella letteratura moderna né nelle fonti antiche riferimenti alla lingua dei morlacchi, turbolenta popolazione balcanica originariamente romanzofona e ormai almeno parzialmente slavizzata. In quest'epoca essa era ancora sostanzialmente nomade ma localizzata nell'entroterra dalmatico; esisteva un certo grado di mutua comprensibilità con i gruppi slavofoni circonvicini. La stessa documentazione italo-romanza dell'etnico non risale prima del secondo quarto del XV secolo.[8] Il dalmatico o, come oggi si tende a dire prudentemente, le lingue romanze autoctone di Dalmazia sono da tempo in fase di piena decadenza: estintosi in sostanza il dalmatico di Ragusa nel secolo precedente, già a quest'altezza cronologica le ultime riserve dovevano essere confinate all'isola di Veglia e segnate dalle tracce di secoli di ibridazione con le più prestigiose parlate circostanti.[9] Nel 1553 la *lingua dalmatina* non è ormai che il croato parlato in Dalmazia (Šimunković 2011, 161; cf. Metzeltin 1998, 606–60; DI I, 629). La nozione di 'lingua romanza autoctona della Dalmazia' è espressa con la dizione *dalmata* nel XVIII secolo (DI I, 625) e con *dalmatico* solo in età moderna (DI I, 628). Tra il 1463 e il 1520 visse e operò l'erudito raguseo Ilija Crijević (Elio Lampridio Cerva) che nel rivendicare le radici latine del suo popolo richiama alla mente la *romana lingua rhacusaea* che gli

---

7 Dal XV secolo il contesto storico rende preferibile il glottonimo semplice per il dominio *serbocroato* settentrionale e adriatico (Nocentini 2004, 246). L'esatto significato dell'indicazione nelle fonti antiche non è sempre accertabile: in molti casi *schiavo / schiavone* sarà un'indicazione etnica o anche solo largamente geografica (riferibile anche, ad esempio, agli albanesi: cf. Nadin 2008, 149).

8 Cf. DI (III, 353–355). L'eccezione a pagina 353 (1381ca.) è solo apparente: la datazione della *Cronaca della guerra di Chioggia* è corretta al 1433ca. nel volume successivo. Sul problema della natura etnica e linguistica della popolazione e sulla sua storia cf. Muljačić (2000, 400–401); Ivetic (2009, 258–259) e Roksandić (2009).

9 Cf. almeno Tagliavini (1982, 375); Folena ([1968–1970] 1990, 249–250 e nota 62); Dotto (2008, 46–52) e da ultimo il cap. 4 di questo volume.

anziani declamavano in occasioni ufficiali al tempo della sua infanzia (cf. Dotto 2008, 45–46; il cap. 5 di questo volume). Intorno agli stessi anni (1518) un oratore di Ragusa, forse ugualmente nostalgico, poteva tenere in Pregadi un discorso almeno in parte «in lingua ragusea» (DMS XXV, 223; cf. Muljačić 2000, 84)[10] e cioè, come sembra inevitabile intendere, in una forma dell'antica *latina locutio Ragusinorum* abbastanza vicina al veneziano da garantirne la comprensibilità.[11] Se l'interpretazione è corretta, risulta rafforzata l'impressione che l'uso oratorio sia stato l'ultimo baluardo del raguseo autoctono effettivamente parlato.[12]

Non è facile reperire testimonianze su interpreti e traduttori dallo slavo in questa fase storica, certo in gran parte per via del diffuso impiego veicolare del veneziano (o di qualche sua declinazione «franca») e del greco, gradualmente incalzato dal turco ottomano. Mentre nella seconda metà del secolo i dotti dalmatici inaugurano una «questione della lingua» locale (Graciotti 2009, 191–193), l'autorità veneziana ancora nel 1499 sembra risolvere i più urgenti problemi comunicativi con il ricorso a interpreti improvvisati (DMS II, 506; cf. Babinger 1961, 112, nota 3). Nel 1534 però, secondo la relazione da Spalato di Leonardo Bollani, l'interprete Zuan Jacomo di Venezia, «strenuo» nel redigere «lettere schiave in ogni occurrentia che bisognasse», è addirittura nominato capitano dell'importante centro (Ljubić 1877, 107); due anni dopo il provveditore di Cattaro Andrea Valier segnala tra i dipendenti da retribuire un «interprete de la lingua schiava» (ivi, 112); nel 1567, infine, un Giovanni Britanico viene nominato a Zara «interprete della lingua schiava» (Rothman 2012, 166, nota 2).

Va infine ricordata la consistente comunità dalmatica residente a Venezia (vedi § 3.2), che ha lasciato molte tracce di sé nei documenti pratici come nella

---

10 Almeno a partire dal XVIII secolo, però, con *lingua ragusea* e locuzioni affini si indica in italiano il dialetto slavo locale (DI IV, 5).

11 Sembra assai improbabile che il diplomatico abbia usato una parlata slava, incomprensibile all'uditorio e di scarso prestigio anche in patria, mentre pare decisiva la congruenza con la testimonianza di Elio Lampridio Cerva. Non si può invece escludere che l'elemento dalmatico fosse ridotto alla patina superficiale dell'«italiano tendencial» che costituiva la lingua franca della Dalmazia (Metzeltin 1998, 607).

12 Assai più sospetta è un'analoga circostanza registrata da Sanudo il 13 marzo 1522 (DMS XXXIII, 39): il conte Bernardino Frangipani, «di anni 82», parlò in Pregadi attraverso un interprete «in lingua ... *licet* intende parlar latin». I punti di sospensione sostituiscono di norma nell'edizione Fulin et al. (1879–1903) uno spazio lasciato in bianco: non si può escludere che l'esitazione fosse dovuta a un mancato riconoscimento della lingua udita. Potrebbe perciò trattarsi di un'altra sopravvivenza della tradizionale lingua autoctona. Fra le possibili identificazioni alternative si possono citare l'ungherese o uno schiavone viziato da difficoltà nell'eloquio imputabili alla salute dell'oratore («par habbi certo mal che mal può proferir»). Infine, la lacuna potrebbe anche avere cause meno stringenti. Sui Frangipane o Frangipani, signori di Veglia, cf. Bartoli 1906 [ed. Duro 2000], § 115, nota 215.

letteratura comica, oltre che nell'onomastica urbana (*Riva degli Schiavoni*). La fiorente industria tipografica lagunare non tralasciò di produrre isolate e precoci stampe in slavo, anche in alfabeto cirillico (Ascarelli/Menato 1989, 333, 359 e bibliografia ivi indicata).

3.2 Albanese

I contatti di Venezia con il segmento albanofono della costa adriatica orientale risalgono almeno alla quarta crociata. L'antica comunità albanese nella città lagunare rimase per secoli cospicua (terza solo a quella dalmatica e a quella greca, secondo i calcoli di Imhaus 1997, 38) e ben integrata: fu tra l'altro la prima a ottenere il riconoscimento ufficiale degli statuti delle proprie *scole* (1442). La figura dello stradioto, ad onta del carattere etnicamente composito dei reali corpi militari così identificati, veniva spesso identificata con il popolo albanese ed era immediatamente riconoscibile, come prova la letteratura popolare. Nonostante tutto ciò le notizie circolanti nel XVI secolo sulla lingua locale appaiono particolarmente scarse e vaghe e il ruolo della lingua albanese nella comunicazione interlinguistica sembra assai ridotto, certo per via della forte concorrenza del greco e delle lingue slave meridionali. Le testimonianze sono per lo più, per così dire, in negativo: gli abitanti di Dulcigno «parlano lingua albanese tutta differente dalla dalmatina» (Šimunković 2011, 186; cf. Metzeltin 1992, 321); a proposito degli abitanti di Antivari «molti hanno lungamente dubbitato, se gli abitanti siano naturalmente o Albanesi o Dalmatini, usando massimamente le ville circonvicine una e l'altra lingua» (ancora Šimunković 2011, 190; cf. su entrambe le testimonianze Dotto 2008, 48–49). Non si trova traccia di albanese neppure nelle celebri opere parodiche che mettono in scena gli *stradioti*, pure di regola sovrapposti, almeno nella denominazione, all'etnia albanese (vedi sopra la nota 3): il Ranco protagonista dell'*Egloga di Ranco e Tuognio e Beltrame* (1530ca.), pur vantando la propria origine albanese, si esprime in un veneziano privo di interferenze (al contrario degli altri due protagonisti, caratterizzati dalla parlata pavana e da quella bergamasca; cf. Da Rif 1984, 18 e 108; Nadin 2008, 151[13]).

Non mancano in compenso occasionali testimonianze sulle cospicue minoranze linguistiche albanesi a Otranto e a Taranto (DMS I, 367; cf. Commynes,

13 La stessa studiosa (Nadin 2008, 152–158) mette però in luce qualche albanesismo palese o sospetto nell'opera di Alessandro Caravia (1503–1568): ad esempio *ruga* 'strada' (alb. *rrugë*), *miecra* 'barba' (alb. *mjekër(r)*), l'insulto di matrice turca *giurde ciopech* e una serie di antroponimi accostabili ad altrettanti appellativi in albanese (*Jarcola*, alb. *kollë* 'tosse'; *Murga*, alb. *murg* 'monaco'; *Cimera*, alb. *çimkë* 'cimice').

Mémoires, edizione Dupont 1840–1847, II, 400). Inoltre, non diversamente che per lo «schiavone» e per il greco, è l'interazione con Venezia il reagente che dà forma alle prime testimonianze scritte: il primo testo albanese finora noto è una formula battesimale di XV secolo proveniente dalla Durazzo veneziana (Nocentini 2004, 236). Nella situazione descritta, però, non sorprende la difficoltà di reperire stampe veneziane in lingua albanese, da ricercare in ogni caso con maggiore probabilità di successo fra quelle in caratteri arabi.

3.3 Ungherese

Pur rimanendo una lingua strettamente continentale, l'ungherese si affaccia spesso nelle comunicazioni con le popolazioni delle coste mediterranee orientali. L'antica unione con il Regno di Croazia (1102) coinvolge a più riprese il Regno di Ungheria nelle vicende della Dalmazia; con l'espansione ottomana il legame si fa ancora più stretto e sopravvive alla battaglia di Mohács (1526) e alla caduta di Buda (1541). La conoscenza dell'ungherese e, ancora prima, la coscienza della sua speciale posizione tra le lingue dell'Europa orientale sembrano abbastanza salde a Venezia, malgrado espressioni approssimative come «Charzego vol dir ducha in quelli lenguazi, ch'è il ducha Zuan Corvino» (1500, DMS III, 785).[14] In un passo della sua relazione dalla Polonia, l'ambasciatore veneziano Alvise Bon (1519, DMS XXVII, 496) cita l'ungherese quale prima scelta nelle relazioni diplomatiche con quel regno: la regina Bona Sforza, cresciuta a Napoli e a Bari, posta davanti all'alternativa tra «o hongaro, o latin, o latin vulgar», aveva scelto di ascoltare l'ambasciata in quest'ultimo idioma, «perché li piace molto parlar in tal forma, benché l'ha imparà parlar per letera per poter parlare col Re suo marito». Il passaggio non pare del tutto perspicuo,[15] ma sembra di poterne ricavare tra l'altro, da una parte, la notevole assenza dal panorama linguistico del polacco e, dall'altra, la conferma della diffusa percezione di tutti i volgari italo-romanzi come un unico «latin vulgar».

14 Sulla storia e la diffusione della voce, originaria dello slavo meridionale e qui in funzione antroponimica, cf. Schweickard (2012). Va considerata la possibilità che le origini ungheresi di Giovanni Corvino fossero agli occhi di Sanudo e della sua fonte (che riferisce di fatti avvenuti in Bosnia) irrilevanti rispetto alla sua carica di *ban* di Croazia e Slavonia; se però la testimonianza si riferisse senz'altro allo «schiavone», la formulazione sarebbe probabilmente stata meno vaga.

15 Si può ipotizzare la caduta, nel manoscritto dei *Diarii* o nell'edizione ottocentesca, di un complemento oggetto nella concessiva. Difficile rimarrebbe colmare la lacuna (la lingua polacca, forse per emendazione di *parlar*? l'ungherese?).

3.4 Greco

Nel quadro dell'esplosione demografica che ha luogo a Venezia nel corso del XVI secolo particolarmente notevole è la quota di residenti greci: la stima oscilla tra 30.000 e 110.000 (Cortelazzo 1970a, XXXVI).[16] Mentre nel lessico della città lagunare ciò origina una nutrita serie di prestiti anche nelle aree semantiche dell'uso quotidiano e popolare (ivi, XXXVI), la causa prima dell'esodo, vale a dire il consolidamento del potere ottomano dopo la caduta di Costantinopoli nel 1453, provoca una progressiva perdita di prestigio della lingua negli usi ufficiali. Con il turco nel ruolo di lingua tetto, il greco resta frammentato dialettalmente, né esiste una significativa letteratura in grado di servire da modello di riferimento. Ciò che più vi si avvicina viene dato alle stampe a Venezia, a fianco delle edizioni aldine di esemplari opere classiche e bizantine; l'influenza veneziana nelle lettere fu avvertita soprattutto a Creta e a Cipro (Browning 1983, 88–92 e 100; Banfi 1999, 19; Ploumidis 2002; Tonnet 2003, 135–139). La generazione di intellettuali greci successiva a quella dell'esodo da Costantinopoli mantiene vivo l'insegnamento delle lettere greche: pur con due anni di iato e a discapito di una agguerrita concorrenza, nel 1518 si decreta la successione dell'ingegnoso Vittore Fausto a Marco Musuro, scomparso nel 1516.[17] Il greco scritto classico si pone così in continuità con quello bizantino e anche con quello parlato contemporaneo: pare significativo che le fonti, di norma, non distinguano esplicitamente il greco antico, né il registro letterario da quello dell'uso vivo coevo.

Nelle colonie grecofone il problema dell'intercomunicabilità veniva affrontato da Venezia da una parte coinvolgendo nell'amministrazione membri delle *élites* locali, dall'altra moderandone il contributo per mantenere il controllo sulle operazioni diplomatiche e interne.[18] Sul finire del 1496 Venezia decretò

16 Malgrado ciò, dalla biografia di Antonio Molino detto il Burchiella si ricavano almeno due dati che spingerebbero ad argomentare una scarsa penetrazione del greco in città: apparentemente (ma il dato non è supportato che da un'informazione non verificabile risalente a Ludovico Dolce) il drammaturgo aveva maturato la propria competenza nella lingua greca solo grazie ai suoi soggiorni giovanili a Corfù e a Creta; inoltre l'elemento greco delle sue commedie sembra avere nuociuto alla loro popolarità (Crimi 2011). Si può inoltre sospettare che chi, originario dei Balcani e soprattutto delle isole greche, si trasferiva con parte della propria comunità a Venezia ne praticasse in certa misura la parlata già prima dell'arrivo (cf. Imhaus 1997, 401).

17 Piovan (1995); Carpinato (2014).

18 Rothman (2012, 165–155); Eufe (2003, 28). All'inizio del secolo le comunicazioni diplomatiche dell'Impero Ottomano contemplano l'uso del greco (Pedani 1994a, 30–31): ne fanno fede ad esempio una missiva indirizzata al *provedador* di Nauplia dal *bassà* della Morea (1499, DMS II, 980–981) e i capitoli della pace del 1503 «in lingua turca et greca» (DMS V, 41–42; cf. le versioni in veneziano e in turco trasmesse in Theunissen 1998, II, 377–393 e nel *De gentis*

l'invio di Alvise Sagudino nell'Impero Ottomano a partire dal primo gennaio successivo, oltre che per la sua esperienza dei luoghi e per la conoscenza del turco (Fulin 1883, 254), anche e forse soprattutto per quella del greco (DMS I, 402): tre anni dopo sarà ancora lui a fare da interprete dal greco in Pregadi per «Nicolò Ariano prothoiero di la Morea», il quale «benché sapesse la lengua nostra per esser stà qui aliter con li Pexari da Londra, tamen parlava in grecho» (DMS II, 421; cf. Babinger 1961, 111–112 e nota 3). Ancora da un passo dei *Diarii* di lettura piuttosto difficile (DMS II, 294) sembra di poter evincere che gli oratori veneziani a Lepanto nel 1498 non conoscessero la lingua del posto e che per risolvere dispute legali dovessero ricorrere ai costosi servigi di «avochati» locali.

Nel 1509 anche Andrea Badoer vanta (se l'interpretazione del passo è corretta) la conoscenza dello schiavone e del greco in aggiunta a quella delle lingue europee che gli valse il titolo di ambasciatore a Londra (DMS XIV, 644: «sapendo ben la lengua franzexa e todesca, poi questa lengua, per quanto se nativa fuse qui la lengua sciava e la greca»); nel 1518 viene incaricato di partecipare a trattative commerciali con uno straniero di origine indefinita, ancora una volta «per aver la lengua» (DMS XXV, 463)[19]. Si ha l'impressione che la poliglossia del patrizio sia stata un fattore non secondario della sua notevole fortuna politica (Ventura 1963). Sul versante ottomano, il primo attributo del Gran Visir Ibrāhīm Pascià (1493–1536) a comparire in una sua sintetica descrizione trasmessa da Marin Sanudo è proprio la sua conoscenza di «greco, albanese et schiavon» (1526, DMS XLI, 535), acquisiti evidentemente per nascita (avvenuta a Parga in Epiro) o nel corso della sua lunga cattività giovanile. Nelle fonti veneziane si implica non di rado la grande utilità di simili acquisti per il Sultano di un dominio linguisticamente tanto variegato.[20] Né i parlanti greco dovevano essere rari tra i ranghi dell'Impero: tra i giannizzeri superstiti a un naufragio e a un assalto dei pirati, e riparatisi a Limisso nel luglio 1525, almeno due furono in grado di fornire una deposizione ufficiale in greco che

origine ad civitatem David qui et Friscii, edizione Grubb 2009, 306). In quest'ultimo caso la redazione di una versione turca, apparentemente superflua (vedi § 3.4), si spiega forse con la sanzione ufficiale che l'uso di questa lingua assicurava secondo il costume ottomano (Bembo, *Historia*, edizione Ulery 2007–2009, I, 304–307).

19 L'orgoglio dell'ambasciatore poliglotta traspare anche dal commiato che riferisce di aver ricevuto dal re d'Inghilterra nel 1515 (DMS XX, 78: «scrive come il Re li ha dimandato chi verrà successor suo, e com'è el nome, et s'il sa la lengua»).

20 Vicende particolarmente celebri sono quelle del greco Yūnus Bey, dell'austriaco Heinz Tulman (Aḥmed), del polacco Joachim Strasz (Ibrāḥīm Bey) e dell'ungherese Murād bin 'Abdullāh, tutti ascesi al ruolo di dragomanno presso la Porta (Pedani 1994a, 26–28; Rothman 2012, 167). Cf. inoltre DMS V, 26 (1503): «E con lui vene uno Jacomo di Rimano per turziman, homo di anni zercha XXX, qual fo preso a Negroponte, et sa di molti lenguazi».

scagionava il luogotenente veneziano sull'isola. Così anche il *patron* della loro nave, mentre per l'agà dei giannizzeri fu necessaria la mediazione di un interprete locale, un «Gomorin Darmenachi» (DMS XL, 31–34).

3.5 Turco

Il nuovo equilibrio di forze nel Cinquecento fa sì che qualche livello di conoscenza del turco sia ormai della massima utilità per i gentiluomini veneziani che abbiano interessi, ufficiali o privati, nel Mediterraneo orientale. Chi conosce la lingua dell'Impero è spesso descritto come «homo d'inzegno» (1519, DMS XXI, 389);[21] questo talento o la disponibilità di sottoposti forniti di esso possono motivare almeno in parte il conferimento di ruoli di rilievo, come il comando di una galea diretta a Rodi (1523, DMS XXXIII, 571). Di fatto, però, molte testimonianze veneziane del XVI secolo lamentano la mancanza di intermediari linguistici affidabili anche nelle occasioni di scambi diplomatici di più alto livello con il Turco (Preto 2013, 64–65). Gli informatori in Egitto hanno cura di sottolineare che il «consollo de' catelani» (Felipe de Paredes, al servizio della Spagna e della Francia; cf. Setton 1984, 26) mostrava tanta confidenza con le lingue «turcha et rabescha» da conferire col sultano mamelucco Al-Ašraf Qānṣūh al-Ġūrī senza l'intermediazione di un interprete (1511, DMS XII, 213), evidentemente al contrario del console in Siria Pietro Zen; il dettaglio non è ozioso, in quanto l'intera missiva lamenta le restrizioni imposte dal sultano ai mercanti veneziani imputandole anche alle macchinazioni del versatile catalano, il quale manteneva con il sultano un ottimo rapporto personale.[22] L'eccezionalità e il valore della conoscenza dell'ottomano sono comprovati anche da casi meno propizi, come quello di un Simon inviato da Castelnuovo a Venezia per essere interrogato in base al sospetto di essere una spia (1500, DMS III, 591 e Priuli, edizione Segre/Cessi 1912–1941, II, 24). Un interprete fidato dal turco poteva essere molto utile e fare strada nell'amministrazione veneziana:[23] esemplari, ma

21 È dimostrata, in senso inverso, la primazia dell'italiano come lingua della diplomazia ottomana (Bruni [1999] 2013; Baglioni 2010).

22 Una ricostruzione simile degli eventi si trova anche nei *Diarii* di Girolamo Priuli (Fulin 1881, 220–221). Non sarà del tutto fuori luogo ricordare, a proposito della penetrazione dell'elemento ibero-romanzo nel Mediterraneo musulmano, le tracce sorprendentemente profonde di esso rilevabili circa un secolo dopo nelle carte delle cancellerie tunisine (Baglioni 2010, 260–262).

23 Così *Dimitri Chiriaco*, un fidato emissario zacintio di ritorno da Corone, è in grado di comunicare informazioni preziose grazie alla propria conoscenza del turco (DMS LVIII, 561); un

anche pressoché uniche nella prima metà del secolo, sono le vicende e le carriere di Teodoro (o, alla veneziana, Todaro) Paleologo (1452–1532) e di Girolamo Civran. L'avventurosa figura del primo personaggio, esattore ottomano nel Peloponneso, quindi comandante di stradioti, diplomatico veneziano, rappresentante della comunità ortodossa lagunare, è ancora direttamente connessa alla generazione successiva all'esodo da Costantinopoli;[24] la biografia ricostruibile del secondo è emblematica del ruolo degli intermediari linguistici di pieno Cinquecento. Civran fa la sua comparsa nei *Diarii* di Sanudo come «uno Zivran Hironimo di Modon, qual à molte lingue», già schiavo dei turchi ma (a giudicare dal nome) probabilmente poliglotta per nascita. Sembra essersi presto guadagnato una certa fama in seguito alla visita di un emissario pur «non da conto» del sultano nell'agosto del 1515 (DMS XX, 553): «è stà interpetre di l'orator dil Turco, è doto e sa più lengue» (DMS XX, 563). Il personaggio viene assunto già nel 1520 dal Consiglio dei Dieci come «interprete di lingue turche» (sintomatico è l'uso del plurale: DMS XXIX, 425; cf. anche XXVI, 249). Ben diciotto anni dopo, nel 1533, è ancora qualificato come interprete ufficiale dal turco a stipendio del Senato (DMS LVII, 413; Crifò 2016, 204).[25] La sua importanza e il suo prestigio divennero tali che pochi mesi dopo la sua morte nel 1550 il bailo Alvise Renier comunicò al doge l'impellente necessità di avere un nuovo interprete altrettanto versato nel turco e gli suggerì l'invio di «quelli giovani de Cancelleria che già alquanto sono degrezati nella lingua per la disciplina del quondam Civran, fu suo dragomano» (7 gennaio 1551). Nel frattempo subentrò in molte funzioni del traduttore scomparso il cipriota Michele Membré (Cardona 1969, LXII–LXVII).

Niccolò Corressi «quale possiede felicemente la lingua turchesca» è nominato interprete a Creta nel 1581 (Eufe 2003, 28).

24 Cf. Babinger (1961, 62–63, nota 3); Rothman (2012, 171), con la nota 23 che riporta l'elenco dei luoghi sanudiani che menzionano l'interprete.

25 Per un approfondimento e per la rassegna completa dei luoghi pertinenti nei *Diarii* cf. Pedani (1994a, 30) e Rothman (2012, 171–172). Almeno una ventina di brevi documenti autografi e sottoscritti, soprattutto traduzioni di documenti commerciali e diplomatici della massima importanza commissionate a Girolamo Civran tra il 1531 e il 1540, sopravvive presso l'Archivio di Stato di Venezia (Pedani 1994b) ed è consultabile in riproduzione digitale in rete (<http://www.archiviodistatovenezia.it/divenire/search.htm>): si tratta dei documenti 260, 277 (1–12), 399, 404b, 428, 471, 491, 564, 586 e 591 della *Miscellanea documenti turchi*. Il repertorio rende possibile il confronto con i documenti ottomani antecedenti oltre che, in un caso (404a–404b), tra lo stile del traduttore professionista Civran e quello di un prigioniero turco, entrambi alle prese con la resa di un breve beneplacito inviato al doge da Solimano I (Pedani 1994b, 107). Alla sua mano si può ricondurre infine almeno un testo in turco: la copia non datata di una lettera del sangiacco di Erzegovina al doge (Pedani 2010, 12).

L'assenso alla richiesta del bailo segna l'inizio della storia di una vera e propria scuola per interpreti dal turco, e in subordine dall'arabo e dal persiano («giovani di lingua»), che però avrà sede solo presso il bailo di Costantinopoli, anche per via della scarsa consistenza della comunità turcofona a Venezia.[26] L'istituzione non ebbe vita facile ma, tra mille perplessità e difficoltà (particolarmente traumatico fu lo scoppio della guerra di Cipro), sopravvivrà fino al XVII secolo inoltrato, cioè fino all'inaugurazione a lungo attesa degli studi orientali in Venezia verso la fine del Seicento (Lucchetta 1989; Pedani 1994a, 42). Prima di allora il panorama della conoscenza del turco a Venezia resta sfuggente: una richiesta di testi turchi «a pena», mirata allo studio del turco da parte di alcuni giovani cancellieri, non andò a buon fine (ivi, 21). All'inverso, ambasciatori ottomani come «Alibei dragoman» (1514, DMS XVII, 538), responsabili di «cosse de Italia», avevano dalla loro parte una «bona lengua italiana» (che evidentemente includeva il veneziano).[27]

Nei cataloghi delle cinquecentine veneziane trovare tracce della lingua turca è ancora più arduo che per le altre lingue orientali, anche se alcune potrebbero ancora nascondersi tra le stampe attribuite all'arabo per via della superficiale affinità alfabetica.[28]

3.6 Arabo

Solo nell'ultimo scorcio del Cinquecento l'italiano prende piede nella cancelleria di Tunisi come lingua veicolare tra musulmani e occidentali al di fuori della diplomazia; già verso la metà del secolo, però, l'arabo e il turco parlati ad Algeri erano affiancati da una lingua franca nella quale prevalevano, almeno nel lessico, gli elementi italo- e ibero-romanzi.[29]

---

26 Isolati gruppi di mercanti turchi lasciano notizia di sé già a partire dal 1516, ma la loro presenza sembra farsi cospicua solo negli anni della guerra di Cipro (1570–1573). L'istituzione di un *Fondaco dei Turchi* si rivelerà problematica: una prima sede viene concessa nel 1579, ma quella definitiva non troverà la sua destinazione che nel 1621 (Preto 2013, 78–85).

27 Sui *dragomanni*, figure fondamentali alla mutua comprensione e al contatto linguistico e culturale tra occidentali e ottomani, cf. Preto (2013, 62–63 e nota 18) e la bibliografia indicata nel cap. 8 di questo libro. Per uno sguardo d'insieme sulle tracce lasciate dal turco nel lessico italiano in questa fase cronologica cf. Schweickard (2011).

28 L'elemento condiviso tra le due civiltà e quello, ben più rilevante, costituito dalla comune religione musulmana provocarono la sovrapposizione dei due popoli nella percezione europea anche ai livelli culturali più elevati (Malvezzi 1956, ad esempio 218–222).

29 Sul tema, particolarmente complesso e delicato, cf. almeno Cifoletti (1989); Minervini (1996); Metzeltin (1998, 607–608); Dakhlia (2008); Baglioni (2010, in particolare 19–20); Brincat (2011).

Nella storia della tipografia veneziana è piuttosto noto il caso limite della richiesta di privilegio avanzata il 15 luglio del 1498 da un Democrito Terracina per la pubblicazione di libri «in lingua arabica, morescha, soriana, armenicha, indiana et barbarescha». La stessa formulazione implica non poche stranezze: come intendere la distinzione tra *arabico* e *moresco*? Cosa potevano indicare di preciso le etichette *indiano* e *barbaresco*?[30] Si può immaginare che lo stesso editore non ne avesse un'idea troppo precisa (non risulta che abbia mai effettivamente pubblicato libri in arabo)[31] e che si sia servito di queste denominazioni esotiche[32] da una parte per estendere i propri diritti a quante più lingue possibile, dall'altra per esaltare il proprio impegno al servizio della cristianità. Il testo completo del passaggio recita infatti:

> «Humiliter supplica el fedel suo servitor, et citadin suo venetian, *Democrito Terracina*, habitante in Venetia, cum sit che l'habia da far stampar alcune *opere in lingua arabica, morescha, soriana, armenicha, indiana et barbarescha*, cum grandissima et quasi intollerabel spexa, et cum fadige et pericoli grandissimi, etiam in utilità della republica christiana, et exaltation de la fede, et augumento de la scientia naturale, et ancor de la medicina, per conservation de la salute de le anime et corpi de molti et infiniti fidel christiani, che usano le soprascrite lengue [...]».[33]

---

30 Per *indiano* vedi sotto § 3.7; non è facile reperire riscontri europei di XVI secolo a proposito di una variante dell'alfabeto arabo in uso nel Maghreb (né, prima del 1698, delle lingue berbere: cf. LEI IV, 1281–1286).

31 I relativi caratteri tipografici risultano usati la prima volta solo nel 1514 a Fano, mentre risalgono al 1537–1538 (in corrispondenza della scadenza del privilegio richiesto da Terracina) il *Corano* in tipi arabi pubblicato da Alessandro Paganini e al 1544 una nuova richiesta di privilegio, stavolta ben circostanziata, da parte di Antonio Brucioli, «inventore» di un apposito alfabeto tipografico arabo (Barbieri 1991; Vercellin 2001, 29–33; Nuovo 2013, 19 e nota 22). Tutti questi esperimenti sono però relativamente estranei al tema di questo contributo, dal momento che rimasero isolati e, soprattutto, finalizzati in sostanza all'esportazione (Nuovo 2014).

32 Non diversamente da come Benedetto Varchi nel postumo *Ercolano* (1570) cita «L'Egizia, l'Indiana, l'Arabica, e altre senza novero» (alle pagine 211–212 dell'edizione 1804 ristampata nel 1979) come esempi di lingue «semplicemente altre», cioè estranee alla storia delle lingue europee. Meno geograficamente indefinito è l'«indiano» dei poliglotti Teseo Ambrogio degli Albonesi e Guillaume Postel, i quali si riferiscono agli alfabeti di lingue etiopiche già noti agli stampatori europei da diversi decenni (Lach 1977, 509–511). Il primo era entrato in contatto con le lingue semitiche e con il turco a Roma, il secondo a Parigi e durante diversi soggiorni nel Levante; entrambi gli eruditi lasciarono inevitabilmente traccia del loro passaggio a Venezia (cf. rispettivamente Levi della Vida 1960 e Leathers Kuntz 1987).

33 Fulin (1882, 133–134); corsivo nel testo originale. Il riferimento ai *fidel christiani* può giustificarsi per il fatto che «i primi libri stampati con caratteri arabi e in lingua araba furono [...] destinati ai cristiani d'Oriente, e contenevano preghiere cristiane» (Nuovo 2013, 15; cf. anche Vercellin 2001, 15 e 21–22).

3.7 Altre lingue orientali

Antichi e rilevanti furono i rapporti di Venezia con il regno armeno di Cilicia e con la sua rete commerciale nel Mediterraneo orientale.[34] La diaspora armena soprattutto in seguito alla sua caduta nel 1375 trovò un punto d'arrivo obbligato a Venezia e se ne possono ripercorrere le tracce per secoli, anche se l'antico uso di tradurre gli antroponimi armeni rappresenta un ostacolo (Gianighian 2004, 64–65); la comunità rimase comunque una delle più visibili e integrate. Il primo libro a stampa in lingua armena vide la luce nel 1511 a Venezia e vi inaugurò una prolifica e plurisecolare produzione tipografica. Corrente sembra però nelle fonti l'identificazione della nazione armena con quella «persiana». La comprova fra l'altro il nome dato al *Fondaco dei Persiani* (ivi, 68) e alcune notizie imprecise in arrivo dal vicino Oriente possono averla confortata. Ecco, ad esempio, quanto di poco e confuso si veniva a sapere sull'ascesa dello scià Isma'īl (il *Sophi*):

> «Dicono, haver con si tre preti armeni, i qualli per anni octo continui sono sta sui preceptori, in lezerli i evanzelij et la sacra scriptura nostra; et usa lingua armena».[35]

Specialmente dopo l'ascesa della dinastia safavide nei primi due decenni del secolo, ma già in precedenza attraverso il turco,[36] il persiano diveniva un elemento importante nel curriculum dei veneziani attivi in Medioriente: ne fa fede la *Relazione di Persia* di Michele Membré (1542; Cardona 1969; Morton 1993; Rota 2009). Come lingua della diplomazia ottomana, il persiano viene spesso in contatto con i rappresentanti della Repubblica: se la rubrica sanudiana è degna di fede, era in persiano ad esempio una lettera inviata a Ragusa dal nuovo sultano Solimano (1521, DMS XXXII, 22).

---

34 Tra le fonti secondarie più recenti sulla storia dell'importante comunità si segnalano il fondamentale Ališan (1896), la raccolta di studi Zekiyan/Ferrari (2004) e Rota (2009, 21–23). Molti documenti inediti in lingua armena riposano nell'Archivio di Stato di Venezia. Particolarmente per il tipo di visuale qui adottato sarebbe proficua la consultazione di Ališan (1896), la cui seconda parte, dedicata al XV e al XVI secolo, non è stata mai oggetto di traduzione (cf. Zekiyan 2004, 182, nota 13).

35 DMS IV, 489 (anno 1502); cf. Berchet (1865, 23–24).

36 Il ruolo acrolettale svolto dal persiano nei confronti del turco ottomano emerge più volte nelle fonti veneziane. In un passo particolarmente congestionato delle *Vite dei Dogi* di Marin Sanudo un'importante lettera in «lettera morescha [alfabeto arabo] et lingua persiana literal [letteraria?]» viene apparentemente intesa solo grazie a un intermediario capace di tradurne il contenuto in lingua turca (Caracciolo Aricò 2004, 254).

Anche prima di Marco Polo (1254–1324) i mercanti veneziani si erano spinti ben oltre la penisola anatolica verso oriente (Rota 2009, 7–14). Con l'età delle grandi esplorazioni gli orizzonti si ampliano ancora di più.[37] Si è già citata l'indicazione pseudoglottonimica *lingua indiana* contenuta nella richiesta di privilegio di Democrito Terracina (§ 3.6). Un elefante donato al papa dal re del Portogallo sarebbe stato in grado di eseguire con successo ordini impartiti in lingua «indiana» (1513, DMS XVII, 422; 1514, ivi XVIII, 59); in «indian» si esprimeva anche un eccentrico frate apparentemente proveniente dai dintorni di Gerusalemme (1520, DMS XXVIII, 415). In termini ancora più vaghi è identificato il pali nella riproduzione di una missiva del re del Portogallo sulle esplorazioni nell'Oceano Indiano (1507, DMS VII, 199).[38] L'impressione che si ricava è quella di una generica etichetta applicata a un gran numero di lingue eurasiatiche esotiche e incomprensibili; non pare impresa facile rintracciare un autore veneziano coevo in grado di dimostrare una cognizione più precisa delle lingue a est della Persia.

4 Conclusioni

Non sarà inopportuno, nell'introdurre i risultati di questa breve rassegna, ribadirne il carattere parziale e in alcuni casi poco più che indiziario. Tra le componenti essenziali del quadro che necessitano di essere approfondite prima di poter trarre conclusioni con pretese di completezza vi sono lo stesso veneziano *de là da mar* e le lingue franche, la cui documentazione comincia poco oltre il confine cronologico qui considerato;[39] il latino, ancora lingua di cultura e

37 Utili spunti sulle caratteristiche dei primi contatti tra Venezia e le nuove terre africane e asiatiche, e sui loro riflessi nel lessico, per lo più mediati dal portoghese, si trovano in Cortelazzo (1970b).

38 «Qui etiam, ut erat jussus, accessit ad insulam illam nominatissimam Taprobanam, alterum aliquando orbem existimatam, nunc ipsorum lingua Zeylom appellatam». Il tipo toponimico *Ceylon* emerge nella documentazione italo-romanza già molto prima delle esplorazioni portoghesi, nel *Milione* (DI I, 446).

39 Sull'effettiva penetrazione dei volgari italo-romanzi, almeno verso la metà del Cinquecento, espresse riserve Cortelazzo (2000, 318) rifacendosi a un passaggio molto esplicito dell'opera del capitano di mare Cristoforo Canal, più volte citata in questo contributo. Lo stesso autore, sulla base delle proprie esperienze personali, ritiene fondamentale per una navigazione sicura la possibilità di interloquire con altre navi e con diversi porti in greco, in schiavone e in turco, oltre che in «italiano». Si riporta di seguito un estratto più ampio del passaggio in questione: «Vorrei appresso che essendo egli italiano oltre alla lingua latina havesse hancora buona cognitione della greca, della schiavona et della turcha, percioché queste

veicolare d'elezione in ampie aree dei territori qui considerati;[40] le parlate delle comunità ebraiche.[41]

L'evento più innovativo nella prima metà del secolo è naturalmente l'ascesa del turco ad accompagnare l'espansione ottomana nel Mediterraneo. Almeno nei registri linguistici più elevati e nella comunicazione interlinguistica in volgare, il turco entra nella dialettica tra le lingue autoctone e quelle veicolari di più larga circolazione (soprattutto greco e italiano). Il suo ruolo andrà aumentando a partire dalla seconda metà del Cinquecento.[42] Soprattutto in questa prima fase, però, la resistenza delle lingue slave meridionali e del greco nelle comunicazioni per mare, oltre alla cospicua presenza di poliglotti nei ranghi dell'Impero, arginano il nuovo arrivato. Ciò avrà anche contribuito alla scarsità e contraddittorietà dei provvedimenti presi da Venezia nel campo delle comunicazioni internazionali, che restano nei primi decenni del secolo affidate in sostanza al talento individuale.[43] Solo col passare dei decenni la Repubblica impiega sempre più spesso a condizioni anche molto favorevoli interpreti e traduttori particolarmente fidati; nei rapporti con l'Impero Ottomano un solo individuo, come Girolamo Civran, può gestire quasi da solo per decenni enormi responsabilità. Nel frattempo, anche i rapporti con le popolazioni balcaniche vengono affidati in misura crescente a intermediari versati in greco e croato. In seguito alle grandi esplorazioni portoghesi, si affacciano a Oriente nuovi popoli

---

tre lingue a un capitano di mare sono necessarissime per la continua navigatione che occorre nelle parti di Levante ove non si intendino gran fatto altre favelle et poco l'italiano. Nella Dalmatia trapassa, meno è conosciuta nella Grecia et quasi nulla nell'Arcipelago et più nelle parti della Turchia» (Nani Mocenigo 2010, 159). Il prerequisito per il comando di una galea è ripetuto più avanti (e le lingue sono elencate nel medesimo ordine, il che non sarà casuale): «Appresso loderei che [questi padroni] intendessero non pur la lingua italiana, ma la greca et la schiava et turca parimente» (ivi, 185). Altrettanto interessante è la mancata menzione delle altre lingue (arabo, albanese, lingue iberiche), evidentemente non indispensabili ai naviganti.

40 Cf. da ultimo Baglioni (2013), a proposito però di testi non posteriori al XIV secolo. Nel secolo qui considerato il latino era una delle tre lingue letterarie della Dalmazia a fianco del croato e dell'«italiano» (Metzeltin 1992, 325–326) e rimase a lungo fondamentale nelle diplomazie dell'Europa orientale.

41 Basti pensare, per rimanere a Venezia, alla vera e propria «babele» costituita dal Ghetto istituito nel 1516 (Zannini 2009, 124). Cortelazzo (2000, 319) non esclude una possibile trafila sefardita per i molti ispanismi contenuti nelle lettere del mercante Andrea Berengo (morto nel 1556).

42 «With Latin and Italian » (Rothman 2012, 170, nota 20).

43 A onta di queste iniziali difficoltà nelle comunicazioni con la Porta e i suoi emissari, è nei secoli XVI e XVII che l'italiano, e il veneziano in testa, accoglie la grande maggioranza dei suoi prestiti dal turco (Schweickard 2011).

e nuove lingue, le quali però risultano ancora del tutto nebulose e vengono perciò raccolte nell'iperglottonimo «indiano».

Nella madrepatria si viene a creare un crogiuolo di lingue con pochi eguali nel mondo noto. Le commedie plurilingui rivelano non meno delle testimonianze documentarie un quadro estremamente composito in cui la comprensione reciproca poneva problemi seri e in parte insormontabili. La tipografia veneziana, nel frattempo, preserva (nel caso del greco) o addirittura inaugura (nel caso dell'albanese e dell'armeno) la tradizione scritta di lingue assai disparate e prosegue per nuove vie il tradizionale ruolo storico assunto da Venezia di cerniera tra l'Europa occidentale e i Balcani fino al mondo musulmano.

Bibliografia

Ališan, Ghewond M., *Hay-Venet kam yarnč'ut'iwnk' Hayoc' ew Venetac' i XIII–XIV ew XV–XVI dars*, Venezia, Ghazar, 1896.

Ascarelli, Fernanda/Menato, Marco, *La tipografia del '500 in Italia*, Firenze, Olschki, 1989.

Babinger, Franz, *Johannes Darius (1414–1494), Sachwalter Venedigs im Morgenland, und sein griechischer Umkreis*, München, Verlag der bayerischen Akademie der Wissenschaften, 1961.

Baglioni, Daniele, *L'italiano delle cancellerie tunisine (1590–1703). Edizione e commento linguistico delle «Carte Cremona»*, Roma, Scienze e Lettere, 2010.

Baglioni, Daniele, *Scampoli di latino d'Oltremare*, in: Casanova Herrero, Emili/Calvo Rigual, Cesáreo (edd.), *Actas del XXVI Congreso Internacional de Lingüística y Filología Románicas (6–11 de septiembre de 2010, Valencia)*, vol. 4, Berlin/Boston, de Gruyter, 2013, 459–470.

Banfi, Emanuele, *Intorno al processo di formazione della moderna koiné greca*, in: Berrettoni, Pierangiolo (ed.), *Varietà linguistiche nella storia della grecità. Atti del Terzo Incontro Internazionale di Linguistica greca (Pisa, 2–4 ottobre 1997)*, Alessandria, Edizioni dell'Orso, 1999, 15–31.

Barbieri, Edoardo, *La tipografia araba a Venezia nel XVI secolo: una testimonianza d'archivio dimenticata*, Quaderni di Studi Arabi 9 (1991), 127–131.

Bartoli, Matteo Giulio, *Das Dalmatische. Altromanische Sprachreste von Veglia bis Ragusa und ihre Stellung in der apennino-balkanischen Romania*, 2 vol., Wien, A. Hölder, 1906.

Berchet, Guglielmo, *La Repubblica di Venezia e la Persia*, Torino, Paravia, 1865.

Brincat, Giuseppe, *Mediterraneo e lingua italiana*, in: Simone, Raffaele (ed.), *Enciclopedia dell'Italiano*, vol. 2, Roma, Istituto della Enciclopedia Italiana, 2011, (<www.treccani.it/enciclopedia/mediterraneo-e-lingua-italiana_%28Enciclopedia-dell%27Italiano%29/>).

Browning, Robert, *Medieval and Modern Greek*, Cambridge, Cambridge University Press, 1983.

Bruni, Francesco, *Lingua d'oltremare. Sulle tracce del «Levant Italian» in età preunitaria*, in: Id., *L'italiano fuori d'Italia*, Firenze, Franco Cesati, 2013, 135–162 [già in: Lingua Nostra 60 (1999), 65–79].

Caracciolo Aricò, Angela, (ed.), Marin Sanudo il Giovane, *Le Vite dei Dogi (1423–1474)*, vol. 2: *1457–1474*, Venezia, La Malcontenta, 2004.

Cardona, Giorgio Raimondo (ed.), Michele Membré, *Relazione di Persia (1542)*, Napoli, Istituto universitario orientale, 1969.

Carpinato, Caterina, *Studiare la lingua greca (antica e moderna) in Italia. Retrospettiva e prospettive future*, in: Carpinato, Caterina/Tribulato, Olga (edd.), *Storia e storie della lingua greca*, Venezia, Edizioni Ca' Foscari, 2014, 165–220, (<http://virgo.unive.it/ecf-workflow/upload_pdf/Antichistica_5.pdf>).

Cifoletti, Guido, *La lingua franca mediterranea*, Padova, Unipress, 1989.

Commynes, *Mémoires* = Émilie Dupont (ed.), *Mémoires de Philippe de Commynes*, 4 vol., Paris, Renouard, 1840–1847.

Cortelazzo, Manlio, *L'influsso linguistico greco a Venezia*, Bologna, Pàtron, 1970 (= 1970a).

Cortelazzo, Manlio, *Rapporti linguistici fra Mediterraneo ed Oceano Indiano*, in: Id. (ed.), *Mediterraneo e Oceano Indiano. Atti del Sesto Colloquio Internazionale di Storia Marittima, tenuto a Venezia dal 20 al 29 settembre 1962*, Firenze, Olschki, 1970, 293–310 (= 1970b).

Cortelazzo, Manlio, *Plurilinguismo celebrativo*, in: Benzoni, Gino (ed.), *Il Mediterraneo nella seconda metà del '500 alla luce di Lepanto*, Firenze, Olschki, 1974, 121–126 [già in: Lettere italiane 23 (1971), 493–497].

Cortelazzo, Manlio, *Il linguaggio schiavonesco nel Cinquecento veneziano*, in: Id., *Venezia, il Levante e il mare*, Pisa, Pacini, 1989, 125–160 [già in: Atti dell'Istituto Veneto di Scienze, Lettere ed Arti 130 (1971–1972), 113–160].

Cortelazzo, Manlio, *Venezia, il Levante e il mare*, Pisa, Pacini, 1989.

Cortelazzo, Manlio, *Il veneziano «coloniale»: documentazione e interpretazione*, in: Fusco, Fabiana, et al. (edd.), *Processi di convergenza e differenziazione nelle lingue dell'Europa medievale e moderna, Atti del Convegno Internazionale (9–11 dicembre 1999, Università degli Studi di Udine/Centro Internazionale sul Plurilinguismo)*, Udine, Forum, 2000, 317–325.

Crifò, Francesco, *I «Diarii» di Marin Sanudo (1496–1533): sondaggi filologici e linguistici*, Berlin/Boston, de Gruyter, 2016.

Crimi, Giuseppe, *Molino, Antonio*, in: AA.VV., *Dizionario Biografico degli Italiani* 75 (2011), (<http://www.treccani.it/enciclopedia/antonio-molino_(Dizionario-Biografico)/>).

Dakhlia, Jocelyne, *«Lingua franca». Histoire d'une langue métisse en Méditerranée*, Arles, Actes Sud, 2008.

Da Rif, Bianca Maria, *La letteratura «alla bulesca». Testi rinascimentali veneti*, Padova, Antenore, 1984.

DI = Schweickard, Wolfgang, *Deonomasticon Italicum. Dizionario storico dei derivati da nomi geografici e da nomi di persona*, 4 vol. + 2 suppl., Tübingen, Niemeyer/Berlin, de Gruyter, 2002–2013.

DMS = Fulin, Rinaldo, et al. (edd.), *I Diarii di Marino Sanuto (MCCCXCVI–MDXXXIII), dall'autografo Marciano Ital. A. VII Codd. CDXIX–CDLXXVII*, 58 vol., Venezia, Tipografia del commercio di Marco Visentini, 1879–1903 [rist. anast.: Bologna, Forni, 1969–1979].

Dotto, Diego, *«Scriptae» venezianeggianti a Ragusa nel XIV secolo. Edizione e commento di testi volgari dell'Archivio di Stato di Dubrovnik*, Roma, Viella, 2008.

Duro, Aldo (ed.), Matteo Giulio Bartoli, *Il Dalmatico. Resti di un'antica lingua romanza parlata da Veglia a Ragusa e sua collocazione nella Romània appennino-balcanica*, Roma, Istituto della Enciclopedia Italiana, 2000.

Eufe, Rembert, *Politica linguistica della Serenissima: Luca Tron, Antonio Condulmer, Marin Sanudo e il volgare nell'amministrazione veneziana a Creta*, Philologie im Netz 23 (2003), 15–43, (<http://web.fu-berlin.de/phin/phin23/p23t2.htm>).

Eufe, Rembert, *Sta lengua ha un privilegio tanto grando. Status und Gebrauch des Venezianischen in der Republik Venedig*, Frankfurt am Main, Peter Lang, 2006.

Fedalto, Giorgio, *La Comunità greca, la Chiesa di Venezia, la Chiesa di Roma*, in: Tiepolo, Maria Francesca/Tonetti, Eurigio (edd.), *I greci a Venezia. Atti del Convegno Internazionale di Studio, Venezia, 5–7 novembre 1998*, Venezia, Istituto Veneto di Scienze, Lettere ed Arti, 2002, 83–102.

Folena, Gianfranco, *Introduzione al veneziano «de là da mar»*, Bollettino dell'Atlante Linguistico Mediterraneo, 10–12 (1968–1970), 331–376 [quindi in: Pertusi, Agostino (ed.), *Venezia e il Levante fino al secolo XIV. Atti del I Convegno internazionale di storia della civiltà veneziana promosso e organizzato dalla fondazione Giorgio Cini (Venezia, 1–5 giugno 1968)*, vol. I: *Storia – Diritto – Economia*, Firenze, Olschki, 1973, 297–346; rist. in: Folena, Gianfranco, *Culture e lingue nel Veneto medievale*, Padova, Editoriale Programma, 1990, 227–267].

Fulin, Rinaldo (ed.), *Diarii e diaristi veneziani*, Venezia, Tipografia del Commercio di Marco Visentini, 1881.

Fulin, Rinaldo (ed.), *Documenti per servire alla storia della tipografia veneziana*, Archivio veneto 13 (1882), 84–212.

Fulin, Rinaldo (ed.), Marino Sanuto, *La spedizione di Carlo VIII in Italia*, Venezia, Tipografia del Commercio di Marco Visentini, 1883.

Gianighian, Giorgio Nubar, *Segni di una presenza*, in: Zekiyan, Boghos Levon/Ferrari, Aldo (edd.), *Gli armeni e Venezia. Dagli Sceriman a Mechitar: il momento culminante di una consuetudine millenaria*, Venezia, Istituto Veneto di Scienze, Lettere ed Arti, 2004, 59–92.

Graciotti, Sante, *Das Wechselverhältnis zwischen Literatursprachen und Kulturen auf dem westlichen Balkan zwischen dem 16. und dem 18. Jahrhundert*, in: Ortalli, Gherardo/Schmitt, Oliver Jens (edd.), *Balcani occidentali, Adriatico e Venezia fra XIII e XVIII secolo/Der westliche Balkan, der Adriaraum und Venedig (13.–18. Jahrhundert)*, Venezia/Wien, Verlag der Österreichischen Akademie der Wissenschaften, 2009, 179–198.

Grubb, James S. (ed.), *Family memoirs from Venice (15th–17th centuries)*, Roma, Viella, 2009.

Imhaus, Brunehilde, *Le minoranze orientali a Venezia, 1300–1510*, Roma, Il Veltro, 1997.

Ivetic, Egidio, *Venezia e l'Adriatico orientale: connotazioni di un rapporto (secoli XIV–XVIII)*, in: Ortalli, Gherardo/Schmitt, Oliver Jens (edd.), *Balcani occidentali, Adriatico e Venezia fra XIII e XVIII secolo/Der westliche Balkan, der Adriaraum und Venedig (13.–18. Jahrhundert)*, Venezia/Wien, Verlag der Österreichischen Akademie der Wissenschaften, 2009, 239–260.

Lach, Donald F., *Asia in the making of Europe (Volume II: A century of wonder, Book Three: The scholarly disciplines)*, Chicago/London, The University of Chicago Press, 1977.

Lamansky, Vladimir, *Secrets d'État de Venise. Documents, extraits, notices, et études servant à éclaircir les rapports de la Seigneurie avec les Grecs, les Slaves et la Porte Ottomane à la fin du XV*[e] *et au XVI*[e] *siècle*, 2 vol., New York, B. Franklin, 1968 (Saint-Pétersbourg, Imprimerie de l'Académie impériale des sciences, 1884).

Lazzerini, Lucia, *Il «greghesco» a Venezia tra realtà e ludus. Saggio sulla commedia poliglotta del Cinquecento*, Studi di Filologia Italiana 35 (1977), 29–95.

Leathers Kuntz, Marion, *L'orientalismo di Guglielmo Postello e Venezia*, in: Lanciotti, Lionello (ed.), *Venezia e l'Oriente*, Firenze, Olschki, 1987.

LEI = *LEI. Lessico Etimologico Italiano*, fondato da Max Pfister, Wiesbaden, Reichert, 1979–.

Levi della Vida, Giorgio, *Albonesi, Teseo Ambrogio degli*, in: AA.VV., *Dizionario Biografico degli Italiani* 2 (1960), (<http://www.treccani.it/enciclopedia/teseo-ambrogio-degli-albonesi_%28 Dizionario-Biografico%29/>).

Ljubić, Šime (ed.), *Commissiones et relationes venetae, II*, in: *Monumenta spectantia historiam Slavorum Meridionalium*, vol. 8, Zagrabiae, Sumptibus Academiaea scientiarum et artium, 1877.

Lucchetta, Francesca, *La scuola dei «giovani di lingua» veneti nei secoli XVI e XVII*, Quaderni di Studi Arabi 7 (1989), 19–40.

Malvezzi, Aldobrandino, *L'islamismo e la cultura europea*, Firenze, Sansoni, 1956.

Metzeltin, Michele, *Aree linguistiche IV. Veneziano e italiano in Dalmazia*, in: Holtus, Günter, et al. (edd.), *Lexikon der Romanistischen Linguistik*, vol. 4: *Italienisch, Korsisch, Sardisch*, Tübingen, Niemeyer, 1988, 551–569.

Metzeltin, Michele, *La Dalmazia e l'Istria*, in: Bruni, Francesco (ed.), *L'italiano nelle regioni. Lingua nazionale e identità regionali*, Torino, UTET, 1992, 316–335.

Metzeltin, Miguel, *Romanische Kreolsprachen I. a) Die «linguae francae» des Mittelmeers*, in: Holtus, Günter, et al. (edd.), *Lexikon der Romanistischen Linguistik*, vol. 7: *Kontakt, Migration und Kunstsprachen. Kontrastivität, Klassifikation und Typologie*, Tübingen, Niemeyer, 1998, 601–610.

Minervini, Laura, *La lingua franca mediterranea. Plurilinguismo, mistilinguismo, pidginizzazione sulle coste del Mediterraneo tra tardo medioevo e prima età moderna*, Medioevo Romanzo 20 (1996), 231–301.

Morton, Alexander H. (ed. e trad.), Michele Membré, *Mission to the Lord Sophy of Persia (1539–1542)*, London, School of Oriental and African Studies/University of London, 1993.

Muljačić, Žarko, *Das Dalmatische. Studien zu einer untergegangenen Sprache*, Köln/Weimar/Wien, Böhlau, 2000.

Nadin, Lucia, *Migrazioni e integrazione. Il caso degli albanesi a Venezia (1479–1552)*, Roma, Bulzoni, 2008.

Nani Mocenigo, Mario (ed.), *Della milizia marittima, libri quattro, di Cristoforo Canale*, Venezia, Filippi, 2010.

Neerfeld, Christiane, *«Historia per forma di diaria». La cronachistica veneziana contemporanea a cavallo tra il Quattro e il Cinquecento*, Venezia, Istituto Veneto di Scienze, Lettere ed Arti, 2006.

Nocentini, Alberto, *L'Europa linguistica. Profilo storico e tipologico*, Firenze, Le Monnier, 2004.

Nuovo, Angela, *La scoperta del Corano arabo, ventisei anni dopo: un riesame*, Nuovi annali della scuola speciale per archivisti e bibliotecari 27 (2013), 9–24.

Nuovo, Angela, *Paganini, Paganino*, in: AA.VV., *Dizionario Biografico degli Italiani* 80 (2014), (<http://www.treccani.it/enciclopedia/paganino-paganini_%28Dizionario-Biografico%29/>).

Orlando, Ermanno, *«Iuxta ritum suum». Minoranze religiose e matrimoni misti nell'Italia tardomedievale (questioni generali e in particolare il caso veneziano)*, in: Schmauder, Andreas/Mißfelder, Jan-Friedrich (edd.), *Kaftan, Kreuz und Kopftuch. Religiöse Koexistenz im urbanen Raum (15.–20. Jahrhundert)*, Ostfildern, Thorbecke, 2010, 87–143.

Pedani, Maria Pia, *In nome del Gran Signore. Inviati ottomani a Venezia dalla caduta di Costantinopoli alla guerra di Candia*, Venezia, Deputazione Editrice, 1994 (= 1994a).

Pedani, Maria Pia, *I «documenti turchi» dell'Archivio di Stato di Venezia*, Roma, Ministero per i beni culturali e ambientali, Ufficio centrale per i beni archivistici, 1994 (= 1994b).

Pedani, Maria Pia, *Inventory of the «Lettere e Scritture Turchesche» in the Venetian State Archives*, Leiden, Brill, 2010.

Piovan, Francesco, *Fausto, Vittore*, in: AA.VV., *Dizionario Biografico degli Italiani* 45 (1995), (<http://www.treccani.it/enciclopedia/vittore-fausto_(Dizionario-Biografico)/>).

Ploumidis, Georghios, *Le tipografie greche di Venezia*, in: Tiepolo, Maria Francesca/Tonetti, Eurigio (edd.), *I greci a Venezia. Atti del Convegno Internazionale di Studio, Venezia, 5–7 novembre 1998*, Venezia, Istituto Veneto di Scienze, Lettere ed Arti, 2002, 365–380.

Preto, Paolo, *Venezia e i Turchi*, Roma, Viella, ^{2}2013.

Roksandić, Drago, *The Dinaric Vlachs/Morlachs in the eastern Adriatic from the fourteenth to the sixteenth centuries: How many identities?*, in: Ortalli, Gherardo/Schmitt, Oliver Jens (edd.), *Balcani occidentali, Adriatico e Venezia fra XIII e XVIII secolo/Der westliche Balkan, der Adriaraum und Venedig (13.–18. Jahrhundert)*, Venezia/Wien, Verlag der Österreichischen Akademie der Wissenschaften, 2009, 271–285.

Rota, Giorgio, *Under two lions. On the knowledge of Persia in the Republic of Venice (ca. 1450–1797)*, Wien, Verlag der Österreichischen Akademie der Wissenschaften, 2009.

Rothman, E. Natalie, *Brokering empire. Trans-imperial subjects between Venice and Istanbul*, Ithaca/London, Cornell University Press, 2012.

Schweickard, Wolfgang, *La stratificazione cronologica dei turchismi in italiano*, La lingua italiana 7 (2011), 9–15.

Schweickard, Wolfgang, *Cherzego/Chersego*, Rivista Italiana di Onomastica 18 (2012), 13–18.

Segre, Arturo/Cessi, Roberto (edd.), *I diarii di Girolamo Priuli, aa. 1494–1512*, in: Carducci, Giosuè/Fiorini, Vittorio (edd.), *Rerum Italicarum Scriptores, nuova serie, vol. 24/3*, 3 vol., Città di Castello et al., S. Lapi et al., 1912–1941.

Setton, Kenneth M., *The Papacy and the Levant (1204–1571)*, vol. 3: *The sixteenth century to the reign of Julius III*, Philadelphia, American Philosophical Society, 1984.

Šimunković, Ljerka (ed.), *Dalmacija godine gospodnje 1553. Putopis po Istri, Dalmaciji i Mletačkoj Albaniji 1553. godine. Zapisao Zan Battista Giustinian*, Split, Hrvatsko-talijanska kulturna udruga Dante Alighieri, 2011.

Tagliavini, Carlo, *Le origini delle lingue neolatine*, Bologna, Pàtron, 1982 [1949].

Theunissen, Hans, *Ottoman-Venetian diplomatics: The «ʿAhd-Names». The historical background and the development of a category of political-commercial instruments together with an annotated edition of a corpus of relevant documents*, 3 vol., [s.l.], 1998.

Tonnet, Henri, *Histoire du grec moderne. La formation d'une langue*, Paris, Langues et mondes-L'Asiathèque, 2003.

Ulery, Robert W. Jr. (ed. e trad.), Pietro Bembo, *History of Venice*, 3 vol., Cambridge/London, The I Tatti Renaissance Library/Harvard University Press, 2007–2009.

Varanini, Gian Maria (ed.), Marino Sanudo, *Itinerario per la Terraferma veneziana*, Roma, Viella, 2014.

Varchi [1570] 1979 = *L'Ercolano. Dialogo di m. Benedetto Varchi, nel quale si ragiona delle lingue, ed in particolare della toscana e della fiorentina*, 2 vol., Milano, Società Tipografica de' Classici Italiani, 1804 [rist.: Milano, Cisalpino-Goliardica, 1979].

Ventura, Angelo, *Badoer, Andrea*, in: AA.VV. *Dizionario Biografico degli Italiani* 5 (1963), (<http://www.treccani.it/enciclopedia/andrea-badoer_%28Dizionario-Biografico%29/>).

Vercellin, Giorgio, *Venezia e l'origine della stampa in caratteri arabi*, Padova, Il Poligrafo, 2001.

Vianello, Nereo, *«Lingua franca» di Barberia e «lingua franca» di Dalmazia*, Lingua Nostra 16 (1955), 67–69.

Zannini, Andrea, *Venezia città aperta. Gli stranieri e la Serenissima, XIV–XVIII sec.*, Venezia, Marcianum Press, 2009.

Zekiyan, Boghos Levon, *La visione di Mechitar del mondo e della chiesa: una «Weltanschauung» tra teologia e umanesimo*, in: Zekiyan, Boghos Levon/Ferrari, Aldo (edd.), *Gli armeni e Venezia. Dagli Sceriman a Mechitar: il momento culminante di una consuetudine millenaria*, Venezia, Istituto Veneto di Scienze, Lettere ed Arti, 2004, 177–200.

Zekiyan, Boghos Levon/Ferrari, Aldo (edd.),*Gli armeni e Venezia. Dagli Sceriman a Mechitar: il momento culminante di una consuetudine millenaria*, Venezia, Istituto Veneto di Scienze, Lettere ed Arti, 2004.

II Dalmazia

Nikola Vuletić

4 Volgare venezianeggiante a Zara nel XIV secolo

1 Introduzione

Le testimonianze scritte del volgare di base veneziana in uso nella Zara trecentesca non sono mai state oggetto di uno studio sistematico, certamente non per la scarsità del materiale conservato, il quale, senza essere paragonabile dal punto di vista quantitativo alla documentazione volgare coeva di Ragusa, è altrettanto importante dal punto di vista qualitativo.[1] Note alcune di esse sin dagli studi fondamentali di Jireček (1904a) e Bartoli (1906), l'informazione sulla quantità e tipologia dei testi volgari zaratini del Trecento si è andata arricchendo soprattutto grazie all'attività dell'erudito locale Brunelli (1909; 1974).[2] Comunque, sin dal primo momento, i testi zaratini trecenteschi (ma anche quelli quattrocenteschi) sono stati utilizzati dagli studiosi quasi esclusivamente come una specie di osservatorio dei fenomeni che potevano essere ascritti all'influenza del romanzo locale. In particolare, i due testi più noti, le cosiddette «lettere zaratine» di Todru de Fomat (1325) e di Francesco de Fanfogna (1397), sono stati interpretati dalla manualistica romanza come le prime testimonianze scritte del *dalmatico*, dalla storica opera di Tagliavini ([1949] 1982) ai manuali che hanno conosciuto una diffusione più modesta.[3] Fu già Folena (1968–1970, 355) a insistere sulla necessità di studiare i testi dell'Adriatico orientale «nella loro complessa fenomenologia come documenti di ‹ibridismo›, di contatto linguistico, di sistematica integrazione, e non [...] per studiarne semplicemente i tratti o residui dalmatici». Ma

1 Nel titolo di questo capitolo riprendo il felice aggettivo *venezianeggiante*, utilizzato da Dotto (2008a) per qualificare la *scripta* volgare a Ragusa, per evidenziare da un lato la salda base veneziana dei testi ai quali è dedicato questo contributo e, dall'altro, la loro spiccata autonomia rispetto ai modelli lagunari. Si veda anche Tomasin (2010, 26).

2 Altri scritti di Brunelli relativi al nostro tema, contenenti frammenti di testi zaratini tre e quattrocenteschi, apparvero in varie riviste e giornali nei primi due decenni del Novecento. Cf. Muljačić (1969a, 155–156).

3 Si veda il panorama offerto da Dotto (2016). Si tratta di una visione che, in un certo modo, continua fino ai nostri giorni. Così Kabatek (2013, 162), nel recente volume *The Cambridge History of the Romance Languages*: «There exists [...] an early testimony in Ragusan (the Dalmatian dialect in Ragusa/Dubrovnik) in an inventory list from the end of the thirteenth century, as well as two letters from Zadar (from 1325 and 1397)».

https://doi.org/10.1515/9783110652772-005

soprattutto, lo status di prime testimonianze del dalmatico per le lettere zaratine fu negato, a giusta ragione, in un'acuta analisi da Zamboni (1976), nella quale s'insisteva sulla loro base linguistica veneziana, mentre la loro presunta «dalmaticità» si riduceva a una specie di colorito locale.[4] Tuttavia, è importante ricordare, con Dotto (2008a, 13), che il peso di questo colorito locale nella caratterizzazione complessiva della *scripta* volgare trecentesca di Dalmazia è tale da consentire un «suo allineamento solo imperfetto alla stessa *scripta* veneziana». Chi scrive è convinto che l'origine della spiccata fisionomia della cosiddetta *scripta* dalmatica[5] sia da cercare negli effetti del contatto linguistico, fino al punto di consentire l'interpretazione della *scripta* zaratina (e, *mutatis mutandis*, di quella ragusea e spalatina) del XIV secolo come un caso di lingua in contatto, però ha serie riserve sulla possibilità di ascrivere i suoi tratti non-veneziani al romanzo locale (per evitare la problematica etichetta di «dalmatico»), argomento sul quale si ritornerà più avanti.[6]

Recentemente, Dotto (2016) ha avuto l'occasione di rivisitare la questione delle lettere zaratine, avvertendo che esse rappresentano idealmente gli estremi cronologici di una salda tradizione scrittoria venezianeggiante affermatasi a Zara nel corso del XIV secolo. In quella sede, Dotto ha annunciato la prossima pubblicazione di una silloge di testi zaratini trecenteschi, avviata da lui e da chi scrive. Sulla base di questo materiale, che abbraccia i testi di carattere pratico trecenteschi prodotti dagli scriventi autoctoni, l'obiettivo principale del presente contributo sarà offrire una visione preliminare dei contesti e degli ambiti d'uso del volgare venezianeggiante nella Zara trecentesca, così come delle caratteristiche della *scripta* zaratina in rapporto a quella veneziana coeva, quale punto inevitabile di riferimento, e a quella di Ragusa. Si accetta così l'invito di Folena (1968–1970), prendendo questi testi per quello che sono: un campione di una *scripta* locale di base veneziana e una manifestazione di quella complessa realtà indicata con l'etichetta «veneziano coloniale», sorta da un processo dinamico di contatto e

4 Tuttavia, mentre osservava che «più di dalmatico sarebbe corretto parlare di tinta linguistica dalmatizzante in un sistema che mostra chiarissimi i segni della pressione veneziana», lo stesso Zamboni propendeva ancora per vedere nelle lettere zaratine «gli unici testi organici qualificabili in qualche modo come dalmatici», tra «i pochi testi dalmatici di una qualche organicità» (Zamboni 1976, 21 e 35).

5 La «*scripta* dalmatica» è definita da Dotto (2008b, 257) come «una tradizione scrittoria volgare diffusa nel medioevo nell'Adriatico orientale e caratterizzata da una fortissima variabilità a livello sia diatestuale che intratestuale, frutto dell'incontro e conflitto tra il veneziano (e gli altri volgari d'Italia) da un lato e il dalmatico e il croato dall'altro».

6 Per una discussione sulla validità dell'etichetta «dalmatico», cf. Vuletić (2013), Chambon (2014) e Vuletić (2015).

integrazione.[7] Il presente contributo si divide in tre parti: in un primo tempo si delineerà il quadro storico del contatto che favorì l'affermazione del veneziano in Dalmazia, in particolare a Zara, quale punto nevralgico dei conflitti per il controllo della costa orientale dell'Adriatico, per passare in seguito a una rassegna delle caratteristiche testuali e linguistiche della *scripta* venezianeggiante nella Zara trecentesca, chiudendo con le prospettive di ricerca da proseguire e approfondire nel volume annunciato da Dotto e da chi scrive, anziché con le conclusioni, che in questo momento sarebbero senz'altro premature.

2 Il quadro storico

2.1 Uno sguardo alla storia politica e demografica della Zara medievale

Quanto si dirà sulla storia politica di Zara nel Medioevo, fino al 1409 (inizio della fase di incontestato dominio veneziano, che si concluse nel 1797), e sui rapporti tra l'antica capitale dalmata e la Serenissima, sarà una breve rassegna informativa, fondata principalmente sui lavori di Brunelli (1974), Cessi (1966–1967), Tadić (1973), Klaić/Petricioli (1976) e Krekić (1997). Nell'Alto Medioevo, la città di Zara faceva parte dell'Impero Bizantino. Il periodo anteriore all'anno 1000 è caratterizzato da una relazione complessa con il ducato, poi regno croato, che ne occupava la maggior parte dell'entroterra. Come ha dimostrato Ančić (1998), a partire dalla seconda metà del secolo IX la presenza di Bisanzio in Dalmazia è di carattere piuttosto nominale. Secondo le disposizioni dell'imperatore Basilio I (867–886), le città dalmate pagavano un tributo al duca croato. La difficile convivenza si risolve nell'anno 925 quando, sotto gli auspici del sovrano croato, il sinodo di Spalato decide di estendere la giurisdizione dei vescovi dalmati al territorio dello stato croato. Finito così il periodo d'isolamento delle città dalmate, Zara, Traù e Spalato diventano autentici centri di riferimento culturale ed economico per l'entroterra

7 La formula «veneziano coloniale» non è priva di problemi, ma non lo è neppure l'alternativo «veneziano *de là da mar*», quando viene applicato all'Adriatico orientale (cf. Dotto 2008a, 12, nota 2). Per la definizione del «veneziano coloniale», vedi soprattutto Bidwell (1967), Folena (1968–1970), Zamboni (1988), Cortelazzo (2000) e Muljačić (2002). Per la distinzione tra una varietà coloniale del veneziano e una varietà fondamentalmente veneziana come lingua in contatto, sull'esempio della *scripta* italo-romanza quattrocentesca di Cipro, cf. Baglioni (2006). Il problema era posto lucidamente nei termini di una «prospettiva futura di ricerca» da Folena (1968–1970, 366–369), soppesando le analogie ma anche le differenze con le varietà propriamente coloniali.

slavo, senza cessare di essere territori formalmente soggetti all'Impero Bizantino. Il re croato Stefano Držislav (967–997) ostenta il titolo di esarca di Dalmazia, conferitogli da Basilio II. Dopo una breve parentesi veneziana, in conseguenza della spedizione adriatica di Pietro II Orseolo (1000), la maggior parte dell'XI secolo zaratino, quando la città è governata di fatto dai priori della dinastia locale dei Madio (alcuni dei quali hanno già antroponimi slavi), trascorre sotto il dominio formale dell'Impero Bizantino e nella coesistenza pacifica con il regno croato sotto i re Stefano I, Pietro Krešimir IV e Demetrio Zvonimir. La visione offerta da Klaić/Petricioli (1976, 106) è quella di una città autonoma che, liberatasi di fatto dal controllo dell'Impero, incapace di esercitare un dominio reale nell'area, resiste durante tutto il secolo XI alle pretese veneziane, croate e normanne.

Nel 1105 Zara, con le altre città dalmate, si sottomette al re ungaro-croato Colomanno. Veneziana di nuovo tra il 1115 e il 1182, la città si rivela un soggetto difficilmente dominabile, ribellandosi più volte (nel 1159, in tre occasioni durante gli anni '60 e poi di nuovo nel 1180). Il secondo periodo ungaro-croato (1182–1202), che vede un ulteriore aumento dell'autonomia della città, si conclude con la sua devastante conquista da parte dei crociati nel novembre del 1202, quando Venezia riesce a estendere il proprio dominio a tutta la Dalmazia, Ragusa compresa. La presenza veneziana, limitata essenzialmente alla figura del conte, è sopportata a Ragusa con manifestazioni di discontento relativamente deboli fino al trionfo del re ungaro-croato Ludovico d'Angiò nel 1357. Invece Zara, a dispetto della terribile lezione del 1202, non cessa di opporsi a Venezia con tenacia, come si ricostruisce dalla violenza delle ribellioni del 1242–1247, 1311–1313 e 1345–1346. Ogni ribellione di questa città, strategicamente centrale per il controllo dell'Adriatico orientale, provoca un successivo aumento della presenza veneziana, amministrativa e militare, a cui si aggiungono rappresaglie fisiche e materiali, non solo individuali.[8] In definitiva, la dominazione veneziana a Zara fu più precoce e decisamente più intensa che a

8 Così, nel 1247 si stipula una quota permanente di 40 ostaggi (cf. Ljubić 1868–1891, I, 70–71), mentre le condizioni della resa del 1347 prevedono 50 internati a Venezia e altri 50 esiliati sulle isole e nei dintorni, che torneranno in città solo dopo il 1353 (cf. *Obsidio*, 289; Ljubić 1868–1891, II, 437–438). Nel 1351, la presenza di «multi de Jadratinis» nella città e nei dintorni è considerata «suspecta et periculosa» (Ljubić 1868–1891, III, 233). Sono frequenti le confische di beni (cf. ad esempio Ljubić 1868–1891, II, 440–442; III, 78, 102, 121). Un altro fattore di pressione fu la presenza della guarnigione veneziana, che nel 1347 contava circa 400 mercenari, tra equestri e pedestri (cf. Klaić/Petricioli 1976, 313). Per un'analisi delle differenze della politica veneziana nei confronti di Zara e Ragusa, cf. Krekić (1997). Si veda anche Dotto (2008a, 19).

Ragusa. Tra il dicembre del 1357 e il febbraio del 1358[9] Zara è incorporata al regno angioino ungaro-croato e ne rimane parte fino alla vendita della città a Venezia per opera di Ladislao d'Angiò nel luglio del 1409.

L'atteggiamento di Zara dipese senz'altro dall'appoggio, talora sostanziale, talaltra solo formale, dei sovrani ungaro-croati e dei potenti signori feudali croati, ma fu soprattutto condizionato dagli interessi economici dell'aristocrazia agraria zaratina, assai diversa da quella mercantile ragusea.[10] Il controllo dell'entroterra, dove si trovava buona parte dei possedimenti del patriziato locale, era di interesse vitale per l'economia zaratina. Venezia lo sapeva bene, quando negli accordi con il comune di Zara del 1247 pretendeva che «Jadretini parentelas de cetero non contrahent cum Sclavis nec eos inter se recipient ad habitandum nisi secundum voluntatem domini ducis Venetiarum» (Ljubić 1868–1891, I, 70).[11] La consultazione degli *indices personarum* nei volumi dei notai zaratini finora pubblicati (Zjačić 1959; Zjačić/Stipišić 1969; Stipišić 1977; Leljak 2001–2003), risalenti al periodo compreso tra il 1279 e il 1355, mostra che gli sforzi della Serenissima non servirono a nulla, giacché il flusso migratorio dall'entroterra si rivelò incontenibile. Più ancora: un'attenta ricognizione di questo materiale onomastico, che arricchisce i dati su cui si fonda il quadro offerto da Jireček (1902; 1904a; 1904b), con tutta la cautela dovuta, suggerisce che nel Trecento la maggioranza dei *cives* e *habitatores* di Zara fosse di origine slava, secondo una tendenza che si andrà consolidando

9 Le forze del *ban* croato varcano le mura della città il 17 dicembre 1357, ma la guarnigione veneziana abbandona il castello solo dopo la stipulazione della pace di Zara (18 febbraio 1358). Cf. Klaić/Petricioli (1976, 321).

10 Sarebbe tuttavia erroneo attribuire la politica del patriziato zaratino solo agli impulsi provenienti dal lato croato. La grande ribellione del 1345–1346, anziché come adesione dell'*élite* locale alla politica espansionista del re Ludovico d'Angiò, fu percepita nella stessa città come «guerra da comun de Zara a quilli da Venesia», come si legge in una testimonianza preziosa dell'anno 1364, conservata negli atti della *Curia maior civilium* (HR–DAZD–22. Općina/Komuna Zadar. Veliki sudbeni dvor. Kut. 3, sv. 1, 84r). Il frammento citato evidenzia un'interpretazione del conflitto come rivendicazione e difesa della libertà e delle autonomie comunali, come avviene anche nella cronaca anonima dell'assedio, dedicata «uictorie populi vrbis Iaderę» (*Obsidio*, 119).

11 Inutile insistere sull'interpretazione in chiave «etnica» di questa disposizione, come quella di Bartoli (1906, I, 189), perché sappiamo che tra i nobili zaratini stipulanti si trovavano persone d'indubbia origine slava, come *Marinus de Grobegna*, *Volcinna de Martinussio*, *Damianus de Varicasso* o *Madius de Morviza*, per dare solo qualche esempio. Il termine *Sclavis* nel trattato del 1247 non ha alcuna accezione etnica, ma soltanto giuridico-territoriale. Le divisioni etnico-linguistiche nel Duecento non potevano avere né il peso, né le dimensioni attribuite loro indebitamente da alcuni studiosi, tanto italiani, come croati, in una interpretazione non priva di motivazioni aliene dal rigore che dovrebbe contraddistinguere un discorso scientifico.

nel periodo angioino. Di un processo avanzato della compenetrazione etnico-linguistica parlano anche i toponimi ibridi *intra muros* registrati nel Trecento, quali *Stomoriça* o *Putevaç*, formati con l'aggiunta dei suffissi slavi [-itsa]/[-ats] alle basi romanze *San(c)ta Maria* e *puteu* (cf. Klaić/Petricioli 1976, 501–502). Quanto alla popolazione delle isole zaratine, all'altezza del XIV secolo essa è già esclusivamente slava. Il materiale in questione è utile anche per determinare, semmai tendenzialmente, la presenza dell'elemento etnico–linguistico italo-romanzo, in specie quello veneto, a Zara. Ammettendo sempre che non tutte le persone originarie della penisola italiana siano menzionate nelle fonti conservate, si può constatare che il contingente italiano nel periodo segnalato è composto da qualche decina di mercanti, tra i quali pochissimi sono pervenuti alla condizione di *habitatores Jadre*, poi dal personale del conte veneziano, infine dai membri della guarnigione militare.[12] I patti veneziano-zaratini rivelano inoltre che le ribellioni zaratine furono regolarmente accompagnate dall'espulsione degli individui di origine veneziana e dalla confisca dei loro beni, di modo che in determinati periodi la città diveniva un ambiente alquanto insicuro per i fedeli alla causa di Venezia.

2.2 Lineamenti di storia linguistica esterna

È ormai una prassi comune aprire il capitolo sulla storia linguistica esterna della Dalmazia medievale con le testimonianze di Costantino Porfirogenito (prima metà del secolo X) sui 'Ρωμᾶνοι dalmati, che abitavano le città rimaste sotto il dominio dell'Impero Bizantino in seguito alle migrazioni slave.[13] Il secondo posto nel canone delle testimonianze esterne è occupato dalla *Cronica* di Guglielmo di Tiro (ultimo quarto del secolo XII), dove si parla dei «paucis qui in oris maritimis habitant» che «latinum habent idioma», mentre gli altri sono «sclavonico sermone utentibus».[14] A queste bisogna aggiungere un'altra fonte

12 Metzeltin (1988, 554) accentua l'importanza avuta dalle «centinaia di fanti italiani» nel processo di venezianizzazione linguistica della città, ma la consultazione dei volumi dei notai zaratini finora pubblicati rivela una composizione linguistica piuttosto eterogenea della guarnigione veneziana: negli anni cinquanta del Trecento, per esempio, circa una metà dei soldati menzionati nelle fonti proviene dal territorio venetofono, mentre l'altra è composta soprattutto da tedeschi, piemontesi, lombardi ed emiliani.

13 Nelle interpretazioni etimologiche dell'imperatore di alcuni toponimi dalmati, appare spesso l'espressione «nel dialetto dei Romei» (τῇ 'Ρωμαίων διαλέκτῳ). Vuletić (2010, 374–375) ha cercato di argomentare che dietro questa espressione potrebbe nascondersi la varietà romanza di questi luoghi, ammettendo tuttavia che l'imperatore probabilmente non distingueva tra latino e romanzo e che neppure aveva una competenza soddisfacente in latino.

14 A partire da Jireček (1902, 44), tutte le opere di riferimento citano queste due fonti.

basso-medievale di datazione problematica (secolo XII o XIII?), la cronaca del «Presbitero di Doclea», che, trattando dell'etimologia del nome *Ragusa*, dice «in ripis marinis, quas Epidaurii ['gli abitanti di Ragusa'] lingua sua *Laus* dicunt», aggiungendo che «Sclavi vero *Dubrovnich* appellaverunt» (Katičić 1998, 267).[15] Frequenti sono inoltre, come avverte Bartoli (1906, I, 189) e secondo quanto si desume dai preziosi contributi di Jireček (1902; 1904a; 1904b), i riferimenti ai *Latini* e agli *Sclavi* nelle fonti due e trecentesche di Zara, Traù, Spalato e Ragusa, anche se non sono sempre da interpretare in chiave etnico-linguistica (si veda anche Dotto 2008a, 30).

In linea di principio, non c'è molto da aggiungere alla caratterizzazione complessiva del quadro sociolinguistico delle città dalmate dall'anno 1000 in poi offerta da Ursini (2003, 686): «In una fase non facile da determinare con precisione si instaurò nelle località costiere qualche tipo di plurilinguismo (dalmatico, slavo, veneziano), in equilibrio più o meno stabile a seconda della consistenza delle componenti etniche e dei diversi rapporti instauratisi tra di esse». Segue da quanto espone Ursini che i mutamenti nella situazione sociolinguistica di ognuno degli antichi centri dalmati furono direttamente condizionati dall'aumento costante della componente etnica slava e dal peso sempre maggiore del veneziano, il quale, come si è visto, in un primo tempo non dipese direttamente dalla presenza della rispettiva componente etnico-linguistica, bensì dalle funzioni sociali attribuite a questa varietà.[16] Comunque, mentre a Ragusa le notizie quattrocentesche (cf. Dotto 2008a, 39–45) permettono di farsi un'idea abbastanza chiara, magari *à rebours*, delle tendenze sociolinguistiche del Trecento che determinarono le sorti del romanzo locale, a Zara il silenzio delle fonti è assoluto. Gli scarsi dalmatismi nei testi latini o volgari rintracciabili nel contesto zaratino fino al Cinquecento (Zamboni 1976, 22), sui quali poggia in parte l'ipotesi di una vitalità più bassa del dalmatico, potrebbero non essere altro che semplici relitti di una lingua caduta in disuso da tempo. Differentemente poi da quanto avviene per Ragusa, sugli ambiti d'uso del romanzo locale a Zara non si può dire niente di sicuro, e tanto meno sulla sua presunta longevità.

---

15 Ultimamente si è suggerito che le lettere di papa Gregorio I, dirette al clero dalmata verso l'anno 600, costituiscano una prima fonte sugli usi linguistici della Dalmazia (cf. Bernoth 2008, 2733). Comunque, quanto si ricava dall'epistolario del pontefice importa meno per le notizie sugli usi linguistici che per la decadenza del livello culturale del clero dalmata. Cf. Vuletić 2010, 373–374.

16 Per il periodo posteriore al 1409, è vero quanto afferma Ursini (2003, 686), cioè che alcune località dalmate, «e tra esse certo Zara, furono esposte a processi di riromanizzazione-venezianizzazione».

Va collegata a questo problema la questione dell'interpretazione del sintagma *lingua latina* nelle fonti coeve. Per Ragusa, i numerosi esempi dei documenti trecenteschi tradotti *de s(c)lavonesco/de lingua s(c)lavonica in latinum* (CD, X–XIV), dove il glottonimo *latinum* si riferisce in maniera inequivoca a un testo in volgare, confermano in linea di principio il giudizio di Dotto (2008a, 36) sul significato di «volgare» da attribuire a *lingua latina/latinum*. Comunque, un documento dell'anno 1371, prodotto dal cancelliere della città di Veglia nello stesso contesto della traduzione dallo slavo (CD, XIV, 7–10), mostra che *latinum* può stare ovviamente anche per 'latino'. Non c'è però un solo esempio, da nessuno dei centri dalmati, che permetta di identificare *lingua latina* con il romanzo locale *tout court*.[17] Accade lo stesso con i riferimenti a varietà diverse dal latino nel contesto locale, di regola contrassegnati nelle fonti dell'epoca dall'uso dell'avverbio *vulgariter*: da Zara a Traù a Spalato, qualora le fonti locali due e trecentesche informino sull'uso di un «volgare» e questo sia identificabile attraverso un *designatum* – una parola o un testo –, si tratta del croato o di un volgare italo-romanzo, mai del romanzo locale.[18]

Le notizie sullo slavo, nei suoi due versanti – croato ciacavo e slavo ecclesiastico della redazione locale –, sono invece tali da offrire, in combinazione con altre fonti, una visione abbastanza chiara, seppur frammentaria, sui suoi ambiti d'uso e sulla sua base demografica. Si lascia da parte il riferimento ai «laudibus et canticis altissone resonantibus in eorum sclavica lingua» che sarebbero stati uditi da un cardinale che accompagnava papa Alessandro III in occasione dell'improvvisa visita del pontefice a Zara nel 1177, molto caro ai linguisti croati e invece ripetutamente contestato dai linguisti italiani (si veda almeno Bartoli 1906, I, 190–191; Zamboni 1976, 22, 66), per passare direttamente alle testimonianze riguardanti il Trecento. Proprio a Zara, nel 1345, abbiamo il primo testo croato in alfabeto latino: un frammento delle regole monastiche destinato all'uso delle monache di San Domenico.[19] Comunque, l'antica tradizione croata della scrittura glagolitica resisterà per lungo tempo nell'ambito

17 Con l'eccezione ovviamente delle fonti quattrocentesche per la *lingua latina ragusea*, cf. Dotto (2008a, 39–46).

18 In questa sede non ci è possibile offrire una rassegna esaustiva dei relativi documenti. Bastino, per il Duecento (1277), un documento da Traù, in cui si legge «vulgariter lingua sclavonica» (CD, VI, 208), per il Trecento un documento in veneziano («in quo vulgariter [. . .] dixit») riferito dal notaio zaratino Andrea da Cantù (Leljak 2001–2003, I, 29–30) e l'inventario della zaratina Elena Zanbonino del 1370, con l'uso frequente delle voci slave senza alcun equivalente latino, in cui «in sermone nostro vulgariter» (Leljak 2006, 191) si riferisce a un toponimo del villaggio croatofono di Petrčane.

19 Il testo è stato edito da Malić (1977). Occorre evidenziare il fatto che si tratta di uno dei monasteri zaratini che di norma accoglievano le figlie del patriziato locale.

ecclesiastico, e a partire del Quattrocento il suo uso, certamente non impedito dalla Serenissima, investirà anche una parte dell'ambito amministrativo. Nelle fonti trecentesche non mancano notizie sui libri di culto glagolitici in possesso di mercanti, preti e patrizi zaratini (cf. Runje 2007). Un inventario zaratino dell'anno 1389 mostra che l'alfabeto glagolitico si usava anche per le traduzioni dei *romans* francesi.[20] Le notizie sull'uso del croato negli atti pubblici sono poche ma univoche. Così, nel 1346, le condizioni di resa offerte dai capitani veneziani alla città assediata dovevano «publice proclamari in lingua slavonica et latina, in locis, unde a Jadratinis intrinsecis bene audire et intellegi possit» (Ljubić 1868–1891, II, 374).[21] Diversamente da quanto ha concluso Dotto (2008a, 38) per i bandi bilingui o nella sola *lingua sclavonica* nella Ragusa trecentesca, in questo caso si sceglie lo slavo non perché la questione avrebbe interessato slavi esterni alla comunità zaratina, ma appunto perché si tratta di una lingua parlata, o meglio di una delle lingue parlate dagli *Jadratinis intrinsecis*, ai quali si rivolge il bando.[22] L'uso del croato per fini «esterni» si registra nell'anno 1372, quando Zara prende possesso di Pago: il piacentino Galeazzo de Surdis, giudice della *Curia maior* zaratina, «fecit legi consuetudines seu usantias insulle et populi Pagi et exponi ipsas de uerbo ad uerbum in ideoma [*sic*] sclauicum» (Zjačić/Strgačić 1949, 12). Se poi si considera anche il quadro posteriore al Trecento, andrà notato che nel 1462, dieci anni prima che prendesse avvio nel Consiglio di Ragusa il dibattito sulla lingua (cf. Dotto 2008a, 42–46), l'abate del monastero di San Grisogono si rivolge al popolo zaratino con un editto da divulgare «idiomate slauonico» (Zjačić/Strgačić 1949, 33).

L'assenza di testi di carattere pratico in croato a Zara nel secolo XIV è un fatto, dal quale però non si possono trarre conclusioni clamorose: per il periodo che ci interessa in questa sede, questi sono rarissimi anche nel regno ungaro-croato, nonostante una tradizione scrittoria slava molto precoce. La questione è ovviamente collegata alla diffusione della cultura scrittoria latina nelle terre croate. A questo proposito, e come ulteriore punto di comparazione fra Zara e Ragusa, occorre ricordare che l'amministrazione zaratina non disponeva di una cancelleria slava, perché non ne aveva bisogno. A Ragusa invece l'esistenza della cancelleria slava trova la sua giustificazione nei rapporti intensi, in primo luogo economici, con l'entroterra, in cui, come in Serbia, la cultura latina non era radicata, diversamente dalla situazione in Croazia (cf. Dotto 2008a, 250).

---

20 «unus liber Alexadri paruus in littera sclaua [...] unus Rimancius, scriptus partim in latino et partim in sclauo». Cf. Jireček (1903, 157).

21 Cf. Metzeltin (1988, 555).

22 Lo stesso si può dire di un bando che nell'anno 1325 fu pubblicato «in lingua latina et sclava» a Traù (CD, IX, 262).

La componente più recente dell'equilibrio evocato da Ursini (2003, 686) fu il veneziano. In assenza di documenti che attestino la diffusione del veneziano in Dalmazia anteriori agli ultimi decenni del Duecento, Ursini (2003, 693) ritiene che «interessanti indicazioni lessicali nei documenti latini consentono di ipotizzare che il tipo linguistico veneziano cominci a radicarsi sull'opposta sponda dell'Adriatico fin dai sec. IX e X», pur ammettendo che «bisogna attendere tuttavia almeno fino al Trecento perché la venezianizzazione linguistica sia saldamente avviata». Nel caso di Zara, Metzeltin (1988, 554) propende invece per «una prima massiccia venezianizzazione» a partire dal 1243, ipotesi difficilmente convalidabile allo stato attuale delle conoscenze. Si può però accettare senza problemi che il consolidamento del dominio veneziano a Zara abbia avuto come conseguenza un'accelerazione della diffusione del volgare presso i vari ceti zaratini, in particolare presso i mercanti, certamente non insensibili alle possibilità di comunicazione, scritta e orale, che offriva il modello linguistico veneziano. Un primo esempio sicuro della partecipazione di parlanti di origine zaratina a un contesto comunicativo volgare di caratteristiche fondamentalmente veneziane si dà con la registrazione di una lite, databile al 1284 e conservata in copia, avvenuta a bordo di una nave il cui *paron* era uno zaratino. Dotto (2007, 13) ha avanzato l'ipotesi, contro l'opinione di Stussi (1995, 791) e con solidi argomenti di ordine storico-sociale, di un'origine zaratina dello scrivano, ma essa rimane, come riconosce l'autore, «un'ipotesi priva di riscontri probanti».[23] Un vuoto, dovuto forse in parte allo stato di conservazione dei fondi archivistici,[24] separa questo documento e le prime testimonianze volgari nelle fonti zaratine del Trecento, in cui la tradizione scrittoria venezianeggiante appare già saldamente avviata, non limitata solo a contesti economico-commerciali – i quali, a giudicare dalle notizie sui numerosi quaderni e carte dei mercanti zaratini, rappresentano il fulcro di gran lunga più significativo dell'uso del volgare –, ma presente pure nell'ambito giuridico-individuale, nel caso dei testamenti e degli inventari *post obitum*. Quanto poi alla composizione

23 La fisionomia linguistica del documento certamente non rispecchia i tratti caratteristici della cosiddetta *scripta* dalmatica, ma Dotto (2007, 28), «pur con prudenza», ritiene che il cancelliere di origine emiliana autore della registrazione «abbia avuto un peso rilevante nella costruzione della *facies* linguistica della copia che si è conservata, non però nel senso di un'addizione solo parziale e quindi sincopata delle proprie abitudini scrittorie, ma nella direzione di una regolarizzazione dei fenomeni».

24 Un documento in latino dell'anno 1306 (CDSuppl., II, 425–427) informa dell'esistenza di un quaderno del patrizio zaratino Michele de Fanfogna, in cui «scriptum est vulgariter» la notizia della morte di un certo *Vulce, habitator Iadre*, avvenuta a bordo della *tareta* di Damian de Fanfogna. Il quaderno è andato perduto, sicché sulla fisionomia linguistica del *vulgaris* usato in quel diario di bordo si possono formulare solo delle ipotesi più o meno verosimili.

del circolo degli utenti del volgare, questa, *contra* la logica di Brunelli (1903, 1), non dipende da qualsivoglia tipo di equiparazione tra usi linguistici e identità etniche, né dall'arco cronologico del dominio veneziano, come si vedrà più avanti. Alcuni esempi interessanti di coscienza dell'alterità linguistica relativi alle varietà italo-romanze appaiono nella cronaca dell'assedio del 1345–1346, composta fra il 1347 e il 1353 da un anonimo patrizio zaratino, verosimilmente un ecclesiastico (cf. *Obsidio*, 16–18). Per esempio: «et ibi confecerunt contra ciuitatem eorum quam Italici et Longobardi bastidam, Dalmatici et Croati sticatum appellare consueuerunt» (*Obsidio*, 157).[25]

L'esordio della *scripta* venezianeggiante a Zara, formalmente identificabile con la lettera di Todru de Fomat (1325), sembra alquanto ritardato rispetto a Ragusa. Occorre ricordare che il grosso del corpus della *scripta* venezianeggiante non cancelleresca a Ragusa del primo terzo del XIV secolo è costituito da lettere indirizzate al conte e agli organi del comune da parte dei mercanti ragusei (cf. Dotto 2008a, 63). Anche il corpus della *scripta* cancelleresca a Ragusa anteriore all'anno 1358, analizzato da Dotto (2008a), è composto da lettere e commissioni del comune. Proprio in questo risiede una delle differenze fondamentali tra Zara e Ragusa: da un lato, quanto usciva dalla cancelleria zaratina era esclusivamente in latino; dall'altro, Zara non disponeva di una rete commerciale e diplomatica paragonabile a quella ragusea. Non c'è a Zara niente di simile al registro *Litterae et commissiones*, quale punto d'irradiazione dell'«esplosione del volgare nella cancelleria ragusea», per dirla con Dotto (2008a, 290). Sembra quindi che la cancelleria zaratina non elaborasse modelli di comunicazione in volgare per i propri cittadini.[26] Infatti la presenza del volgare nelle fonti cancelleresche zaratine del Trecento si riduce a poche copie di testi prodotti da scriventi non professionisti (i quali, a rigore, fanno parte della tradizione non

25 «e lì costruirono di fronte alla loro città [una fortificazione] che gli italici e i lombardi chiamano *bastida*, i dalmatici e i croati *sticatus*». Gli etnici si riferiscono a realtà diverse da quelle moderne: *Italici* sta per 'italiani dell'Italia centrale e meridionale', *Longobardi* sta per 'settentrionali'. Al netto dell'etimo germanico dei due lessemi, è notevole l'opposizione tra un tipo identificato come autoctono, di *Dalmatici* e *Croati* – *sticatus* –, e un tipo d'importazione – *bastida* –.

26 Detto questo, è vero che a Zara il materiale d'archivio riguardante la prima metà del Trecento soffre d'importanti lacune. Per esempio, i testamenti e gli inventari sono sorprendentemente pochi per la seconda metà degli anni '40, quando nella città assediata, poi raggiunta dalla peste nera, la mortalità era altissima. Ai 53 testi ragusei non cancellereschi della silloge di Dotto (2008a) anteriori all'anno 1337 corrisponde un solo testo zaratino (tra l'altro, la lettera di Todru de Fomat è inviata proprio alla cancelleria di Ragusa), il che rende difficile un serrato confronto tra Zara e Ragusa per questo periodo.

cancelleresca), per lo più autoctoni ma anche forestieri,[27] a cui si aggiunge qualche dichiarazione, più o meno estesa, dei testimoni negli atti della *Curia maior civilium*.

3 La *scripta* venezianeggiante autoctona nella Zara trecentesca

3.1 Tipologie testuali e scriventi

Con «*scripta* venezianeggiante autoctona» si intendono, secondo l'uso promosso da Dotto (2008a), le manifestazioni della *scripta* volgare di base veneziana al di fuori dell'uso della cancelleria, attribuibili agli scriventi del luogo, in questo caso di Zara. Delimitato in questi termini, il corpus della *scripta* venezianeggiante autoctona, in corso di preparazione da parte di Dotto e di chi scrive, comprende una quarantina di testi databili entro la fine del Trecento, in buona parte inediti,[28] conservati presso tre istituzioni zaratine: l'Archivio di Stato (*Državni arhiv u Zadru*), la Biblioteca scientifica (*Znanstvena knjižnica Zadar*) e il Monastero delle benedettine di S. Maria (*Benediktinski samostan Sv. Marije*), oltre all'Archivio di Stato di Dubrovnik (*Državni arhiv u Dubrovniku*), presso cui è conservata la già ricordata lettera di Todru de Fomat. I numeri poi sono sempre relativi, non solo per una questione che si esporrà in seguito, ma anche perché lo stato di alcuni fondi archivistici rende difficile qualsiasi giudizio categorico: infatti due testi importanti sono stati recuperati là dove meno si sperava, quando si era ormai creduta chiusa la silloge. Ciò nonostante, si può affermare che è stata presa in considerazione la quasi totalità della produzione non cancelleresca in volgare conservata per il XIV secolo, tranne qualche testo brevissimo di datazione incerta. Quasi un terzo dei testi appartiene alla tipologia dell'inventario dei beni *post obitum*. Alcuni inventari presentano un'alternanza latino-volgare tale da permettere

27 Negli atti dei notai zaratini si trova qualche copia integra di testi prodotti altrove, per esempio a Venezia. Questi, evidentemente, non ci interessano in questa sede, in quanto non rappresentativi della tradizione scrittoria locale.

28 Il testamento di Andrea de Slorado (1347) è stato edito da Brunelli (1974, 583–585) e poi in CD (XI, 336–342), la nota di Çuane de Butun (1388) da Brunelli (1974, 582) e da Migliorini/Folena (1952, 69–70), l'inventario di Micoville di Pietro (1385) da Stipišić (2000), gli inventari del fondo della *Magnifica comunità di Zara* fino all'anno 1385 da Leljak (2006). Per le numerose edizioni della lettera di Todru de Fomat (1325) e di quella di Francesco de Fanfogna (1397), cf. Dotto (2016).

di isolare facilmente i brani in volgare, mentre in uno la compenetrazione del latino e del volgare rende impossibile una sicura distinzione tra i due codici. La seconda categoria più numerosa comprende le note autografe dei funzionari del comune (procuratori e tribuni). Importantissimi i cinque testamenti che, diversamente da quanto succede a Ragusa, non sembrano dovuti a condizioni eccezionali (come le epidemie di peste a Ragusa del 1348 e 1368, cf. Dotto 2008a, 121).[29] Il resto comprende testi di diverse tipologie, tra cedole, note private e lettere.

La maggioranza dei testi è originale, mentre nove documenti sono conservati in copie redatte da cancellieri provenienti dalla penisola italiana.[30] La decisione di non escludere queste copie poggia sulla convinzione che la loro fisionomia linguistica rispecchi in modo abbastanza fedele quella degli originali perduti, poiché essa non è attribuibile in alcun modo all'origine dei copisti. Si tratta di una valutazione fatta caso per caso, condotta incrociando i dati relativi alla tradizione del documento con le sue caratteristiche linguistiche – il che non significherà comunque in fase di analisi un appiattimento dei diversi testi su un solo e unico grado di affidabilità –.[31]

Due testi meritano un commento a parte. Il primo è una *protestatio* (1356), nella quale Crise de Civalelli, in qualità di esecutore testamentario dello zio Nicola, declina le proprie responsabilità per le eventuali omissioni nell'inventario dei beni di quest'ultimo. Scritto dal notaio Corrado di Rainerio, questo testo, a rigore, andrebbe considerato come un esempio della *scripta* cancelleresca, se non fosse per il fatto che il cancelliere vi riporta *verbatim* il discorso diretto di Civalelli in volgare.[32] Il discorso di Civalelli è introdotto dalla formula *in hunc modum dicens*, il che sembra assicurare una presa diretta del discorso pronunciato. Il testo della

29 Questi, inoltre, rivelano una tendenza del patriziato zaratino a depositare i testamenti autografi nei conventi della città.

30 I cancellieri in questione sono Corrado di Rainerio, *Isnardus condam Romanati* e Pietro Perenzano, tutti e tre padovani, il piacentino Francesco di Manfredo, il lunigianese Pietro di Sarzana, il fermano Vannes di Domenico, il lombardo Raimondo di Asola e il friulano Articuzio di Rivignano.

31 Per fare un esempio, è notevole l'attenzione con cui Corrado di Rainerio copia il testamento autografo di Nicola Civalelli: le correzioni su rasura riguardanti di norma *e* atona, corretta più volte in *i*, dimostrano uno scrupolo particolare, nient'affatto scontato, verso la forma linguistica originaria (cf. nel senso opposto il caso studiato da Dotto 2008b, in cui il cancelliere di Ragusa Francesco di Arco ha invece pesantemente modificato la *facies* linguistica della copia originale di Pero de Çorçi di Sebenico).

32 *Protestationes* del genere erano assai comuni, essendo spesso integrate nel testo dell'inventario con una semplice formula. Quella di Civalelli è comunque particolarmente estesa e elaborata, nella forma di una sfida aperta e diretta alla vedova del defunto, ed è probabilmente per questo che fu registrata in volgare.

protestatio, pur non appartenendo alla serie dei documenti più caratterizzati, è tuttavia farcito di un buon numero di tratti locali, di modo che viene da chiedersi se Civalelli non avesse presentato a Corrado una versione scritta del proprio discorso. Non è però impensabile che una lunga permanenza a Zara avesse potuto permettere al cancelliere padovano di abituare l'orecchio alle caratteristiche articolatorie locali e, quindi, di registrare sequenze come «il nun mi à mustrat plu» o «avirli misu quili chi mi à aparudi».[33] Ad ogni modo, è probabile che si sia in presenza di un esempio prezioso di oralità mediata.[34] Sembra confermarlo una struttura sintattica come «chusì riquiro anchi la dita madona Pria si la sa di beni stabili plu cosa alguna di çò chi ò misu i(n) l'aventa(r)io, che-l mi-l diga», in cui il doppio clitico per l'oggetto diretto più che un errore di copia pare proprio un tratto riconducibile all'oralità. Il secondo testo problematico, o meglio insieme di testi, coincide con i regesti dei documenti in volgare – cedole, lettere e quaderni – in possesso del drappiere zaratino Micoville di Pietro, raccolti nel suo inventario (1385) vergato dal notaio Articuzio di Rivignano, un altro importante professionista della cancelleria zaratina di fine Trecento.[35] Il testo che ci è pervenuto è quindi di una sola mano, ma gli scriventi dei documenti originali, generosamente riportati dal cancelliere friulano mediante *incipit* ed *explicit* relativamente estesi, sono vari e molti. Di questi regesti, ben 16, attribuibili a scriventi autoctoni individuabili grazie ai loro nomi, rispondono ai caratteri della *scripta* zaratina, mentre il resto presenta una diversa fisionomia linguistica, veneziana e pisana soprattutto. I primi sono una traccia importantissima della cultura scrittoria del volgare a Zara, a partire dall'ampiezza della sua diffusione, e vanno presi in considerazione, nonostante la loro condizione di copie e la loro frammentarietà, secondo una ragionata gradazione di affidabilità.

Gli scriventi autoctoni identificati sono più di una ventina, dei quali quasi tre quarti provengono dalle antiche famiglie del patriziato zaratino. È possibile individuare alcune cerchie familiari nelle quali l'uso del volgare conobbe una fortuna particolare. Così, i cugini de Nassi, Crisse e Micha, sono responsabili di cinque note in volgare, che hanno vergato in calce a degli inventari in qualità di procuratori del comune. Importanti sono anche i già menzionati Nicola e Crise

33 Le chiusure vocaliche, metafonetiche e non, caratteristiche della *scripta* padovana coeva (cf. Tomasin 2004, 100–102, 108–111), hanno forse favorito la percezione e registrazione del tratto da parte del notaio.

34 Per il problema della oralità mediata nelle *scriptae* medievali, si veda almeno Dotto (2007, 29–34).

35 L'inventario è stato edito da Stipišić (2000), ma la parte che spetta ai regesti dei documenti in volgare è migliorabile. Articuzio fu cancelliere a Ragusa tra il 1377 e il 1383, quando venne cacciato dalla città, cf. Dotto (2008a, 294).

de Civalelli, zio e nipote, responsabili di tre dei testi. Da due rami strettamente imparentati delle famiglie Çorçi e Çadulin provengono gli scriventi di tre inventari, e da un altro Nicola de Çadulin, estensore di un prezioso testamento autografo. Questi casi sono molto istruttivi, perché mostrano che l'uso scritto del volgare di base veneziana non dipendeva da un legame speciale con Venezia:[36] gli Çorçi e gli Çadulin in questione appartenevano alla fazione del patriziato apertamente avversa alla Serenissima, alcuni di loro cacciati da Zara dopo il 1347 (cf. Ljubić 1868–1891, III, 78; Leljak 2001–2003, I, 531). Va comunque precisato che, se anche l'ambiente sociale nel quale sorge il grosso dei testi sembra, a prima vista, essere quello del patriziato zaratino, la prospettiva offerta dalla silloge è solo parziale, perché una buona parte della documentazione non si è conservata. Lo mostrano appunto i regesti dei documenti volgari nell'inventario di Micoville di Pietro: i loro autori sono soprattutto mercanti, beccai e imprenditori di ogni tipo.

Serva questa breve e parziale rassegna per introdurre la questione dell'appartenenza linguistica dei singoli scriventi o, meglio, del loro repertorio linguistico. Cercare di rispondere a questa questione significa, in linea di principio, perdersi in congetture,[37] tanto più che il valore probatorio del materiale onomastico non è assoluto.[38] Comunque, si è già detto che questo suggerisce che la maggioranza dei *cives* e *habitatores* della Zara trecentesca fosse di origine slava: è quindi ragionevole supporre che il croato ciacavo fosse il loro sistema primario. Che poi tutti gli scriventi fossero «sempre bilingui nel più perfetto senso della parola», come vorrebbe Vidos (1965, 54), è impossibile confermare: è più prudente ammettere che molti lo fossero, senza avventurarsi sul livello di competenza di ciascuno. Se il romanzo locale fungesse da sistema primario di una porzione della popolazione zaratina, come di solito si suppone per il patriziato sulla scorta delle testimonianze ragusee quattrocentesche, non è facile a dirsi, e la valutazione dipenderà dal grado di vitalità del romanzo locale per cui si propende. Ammettendolo a mo' d'ipotesi, sarebbe tuttavia difficile immaginare che un patrizio zaratino, per quanto

---

36 Già Folena (1968–1970, 356) ribadisce il fatto che i rettori di Ragusa scrivono «in volgare veneziano» ai propri ambasciatori alla corte ungherese «pur in un'epoca di acerrima inimicizia per la Serenissima».

37 Si può riproporre quanto ha scritto Dotto (2008a, 70) sull'identità linguistica degli scriventi ragusei autoctoni, nonostante le differenze richiamate sopra tra Zara e Ragusa: «Non se ne conosce il sistema primario, ma soprattutto non si conoscono i rapporti reciproci tra le varietà e i livelli di competenza per le singole varietà».

38 Se è vero che alcuni nomi slavi, come *Vulcina* o *Cerne*, facevano parte del repertorio standard del patriziato zaratino, senza necessariamente indicare un'identità linguistica prevalentemente slava delle rispettive famiglie, è altrettanto vero che i nomi tradizionali *Grisogonus* (popolarmente *Crise*) o *Madius* (popolarmente *Maçole*) non sono prove assolute di un'identità linguistica (dalmato)romanza.

potesse essere immerso nella romanità autoctona, non avesse un alto livello di competenza del croato. Cosa impedisse a Francesco de Fanfogna di scrivere al padre una lettera privata in lingua slava «se quella gli fosse stata famigliare» (Brunelli 1903, 1) è in sostanza un interrogativo secondario, quando confrontato con un altro: come mai i mercanti zaratini noti di attestata e immediata (non lontana) origine slava tenevano i propri libri di conti e scambiavano cedole in un volgare venezianeggiante? La risposta, evidentemente, va cercata nelle funzioni sociali delle singole varietà disponibili in una comunità plurilingue, «in questa disponibilità tutta medievale al plurilinguismo e alla specializzazione dei codici nei diversi contesti» (Dotto 2008a, 438).[39]

3.2 Alcune questioni linguistiche e prospettive di studio

Si offre qui in anteprima un quadro di alcune delle caratteristiche linguistiche più salienti del corpus, mentre una sua analisi approfondita resta ancora da fare. Va ribadito il valore del materiale slavo, lessicale e onomastico, che può fornire informazioni preziose a livello grafico e fonetico, in particolare per quanto riguarda le affricate e le fricative postalveolari.

Un *case study* interessante riguarda il problema della rappresentazione degli esiti di -GN-, -NJ- e -LJ-, dove le *scriptae* delle città dalmate presentano maggiori divergenze rispetto al modello veneziano. Dotto (2008a, 144–151, 200) ha constatato per Ragusa che le grafie <n> e <l> sono le soluzioni caratteristiche della tradizione scrittoria autoctona, la seconda più resistente della prima. Queste sono assolutamente predominanti nel corpus della *scripta* autoctona più antica, mentre nei testamenti del 1348 la concorrenza delle soluzioni non autoctone è più forte. Quanto agli esiti di -GN-, -NJ- a Zara, i testi più antichi sono caratterizzati dalla presenza esclusiva della soluzione autoctona <n>, che a partire dagli anni '40 entra in concorrenza con <gn>, per diventare poi minoritaria dopo il 1370. La rappresentazione autoctona delle risoluzioni di -LJ-, cioè <l>, mostra una maggior resistenza, come a Ragusa, soprattutto nel periodo precedente l'ultimo terzo del secolo. L'affermazione delle soluzioni allineate alla tradizione veneziana non è comunque in rapporto diretto con le condizioni esterne, giacché quelle autoctone cominciano a perdere terreno proprio nel periodo angioino. Quanto al valore fonetico della grafia <l>, questa sarà da leggere [ʎ] nelle forme slave seguenti: *Tucliçan(o)* (2), *Lubiça*

39 L'espansione del veneziano come «lingua internazionale nell'Adriatico» (Folena 1968–1970, 337; cf. Minervini 2008, 3311) in un contesto plurilingue risponde certamente alle esigenze «di una varietà diastraticamente e diafasicamente 'bassa', ma anche di un sistema efficace di codificazione scritta» (Bernhard/Gerstenberg 2008, 2544).

(3), *C(h)uc(h)liça, Polisane, Lubislave, Lubaviz* e *Lubavaç, Luba*. È quindi possibile ipotizzare che anche nelle forme romanze <l> per -LJ- abbia lo stesso valore (ad esempio *muler* [muˈʎɛr]), cioè di laterale palatale, diversamente da quanto proponeva Muljačić (1969b).[40] Il quadro complessivo lascia supporre che in un primo tempo la grafia <l> sia stata scelta per gli esiti di -LJ- perché l'opposizione paradigmatica con il doppio esito del modello veneziano (*muier* / *muger*) era molto forte; in seguito la regressione di tale soluzione avviene da un lato per l'opposizione sintagmatica con le forme in cui <l> rappresenta [l], con ipodifferenziazioni poco accettabili alla lunga nel sistema (si pensi per esempio a *filo* 'figlio' e 'filo', o *pala* 'paglia' e 'pala'), dall'altro proprio per un avvicinamento al modello veneziano, che prevede [j] e [ʤ].

Una valutazione complessiva del rapporto tra le grafie <ç> e <z> per la rappresentazione delle affricate dentali è resa difficile dal carattere frammentario (che non permette un'analisi statistica) dei regesti volgari di Micoville di Pietro, caratterizzati dalla sostanziale coesistenza delle due soluzioni. Nel corpus <ç> è senz'altro maggioritaria, mentre l'uso esclusivo di <z> è proprio di quattro documenti distribuiti in un arco che va dal 1356 al 1397. Si scosta dal quadro generale il testamento del mercante Zanin Terzola (1375), caratterizzato non solo dall'uso sistematico di <z> per [ʦ], [ʣ], ma anche dalla spiccata presenza di <x> per [z], impiegata solo marginalmente nei testi zaratini trecenteschi.

Trascende il livello individuale l'uso di <g> per [j], romanza o slava, in qualsiasi posizione, che con particolare vistosità appare in Andrea de Çorçi (1347) e, quasi a quarant'anni di distanza, in Micha de Nassi (1383; 1385), ma che, seppure con meno sistematicità, è rintracciabile anche presso altri scriventi.

Chiudendo questa breve rassegna sui problemi di interfaccia tra grafia e fonetica, occorre evidenziare l'uso di <f> per [v] (*Pafle*,[41] *suufra, pouufri*) nel testamento autografo di Nicola de Çadulin (1365), con un riscontro (il lessema slavo *poflacha* 'sottosella') nell'inventario di Fumiça Salvagnel (1346) e un altro (l'antroponimo slavo *Gifcho* [ˈʒivko]) nell'inventario di Nicola de Calçina (1356). Questo uso, tendenzialmente ma non esclusivamente davanti a una sonante, è significativamente coerente con la tradizione grafica riscontrata nei soli due testi croati del Trecento in caratteri latini, uno di Zara e l'altro di Sebenico (cf. Malić 1977, 67).

Proseguiamo con uno sguardo alle più spiccate caratteristiche linguistiche del corpus, necessariamente parziale, perché un confronto completo dei livelli diatestuali e intratestuali resta ancora da fare. Il quadro, si è già capito, non è

40 Cf. Dotto (2008a, 150) in cui si segue ancora quest'ultima interpretazione.

41 Si tratta del nome del figlio e del nipote di Nicola de Çadulin, nella sua versione slava (*Pavle*, invece di *Paulo*). L'uso è sistematico, con ben tredici occorrenze.

unitario: i testi sono per la maggior parte caratterizzati in senso anti-veneziano, alcuni più e altri meno, ma ci sono anche quelli nei quali la divergenza di fronte al modello veneziano è più contenuta, come per esempio nel caso dei testamenti di Bartule de Cipriano (1369) e di Zanin Terzola (1375).

Si riserva alla morfologia un brevissimo cenno, destinato a mostrare la solidarietà a questo livello della *scripta* zaratina con i testi veneziani e, in genere, veneti. Dal momento che la tipologia testuale predominante nel corpus è l'inventario, non si può dire molto sulla morfologia verbale. L'affermazione cauta di Folena (1968–1970, 348) relativamente a una maggiore resistenza del passato remoto in Dalmazia trova una conferma nei nostri testi, pur avvertendo che in questo senso il comportamento dei diversi scriventi non è omogeneo. Il passato prossimo è comunque saldamente attestato. Il gerundio in *-ando*/*-andu* per tutte le coniugazioni è generalizzato, a fronte della conservazione delle due terminazioni *-ando*/*-endo* a Ragusa (cf. Dotto 2008a, 234–235); spicca una maggior diffusione del participio perfetto in *-à* contro un solo esempio a Ragusa (cf. Dotto 2008a, 236); ma è soprattutto importante la regolarità della formazione avverbiale in *-mentre*/*-mentri*, del tutto estranea alla *scripta* autoctona ragusea (cf. Dotto 2008a, 224). Alcune soluzioni non veneziane nelle desinenze verbali (per esempio *-ir* per *-er*, *-isi* per *-es(s)e* ecc.) si devono invece ai mutamenti nell'ambito del vocalismo.

La principale caratteristica delle *scriptae* dalmate, e segnatamente di quella zaratina, è un vocalismo fortemente caratterizzato, di fronte a un consonantismo in sostanza veneziano. Questo non vuol dire che non ci siano degli sviluppi divergenti dalla norma veneziana anche nell'ambito del consonantismo.[42] Ma alla questione più importante, se nella *scripta* zaratina ci siano esempi sistematici di conservazione delle sorde intervocaliche riconducibili all'influenza del romanzo locale, tenderei a dare una risposta negativa. Nella lettera di Todru de Fomat (1325), i casi di conservazione si limitano agli esiti delle parole terminanti in -ATU (*dat*, *mircat*, *sinificat*) e -ATE (*viritat*), a fronte di un manipolo significativo di controesempi in altri contesti (*fradeli*, *pudis*, *saluduvi*, *savir*, assieme a *prigandu* e *ricevir*, che però potrebbero essere di natura lessicale). Come ha osservato Dotto (2008a, 190), casi come questi si spiegano facilmente come una desonorizzazione in posizione finale in seguito all'apocope. L'apocope, che come nella lettera di Fomat va oltre le condizioni del veneziano, è ancora salda nel testamento di Andrea de Slorado (1347),

42 Si è detto già dell'esito di -LJ-. Pure a Zara, come a Ragusa (cf. Dotto 2008a, 201), si registra la presenza di [ts] < -TJ- in alcune voci del verbo *poder*, a giudicare da *poçu*, *poça* (testamenti di Nicola de Civalelli e di Andrea de Slorado, rispettivamente del 1345 e 1347).

dove troviamo *auctoritat*, *mitat*, *voluntat* da -ATE, ma *comprad*, *fraudad*, *pagad*, *pasad*, *perdunad*, *privad*, *stad*, *urdinad* da -ATU, e ancora *nivud*. Se ne ha infine ancora qualche riscontro nella *protestatio* di Crise de Civalelli (1356), dove si registra il participio *mustrat* accanto a *aparud*, *posud*.[43] Limitato essenzialmente alle due mani della prima metà del secolo, non è escluso che questo fenomeno sia addebitabile al sostrato romanzo locale. Occorre però rilevare che nel plurale sono esclusive le forme con conservazione della vocale finale, senza un solo esempio di apocope.

La caratteristica fonetica più spiccata delle *scriptae* dalmate sono comunque i mutamenti che interessano le vocali [e, o] toniche e atone. Le osservazioni di Dotto (2008a, 434) riguardanti la posizione di Ragusa di fronte ai centri settentrionali sono ora pienamente confermate dal corpus della *scripta* zaratina: a Zara, la chiusura delle [e, o] toniche e atone rispettivamente in [i, u] è molto più regolare. Questa regolarità, anche se non priva di controesempi di adesione al modello veneziano a livello sia intratestuale sia diatestuale, accentua il carattere incondizionato del fenomeno. Gli scriventi in cui il tratto si presenta più di frequente sono, oltre il Fomat, l'anonimo estensore dell'inventario di Andrea de Çorçi «il giovane» e anche Andrea de Çorçi «il vecchio», Nicola de Çadulin, Micha de Nassi e Çuane de Butun. Vediamo qualche frammento delle loro scritture:

> «Ite(m) anchora sì truvimu chi lu dito | Andrea abia fato cunpania de | un chargu d(e) liname cun Çorçi | d(e) Mateo so frar (e) abia chargadu | una terita i(n) cunpania, qula qual | tarita (e) lo chargu sì à andadu dito | Çorçi i(n) Çiçilia, (e) sì dé avir dito | Andrea la mità d(e)la dita chunpani|a çunçandu dito Çorçi a salvament|u i(n) Çara» (scrivente non identificato, *Inventario di Andrea de Çorçi*, 1339, 3r16–25).

> «Quisti sun li beni chi fo delu | pluvan de San Pero de Plaça, | frar di Pero, li qual beni si dé | partir cun Vite so frar, çò è | la redi di Pero, como plu plena|mentri si cunten i(n) lu tistamen|to del dito pluvan: | jn primis la vila di Gelsane, i(n) | la qual sì è sorti VJ cun sog | pasculi e pradi, cunfinada como | cunten li sog carti [...]» (Andrea de Çorçi «il vecchio», *Inventario dei beni di Pero de Çadulin*, 1347, 3v1–11).

> «Cu(n) çò sia chi nis|una cosa sì è più çerta d(e)la morti (e) ura d(e)la morti nisu(n) pò savir, (e) p(er)cò mi | Nicola d(e) Damia(n) d(e) Çaduli(n), p(er) la gra(çia) d(e) De' san d(e)la p(er)suna (e) abia(n)du sana la | me(n)ti e-l senu, co(n)sidera(n)d(u) le cose p(er)dite, tal d(e)li mei beni façu e ordinu me|u testame(n)tu p(er) quistu scritu d(e) ma(n) mia p(ro)pria (e) siçilad(u) d(e) meu siçilu p(ro)|p(r)iu (e) notoriu» (Nicola de Çadulin, *Testamento autografo*, 1365, 1r5–10).

43 I casi come *plas* e *romanis* non sono estranei alla *scripta* veneziana. Cf. Dotto (2008a, 187, nota 286).

«MIIJ^{C}LXXXIIJ, a d(ì) XJ de april. | It(em) mi fo aprese[n]tà qui[s]tu avi[n]tarigu a mi Micha de Nasi prochuradur del chumun | de Zara p(er) Crisame mirzar chomu chumisarigu dela sua muger, segu[n]du | chomu lug disi, e quistu in prese[n]ziga de s(er) Acone lu vicharigu | e d(e) s(er) Paolu de Sire e de s(er) Damigan de Zibrigan rituri de Zara» (Micha de Nassi, *Nota del procuratore*, 1383).

«M^{o}CCCLXXXVIJ, a dì XXVJ di fevarar. Da parti di mis(er) lu chapitanu e dili sinio[ri] | rituri, siandu chuma(n)dadu a mi Çuane di Butun tribu(n) dila churti | di Çara minar quista sente[n]çia a sechuçion, e p(er)ò segua(n)du lur chuma(n)da|me(n)tu requiri madona Cele(n)ta muler di redi di s(er) Grigor di Saladi(n), | mis(er) Iachomu chome prochuradur di sua muyer e Çorçi di Saladi(n), | li quali absolsi tuti dona Pelegrina dil sagrame(n)tu, scrisi di man mia pro[pria]» (Çuane de Butun, *Nota del tribuno*, 1388).

«It(em) ridi para VIJ di pissi. | It(em) ridi para XIIIJ di pissi. | It(em) peçi VIJ di resti [. . . . .]. | It(em) peçi V di resti sutil. | It(em) curbele IJ nove. | It(em) laviso J piculo. | It(em) buti IJ. | It(em) barcha J^{a} cu(n) vila nova e r[i]mi | e la(n)ce da pischar» (scrivente non identificato, *Corredo di una barca*, 1399).

Tradizionalmente il fenomeno della chiusura delle [e, o] toniche e atone in [i, u] era attribuito al romanzo autoctono («dalmatico»), ed è grazie soprattutto alla sua presenza nei testi zaratini del Quattrocento che Zamboni (1976, 22) affermava che «i documenti noti parlano in favore di una sopravvivenza di questo [*scilicet* dalmatico] almeno fino al 1400 inoltrato, se non addirittura fino al 1500». Ne erano convinti molti studiosi illustri, per menzionare solo Iordan,[44] Stussi,[45] Folena,[46] Tagliavini[47] e Muljačić.[48] Si tratta comunque di una convinzione previa, che prima di Muljačić (1962) nessuno aveva cercato di giustificare. Si deve a Muljačić l'intento

44 Iordan (1962, 206) parla di «forme linguistice caracteristice pentru dalmata de mai tîrziu (*e* acc. > *i*, *o* acc. > *u*)».

45 Commentando il passaggio «Ego Cristofano Chostati sum chontentu de stu scritu» in un documento del 1302, Stussi (1965, 34) scrive: «Quanto ha scritto il Costati è in dialetto non veneziano, ma dalmata». Sul documento aveva attirato l'attenzione Bertoni (1910), mettendolo in relazione con la lettera zaratina del 1397.

46 Per Folena (1968–1970), nonostante un cambio di prospettiva importante, il linguaggio di Cristofano Chostati «non è certo veneziano, è dalmatico, sia pure ibrido e macchiato di veneziano» (349); lo studioso vede nella lettera zaratina del 1325 un'«impronta dalmatica [. . .] più netta che nella lettera del 1397» (350, nota 46), mentre nel contesto delle chiusure vocaliche tipiche delle *scriptae* della Dalmazia parla di «vocalismo propriamente dalmatico» (352), concludendo che «i documenti volgari trecenteschi della costa dalmatica [. . .] ci rappresentano [. . .] la sovrapposizione del veneziano al dalmatico» (355).

47 Cf. Tagliavini (1982, 375).

48 Trattando della lettera di Todru de Fomat, Muljačić (1971, 413) scrisse: «Cette lettre [. . .] mérite d'être publiée encore une fois à cause du grand nombre de traits dalmates (zaratins) qu'elle contient».

di ricondurre questo fenomeno fonetico a una riorganizzazione interna del vocalismo raguseo, che sotto la pressione del veneziano e del croato avrebbe trasformato i dittonghi discendenti [ei̯, ou̯] in [i, u] rispettivamente. Ma se a Ragusa tali dittonghi sono limitati a cinque esempi di una sola mano (cf. Dotto 2008a, 165, nota 235), né a Zara né a Spalato (cf. Praga 1927; Skok 1928) abbiamo traccia di questo dittongamento. È un circolo vizioso: la chiusura di [e, o] sarebbe un argomento decisivo (per quanto ipotetico) a favore dell'ipotesi della vitalità del romanzo autoctono, tale da poter imporre le proprie caratteristiche a un'altra varietà romanza, ma quest'ipotesi è al tempo stesso una premessa indispensabile per poter attribuire i fenomeni riscontrati nei testi a questo stesso romanzo autoctono.

Tuttavia la chiusura di [e, o] in [i, u] non è solo tipica delle *scriptae* di Dalmazia, ma è altrettanto caratteristica di numerosi elementi lessicali romanzi autoctoni e italo-romanzi nelle varietà croate e montenegrine (cf. Sočanac 2004, 119, 120).[49] È la soluzione che il sistema slavo con un vocalismo a tre gradi di apertura trovò per rendere l'opposizione romanza tra le vocali medio-basse e quelle medio-alte. Questa soluzione fu identificata precocemente come un tratto caratteristico del veneziano degli «Schiavoni», ridicolizzato dai commediografi veneziani cinquecenteschi.[50] Presentando la *scripta* di Pero de Çorçi di Sebenico, Dotto (2008b, 258) ricorda appunto i fenomeni analoghi nel linguaggio «schiavonesco» come un argomento a favore di una possibile interferenza croata nella costituzione dei tratti caratteristici della «*scripta* dalmatica». Ma non è il solo: non sarà sfuggita all'attenzione dei lettori l'assenza del nome di Matteo Giulio Bartoli dall'elenco degli illustri studiosi che interpretavano il vocalismo della *scripta* venezianeggiante di Dalmazia per gli effetti del sostrato dalmatico. Questa omissione si giustifica per una presa di posizione molto circospetta dello stesso Bartoli (1906, I, 271):

> «Die Frage in welchem Verhältnis die Gleichung von geschlossenen E O (betont und unbetont) = *i u* zu dem Dalm., dem Istrian. und dem Südit. einer- und den venet. und friaul. Elementen des Slowenischen anderseits steht, kann ich nicht beantworten, bis die Abhandlung Rossi's über das Schiavonisco (wo wieder jene Erscheinung vorkommt) und jene Jireček's über die Personen-N. Ragusas veröffentlicht werden».

---

49 Le conclusioni di Sočanac poggiano sull'analisi di un grande numero d'italianismi (designazione generica che abbraccia il materiale lessicale procedente tanto dall'italiano, come dai suoi dialetti) nelle parlate croate odierne e nelle opere della letteratura della Ragusa rinascimentale e barocca. Si pensi a forme come *lantina* 'antenna', *pinun* 'pennone', *pirun* 'forchetta', *spiza* 'spesa'.

50 Cf. Cortelazzo ([1971–1972] 1989, 132): «Emblematica per la sua insistente generalità è la presenza, in ogni posizione, di *u* per *o* e, in minor misura – dovuta probabilmente ad una inferiore frequenza del fonema in veneziano – di *i* per *e*».

Da Zara a Sebenico a Spalato a Ragusa, l'unico elemento linguistico non-veneziano comune a tutta la costa è quello slavo, la cui presenza e rilevanza non dovrebbero essere sottovalutate. Non sarebbe il caso, vista la coincidenza dei fenomeni nello scritto e nel parlato, di adottare la soluzione più economica e cercare di ricollegare il caratteristico vocalismo delle *scriptae* dalmate tre e quattrocentesche agli effetti del bilinguismo slavo-veneziano così ottimamente documentato? In questo caso, la regressione di determinati tratti caratteristici della cosiddetta *scripta* dalmatica a partire dal Cinquecento – ma solo nello scritto, occorre insistere – non sarebbe da collegare alla scomparsa definitiva del romanzo autoctono, ma a una fase ormai stabile della venezianizzazione linguistica, con la presenza sempre più forte del volgare negli affari amministrativi e con un allineamento crescente delle tradizioni scrittorie locali agli sviluppi lagunari.

Resta ancora da dire del lessico dei testi zaratini trecenteschi. Quello degli inventari ha, ovviamente, un interesse particolare per la storia del lessico materiale (dal vestiario alla pesca). Il quadro lessicale è doppiamente caratterizzato da una salda base italo-romanza settentrionale e da preziose testimonianze della stratificazione lessicale che, in una dinamica complessa, coinvolge l'elemento romanzo (autoctono o importato) e quello slavo. Ciò ha come conseguenza uno spiccato polimorfismo (ad esempio *frisure*, *farsore*, *fersore* 'padelle') e la coesistenza di lessemi concorrenti (ad esempio *catrida* e *caregla* 'sedia', *dracmar* (etimo incerto) e *ranpigun* 'rampino', *gradele* e *gradige/gradiche* 'griglia', *sfitilo* (< *svitlo* 'luce') e *lumera* 'lumiera'). Oltre al problema dell'identificazione di non poche voci il cui significato è andato irrimediabilmente perduto, una delle principali difficoltà riguarda l'interpretazione del lessico romanzo autoctono. Così, i casi sporadici di conservazione delle sorde intervocaliche (ad esempio *scutela* accanto a *scudela*) si potrebbero interpretare come tracce della conservativa romanità locale, ma potrebbero anche rappresentare forme latineggianti, segnatamente nei testi caratterizzati da una costante mistura di latino e volgare. Non di rado si ha a che fare con dalmatismi non diretti, ma mediati dal croato. In *concha dito smur* (1383), l'esito autoctono di MISSORIU si presenta già in veste slava, come pure *mogar* (1346) < MULGARIU o *catrida* (1346, 1349) < CATHEDRA. Un precoce adattamento croato è rintracciabile anche in alcune voci veneziane, ad esempio *crivadur* (1350), accanto a *covertur* (1349) < COOPERTORIU, caso particolarmente interessante che nella *scripta* volgare a Ragusa è attestato anche in veste slava (*cherpator*), ma senza la lenizione (cf. il cap. 5). Questi esempi mostrano che l'analisi relativa alla presenza del lessico slavo non si dovrebbe fermare a una semplice ricognizione delle forme d'indubbia origine slava, come per esempio *maçchi* 'trappola per topi', *poflacha* 'sottosella' o *capancia* 'conca' (1346),[51] ma dovrebbe prendere invece in considerazione gli effetti della simbiosi linguistica e culturale in una prospettiva di lunga durata, nel contesto della quale un lessema di origine romanza diventa parte del lessico croato e come tale compare in un testo volgare.[52]

Alla luce dello stato attuale delle conoscenze e di quello che resta da fare, sembra più corretto chiudere questo capitolo con le prospettive che si aprono, piuttosto che con una conclusione. Di fronte alla documentazione dalmata trecentesca in volgare, l'attenzione principale della maggioranza degli illustri predecessori era focalizzata sul dalmatico.[53] L'approccio più promettente è invece quello indicato da Folena (1968–1970), che, nonostante il ruolo importante accordato al romanzo autoctono, fu responsabile di un cambio radicale della prospettiva, prendendo i testi volgari della Dalmazia per quello che sono, un campione di una *scripta* venezianeggiante, che «valgono *in sé* come testimonianza di una delle molteplici espressioni del plurilinguismo medievale» (Dotto 2016, 68). La prospettiva di Folena (1968–1970) va comunque modificata e il quadro interpretativo riconsiderato alla luce dei dati documentari, in quanto il contatto con il mondo slavo già nel Trecento non può dirsi «esterno» (355), ma intrinseco, di un'importanza costitutiva per la caratterizzazione complessiva delle *scriptae* volgari medievali della Dalmazia, da Zara a Sebenico a Spalato a Ragusa. La nostra ipotesi di lavoro è questa: per il veneziano, cominciata la sua avventura lungo le coste dalmate, il principale adstrato fu lo slavo, ciacavo nel Quarnaro e nella Dalmazia settentrionale e centrale, e stocavo a Ragusa e nelle Bocche di Cattaro, quale che sia stata la durata dell'influenza delle varietà

51 Le rispettive forme croate sono *mački, povlaka, kopanjica*.

52 È comunque interessante osservare che la presenza dell'elemento lessicale slavo è tendenzialmente maggiore negli inventari redatti in latino che non in quelli volgari. Particolarmente istruttivo in questo senso risulta il caso del telaio, che negli inventari zaratini del Trecento viene descritto regolarmente con termini slavi: «Item utensilia de *crosne*» (1337); «Item *ogloble, sucalam* et *vuratilla* quatuor et unam *ladnicam* et *barda* quatuor» (1370); «Item *statve* cum ordignis a laborando tilam» (1377); «Item ordineum unum pro talario dicto *niti*. Item ordineum pro talario qui dicitur *bredo*. Item due *ladince* pro talerio» (1379). Cf. Leljak 2006, 39, 199, 277, 294–295.

53 Un'attenta lettura dei contributi che fecero la storia della questione, anche di quelli fondamentali, dimostra che il discorso sulla sopravvivenza del dalmatico era accompagnato di regola da un motivo ideologico: per i linguisti croati, questo sottintendeva diminuire la rilevanza dell'impatto linguistico italo-romanzo sulla costa dalmata, per quelli italiani invece posticipare la slavizzazione della Dalmazia e allo stesso tempo individuare una sorta di continuità ideale tra la situazione linguistica alto e basso-medievale e quella sedimentatasi in età moderna.

romanze autoctone.[54] Quest'idea, certamente non estranea a Dotto nel momento della pubblicazione della sua silloge ragusea (Dotto 2008a), sarà da esplorare e approfondire nello studio che accompagnerà l'edizione dei testi zaratini del Trecento. In questa prospettiva, un posto speciale spetta alla questione dell'oralità, tenendo però conto di quanto scrive Minervini (2008, 3311): «Ce vénitien 'colonial' apparaît comme marqué a différents degrés par les contacts avec les autres langues; mais il n'est pas évident de distinguer la mesure dans laquelle les textes reflètent ou non les pratiques communicatives de l'oralité, ni d'estimer la part du filtre graphique mis en jeu par des scripteurs alloglottes».

Bibliografia

Ančić, Mladen, *The waning of the empire. The disintegration of Byzantine rule on the eastern Adriatic in the 9th century*, Hortus artium medievalium 4 (1998), 15–24.

Baglioni, Daniele, *La «scripta» italoromanza del regno di Cipro. Edizione e commento di testi di scriventi ciprioti del Quattrocento*, Roma, Aracne, 2006.

Bartoli, Matteo Giulio, *Das Dalmatische. Altromanische Sprachreste von Veglia bis Ragusa und ihre Stellung in der apennino-balkanischen Romania*, 2 vol., Wien, A. Hölder, 1906.

Bernhard, Gerald/Gerstenberg, Annette, *Storia delle varietà regionali ed urbane nella Romania: Italoromania*, in: Ernst, Gerhard, et al. (edd.), *Romanische Sprachgeschichte. Ein internationales Handbuch zur Geschichte der romanischen Sprachen*, vol. 3, Berlin/Boston, de Gruyter, 2008, 2541–2551.

Bernoth, Anja, *Interne Sprachgeschichte des Dalmatischen*, in: Ernst, Gerhard, et al. (edd.), *Romanische Sprachgeschichte. Ein internationales Handbuch zur Geschichte der romanischen Sprachen*, vol 3, Berlin/Boston, de Gruyter, 2008, 2731–2749.

Bertoni, Giulio, *Sulla lettera di Zara del 1397*, Zeitschrift für romanische Philologie 34 (1910), 474–476.

Bidwell, Charles E., *Colonial Venetian and Serbo-Croatian in the eastern Adriatic. A case study in language contact*, General Linguistics 7 (1967), 13–30.

Brunelli, Vitaliano, *La questione di San Girolamo degl'Illirici a Roma*, Il Dalmata 38: 8 (28 gennaio 1903), 1.

Brunelli, Vitaliano, *Del romanico medievale della Dalmazia, specie di quello di Zara*, Rivista dalmatica 5 (1909), 167–182.

Brunelli, Vitaliano, *Storia della città di Zara*, Trieste, Editore Lint, 1974.

CD = *Codex diplomaticus regni Croatiae, Dalmatiae et Slavoniae*, 18 vol., Zagreb, Jugoslavenska akademija znanosti i umjetnosti, 1904–1990.

54 Ne era cosciente anche Vidos, quando riportava le parole che in una occasione gli aveva diretto Jakob Jud: «[...] es scheint mir, dass Erben des Dalmatischen das Kroatische und Venezianische zugleich waren: letzteres als Verkehrssprache, ersteres als Haus- und Familiensprache» (Vidos 1965, 54, nota 13).

CDSuppl. = *Codex diplomaticus regni Croatiae, Dalmatiae et Sclavoniae. Supplementa*, 2 vol., Zagreb, Hrvatska akademija znanosti i umjetnosti, 1998–2002.

Cessi, Roberto, *La Dalmazia e Bisanzio nel sec. XI*, Atti dell'Istituto Veneto di Scienze, Lettere ed Arti 125 (1966–1967), 89–124.

Chambon, Jean-Pierre, *Vers une seconde mort du dalmate? Note critique (du point de vue de la grammaire comparée) sur «un mythe de la linguistique romane»*, Revue de linguistique romane 78 (2014), 5–17.

Cortelazzo, Manlio, *Il linguaggio schiavonesco nel Cinquecento veneziano*, in: Id., *Venezia, il Levante e il mare*, Pisa, Pacini, 1989, 125–160 [già in: Atti dell'Istituto Veneto di Scienze, Lettere ed Arti 130 (1971–1972), 113–160].

Cortelazzo, Manlio, *Il veneziano «coloniale»: documentazione e interpretazione*, in: Fusco, Fabiana, et al. (edd.), *Processi di convergenza e differenziazione nelle lingue dell'Europa medievale e moderna, Atti del Convegno Internazionale (9–11 dicembre 1999, Università degli Studi di Udine/Centro Internazionale sul Plurilinguismo)*, Udine, Forum, 2000, 317–325.

Dotto, Diego, *Nuova ricognizione di un testo veneziano del XIII secolo: Ragusa, 1284*, Quaderni Veneti 46 (2007), 9–36.

Dotto, Diego, *«Scriptae» venezianeggianti a Ragusa nel XIV secolo. Edizione e commento di testi volgari dell'Archivio di Stato di Dubrovnik*, Roma, Viella, 2008 (= 2008a).

Dotto, Diego, *Per il veneziano fuori di Venezia: due livelli d'ibridismo in un contratto marittimo raguseo della metà del Trecento*, Zeitschrift für romanische Philologie 124:2 (2008), 250–282 (= 2008b).

Dotto, Diego, *« . . . un pochu de pala, suvra quale durmiva lu piscadur . . . »: vecchie questioni e nuove prospettive sui testi zaratini del Trecento*, in: Venier, Matteo/Zanello, Gabriele (edd.), *Cultura in Friuli II. Atti della Settimana della Cultura Friulana (7–17 maggio 2015)*, Udine, Società Filologica Friulana, 2016, 63–77.

Folena, Gianfranco, *Introduzione al veneziano «de là da mar»*, Bollettino dell'Atlante Linguistico Mediterraneo, 10–12 (1968–1970), 331–376 [quindi in: Pertusi, Agostino (ed.), *Venezia e il Levante fino al secolo XIV. Atti del I Convegno internazionale di storia della civiltà veneziana promosso e organizzato dalla fondazione Giorgio Cini (Venezia, 1–5 giugno 1968)*, vol. I: *Storia – Diritto – Economia*, Firenze, Olschki, 1973, 297–346; rist. in: Folena, Gianfranco, *Culture e lingue nel Veneto medievale*, Padova, Editoriale Programma, 1990, 227–267].

Iordan, Iorgu (ed.), *Crestomaţie romanică*, vol. 1, Bucureşti, Editura Academiei Republicii Populare Romîne, 1962.

Jireček, Konstantin, *Die Romanen in den Städten Dalmatiens während des Mittelalters. I. Theil*, Denkschriften der Kaiserlichen Akademie der Wissenschaften. Phil.-hist. Classe 48:3 (1902), 1–104.

Jireček, Konstantin, *Eine slavische Alexandergeschichte in Zara 1389*, Archiv für slavische Philologie 25 (1903), 157–158.

Jireček, Konstantin, *Die Romanen in den Städten Dalmatiens während des Mittelalters. II. Theil*, Denkschriften der Kaiserlichen Akademie der Wissenschaften. Phil.-hist. Classe 49:1 (1904), 1–80 (= 1904a).

Jireček, Konstantin, *Die Romanen in den Städten Dalmatiens während des Mittelalters. III. Theil (Schluss)*, Denkschriften der Kaiserlichen Akademie der Wissenschaften. Phil.-hist. Classe 49:2 (1904), 1–77 (= 1904b).

Kabatek, Johannes, *«Koinés» and «scriptae»*, in: Maiden, Martin, et al. (edd.), *The Cambridge history of the Romance languages*, vol. 2, Cambridge, Cambridge University Press, 2013, 143–186.

Katičić, Radoslav, *Litterarum studia. Književnost i naobrazba ranoga hrvatskog srednjovjekovlja*, Zagreb, Matica hrvatska, 1998.

Klaić, Nada/Petricioli, Ivo, *Zadar u srednjem vijeku do 1409.*, Zadar, Filozofski fakultet Zadar, 1976.

Krekić, Bariša, *Venezia e l'Adriatico*, in: Arnaldi, Girolamo, et al. (edd.), *Storia di Venezia. Dalle origini alla caduta della Serenissima*, vol. 3: *La formazione dello Stato patrizio*, Roma, Istituto della Enciclopedia Italiana, 1997, 51–85.

Leljak, Robert (ed.), *Andrija pok. Petra iz Cantùa: bilježnički zapisi 1353–1355/Andreas condam Petri de Canturio: quaterni imbreviaturarum 1353–1355*, 2 vol., Zadar, Državni arhiv u Zadru, 2001–2003.

Leljak, Robert (ed.), *Inventari fonda Veličajne općine zadarske Državnog arhiva u Zadru: godine 1325.–1385./Inventaria ex collectione magnificae communitatis Iadrae annorum MCCCXXV–MCCCLXXXV*, vol. 1, Zadar, Državni arhiv u Zadru, 2006.

Ljubić, Šime (ed.), *Listine o odnošajih izmedju južnoga slavenstva i Mletačke Republike*, 10 vol., Zagreb, Jugoslavenska akademija znanosti i umjetnosti, 1868–1891.

Malić, Dragica, *»Red i zakon« zadarskih dominikanki iz 1345. godine: prikaz jezika najstarijeg hrvatskog latiničnog spomenika*, Rasprave Zavoda za jezik 3:1 (1977), 59–128.

Metzeltin, Michele, *Aree linguistiche IV. Veneziano e italiano in Dalmazia*, in: Holtus, Günter, et al. (edd.), *Lexikon der Romanistischen Linguistik*, vol. 4: *Italienisch, Korsisch, Sardisch*, Tübingen, Niemeyer, 1988, 551–569.

Migliorini, Bruno/Folena, Gianfranco (edd.), *Testi non toscani del Trecento*, Modena, Società Tipografica Modenese, 1952.

Minervini, Laura, *Les langues romanes comme langues véhiculaires: Moyen Age*, in: Ernst, Gerhard, et al. (edd.), *Romanische Sprachgeschichte. Ein internationales Handbuch zur Geschichte der romanischen Sprachen*, vol. 3, Berlin/Boston, de Gruyter, 2008, 3308–3318.

Muljačić, Žarko, *Dalmatski elementi u mletački pisanim dubrovačkim dokumentima 14. st.*, Rad 327 (1962), 237–380.

Muljačić, Žarko, *Bibliographie de linguistique romane. Domaine dalmate et istriote avec les zones limitrophes (1906–1966)*, Revue de linguistique romane 33 (1969), 144–167, 356–391 (= 1969a).

Muljačić, Žarko, *Le traitement des groupes «-nn-», «-ll-», «-rr-» dans le ragusain*, Revue Roumaine de Linguistique 14 (1969), 155–161 (= 1969b).

Muljačić, Žarko, *Dalmate*, in: Bec, Pierre (ed.), *Manuel pratique de philologie romane*, vol. 2, Paris, Éditions Picard, 1971, 393–416.

Muljačić, Žarko, *L'imbarazzo della scelta: «veneziano orientale», «veneziano coloniale», «veneziano de là da mar»?*, in: Van den Bossche, Bart, et al. (edd.), *«... e c'è di mezzo il mare»: lingua, letteratura e civiltà marina, Atti del XIV Congresso dell'Associazione Internazionale Professori di Italiano (A.I.P.I.), Spalato (Croazia), 23–27 agosto 2000*, vol. 1, Firenze, Franco Cesati, 2002, 103–111.

Obsidio = Gortan, Veljko/Glavičić, Branimir/Vratović, Vladimir (edd.), Anonimo Zaratino, *Obsidio Iadrensis*, in: *Monumenta spectantia historiam Slavorum Meridionalium*, vol. 25, Zagreb, Hrvatska akademija znanosti i umjetnosti, 2007.

Praga, Giuseppe, *Testi volgari spalatini del Trecento*, Atti e memorie della Società Dalmata di Storia Patria 2 (1927), 36–131.

Runje, Petar, *Knjige glagoljaša zadarske nadbiskupije u srednjem vijeku*, Radovi Zavoda za povijesne znanosti HAZU u Zadru 49 (2007), 151–184.

Skok, Petar, *Novi prilog za proučavanje staroga dalmatinskoga govora*, Starohrvatska prosvjeta 2:1–2 (1928), 154–160 [= Recensione di Praga 1927].

Sočanac, Lelija, *Hrvatsko-talijanski jezični dodiri s rječnikom talijanizama u standardnome hrvatskom jeziku i dubrovačkoj dramskoj književnosti*, Zagreb, Nakladni zavod Globus, 2004.

Stipišić, Jakov (ed.), *Spisi zadarskog bilježnika Franje Manfreda de Surdis iz Piacenze 1349–1350/Notarii Jadrensis Francisci ser Manfredi de Surdis de Placentia acta quae supersunt 1349–1350*, Zadar, Historijski arhiv - Zadar, 1977.

Stipišić, Jakov (ed.), *Inventar dobara Mihovila suknara pokojnog Petra iz godine 1385./ Inventarium bonorum Michovilli drapparii condam Petri anno MCCCLXXXV confectum*, Zadar, Stalna izložba crkvene umjetnosti u Zadru, 2000.

Stussi, Alfredo (ed.), *Testi veneziani del Duecento e dei primi del Trecento*, Pisa, Nistri-Lischi, 1965.

Stussi, Alfredo, *La lingua*, in: Cracco, Giorgio/Ortalli, Gherardo (edd.), *Storia di Venezia. Dalle origini alla caduta della Serenissima*, vol. 2: *L'età del Comune*, Roma, Istituto della Enciclopedia Italiana, 1995, 783–801.

Tadić, Jorjo, *Venezia e la costa orientale dell'Adriatico fino al secolo XV*, in: Pertusi, Agostino (ed.), *Venezia e il Levante fino al secolo XIV. Atti del I Convegno internazionale di storia della civiltà veneziana promosso e organizzato dalla Fondazione Giorgio Cini (Venezia, 1–5 giugno 1968)*, vol. 1: *Storia – Diritto – Economia*, Firenze, Olschki, 1973, 687–704.

Tagliavini, Carlo, *Le origini delle lingue neolatine*, Bologna, Pàtron, [7]1982 [[1]1949].

Tomasin, Lorenzo, *Testi padovani del Trecento*, Padova, Esedra, 2004.

Tomasin, Lorenzo, *Storia linguistica di Venezia*, Roma, Carocci, 2010.

Ursini, Flavia, *La «Romania submersa» nell'area adriatica orientale*, in: Ernst, Gerhard, et al. (edd.), *Romanische Sprachgeschichte. Ein internationales Handbuch zur Geschichte der romanischen Sprachen*, vol. 1, Berlin/Boston, de Gruyter, 2003, 683–694.

Vidos, Benedek Elemér, *Prestito, espansione e migrazione dei termini tecnici nelle lingue romanze e non romanze. Problemi, metodo e risultati*, Firenze, Olschki, 1965.

Vuletić, Nikola, *Para una historia social del romance temprano en Dalmacia*, Aemilianense: Revista Internacional sobre la Génesis y los Orígenes Históricos de las Lenguas Romances 2 (2010), 363–389.

Vuletić, Nikola, *Le dalmate: panorama des idées sur un mythe de la linguistique romane*, Histoire Épistémologie Langage 35:1 (2013), 45–64.

Vuletić, Nikola, *Il dalmatico di Muljačić: note sull'evoluzione di un modello complesso di storia linguistica*, Studi italiani di linguistica teorica e applicata 44:1 (2015), 143–154.

Zamboni, Alberto, *Note linguistiche dalmatiche*, in: *Atti della tornata di studio nel cinquantesimo anniversario della fondazione in Zara*, Venezia, Società Dalmata di Storia Patria, 1976, 9–66.

Zamboni, Alberto, *Veneto*, in: Holtus, Günter, et al. (edd.), *Lexikon der Romanistischen Linguistik*, vol. 4: *Italienisch, Korsisch, Sardisch*, Tübingen, Niemeyer, 1988, 517–538.

Zjačić, Mirko (ed.), *Spisi zadarskih bilježnika Henrika i Creste Tarallo 1279–1308/Notariorum Jadrensium Henrici et Creste Tarallo acta quae supersunt*, Zadar, Državni arhiv – Zadar, 1959.

Zjačić, Mirko/Stipišić, Jakov (edd.), *Spisi zadarskih bilježnika Ivana Qualisa, Nikole pok. Ivana, Gerarda iz Padove 1296 . . . 1337/Notariorum Jadrensium Johannis Qualis, Nicolai quondam Johannis, Gerardi de Padua acta quae supersunt 1296 . . . 1337*, Zadar, Historijski arhiv – Zadar, 1969.

Zjačić, Mirko/Strgačić, Ante (edd.), *Miscellanea*, vol. 1, Zadar, Državni arhiv Zadar, 1949.

Diego Dotto

5 Testi volgari e polimorfie linguistiche nel *colfo de Venexia*: Ragusa tra XIII e XIV secolo

1 Il veneziano «lingua internazionale nell'Adriatico»: Ragusa e la sua posizione speciale

La proliferazione di proposte definitorie per individuare la realtà linguistica legata all'espansione marittima e commerciale di Venezia a partire dal Medioevo (veneziano «orientale», «coloniale», «de là da mar» o «d'Oltremare») suggerisce non solo idealmente la complessità e la varietà di situazioni storico-linguistiche abbracciate da tali tentativi di categorizzazione, prima ancora di arrivare a distinguere e isolare le singole realtà attraverso il recupero, la raccolta e l'analisi dei dati.[1] L'impossibilità di una *reductio ad unum* era ben presente a Gianfranco Folena nella sua *Introduzione al veneziano «de là da mar»* (1968–1970), un contributo che assieme alla *Romània d'oltremare: francese e veneziano nel Levante* (1978) ha segnato una formidabile messa a punto di un capitolo di storia linguistica del Mediterraneo e allo stesso tempo ha rappresentato la base per l'avvio di approfondimenti monografici su singoli problemi, di modo che quella stessa messa a punto potesse essere verificata, integrata e in qualche caso riconsiderata.[2]

---

1 Le diverse proposte sono passate in rassegna e commentate da Muljačić (2002, 103–105). La ricostruzione della genesi delle prime due è già in Folena ([1968–1970] 1990, 242–243): «veneziano orientale» risale a Kahane/Kahane/Tietze (1958) e tende a focalizzare la diffusione della varietà lagunare nel Mediterraneo orientale, mentre il «veneziano coloniale» di Bidwell (1967) trae origine dagli studi sui contatti tra il veneziano e i dialetti ciacavi nell'Adriatico orientale (per la problematicità sottesa a «coloniale» e a una sua estensione «dall'Adriatico all'Egeo», cf. Cortelazzo 2000, 317). Zamboni (1988, 521s.) distingue tra il «dialetto veneto coloniale, fondamentalmente di base veneziana esportata ed impostasi in domini (romanzi ed extraromanzi) alloglotti», e il «veneziano più autenticamente coloniale, diffuso un tempo nel Levante e nel Mediterraneo (con sedimenti nella lingua franca e nei dialetti greci isolani)», individuando una cesura storico-geografica preziosa per il discorso che faremo. Non meno promettente è la proposta di Muljačić (2002, 108) d'introdurre il termine «croato-veneziano» per indicare un «VC [*scilicet* veneziano coloniale] specifico (ossia il VC ‹in› Croazia, diventato col tempo il VC ‹di› Croazia [. . .])».

2 Se la linguistica di Folena non aveva come oggetto «la lingua in sé, ma il mondo visto *sub specie linguistica*» (Renzi 1992, 462), e l'attenzione per la dimensione del plurilinguismo ne ha

https://doi.org/10.1515/9783110652772-006

La posizione del veneziano come «lingua internazionale nell'Adriatico» (Folena [1968–1970] 1990, 233), ripresa da Minervini (2008, 3311), è senz'altro proiettabile anche ad altre aree, ma con gradi assai diversi di penetrazione (sul piano sincronico) e sedimentazione (sul piano diacronico), in primo luogo per la concorrenza delle altre lingue veicolari, romanze e non. D'altronde la posizione isolata e distinta dell'Adriatico orientale si ricava già dall'opposizione documentata nei testi volgari medievali tra il sostantivo/avverbio «Oltremare» e la locuzione avverbiale sinonimica «de là da mar», da un lato, e la denominazione comune per il mare Adriatico, «colfo de Venexia» e più ancora «Colfo», dall'altro.

Teste il *Corpus OVI dell'italiano antico*,[3] gli esempi sembrano polarizzarsi attorno a tre significati, non sempre facili da distinguere (cf. TLIO s.v. *oltremare*): il significato referenziale, letteralmente 'l'insieme dei territori posti al di là del mare (o di uno specchio d'acqua)', che corrisponde però al significato meno specifico (a), 'il Mediterraneo orientale' e in generale 'il Levante' o ancora 'l'Oriente' secondo l'accezione più comune (b), infine 'la Terra Santa' secondo il significato più specifico (c):

(1a) «L'altro dì la turba ke stava *di là dal mare* videro che altra navicella non era ivi se nno una...» (*Vangelo Giovanni* volg., XIV pm. [tosc.], 6, pag. 26.2).

(1b) «Cominciano i capitoli de·libro delle nuove e strane e meravigliose cose che frate Odorigo di Friuli dell'ordine de' fra Minori trovòe *di là da mare*, fatto in Vinegia, ov'elli fece scrivere questo libro essendo di là tornato e dovendo andare al papa per notificarli queste ed altre meravigliose cose» (*Itinerarium* volg., XIV sm. [tosc. occ.], Prol. 1, pag. 139.2).

(1c) «Alora san Petronio domandò comiado a l'imperadore Teodoxio, digando: ‹Signore mio, io sì vorave visitare quilli sancti loghii *de làe da mare*, là o' è lo sepolcro del nostro Signore Jesù Cristo...›» (*Vita di S. Petronio*, 1287–1330 [bologn.], cap. 4, pag. 23.4).

rappresentato uno dei tratti distintivi, va da sé che il veneziano «d'Oltremare» fosse destinato a suscitare un forte interesse in quanto campo privilegiato per sondare quell'*Homo Mediterraneus* cui è votata un'altra impresa, avviata e promossa dallo stesso Folena, poi non conclusa, l'*Atlante Linguistico Mediterraneo* (cf. Deanović/Folena 1959).

3 Per lo scioglimento delle abbreviazioni del corpus e per le edizioni di riferimento, si rinvia alla base dati bibliografica dell'OVI, interrogabile in rete all'indirizzo <http://pluto.ovi.cnr.it/btv>.

– con l'avvertenza che è il secondo ad avere una diffusione di gran lunga superiore nel lessico italiano antico:

(2a) «En quel tempo venne Iesù Cristo *oltra mare* en lo regname de Genesareth...» (*Vang. venez.*, XIV pm., *Matt.*, cap. 8, pag. 32.23).

(2b) «chè in Ierusalem, e in tutto *oltremare*, cioè in Sorìa e in Israel, e in Arabia, ed in Egitto, non ci à altri religiosi, nè preti, nè monaci, altro che frati minori, e questi si chiamano Cristiani Latini» (Niccolò da Poggibonsi, p. 1345 [tosc.], cap. 32, vol. 1, pag. 96.1).

(2c) «le qua' [[reliquie]] ave e adusse vignando de le contrade de *oltra mare* in le contrade de Constantinopoli inverso l'imperadore Teodoxio» (*Vita di S. Petronio*, 1287–1330 [bologn.], cap. 4, pag. 26.4).

A partire dal significato (a), è possibile il riferimento al litorale adriatico orientale, come dimostra l'esempio che segue, che potrebbe ammettere in linea di principio l'ellissi di «adriaco»:

(3) «lo quale, partendosi per avventura di quella contrada che si chiama Cloazia, che confina colla Dalmazia e co la Schiavonia, *di là dal mare adriaco...*» (Francesco da Buti, *Par.*, 1385/95 [pis.], c. 31, 103–111, pag. 820.15).

Si tratta di una percezione dello spazio geografico medievale marginale, per la quale «de là da mar» e «oltremare» si riferiscono di preferenza al Mediterraneo orientale o specificamente alla Terra Santa, mentre l'Adriatico fuori e dentro Venezia è chiamato comunemente «colfo de Venexia»:[4]

4 Non deve infatti ingannare l'ampia attestazione di *adriaco, adriano, adriatico* (cf. TLIO s.v.): al netto degli esempi (4) e (7), di per sé risolutivi, è la distribuzione in determinate tradizioni testuali, in particolare nei volgarizzamenti dal latino, a relegare questi lessemi al rango di recuperi dotti; nella cronachistica contemporanea, prevale di norma «golfo di Venezia», che va quindi considerata la denominazione centrale nelle varietà italiane antiche. Un'altra denominazione, ancorché isolata, si trova nel volgarizzamento siciliano dei *Dialogi* di san Gregorio: «Retornando quisto Maximiano cull'autri monaci de Costantinopuli a Ruma, quandu foru *a lu mare de Pugla*, lu quale se chama mare Adriaticu – forsi pir una chitate ki se chama Atri, kistu mare se chama Atriaticu – ... » (Giovanni Campulu, c. 1315 [mess.], L. 3, cap. 36, pag. 121.9) a fronte di Greg., *Dial.*, III, 36: «in mari Adriatico». Nel volgarizzamento, secondo una tecnica traduttiva non rara, l'equivalente volgare attualizzante è per così dire «glossato» con il recupero dotto, che è accompagnato a sua volta da un'interpretazione etimologica: l'esempio conferma l'ipotesi della posizione periferica di *adriatico* e simili nel lessico italiano antico.

(4) «Dapoi la soa passion non multo tempo, fu la hedifficacion di questa Venexia che anchoi si vede, como per adredo si tracterà, la qual è posta presso ai lidi del mare apelado *Adrian*, lo qual mare ancoi si apela per tuti el *colfo de Venexia*» (Enrico Dandolo, *Cron. Venexia*, 1360–1362 [venez.], pag. 263.13).

(5) «E la bella Trinacria, che caliga / tra Pachino e Peloro, sopra 'l *golfo* / che riceve da Euro maggior briga...» (Dante, *Commedia*, a. 1321, *Par.* 8.68, vol. 3, pag. 128).

(6) «*sopra 'l golfo*; cioè sopra lo mare *adriaco* che si chiama *golfo di Venezia*...» (Francesco da Buti, *Par.*, 1385/1395 [pis.], c. 8, 58–75, pag. 263.34).

In (4) si esprime un punto di vista militante, tutto interno alla città lagunare, in cui è vivo il sentimento comunale, reso evidente dall'opposizione centrata sul deittico («ancoi») e dall'affermazione dell'universalità della formazione toponomastica («per tuti»). Tuttavia esso non corrisponde affatto a un'autorappresentazione fittizia, fuori dalla realtà storica, se il parallelismo ricorre anche in altri testi privi di un orientamento filoveneziano. Una tradizione esegetica della *Commedia*, ben rappresentata dai commentatori antichi che si rifanno alla descrizione geografica della penisola italiana di Orosio (*Hist.*, I, 2, 61: «Italiae situs a circio in eurum tenditur, habens ab Africo Tyrrhenum mare, a borea Hadriaticum sinum»), identifica il «golfo» di *Par.* VIII 68 con l'Adriatico, che nella geografia medievale arriva così a comprendere l'attuale mar Ionio e la costa orientale della Sicilia (5)–(6). Tale interpretazione è confermata dalla descrizione nella *Cronica* di Giovanni Villani, che di nuovo risentirà della descrizione che si legge in Orosio (o nel volgarizzamento di Bono Giamboni, canale fondamentale del sapere enciclopedico medievale):

(7) «e poi si torce verso settantrione il mare detto *seno Adriatico*, chiamato oggi *golfo di Vinegia*, sopra il quale è parte di Romania verso Durazzo, e la Schiavonia, e alcuno capo d'Ungaria, e stendesi infino ad Istria, e Frioli, e poi torna alla Marca di Trevigi, e a la città di Vinegia; e poi verso il mezzogiorno, agirando il paese d'Italia, Romagna, Ravenna, e la Marca d'Ancona, e Abruzzi, e Puglia, e vanne infino in Calavra a lo 'ncontro a Messina, e l'isola di Cicilia...» (Giovanni Villani [ed. Porta], a. 1348 [fior.], L. 1, cap. 5, vol. 1, pag. 8.22).

Alla luce di queste coordinate geografiche, «golfo» senza altre specificazioni si può riferire all'Adriatico, anche se si noterà in questo caso un'attestazione limitata tendenzialmente alla documentazione veneziana o venezianeggiante:[5]

(8) «se vu v'acordé d'andar i(n) lo *Colfo* sì co(m)' dig'eo, eo p(re)go ser N. ki s'acorda ank'elo...» (*Doc. venez.*, 1284 (2), pag. 18.7).

(9) «E lo paron sì inp(ro)mise di no andar fora del *Colfo* che no fese a saver ali marinari là che la nave andasse...» (*Doc. rag./tosc.*, 1323, pag. 103.39).

(10) «Ancora de tucte le mercantie de fuora del *gulfo* li Ragusini se tracteno et tractati siano in Ancona como ciptadini d'Ancona...» (*Doc. ancon.*, 1372, pag. 241.22).

Queste evidenze linguistiche insistono su un dato storico banale, ma lo colgono da una prospettiva che aiuta a comprendere l'intensità della proiezione di Venezia sullo spazio adriatico, percepito come un'area veneziana riservata (Mollat/Braunstein/Hocquet 1973, 521).[6]

In questo contesto si comprende come la storia dell'irradiazione del veneziano *de là da mar* sconti una inevitabile cesura proprio sul confine adriatico, che è in primo luogo geografica, ma in secondo luogo storica, perché riguarda le conseguenze legate alla lunga durata dei contatti storici, economici e sociali nell'Adriatico, oltre a quelli linguistici che qui interessano.

A ridosso di questo confine si pone Ragusa, ultimo porto prima di «andar fora del Colfo»:[7]

5 Per la localizzazione geolinguistica di (10), cioè dei Patti del comune di Ancona con Ragusa editi da Ciavarini (1896), si accolgono le riserve di Debanne (2011, 244), con l'avvertenza che nel Corpus OVI l'individuazione dell'area linguistica soggiaceva, in particolare nella prima fase di classificazione dei testi (in corso di revisione), a criteri che consideravano anche il luogo di produzione o l'origine dell'autore di un testo, al di là dei cambiamenti linguistici che possono essersi prodotti a causa della tradizione del testo (cf. già BTV stampa, 310). Per questa ragione l'occorrenza non falsifica l'ipotesi di un'attestazione prevalentemente veneziana dell'uso assoluto di «golfo».

6 Cf. da ultimo Banfi (2014, 17–20). Per una discussione critica della presenza veneziana nell'Adriatico orientale tra realtà e mito, cf. Mueller (1996, 29–44).

7 Gli esempi (8) e (9) provengono da due registrazioni di libri di bordo avvenute proprio presso la cancelleria di Ragusa. Anche se la motivazione principale sta nel fatto che alcune delle parti in causa erano cittadini ragusei, non bisogna sottovalutare la posizione della città come primo (o ultimo) porto del «Colfo», dove poter sbrigare le questioni giuridiche che fossero sorte durante la navigazione (cf. Dotto 2007; 2009).

(11) «Lo flume de Dolce(n)gno è granne (et) à foce con bocca che à xijij palmi o poco meno, (et) à fora en mare bo(n) fondo (et) plano (et) sorgidore, e *devide Sclavenia (et) Romania*» (*Compasso da navegare* [ed. Debanne], 1296 [it. sett./mediano], pag. 53.38).

Ma oltre alla sua posizione geografica a ridosso della linea che divide la «Sclavenia» dalla «Romania» (7), (11), la frattura è data soprattutto dalla sua storia a lungo separata da quella della Dalmazia centro-settentrionale. Sarebbe infatti riduttivo fare risalire tale separazione allo scenario storico-politico che si aprì all'inizio del XV secolo, con l'avvio di un duraturo e incontrastato dominio veneziano, che non toccò Ragusa, la quale avrebbe invece proseguito la propria esperienza di autonomia politica anche in età moderna, fino a Napoleone. Le radici di questa diversità affondano già nel periodo veneziano, che si protrasse per circa un secolo e mezzo (1205–1358).

Nell'XI e XII secolo, stretta tra le prime mire espansionistiche veneziane (nel 1000 la spedizione del doge Pietro II Orseolo che assunse il titolo di *dux Dalmatiae*), il dinamismo del regno dei Normanni in Italia meridionale e l'autorità dell'Impero Bizantino, ormai sempre più incapace di esercitare un dominio reale, la città aveva goduto di ampie autonomie, che avevano agevolato la creazione di forme di organizzazione della vita politica e sociale, al di là dei riconoscimenti formali di soggezione a questa o a quella entità. I primi trattati con città della penisola italiana, Molfetta (1148), Pisa (1169), Ancona (1188), Monopoli e Bari (1201), Termoli (1203), Bisceglie (1211), sono l'indizio dello sviluppo di solidi contatti economici, e in particolare commerciali, con le altre città dell'Adriatico, senza dimenticare i trattati con il re di Serbia (1186) e il *ban* di Bosnia (1189) (cf. Krekić 1961, 21). Una semplice proiezione cartografica di questi trattati è illuminante per focalizzare la base delle fortune di Ragusa, cioè la sua funzione di centro d'intermediazione economica tra l'entroterra balcanico e il Mediterraneo, intorno alla quale si formò una vivace aristocrazia mercantile, in grado di muoversi con senso pratico nei rapporti politici con le potenze limitrofe.[8]

8 Per esemplificare la funzione economica assunta da Ragusa, non trovo pezza d'appoggio migliore di questo frammento da una commissione del rettore e del Minor Consiglio a due ambasciatori ragusei inviati presso il re d'Ungheria per denunciare le azioni offensive dello *zupan* Nikola Altomanović (1371, marzo–maggio): «debié exponer(e) al n(ost)ro signor(e) la co(n)dicion(e) dela sua çitade di Ragusa: chomo no(n) podemo viver(e) salvo façando la merchadantia, (et) la maçor(e) parte dela n(ost)ra merchadantia fasemo i(n) lo regno di Rassa, (et) p(er) lo mal stado chi ha lo ditto regno de Rassa p(er) la division deli baroni, nuy no(n) podemo nì ausamo far(e) al p(re)sente ta(n)ta me(r)chadantia qua(n)ta faseamo p(er) li tempi passadi» (Dotto 2008a, 327).

Anzitutto con Venezia, quando con la quarta crociata (1202–1204) cambiarono gli equilibri di forza nell'Adriatico e nel Mediterraneo: Ragusa ne dovette riconoscere la protezione, con l'imposizione di un conte inviato direttamente dalla città lagunare, che sarebbe stato coadiuvato dagli organi collegiali, espressione del patriziato locale. Il dominio veneziano segnò un ridimensionamento inevitabile delle ambizioni a un'espansione libera e autonoma, ma allo stesso tempo fu accettato in cambio di alcuni vantaggi, come la salvaguardia dei confini e più ancora l'impegno diplomatico da parte di Venezia per garantire la sicurezza dei mercanti ragusei impegnati nei traffici nell'entroterra balcanico. Anche se negli anni non mancarono i contrasti, si trattò di un dominio privo di episodi di aperta e violenta ribellione, che si verificarono invece a Zara a più riprese. Ciò dipese in parte dalla diversa posizione strategica delle due città, per cui Zara era un centro nevralgico per il controllo dell'Alto Adriatico, troppo vicina a Venezia perché fosse ammissibile una concorrente, un problema che non si poneva per Ragusa; in parte dalla diversa composizione sociale delle due aristocrazie, mercantile quella ragusea, prevalentemente agraria quella zaratina, con il paradosso che gli interessi economici ragusei trovarono una coesistenza e addirittura una complementarità con quelli veneziani proprio nella penetrazione nei mercati di Serbia e Bosnia, la quale non poteva essere gestita direttamente dai mercanti veneziani e semmai solo sostenuta dall'esterno attraverso l'investimento di capitali (cf. Krekić 1997, 51). Il dominio veneziano a Ragusa fu relativamente breve se si chiuse con la pace di Zara (1358), che mise fine (provvisoriamente) al conflitto giurisdizionale e militare tra Venezia e il regno d'Ungheria: Ragusa riconobbe la sovranità ungaro-croata garantendosi un'autonomia politica sostanziale, visto che il conte veneziano fu sostituito da un rettore eletto dal Maggior Consiglio.

L'eredità veneziana fu però profonda in vari aspetti dell'organizzazione politica, giuridica, sociale ed economica, inclusa l'affermazione come lingua veicolare di una varietà di base veneziana fuori e dentro la cancelleria, di cui possediamo un'ampia documentazione grazie al materiale archivistico che si è conservato presso l'Archivio di Stato di Dubrovnik (*Državni arhiv u Dubrovniku*).

Ma prima di volgere lo sguardo a questa documentazione, occorre inquadrare il problema della composizione della città nel XIII e XIV secolo, il che significa in primo luogo trattare dei tempi e modi della simbiosi slavo-romanza. Rispetto alla questione, non si insisterà mai abbastanza sulla natura sociale, economica e in particolare giuridica del patto che lega una comunità in una città medievale, al di là di qualsiasi appartenenza etnica (cf. Krekić 1995, 321). Nelle fonti documentarie i deonimici da *Ragusium/Ragusa* rinviano a una posizione strettamente giuridica, non etnica, che coinvolge allo stesso modo *nobiles* e *populares* – e specularmente lo stesso vale per *Sclavus* quando è usato in rapporto ai *cives Ragusii* –.[9] È invece significativamente isolata (e problematica) l'interpretazione della disposizione testamentaria di Marino di Pasca di Gravosa (Gruž) contenuta nel registro che raccoglie una parte dei testamenti redatti durante le due ondate di peste nel 1348 e 1363: «et debiano avere p(er)sone XX latine plu nude i(n) la terra ad J[a] gu(n)nella d(e) sochna» (cf. Dotto 2008a, 30). Essa è spesso richiamata per provare l'esistenza di un nucleo romanzo autoctono anche al di fuori della nobiltà (cf. Bartoli 1906 [ed. Duro 2000], 127), ma proprio per la polisemia di *latino* e per l'assenza di disposizioni testamentarie simili non è possibile fornire una interpretazione sicura.

I fattori che determinarono la slavizzazione dei centri di Dalmazia in cui si era conservato un nucleo latino, poi romanzo, furono essenzialmente quattro: i matrimoni dei maschi del patriziato cittadino con le donne della nobiltà slava, i rapporti economici e sociali con l'entroterra, l'immigrazione di nuovi cittadini dai territori limitrofi, la crisi demografica legata alle ondate di peste nel XIV secolo (cf. Jireček 1902, 93–101; Metzeltin 1988, 554s.; Krekić 1995, 321–328). A Ragusa ebbero un peso decisivo il secondo e il terzo fattore, mentre il primo fattore fu del tutto marginale, a differenza di quanto avvenne a Zara, in cui il patriziato di più antica tradizione assorbì precocemente componenti della nobiltà croata. Il cambiamento demografico a causa della peste fu senz'altro reale, come testimonia a Ragusa l'eccezionale produzione testamentaria nel 1348 e 1363, ma fu meno una causa che un fattore congiunturale che accelerò un processo già avviato da tempo.[10]

---

9 In un bando del 1319 «in sclavonesca li[n]gua per Petrum precone[m] communis», uno dei pochi in cui è stata specificata la varietà linguistica in cui si è prodotta la comunicazione, si intimò «quod nulla persona, tam foresterius quam [[sic]] et tam Sclavus quam Vlachus cuiuscumque condictionis existant, audeant vel presuma[n]t portare per civitatem Ragusii aliqua arma offensibilia pena in statutis contenta» (cf. Dotto 2008a, 36). Anche in un caso simile l'identità giuridica, con riferimento a coloro che non sono *cives Ragusii*, fa premio su quella etnica. Per ciò che concerne l'identità linguistica, varrà la pena ricordare che tra la fine del XV e l'inizio del XVI secolo nei registri della cancelleria ragusea espressioni come «in lingua nostra», «in idyomate dalmatico», «el cancelliero idiomatis materni» si riferiscono a una varietà slava (cf. Dotto 2008a, 46s.), la quale doveva essere la «lingua materna della maggioranza della popolazione di Dubrovnik dalla metà almeno del secolo decimoquarto» (Muljačić 1970–1972, 408).

10 Con le parole del conte veneziano Nicolò Barbarigo in una lettera al doge del 1355: «p(er) çerto, segnor mio, Ragux(a) non è quel ch'el ssollea esser anchuò a X ani, che lla flor di boni ho(men)i è tuti manchadi» (cf. Dotto 2008a, 26); ma è proprio il quadro sociale restituito da questa documentazione così particolareggiata e compressa nel tempo che ci permette d'inferire che il processo fosse alquanto avanzato. Sugli effetti della peste a Ragusa, cf. Ravančić (2006) e Krekić (2007, 129).

La composizione della città era completata dalla presenza di *foresterii* provenienti dalla penisola italiana, in particolare da Venezia, dall'Italia settentrionale, dalla Toscana e dalle città del Medio e Basso Adriatico, fenomeno chiave per comprendere l'irradiazione dei modelli linguistici italo-romanzi: si tratta di professionisti, come cancellieri, maestri di grammatica, medici, artigiani specializzati, oltre che mercanti e uomini d'affari impegnati nel commercio e nell'attività creditizia. Sulla presenza veneziana possiamo affidarci a un'indagine storico-statistica: Krekić (1976, 378) ha contato circa seicento nomi di veneziani nei registri della cancelleria che si sono conservati per il periodo tra il 1278 e il 1400 in un contesto demografico che probabilmente si aggirava attorno alle quattromila unità nel corso del XIV secolo. Di fronte a questi numeri, che rimangono comunque solo indicativi, riferendosi solamente a coloro che lasciarono una traccia nei documenti d'archivio, importa sottolineare la persistenza nel tempo di esponenti di una stessa famiglia veneziana (i Contarini, i Bono, i Trevisan, i Bolani, i Venier ecc.), legati a interessi economici che si erano radicati a Ragusa grazie ad attività commerciali, immobiliari e creditizie, le quali si sarebbero inevitabilmente affievolite con la fine del dominio veneziano nel 1358, ma non interrotte.

2 «Pallide immagini della complessa realtà della lingua parlata»: cosa non dicono (o possono non dire) i documenti d'archivio

La documentazione d'archivio di Ragusa per i secoli XIII e XIV presenta una lacuna curiosa: non esiste un solo riferimento sicuro all'esistenza della varietà romanza autoctona, il cosiddetto «dalmatico».[11] Il silenzio delle fonti è assoluto: se ne può dedurre con Folena ([1968–1970] 1990, 232) che possediamo solo «pallide immagini della complessa realtà della lingua parlata».

In un registro criminale della fine del XIII secolo, nelle deposizioni dei testimoni del processo penale, compaiono alcune annotazioni metalinguistiche, ma nessuna si riferisce al romanzo locale: «audivi voces clamantes in lingua sclavonica, dicendo: ‹Ego sum incisus›», «ab <sclavis> ancillis nostris sclavis, que

11 Si è discusso di recente sulla liceità e operatività del termine «dalmatico» (cf. Vuletić 2013; Chambon 2014; Vuletić 2015): seguiamo l'uso di Nikola Vuletić in questo stesso volume parlando di «romanzo autoctono» o di «lingua latina ragusea», designazione che è legittimata dalle fonti.

nesciunt latinum», o ancora «dicebant illis de barca quod non veniant, dicendo eis in lingua sclavonica: ‹Podhi s Bogo›» (cioè 'Va' con Dio'); infine per completare il quadro del repertorio ricostruibile «audivi unam vocem clamantem in monte in lingua albanesesca» (cf. Dotto 2008a, 32–35). Si tratta di frammenti che non restituiscono un quadro definito, preziosi perché segnalano attestati di presenza inoppugnabili, come il radicamento della «lingua sclavonica», ma allo stesso tempo troppo sporadici e incerti perché si possa abbozzare una ricostruzione organica affidabile.

Se passiamo a una forma di comunicazione pubblica come i bandi, constatiamo che a fronte di centinaia di registrazioni in cui non si fa cenno alla varietà usata, sono rarissimi i casi in cui essa è esplicitata: «in sclavonesca li[n]gua», «in latino et sclavonessco», «tam in lingua latina quam in slavonessca» (cf. Dotto 2008a, 35–39). I bandi simili reperiti entro la prima metà del XIV secolo sono solo sei, in cui monolinguismo e bilinguismo condividono di regola la presenza della «lingua sclavonica», cui si può affiancare la «lingua latina», verosimilmente 'volgare italo-romanzo', se pensiamo al fatto che lo stesso cancelliere autore di queste registrazioni introduce i volgarizzamenti dallo slavo (cf. § 3) con formule come «reduci infrascriptam licteram hic appositam de sclavonessco in latinum», «de lingua slava in latinum reduci», «licterarum [[. . .]] scriptarum in lingua slavonessca hic appositarum et reductarum in latinum» (cf. Dotto 2009, 112s.). Queste annotazioni non andranno sopravvalutate: non solo perché manca un'attestazione positiva di quale o quali varietà erano usate nei bandi privi di un'annotazione metalinguistica esplicita, ma soprattutto perché esiste una correlazione abbastanza evidente tra il contenuto e i destinatari del bando e la ricorrenza della formula. Insomma pare di concludere che il *primum* fosse la necessità di raggiungere senza ambiguità i destinatari del bando, secondo una politica linguistica orientata alla chiarezza del contenuto del messaggio più che al mezzo usato per veicolarlo, che non era affatto inteso come uno strumento di affermazione di un'egemonia, prassi del resto estranea alla mentalità medievale (cf. Vàrvaro 2004, 235).[12]

Questa distanza tra sostanza e forma, così tipicamente medievale, si ritrova anche in questa breve frase ingiuriosa in un registro della cancelleria di Ragusa:[13]

12 In effetti la politica linguistica veneziana nei territori *de là da mar* rimarrà fedele a questa impostazione «da città-stato di tipo medievale» (Eufe 2005, 201): a questa conclusione sono arrivati Eufe (2003; 2005) per il caso di Creta nel XVI secolo e Šimunković (1990–1991, 270–273) sempre per l'Adriatico orientale ma in epoca moderna.

13 Cf. Dotto (2008a, 34, con alcune letture da correggere): l'atto si trova nel registro serie LIII, *Lamenta de intus et de foris*, volume 1, foglio 162r, che copre gli anni 1372–1374, assieme ad altre registrazioni simili, un manipolo delle quali è in volgare, su cui torneremo in altra sede. I *libri de*

Die XVIIJ iullii.
Thoma ortarus coram domino rectore Ragusii ser Georgio de Georgio et sua curia conqueritur supra Gruboe Raievich dicens quod heri sero de nocte dominus Gruboe dixit sibi verba iniuriosa, videlicet: «Asino, figlio d'asina, io vorrey dormire cu(m) tua mogliere»; et postea evaginavit cultellum quem ipse Gruboe habebat ad latus tam offendendum ipsum Thomam in taberna Luce Bogdanich.
Utessen Oppar, Medoe ortarus testes.

La distanza è doppia: in primo luogo è inverosimile che *Gruboe Raievich* si sia rivolto in un volgare italo-romanzo a *Thoma ortarus* nella taverna di *Luca Bogdanich* alla presenza di *Utessen Oppar* e di *Medoe ortarus* – è possibile invece, ma non sicuro, che un volgare italo-romanzo sia stato usato nella denuncia di *Thoma ortarus*; in secondo luogo c'è un problema di forma, perché è ancora più inverosimile a questa altezza cronologica che l'ingiuria riportata in volgare sia stata formulata nella forma, fonetica e morfologica, rappresentata nel documento. Inammissibile la desinenza della 1ª persona singolare nel condizionale presente *vorrey*, sorprendente nella stessa parola la notazione della lunghezza della consonante, sospetta la conservazione di *-e* dopo *r* in *dormire* e *mogliere*, dubbia la realizzazione con una laterale palatale, rappresentata da *gli*, in *figlio* e *mogliere*.

Si tratta in realtà del fenomeno ben noto del «parlato riferito» (Nencioni 1976): nel Medioevo i notai, quando negli atti registravano le frasi ingiuriose che diventavano offesa criminale, si preoccupavano primariamente del contenuto, l'unico aspetto che veramente importava per stabilire l'entità della pena, non della forma, da intendere con riferimento sia alla varietà linguistica adottata (per cui oltre al volgare poteva essere usato il latino), sia all'inserimento di tracce della propria varietà linguistica di origine nel caso in cui fosse stato selezionato il volgare (cf. Larson 2004, 350s.). Così nel caso della ingiuria di *Gruboe Raievich* non ha neppure senso chiedersi per quale ragione il cancelliere non abbia specificato la varietà linguistica usata con una formula come «in lingua sclavonica»: la sua rarità, riscontrata sopra nel registro criminale del 1284–1286, dipende dal fatto che il dato era del tutto indifferente dal punto di vista del contenuto penale.[14] Ha invece senso chiedersi quale fosse l'origine del cancelliere, per dare

maleficiis furono dispersi in varie serie: per la loro ricostruzione, cf. Lonza (2003). Su tale tipologia documentaria, cf. da ultimo Formentin (2017); specificamente sulla funzione della commutazione di codice, cf. Baglioni (2016, 17s.).

14 Come visto sopra, in un caso alla formula «in lingua sclavonica» segue un testo latino: «Ego sum incisus», senza alcuna commutazione di codice; in un altro caso segue, in modo apparentemente più coerente, un testo effettivamente «in lingua sclavonica», con commutazione di codice (ma nella forma di un adattamento estemporaneo, come sembra suggerire

conto della *facies* grafica e fono-morfologica dell'ingiuria: l'identificazione per via paleografica con il cancelliere Monte e l'esistenza di altri testi in volgare nei registri della cancelleria di Ragusa permettono di meglio inquadrarne la fisionomia.[15] Il profilo toscaneggiante della sua *scripta* cancelleresca, comunque solidale con la base italiano-settentrionale, vale a dire venezianeggiante, dei testi degli altri cancellieri provenienti dalla penisola italiana attivi a Ragusa, s'incrocia coerentemente con i dati estraibili dal lacerto volgare. È coerente con il sistema toscano del notaio la rappresentazione della laterale palatale con *gli*, a fronte di una divaricazione piuttosto netta a livello descrittivo, assai sfumata invece a livello documentario, per gli esiti di -LJ- nell'Adriatico orientale.[16] Allo stesso modo, a livello fonetico, le chiusure in iato (*io* e *tua*) e la resistenza all'apocope (*dormire* e *mogliere*) si spiegano come interferenze della varietà d'origine del notaio. Ma soprattutto è estremamente significativa l'attestazione del condizionale formato dall'infinito + *HEBUI (*vorrey*), un elemento differenziale di prim'ordine rispetto alla base italiano-settentrionale della *scripta* cancelleresca dello stesso notaio, che altrove usa invece *valeria* (3ª persona singolare) secondo la formazione con l'infinito + HABEBAM. Se quest'ultimo tipo non è privo di attestazioni nella Toscana orientale (cf. Castellani 2000, 437s.), non è azzardato mettere in rapporto le due diverse formazioni con le due tipologie testuali: nei testi cancellereschi, è la formazione in comune con le varietà italiano-settentrionali, compreso il veneziano, a trovare un ambiente più favorevole all'accoglimento, mentre nella frase ingiuriosa, isolata, lontana dalla dialettica tra convergenza verso un modello comune e individualità che rintracciamo nella *scripta* cancelleresca, si seleziona la formazione più marcata, più «distinguibile»,

---

l'uso di *dh* in *Podhi s Bogo*, che potrebbe essere attribuito alla cultura grafica del cancelliere Tomasino da Savere di Reggio Emilia, per cui cf. Dotto 2007, 21–23).

15 Monte, che fu attivo a Ragusa tra il 1373 e il 1377, nei documenti d'archivio compare soltanto come «Ser Monte cancellarius» (cf. Tadić 1935, XXXVIII). Nonostante non sia nota la sua origine, un esame complessivo della *scripta* cancelleresca attribuibile alla sua mano suggerisce una provenienza toscana, forse ulteriormente circoscrivibile all'area meridionale o orientale, ma senza certezza (cf. Dotto 2008a, 294 e 421–426).

16 Se il veneziano conosceva un doppio esito, una semiconsonante [j] o un'affricata postalveolare sonora [ʤ], rappresentate rispettivamente da *i* (o *j*/*y*) o da *g* e *gl*, al netto delle scrizioni etimologiche con *li* o *lli* (Stussi 1965, LIIs.), i testi di Dalmazia presentano un esito caratteristico rappresentato con *l*, interpretabile come una laterale alveolare (cf. Muljačić 1969) o una laterale palatale, postulabile con buona sicurezza per gli antroponimi e i toponimi di origine slava (cf. in questo volume il cap. 4), a meno di ricondurre l'oscillazione a un'alternanza con valore solo grafico. L'instabilità a livello documentario dipende da una fortissima variazione intertestuale, ma anche intratestuale tra lessemi nello stesso testo: per un quadro su Ragusa, cf. Dotto (2008a, 148–151).

per così dire, nel caratterizzare il sistema d'origine del notaio, e per questa ragione in fondo più «vicina» all'oralità.

Un altro esempio di «parlato riferito», anche se più tardo di circa mezzo secolo, è riportato alla luce per merito di Muljačić (1970–1972, 408). Nella «causa testamenti done Jeluse uxoris quondam ser Pasche de Ragnina» del 24 agosto 1418, in cui *Michoe de Cathena* rivendicava l'eredità della donna, è riportata la dichiarazione di uno dei testimoni interrogati, *don Nixa Blasii Cetimarcha*, nel modo che segue:

> «quod dictus Michoe interrogavit illam duabus vicibus si volebat quod illa bona que fuerant suorum antiquorum essent sua, que nichil respondit sed quod paulo post cum don Ivchus predictus eidem Jeluse dedisset ad bibendum parum brodi et dictus Michoe recitaret eadem verba petendo bona suorum antiquorum sibi relinqui debere per illam, dixit quod audivit illam respondentem duabus vicibus *chochio chochio* ut habeas id et quicquid mihi pertineret. Et interrogatus dixit quod dicta Jelusa habebat bonam mentem, et alia nescire dixit. . .».

Chochio sta per *hoću* 'voglio', che rappresenta quindi un'altra tessera della penetrazione dello slavo presso l'aristocrazia ragusea: infatti sia i Ragnina che i Catena erano due famiglie del patriziato locale.

Come ricordato all'inizio, la tensione tra documentazione d'archivio e ricostruzione della realtà parlata è anche nel silenzio che avvolge la varietà romanza autoctona, interrotto, a quanto pare, soltanto dall'umanista lucchese Filippo de Diversis nella sua *Descriptio Ragusina* (1440), un opuscolo encomiastico destinato al Senato di Ragusa:[17]

> «In prescriptis omnibus consiliis et offitiis civilium et criminalium oratores, seu arrengatores advocati iudices et consules legis statuto latine loquuntur, non autem sclave, nec tamen nostro idiomate italico, in quo nobiscum phantur et conveniunt, sed quodam alio vulgari ydiomate eis speciali, quod a nobis Latinis intelligi nequit, nisi aliqualis immo magna eiusmodi loquendi habeatur saltim audiendo consuetudo, panem vocant pen, patrem dicunt teta, domus dicitur chesa, facere fachir, et sic de caeteris, quae nobis ignotum ydioma parturiunt. Hec dicta sint de consiliis, de curia civili, et criminali, de appellationibus, de advocatis, et eorum ydiomate latino, deinceps de spetialioribus principatibus agendum videtur».

La testimonianza di Filippo de Diversis è confermata dal noto dibattito che si accese nel Consiglio dei Pregati tra il febbraio e il dicembre del 1472, quando si discusse su quale o quali varietà potessero essere ammesse nelle assemblee: in apparenza si ripropone lo stesso quadro tripartito, che comprende la «lingua

17 Si cita da Janeković-Römer (2004, 161), con una minima modifica nella forma *chesa* che preferisco a *chexa* (cf. Dotto 2008a, 41s.).

latina ragusea», la «lingua sclava» e la «lingua italica», ma a ben vedere esso è già profondamente mutato in poco più di trent'anni se la «lingua latina ragusea» non è più presentata come esclusiva, come parrebbe di ricavare da Filippo de Diversis, e anzi deve essere sottoposta a tutela (cf. Dotto 2008a, 42–45). La «lingua latina ragusea» ebbe la meglio nel Consiglio dei Pregati, ma solo qualche anno dopo, per l'umanista raguseo Elio Lampridio Cerva/Ilia Crijević (1463–1520) era solo la memoria di un tempo perduto: «me puero memini nonnullos senes romana lingua, quae tunc rhacusaea dicebatur, causas actitare solitos» (cf. Bartoli 1906 [ed. Duro 2000], 138s.).

Questo silenzio, interrotto soltanto da fonti di tipo esterno (a parte i quattro lessemi di Filippo de Diversis), tutte tarde visto che si collocano tra la metà e la fine del XV secolo, è in realtà pienamente giustificato dallo *status* precario del romanzo autoctono: se si guarda al presumibile repertorio sociolinguistico della Ragusa medievale, la «lingua latina ragusea» era doppiamente «coperta» nella posizione di lingua alta dal latino medievale e dal volgare italo-romanzo di base veneziana che si era progressivamente affiancato al latino nel dominio dello scritto e godeva naturalmente di un'ampia circolazione anche a livello parlato come lingua veicolare (secondo la puntuale e felice definizione di Filippo de Diversis: «idiomate italico, in quo nobiscum phantur et conveniunt»), mentre nella posizione di lingua bassa era insidiata dalla sempre maggiore penetrazione e diffusione dello slavo (cf. Muljačić 1997; Dotto 2015). In questo contesto si comprende come l'uso ufficiale nelle assemblee dovesse rivelarsi alquanto effimero, sia perché non era sostenuto dal dominio dello scritto che era già coperto, sia perché al di fuori di questo contesto formale «alto» il dominio del parlato era ugualmente occupato.

Un altro e diverso limite di una parte dei documenti d'archivio è la loro natura di copia, che ne può inficiare l'affidabilità. Come il cancelliere Monte che nel riportare il discorso riferito di *Gruboe Raievich* ha lasciato tracce evidenti della propria varietà linguistica, allo stesso modo un notaio poteva alterare pesantemente la *facies* fono-morfologica dell'originale orientandone il profilo sulle proprie abitudini linguistiche. Si tratta di un fenomeno ben noto, ma spesso sfuggente quando manchi la possibilità di attingere all'originale, e soprattutto meno compatto e regolare di quanto si potrebbe pensare.

Per le modalità della conservazione del materiale archivistico di Ragusa, questa dinamica tra originale e copia può essere osservata da vicino quando si siano conservati l'originale, di norma prodotto al di fuori della cancelleria, e la copia ad opera dei cancellieri. Si presenta qui un breve frammento di una lettera di *Gergo de Bodaça*, membro di una famiglia del patriziato raguseo, inviato capitano a *Terstenіça* (Orebić nella penisola di Pelješac), destinata al rettore e ai giudici. Essa si è conservata sia in originale sia in una copia redatta dal cancelliere *Iohannes Foschus/Zoanne Fusco* (secondo la formula «Cuius tenor de verbo ad verbum talis» – la registrazione è del 25 ottobre 1372, mentre la lettera è priva di datazione –):[18]

> «Al nobel e savyo retur de Ragusa (e) gudese dela dyta tera, Gergo de Bodaça, chapetano de Terstenyça, salu(te) cho rechomandason. Do a saver ala vostra synorya che Radovan Radoslavyc, omo de Margo de Trepana, sỳ chonparse davanty my et sỳ se lame[n]tò sovra Radoslav Petroyevyc che lo dyto Radoslavo Petroyevyc choly suy marynery sỳ ly ave ynvolado bo uno che valyva pp. X».

> «Al nobile (e) savio rector de Ragusa (e) iudesi dela ditta t(er)ra, Gergo de Bodaça, chapitanio de Tersteniça, salut(e) cu(m) <sinciero amor(e)> recomandason. Do a saver alla vostra signoria che Radoan Radoslavich, homo de Margo de Trepagna, sì comparse davanti mi (e) sì se lamentò sovra Radoslav Petroevich che lo ditto Radoslavo Petrovich choli suy marinary sì li have involado bo uno che valya ppi. X».

Al netto della patina latineggiante introdotta dal cancelliere (*-ct-*: *retur* → *rector*; *h-*: *ave* → *have*, *omo* → *homo*) e dell'eliminazione di alcuni usi grafici peculiari alla mano che vergò la lettera di *Gergo de Bodaça* (*y* → *i* quasi sempre, tranne in posizione finale *marynery* → *marinary*, *suy* → *suy* e nell'isolato *valyva* → *valya*), alcune conversioni da parte del cancelliere modificano sensibilmente il profilo della *scripta* del documento originale proprio nei punti in cui è possibile ravvisare i fenomeni differenziali caratteristici della tradizione scrittoria locale: l'uso di *n* a fronte di *gn* (*synorya* → *signoria*, *Trepana* → *Trepagna*) e di *g* a fronte degli esiti di J- (*gudese* → *iudesi* probabilmente per latinismo solo grafico), la chiusura di [o] in [u] (*retur* → *rector*). Dal punto di vista della resa della fonetica slava, è notevole l'introduzione di *ch* in *Petroyevyc* → *Petroevich*, *Petroyevyc* → *Petrovich*, *Radoslavyc* → *Radoslavich*.[19]

Un esempio simile che esula in parte dall'ambiente di Ragusa è il contratto marittimo stipulato a Durazzo tra il raguseo *Pasca de Cuno*, *patruno/paron* di una

18 La lettera si trova nella busta allegata al registro serie LIII *Lamenta de intus et de foris*, volume 1; la copia è al foglio 75r dello stesso registro. Il testo è edito integralmente da Tadić (1935, 460s.), ma è stato ricontrollato sull'originale e riproposto parzialmente qui secondo i consueti criteri per l'edizione di testi di carattere pratico (si rinuncia però a segnalare il cambio di rigo). Sul cancelliere Fusco, cf. Dotto (2008a, 294, 418–421). Tadić (1935, XXXV–XXXVII) riporta l'indicazione della sua provenienza «de civitate Foro Iulii».

19 In effetti parrebbe di riconoscere non solo a Ragusa ma anche a Zara una tendenza a rappresentare [tɕ] con la grafia *ch* nelle *scriptae* cancelleresche dei notai provenienti dalla penisola italiana, mentre gli scriventi autoctoni sembrano preferire *c*. Si noti inoltre che se l'alternanza tra *oie* e *oe* corrisponde a una variazione anche moderna, quella tra *Petroyevyc* e *Petrovich* corrisponde a una variazione nella base del patronimico (*Petar* e *Petroje*), evidentemente fraintesa o comunque livellata da parte del cancelliere.

condura, e *Ilia Pelegrino* di Zara ma *abitatur/abitador* di Ragusa, il mercante noleggiatore, databile al 1350 o 1351, una copia del quale fu vergata a Ragusa prima dallo stesso scrivano dell'imbarcazione, *Pero de Çorçi* di Sebenico, poi da Francesco di Arco, cancelliere a Ragusa tra il 1342 e il 1373:[20]

> «(E) io Pero d(e) Çorçi d(e) Sibenico, scrivano d(e)la dita cundura, sì ò scritu quisto nauliçado d(e) voluntade d(e) intranbe le par[t]e, cusì d(e)lo patruno s(er) Pasque d(e) <c> Cuno d(e) Ragusa como d(e) s(er) Ilia Pelegrin d(e) Çara abitatur d(e) Ragusa nostro nauliçadur».

> «Et io Piero Çorçi de Sybenico, scrivano dela dita (con)dura, sì ò scrito q(ui)sto noliçado de volu(n)tade de intrambe le parte, chosì delo paron s(er) Pascha d(e) Cuno de Rag(usa) chomo d(e) s(er) Ilia Pelegrin de Çara abitador d(e) Rag(usa) nost(r)o nauliçador».

Il documento di *Pero de Çorçi* di Sebenico afferisce alle tradizioni scrittorie della Dalmazia centrale e settentrionale, non a quella di Ragusa, ma qui importa per dimostrare la possibilità di conversioni da originale a copia del tutto orientate sul sistema d'arrivo, in questo caso la *scripta* di Francesco di Arco:[21] a livello grafico *y* probabilmente di matrice culta (*Sibenico* → *Sybenico*), *ch* davanti a vocale posteriore (*como* → *chomo*); introduzione del dittongo (*Pero* → *Piero*), sostituzione di [u] con [o] nel vocalismo tonico (*nauliçadur* → *nauliçador*), protonico (*cusì* → *chosì*) e finale (*scritu* → *scrito*), apocope dopo *n* (*patruno* → *paron*); nel consonantismo, dileguo dell'occlusiva dentale sorda nel nesso TR (*patruno* → *paron*) e sonorizzazione in posizione intervocalica (*abitatur* → *abitador*), a lato di varie conservazioni (qui anche il dimostrativo *quisto* → *q(ui)sto* con *q* tagliata in gamba, scioglimento che è confermato da scrizioni a piene lettere in altri testi). L'esistenza di un corpus abbastanza ampio di lettere e commissioni di mano del cancelliere ha permesso di concludere che la «traduzione», intesa come passaggio da un codice a un altro, è regolata ma allo stesso tempo caratterizzata da regole di adattamento molto elaborate e soprattutto in qualche caso applicate solo facoltativamente, di modo che i cambiamenti risultano difficilmente predicibili. Se ne potrebbe ricavare una inaffidabilità assoluta delle copie, ma non è così.

La preparazione di una silloge di testi zaratini del XIV secolo a cura di Nikola Vuletić e chi scrive ha condotto a considerare anche le copie quando sembrassero significative, come nel caso del testamento autografo del nobile *Andrea di Vite de Slorado*, datato al 1347, di cui si è conservata (solo, o forse meglio, fortunatamente) una copia redatta due anni dopo dal notaio *Isnardus*

---

20 Come la lettera precedente, il documento è incluso come cedola sciolta nel volume 17 della serie XXV *Diversa cancellariae*, mentre la copia di Francesco di Arco è ai fogli 44v–45r. I due testi sono editi e analizzati contrastivamente in Dotto (2008b).

21 Per Zara, si rinvia senz'altro al cap. 4 di questo libro; per Spalato, cf. Praga (1927).

condam Romanati de Padua su una copia eseguita da *Franciscus ser Manfredi de Placencia*:[22]

> «Eu Andrea filol di chi fo de s(er) Vite de Slorado, p(ro)curatu(r) de Zara, sì faço e urdino e scrivo de ma(n) mia q(ui)sto testame(n)t(o), lo quale volo chi sia firmo e rato di tutu (e) i(n) tutu q(ui)l chi dirà i(n) q(ui)sto scripto p(er)petualme(n)t(r)i e semp(re). Jnp(r)ima vollo e lasso e faço mei comissa(r)i lo p(r)ior deli frar p(re)digadur, q(ui)l chi è o q(ui)l chi fossi al logo dili frar p(re)digadur di San Platon, e dona Franiça muier che fo di Tomasso frar meo».

Riconosciuta la forte prossimità con il documento di *Pero de Çorçi* di Sebenico, non si potrà certo affermare che la copia sia pienamente affidabile sul piano linguistico, con due passaggi, non uno solo, ma è un fatto che la sua *facies* grafica e fono-morfologica di arrivo presenta fenomeni incompatibili con le varietà linguistiche d'origine dei due notai provenienti dall'Italia settentrionale (*-u*: *eu*, *tutu*; *-l-*: *filol*, *volo*; *-mentri*: *perpetualmentri*): per questa ragione, pur con prudenza e secondo un grado inferiore di affidabilità, il documento potrà entrare utilmente nell'analisi della tradizione scrittoria autoctona.

3 «La lingua scritta è il perno centrale»: per una tipologia dei documenti volgari d'archivio

Nonostante le avvertenze legate alla natura scritta delle fonti documentarie come base per l'analisi linguistica, che, come abbiamo visto, pongono più ordini di problemi, va ricordato che la limitazione al dominio dello scritto è una condizione di fatto. Infatti la possibilità di sondare la penetrazione e la diffusione del veneziano come lingua veicolare nel Medioevo rimane legata o alla fenomenologia dei prestiti che si sono irradiati nelle varietà in contatto o alla documentazione di carattere pratico. Secondo il monito di Folena ([1968–1970] 1990, 241–242):

> «I documenti ci offrono di questa realtà un'immagine lacunosa e riflessa, eppure straordinariamente suggestiva. [[. . .]] Ma anche chi diffida dei documenti scritti deve considerare che, di questa realtà linguistica amministrativa e mercantile, la lingua scritta è il perno centrale: è la *scripta* che assicura anzitutto le comunicazioni essenziali a distanza e che consolida convenzioni e tradizioni particolari».

---

22 HR-DAZD-338: *Dominikanski samostan Sv. Dominika*, pergamene, *br.* 99. Il documento è edito da Brunelli (1974, 583–585) e poi nel CD (XI, 336–342), ma si offre qui nella lettura approntata per la futura edizione.

Da questo punto di vista, il «concetto di ‹contatto› si allarga moltissimo perché non presuppone necessariamente la vicinanza geografica, ma può basarsi su diversi tipi di relazione a distanza» (Stussi 1996, 146).

Proprio la necessità di mantenere le relazioni a distanza è alla base dell'emersione più significativa di una prassi scrittoria in volgare a Ragusa, fondata su una netta separazione tra una produzione cancelleresca e una extracancelleresca, ma che alla cancelleria era profondamente legata. Il contesto storico è quello già richiamato del ruolo di Ragusa come centro d'intermediazione economica tra il Mediterraneo e l'entroterra balcanico, con la creazione di vere e proprie colonie di cittadini ragusei in Serbia e Bosnia (cf. § 1). Il fenomeno fu così importante che sin dai primi registri della cancelleria abbiamo notizia della presenza di consoli nominati dalle autorità di Ragusa con giurisdizione sui mercanti residenti nelle colonie e compiti di rappresentanza e tutela degli interessi dei concittadini. La lontananza da Ragusa, e quindi l'impossibilità di sbrigare le questioni giudiziarie che li vedevano coinvolti, o viceversa l'insorgere di contrasti, spesso sotto forma di rimostranze formali presentate alle autorità locali, anziché ai collegi competenti della città, promossero uno scambio epistolare in uscita, con *litterae praeceptoriae* o *citatoriae*, che in qualche caso venivano copiate nei registri, e in entrata, con lettere destinate al conte e ai giudici in cui i privati cittadini, per lo più mercanti, giustificavano le proprie azioni (in quest'ultimo caso la conservazione del documento era legata all'eventualità che la cedola sciolta rimanesse tra le carte del registro).[23]

Se per la cancelleria è possibile ricostruire un quadro sufficientemente dettagliato sulle identità dei singoli cancellieri, che di regola provenivano dalla penisola italiana, almeno dalla fine del XIII secolo (cf. Jireček 1903; 1904; Tadić 1935), un problema spinoso è posto dalla identificazione di chi materialmente redige i testi degli scriventi autoctoni (secondo un'accezione meno etnicolinguistica che giuridica, per cui cf. §§ 1–2). In qualche caso abbiamo la certezza che non c'è identità tra mittente e scrivente, perché alcune lettere con più mittenti – ma, si noti, provenienti dallo stesso ambiente – sono vergate dalla stessa mano; in altri casi più lettere dello stesso mittente sono vergate dalla

23 In una commissione a *Nicola de Çavernico* inviato presso il *ban* di Dalmazia e Croazia per una controversia tra ragusei, nel 1361: «Et i(n) lo nostro statuto se (con)tiene che alguno Raguseo no(n) possa clamar(e) l'altro Raguseo fora d(e) Ragusi, lo qual statuto fo fatto p(er) m(u)lte i(n)(con)venie(n)çe chi seguia et p(er) schivar m(u)lti mali chi nasceva dintro li çetadini» (Dotto 2008a, 320). Ma questa prassi, assai invisa alle autorità di Ragusa, era descritta nelle stesse lettere da parte dei privati cittadini, qui in una missiva di *Pasca de Goçe* del 1312: «E de çò che lo demanday avanti la signoria d(e) Scavonia, multi Ragusey si demanda unu lu altru alla sighnoria d(e) Scavonia de debito che ven fatto i(n) Scavonia» (Dotto 2008a, 84).

stessa mano, il che potrebbe suggerire una possibile autografia; in altri ancora l'autografia è quasi sicura in presenza di formule come «scrito de mia man».[24] D'altra parte ciò che conta è che questa documentazione sia prodotta all'interno di ambienti ragusei e soprattutto sia giunta in originale, in modo tale che si possa scartare la possibilità che l'eterogeneità sia acquisita a causa di fenomenologie attive della copia (cf. § 2).[25]

Sulla produzione volgare della cancelleria, è utile una prima divaricazione fondata su un fatto di tradizione: la documentazione prodotta all'interno, costituita, come abbiamo visto in parte sopra, da lettere e commissioni inviate a privati cittadini o a funzionari (ambasciatori, consoli, capitani ecc.) da parte del conte/rettore e degli organi collegiali del comune, che venivano riportate nei registri della cancelleria, e quella invece esterna, che comprende una serie piuttosto eterogenea di documenti, che sono accomunati dalla circostanza di essere stati vergati al di fuori della cancelleria e quindi copiati dai cancellieri, in genere a fini probatori.

Per la prima tipologia, abbiamo una seconda divaricazione di taglio cronologico: se queste testimonianze sono abbastanza scarse per la fine del XIII e la prima metà del XIV secolo (anche perché spesso nei registri rimane traccia soltanto dell'invio della lettera, non del suo contenuto, e tanto meno della varietà linguistica usata),[26] con la creazione di un registro *ad hoc* all'indomani della fine del dominio veneziano (s. XXVII.1, *Litterae et commissiones*, vol. 2) si ha una proliferazione di questa tipologia documentaria, di modo che è stato possibile offrirne una descrizione linguistica su un corpus abbastanza ampio, isolando sia la base comune, costituita in parte da una componente latineggiante, segnatamente a livello grafico, in parte dal veneziano, sia i tratti individuali riconducibili all'identità dei singoli cancellieri (cf. Tadić 1935; Dotto 2008a, 290–429).

Per la seconda, si richiameranno qui solo i due filoni più significativi sul piano qualitativo e quantitativo. Il primo verte sul registro dei testamenti del

---

24 È il caso di una lettera del 1373 del nobile *Give de Sorgo*, che in qualità di console a Novaberda (Novo Brdo) riferisce alle autorità ragusee su una controversia tra due nobili per una ruberia avvenuta tra Salonicco e Novaberda (il testo è edito in Tadić 1935, 462–464).

25 La documentazione propriamente volgare è anticipata tra la fine del XIII e l'inizio del XIV secolo da un manipolo di lettere in un codice misto di latino e volgare riferibili alla stessa tipologia documentaria (cf. Dotto 2008a, 65–67). Lo studio e l'analisi riservati al latino dei mercanti veneziani da parte di Formentin (2012; 2015) inducono a una diversa e più attenta considerazione di tali testi rispetto a quanto avevo fatto.

26 Le possibilità erano tre: il latino, il volgare, ma anche la «lingua sclavonica». Nel più antico *liber de malificiis*, un cittadino accusato di contumacia davanti alle autorità di Ragusa testimonierà «litteram illam sclavonicam feci legi et misi respondendo» (cf. Dotto 2008a, 32).

1348 e 1363 (s. X.1 *Testamenta notariae*, vol. 5), un massiccio registro di più di 300 carte, opera di più mani, che raccoglie le copie coeve delle cedole testamentarie che furono prodotte durante le due ondate di peste che modificarono profondamente l'assetto demografico della città (cf. § 1). Il suo allestimento, almeno per la sezione del 1348, fu stabilito dal Minor Consiglio e proclamato con un bando pubblico, in cui si dava notizia dell'elezione di tre ufficiali «ad faciendum registrari omnia testamenta civitatis et districtus in uno quaterno ad hoc» (*Lib. ref.*, vol. 2, 29), coadiuvati da uno scrivano (anche se gli scrivani sarebbero stati più d'uno). Spesso sfruttato come fonte per recuperare i cosiddetti relitti «dalmatici» (cf. Bartoli 1906 [ed. Duro 2000]; Muljačić 1962), esso in realtà è meno utile per la ricostruzione fonologica che per l'indagine lessicale, dalla penetrazione di numerosi slavismi (cf. uno spoglio in Muljačić 1970–1972, 410–416) alle dinamiche di variazione per uno stesso lessema a causa dell'interferenza tra veneziano, slavo e romanzo autoctono. Facciamo un solo esempio con riferimento al *copertoio* 'coperta da letto' (cf. TLIO s.v.), da confrontare col veneziano *covertor* (Stussi 1965, 206) e il croato *krpatur*: nel registro è ben documentato il tipo veneziano con lenizione (*covertor* 91v, *covertorio* 93v presso la mano β, *choverthor* 75r, *chovertorio* 87v, *covertor* 52v, 113r, 117v, *covertori* 110r, 112r, *covertoro* 109r, *coverturo* 51r, 52v presso la mano γ), ma è altrettanto diffuso il tipo con conservazione dell'occlusiva bilabiale sorda intervocalica probabilmente per l'interferenza congiunta dello slavo e del romanzo locale, anche se non è facile sciogliere il nodo della gerarchia, e in realtà non è neppure sempre legittimo farlo, nel senso che dobbiamo immaginare che nella comunità ragusea le forme possibili di bilinguismo non fossero una sola ma più d'una (*chupertor* 35v, *copertor* 97r, *copertora* 33r, 40v, *copertori* 40v, *copertoro* 33r presso la mano β, *copertori* 125r, *copertorio* 87r, *copertur* 75v, 104r, 113r, 125r, *coperturi* 60v, 110v, *coperturio* 87r, *coperturo* 75r, 75v, 84v, 87v, 102v, 115v, *cupertor* 114r presso la mano γ, *chopertor* 218v, *chopertoro* 220v, *copertorio* 215r presso la mano ζ). Ma sono ancor più significativi i casi in cui il lessema compare in una forma schiettamente slava: *cherpator* 24r presso la mano β e *che[r]patora* 65v presso la mano γ, *crepator* 219r e *cropator* 217v presso la mano ζ (in particolare le due ultime attestazioni sono nella sezione del 1363 che raccoglie i testamenti dei *populares*, forse non casualmente).[27]

27 Non credo che questi esempi siano da avvicinare alla forma isolata *corvertor* «con propaggìnazione (solo grafica?)» in un rendiconto veneziano del 1277 (Formentin 2014a, 21s.). Nei testi di Ragusa, cancellereschi e non, il toponimo 'Croazia' compare sia nella forma *Chervacia* sia in quella *Crevacia*/*Crovacia*, e a questa oscillazione, anche se di origine diversa, sarà da riportare l'alternanza tra *cher-* e *cre-*/*cro-* per il 'copertoio'.

L'altra tipologia documentaria è costituita dai volgarizzamenti dallo slavo, che permette di aprire una parentesi su un'altra caratteristica particolare della cancelleria ragusea. A causa dell'importanza dei rapporti economici con l'*hinterland* balcanico e la conseguente necessità d'intrattenere rapporti diplomatici e giuridici con le autorità slave dell'entroterra, in cui non si era radicata una tradizione scrittoria latina (altra differenza capitale rispetto a Zara e al regno di Croazia), fu necessaria la presenza di un cancelliere per lo slavo. Di norma il contenuto di questi volgarizzamenti riguarda privilegi e obbligazioni da parte delle autorità dell'entroterra, per lo più il re di Serbia, ai mercanti ragusei attivi in quelle aree, cui importavano la registrazione e l'autenticazione di quei documenti. Si trattò di una stagione relativamente breve, perché già nella seconda metà del XIV secolo si cominciò a preferire la semplice copia del documento in caratteri cirillici, ma va ricordato che per la prima metà del secolo si trattò di una prassi che, per quanto si è conservato, rappresenta la tradizione scrittoria in volgare più cospicua, superiore quantitativamente a quella delle lettere e commissioni (cf. Dotto 2009, 111–114).

Le ragioni della selezione del volgare vanno ricercate probabilmente nella complanarità di volgare italo-romanzo e slavo in rapporto al latino, che rimaneva la lingua dominante nella cancelleria, ma anche nella rarità della situazione giuridica, per cui proprio questa desuetudine poteva portare a concepire in modo del tutto nuovo l'atto legale, anche dal punto di vista della selezione della varietà linguistica (cf. Petrucci 1996, 419 per l'uso del pisano nei carteggi tra Pisa e i paesi arabi).

Quale che sia la ragione dell'elaborazione di questa tradizione scrittoria in volgare, che incrocia plurilinguismo e plurigrafismo, essa rimane un esempio luminoso dell'assunto iniziale di Folena, citato all'inizio del paragrafo: lo scritto restituirà pure una pallida immagine del plurilinguismo del parlato, «ma è la *scripta* che assicura anzitutto le comunicazioni essenziali a distanza e che consolida convenzioni e tradizioni particolari».

4 Per un profilo linguistico dei «documenti volgari venezianeggianti»: alcuni problemi

Le intuizioni e le sollecitazioni di Folena sul veneziano *de là da mar* sollevano due ordini di problemi: uno generale, che abbraccia l'interpretazione complessiva del fenomeno, e uno particolare, che chiama in causa le microstorie linguistiche riferibili a ciascuna area. Se si rimane prudentemente su quest'ultimo piano, è facile constatare che le posizioni e prima ancora le «parole» di Folena hanno orientato potentemente lo studio e l'analisi dei fatti linguistici nella bibliografia successiva.[28] A partire dall'uso di «venezianeggiante» con riferimento ai documenti volgari della cancelleria di Ragusa (Folena [1968–1970] 1990, 250), che ha l'indubbio merito di sintetizzare la base veneziana di questi testi e allo stesso tempo lo scarto dalla varietà rialtina. Ma non si insisterà mai abbastanza sul fatto che, assumendo un punto di vista più vicino a quello medievale, la percezione delle differenze è in realtà assorbita dalla larga intercomprensione tra i volgari, che fa sì che si tratti pur sempre di (*volgare*) *latino*, cioè italo-romanzo (cf. TLIO s.v. *latino*). In una monografia dedicata alle tradizioni scrittorie in volgare di Ragusa, abbiamo proposto di estendere questo uso all'intera documentazione, compresa la *scripta* autoctona, attribuibile agli scriventi locali, per ragioni interne legate alla fisionomia linguistica complessiva di questa documentazione e esterne perché le due tradizioni, fuori e dentro la cancelleria, erano strettamente collegate, in quanto le lettere dei cittadini ragusei erano le risposte ai mandati da parte del conte/rettore di Ragusa (cf. § 3).

Affronteremo solo alcuni problemi della *scripta* autoctona, perché è l'oggetto di gran lunga più interessante e perché spesso questi testi sono stati accostati per affrontare la questione del «dalmatico» (sulla quale si rimanda a quanto scrive Nikola Vuletić nel cap. 4 dedicato a Zara).

Secondo un punto di vista parziale, l'analisi sarà condotta contrastivamente in rapporto al veneziano coevo (cf. Stussi 1965; 2005; Tomasin 2010). L'incrocio di fenomeni d'innovazione e di conguaglio rispetto al veneziano determina un «sistema a pluralità di uscite» che presenta un'eterogeneità linguistica maggiore rispetto ad altre varietà, com'è ben prevedibile a partire dallo *status* di «lingua veicolare» (Vàrvaro 2004, 204–206; Minervini 2008).[29]

A livello grafico spicca la quasi totale assenza del digrafo *dh* o *th*, tratto che va messo in relazione con la riduzione della polimorfia per quanto riguarda la

28 È quanto successo per la definizione linguistica delle lettere zaratine del 1325 e 1397 che erano state cursoriamente toccate da Folena ([1968–1970] 1990, 245, nota 46): ripercorrendo le diverse interpretazioni offerte negli studi (Dotto 2016), si può verificare non solo che esiste un prima e dopo Folena, ma anche che l'interpretazione ancipite delle due lettere come «documentazioni del dalmatico» e allo stesso tempo attestazioni del veneziano *de là da mar* si ritrova *in nuce* nello stesso Folena.

29 Nella interpretazione di un sistema a pluralità di uscite, fondato su un corpus di testi non sempre facili da contestualizzare (cf. §§ 2–3), occorre valutare presenze e assenze, così come la portata delle presenze (cf. Stussi 1996, 149s.). Nella lettera di *Pasca de Goçe* (cf. § 3), la nasale palatale è rappresentata non solo da *gn* e *ngn*, ma anche da *ghn*, *gh*, *nh*, secondo un uso che appare del tutto isolato rispetto all'oscillazione ben più significativa tra testi che rappresentano [ɲ] con *gn* e testi che presentano invece *n*, quale che sia la sua interpretazione fonetica, [ɲ] o [n] (cf. Dotto 2008a, 144–148): il dato andrà quindi derubricato come una particolarità e non potrà entrare in un discorso generale sui testi volgari di Ragusa.

lenizione dell'occlusiva dentale sorda in posizione intervocalica: nei testi di Ragusa abbiamo quasi di regola la sonora, mentre i testi veneziani più antichi presentano una certa variazione tra sonorizzazione, dileguo, conservazione per latinismo, con l'aggiunta a livello grafico di *dh* o *th* (cf. Stussi 2005, 67, 69). L'uso di *x* per la sibilante sonora [z] è limitato, soprattutto nella documentazione più antica, mentre troverà maggiore spazio nella seconda metà del XIV secolo: si tratta di una tendenza che ben rappresenta l'impermeabilità della diffusione del modello veneziano alle vicende storico-politiche coeve. Dal 1358 i *Veneti*/*Veneciani* saranno apertamente *nostri hostes*/*nostri inimixi*, ma almeno nel breve periodo ciò non arresterà la penetrazione nel volgare di elementi veneziani (o comunque attribuibili alla varietà lagunare).

Per la fonologia sono assenti o estremamente rari i tipi *sento*, *fenti*, *anenti*, caratteristici del veneziano più arcaico (cf. Stussi 1965, XLIIIs.), a fronte dei comuni *santo*, *fanti*, *ananti*, in linea con uno sviluppo che toccherà in parte anche il veneziano quattrocentesco (cf. Sattin 1986, 57).

Una fortissima oscillazione si ha per gli esiti di -ARIUS: se *-er* è l'esito tipico del veneziano (cf. Stussi 2005, 67s.), *-ar*/*-aro* doveva essere l'esito autoctono ben documentato nel latino medievale, nei prestiti di origine latina del croato (si pensi al prestito di ritorno *dinaro*), fino ad arrivare al veneto-dalmata (cf. Zamboni 1976, 41; Ursini 1987, 52–56). I testi recano traccia di entrambi gli esiti, segno di una concorrenza tra modello veneziano e esito autoctono che doveva essere fortissima. Questa instabilità è testimoniata dalla compresenza delle due varianti presso lo stesso scrivente, che in documenti originali può alternare *gubar* a *guber* 'giubbonaio', e dalla penetrazione non episodica di un probabile ipervenezianismo come *comeser* (almeno a questa altezza cronologica). Nella documentazione italiana antica il lessema è un latinismo, come si ricava dal Corpus OVI (cf. anche TLIO s.v. *commissario*), compreso il veneziano in cui l'esito conservativo *-ario* è «costante» (Stussi 1965, XXXIX); nei testi di Ragusa abbiamo anche *-er* (in tre diversi testi della *scripta* autoctona del 1313 e del 1330, ma anche nel registro dei testamenti del 1348 e 1363: *chomeser* 36r). Posto che l'esito autoctono era *-aro*, questi affioramenti saranno il frutto di un'estensione ipercorretta a causa del prestigio dell'esito veneziano *-er*. La stessa estensione si produrrà più tardi nel veneziano quattrocentesco a partire dall'ampia diffusione di *-er* < -ARIUS (Sattin 1986, 87).

Per la riduzione di *-ai-* in *è* di varia origine, ben attestata nel veneziano antico (cf. Stussi 2005, 67), abbiamo solo riscontri per la 2ª persona plurale (*sapiè*, ma anche *sapiai*); non si ha quasi mai però *è* da *AIO per 'ho', nella 1ª persona singolare dell'indicativo futuro quasi sempre *pagarò*, non *pagarè*, nella 1ª persona singolare dell'indicativo perfetto *pagai*, non *pagè*. Il quadro corrisponde a una tipica situazione di compresenza di forme in concorrenza tra loro: nel veneziano medievale abbiamo di norma *è* e *pagarè*, ma esistono anche *ò* e *pagarò*; la prima è la variante forte, centrale nel sistema, la seconda è quella debole, periferica, che però pian piano intacca e guadagna terreno sulla prima.[30] A Ragusa (ma così anche a Zara), è la forma periferica del sistema veneziano che ha sin dalle origini maggiore fortuna: la ragione starà probabilmente nel fatto che il tipo *pagarò* aveva al di fuori di Venezia maggiori *chances* di adattamento all'ambiente circostante grazie al sostegno degli altri volgari italoromanzi, con cui era in contatto. Da questo punto di vista non c'è alcuna traccia di «arcaismo coloniale»: semmai i testi trecenteschi di Ragusa anticipano alcuni fenomeni che si ritroveranno poi nel veneziano quattrocentesco probabilmente perché erano già attive le forze, interne o esterne, che avrebbero determinato il cambiamento anche a Venezia. D'altra parte, per l'emersione di fenomeni di arcaismo, dovremmo postulare l'esistenza di una frattura di durata sufficientemente ampia, il che non si produsse nella storia dei rapporti tra Venezia e Ragusa: in fondo il dominio politico veneziano fu breve, ma le relazioni furono durature e profonde (cf. § 1).

Un'analoga tendenza al conguaglio si registra per gli esiti di AL + dentale (cf. Stussi 2005, 68): i testi più antichi conoscono soltanto *altro* e simili, al più in diacronia nella seconda metà del secolo XIV entra il tipo *oltro*, secondo una dinamica molto simile a quella che coinvolge la grafia *x*.

Nel vocalismo spicca la tendenza a chiudere le vocali [e] e [o] in [i] e [u] sia in posizione tonica che atona. Si tratta di un fenomeno che caratterizza in modo trasversale ma disomogeneo le tradizioni scrittorie dell'Adriatico orientale, di norma ricondotto all'influenza del «dalmatico». In questo stesso volume Nikola Vuletić critica con buoni argomenti quest'ipotesi indicando l'origine del fenomeno nell'interferenza con i sistemi slavi. Rinviando senz'altro alla sua analisi, qui importa sottolineare che a Ragusa il fenomeno è molto meno marcato rispetto alla Dalmazia settentrionale e centrale: per il vocalismo tonico parrebbe anzi di poter stabilire una relazione con la seppur limitata casistica d'innalzamento per metafonesi nel veneziano, nel senso che a Ragusa esso tende a verificarsi proprio a partire da quei contesti in cui il modello veneziano

30 Si tratta di «forma autoctona, seppur minoritaria, alla pari di *ài* ed *è*» (Formentin 2014b, 25), con rinvii ad altre attestazioni duecentesche e primo trecentesche, nei *Testi veneziani* (cf. Stussi 1965, LXV) e in due testi volgari nei *Commemoriali* (cf. Tomasin 2013, 24 e 27), uno dei quali è costituito dalle note delle entrate e delle uscite di Marco Dandolo, conte a Ragusa. Nel secolo XV *ò* si generalizzerà (cf. Sattin 1986, 115). Un quadro simile, anche se non identico, si ha per la 1ª persona singolare dell'indicativo futuro, in cui nel veneziano antico la «desinenza è ben salda e solo in due casi si sostituisce *-ò*» (Stussi 1965, LXVII), mentre in quello quattrocentesco si registra un'alternanza tra le due desinenze (cf. Sattin 1986, 118).

ne poteva ammettere l'emersione (i dimostrativi *quisti*, *quili*, i pronomi personali *ili*, *isi* ecc.). Ciò non significa che a Ragusa il fenomeno sia di tipo metafonetico (non può essere così dati esempi come *monida*/*monita* o *pina* 'pena' o i dimostrativi *quista*, *quila* ecc.), ma suggerisce che ciò che era tollerato nella norma veneziana coeva avesse più possibilità di entrare nel sistema.

Nel consonantismo gli elementi differenziali più evidenti toccano la rappresentazione degli esiti di -GN-, -NJ-, -LJ- in cui si afferma l'uso di *n* e *l* in concorrenza con la norma veneziana (cf. § 2) e la proliferazione di varianti di fronte alle affricate dentali e alle sibilanti del veneziano, in particolare con riferimento all'opposizione (grafica ma verosimilmente anche fonetica) tra *ç*/*z* e *g*. La stessa mano che verga una lettera e due promemoria del nobile Nicola de Crosi nel 1313 può scrivere *gudiçi* e *gudigi* 'giudici' (cf. anche § 2: *gudese*), in cui l'opposizione col veneziano si dispone su due piani (J- e -C-). Queste alternanze proiettate sull'intero corpus della *scripta* autoctona producono un'altissima variabilità: per lo stesso lessema *gudigi*, *gudis*, *gudysi*, *gudiçi*, *iudex*, *iudici*, *iudis*, *iudiçi*, *çudese*, *çudiçi*/*çudiçy*, *çudisi*/*çudisy*, *çusisi* (cf. Dotto 2008a, 198s.). O ancora per l'antroponimo slavo *Džive*, la stessa mano che verga due lettere di *Give de Stoiano* può alternare *Give* e *Çive* (in un luogo «sensibile» come la *salutatio*), ma si tratta di un'oscillazione che si proietta ancora sull'intero corpus, secondo un'opposizione tra una grafia orientata sul veneziano (*ç*/*z*) e una invece espressione di una tradizione scrittoria autoctona (*g*). Nella varietà slava di Ragusa, *Give* presentava un'affricata postalveolare sonora [ʤ], cui sarà da addebitare l'uso della grafia *g*, ma in veneziano un'affricata postalveolare sonora in quel contesto sarebbe stata resa con una dentale [ʣ], di qui le grafie con *z*. Quando in un documento della *scripta* autoctona troviamo *ç*/*z*, stiamo assistendo alla risalita del modello veneziano.[31]

A livello morfologico, un emblema di venezianità, già in Dante, come la 2ª persona singolare con conservazione di -S, non riesce ad affermarsi a Ragusa, ma neppure negli altri centri di Dalmazia.

Allo stesso modo, ma con la differenza capitale che qui Ragusa fa parte per sé stessa, perché Zara segue o meglio ancora rielabora il modello veneziano (cf. § 2), gli avverbi formati con il suffisso *-mente* presentano soltanto *-mente*: la totale assenza della suffissazione *-mentre* caratteristica del veneziano e in generale delle varietà venete, anche se non sconosciuta al resto dell'Italia settentrionale

31 È doppiamente prezioso il quadro che ci forniscono i cancellieri provenienti dalla penisola italiana: l'adattamento venezianeggiante si rintraccia nei notai provenienti dall'Italia settentrionale (*Çive*, *Zive*, *Çivcho*), mentre nei documenti vergati da notai toscani, come Monte (cf. § 2), non c'era ragione di abbandonare la tradizione scrittoria autoctona perché era perfettamente ricevibile nel sistema (di qui *Give*, *Givcho*).

(cf. Stussi 1965, LXIV), si dovrà spiegare come un fenomeno di conguaglio per il contatto coi volgari limitrofi che conoscevano solo *-mente*.

Queste microstorie di compresenza e concorrenza tra fenomeni grafici, fonetici e morfologici hanno anche un corrispettivo lessicale. Un esempio è quello della catena per tenere sospesa la caldaia sul fuoco del camino. Nei volgari antichi era la *catena* o la *catena da fuoco* o la *catena di ferro* (TLIO s.v.):[32]

(12) «et laveço J de rame et laveçi IJ de metallo et laveçi de pera IJ et fersora J et cavedoni IJ et *cadena* J ... » (*Doc. venez.*, 1300 (4), pag. 28.2).

(13) «IJ caldere de rame grande, *chadene de fero* et tute le masarie ... » (*Doc. venez.*, 1311 (5), pag. 76.11).

(14) «Item I covriliça. Item I *catene de fero e de fogo*. Item I mantelo de femena» (*Doc. spalat.*, 1360, pag. 87.1).

(15) «Ancora I scudo e duij spade e un curtelo da la[r]do. Ancora I par di *cadene de fero da camin*. Ancora laviçe II di mitaldo piçole e una caldara e un frasora» (*Doc. spalat.*, 1373 (2), pag. 109.18).

La situazione antica è ben rispecchiata dalla carta «alla catena» dell'AIS (V 959). In realtà a Zara, Spalato e Ragusa il lessema per indicare la catena del focolare è normalmente la *camastra*, dal gr. *kremastra* per un incrocio con il latino CAMINUM (cf. veglioto *kamústre*, croato *komoštre*, albanese *kamastrë*). Non si tratta però di un'attestazione limitata alla Dalmazia: sempre nella carta dell'AIS se ne recupera la presenza nell'estremo Meridione, in Puglia, Salento, Basilicata e parte della Calabria, ma se ne raccolgono attestazioni anche nella documentazione volgare pugliese e calabrese del XV secolo (cf. Coluccia 1995, 218; Mosino 1985, 52; Vàrvaro 1986, 66). Siamo in presenza di un lessema che rinvia alla stratificazione lessicale greco-bizantina che in questo caso non raggiunge Venezia, ma corre lungo la direttrice orizzontale che collega le due sponde dell'Adriatico (secondo le coordinate geografiche medievali richiamate nel § 1). Ma più ancora è significativo il fatto che il lessema, per così dire, «veneziano» non sia riuscito a risalire oltre l'Istria, dove invece si è affermato,[33] a testimonianza del fatto che il veneziano fu la lingua

32 La documentazione spalatina (Praga 1927) non fa ancora parte del Corpus OVI, ma ne è prevista l'inclusione, per cui ne anticipo qui alcuni esempi.

33 Il lessema «veneziano» non arriva neppure alle parlate croate del Quarnaro, che continuano invece il lessema di origine greco-bizantina, e a quelle trapiantate in Istria nel XVI–XVII secolo, come m'informa Nikola Vuletić.

veicolare in Dalmazia, ma che allo stesso tempo la documentazione d'archivio va interpretata come una documentazione *sic et simpliciter* «volgare».

Bibliografia

AIS = Jaberg, Karl/Jud, Jakob, *Sprach- und Sachatlas Italiens und der Südschweiz*, Zofingen, Ringier & Co., 1928–1940.

Baglioni, Daniele, *Per una fenomenologia della commutazione di codice nei testi antichi*, La lingua italiana 12 (2016), 9–35.

Banfi, Emanuele, *Lingue d'Italia fuori d'Italia. Europa, Mediterraneo e Levante dal Medioevo all'età moderna*, Bologna, il Mulino, 2014.

Bidwell, Charles E., *Colonial Venetian and Serbo-Croatian in the eastern Adriatic. A case study in language contact*, General Linguistics 7 (1967), 13–30.

Brunelli, Vitaliano, *Storia della città di Zara*, Trieste, Editore Lint, 1974.

BTV stampa = *Bibliografia dei testi in volgare fino al 1375 preparati per lo spoglio lessicale*, Firenze, Opera del Vocabolario Italiano, 1992.

Castellani, Arrigo, *Grammatica storica della lingua italiana*, vol. 1: *Introduzione*, Bologna, il Mulino, 2000.

CD = *Codex diplomaticus regni Croatiae, Dalmatiae et Slavoniae*, 18 vol., Zagreb, Jugoslavenska akademija znanosti i umjetnosti, 1904–1990.

Chambon, Jean-Pierre, *Vers une seconde mort du dalmate? Note critique (du point de vue de la grammaire comparée) sur «un mythe de la linguistique romane»*, Revue de linguistique romane 78 (2014), 5–17.

Ciavarini, Carisio (ed.), *Statuti anconitani del mare, del terzenale e della dogana e Patti con diverse nazioni*, Ancona, A. Gustavo Morelli, 1896.

Coluccia, Rosario, *Puglia e Salento. a) Puglia*, in: Holtus, Günter, et al. (edd.), *Lexikon der Romanistischen Linguistik*, vol. 2:2: *Die einzelnen romanischen Sprachen und Sprachgebiete vom Mittelalter bis zur Renaissance*, Tübingen, Niemeyer, 1995, 213–219.

Corpus OVI = *Corpus OVI dell'italiano antico*, ed. Artale, Elena/Larson, Pär, (<http://gattoweb.ovi.cnr.it/>) [ultimo accesso: 30.06.2016].

Cortelazzo, Manlio, *Il veneziano «coloniale»: documentazione e interpretazione*, in: Fusco, Fabiana, et al. (edd.), *Processi di convergenza e differenziazione nelle lingue dell'Europa medievale e moderna, Atti del Convegno Internazionale (9–11 dicembre 1999, Università degli Studi di Udine/Centro Internazionale sul Plurilinguismo)*, Udine, Forum, 2000, 317–325.

Deanović, Mirko/Folena, Gianfranco, *Prospettive dell'Atlante Linguistico Mediterraneo*, Bollettino dell'Atlante Linguistico Mediterraneo 1 (1959), 7–12.

Debanne, Alessandra, *Lo Compasso de navegare. Edizione del codice Hamilton 396, con commento linguistico e glossario*, Bruxelles, Peter Lang, 2011.

Dotto, Diego, *Nuova ricognizione di un testo veneziano del XIII secolo: Ragusa, 1284*, Quaderni Veneti 46 (2007), 9–36.

Dotto, Diego, *«Scriptae» venezianeggianti a Ragusa nel XIV secolo. Edizione e commento di testi volgari dell'Archivio di Stato di Dubrovnik*, Roma, Viella, 2008 (= 2008a).

Dotto, Diego, *Per il veneziano fuori di Venezia: due livelli d'ibridismo in un contratto marittimo raguseo della metà del Trecento*, Zeitschrift für romanische Philologie 124:2 (2008), 250–282 (= 2008b).

Dotto, Diego, *Un testo venezianeggiante del 1323 e un cancelliere pistoiese a Ragusa*, Bollettino dell'Atlante lessicale degli antichi volgari italiani 2 (2009), 99–120.

Dotto, Diego, *Lo «status» delle varietà italoromanze di Ragusa alla luce dei documenti d'archivio medievali*, Studi italiani di linguistica teorica e applicata 44:1 (2015), 41–48.

Dotto, Diego, *« ... un pochu de pala, suvra quale durmiva lu piscadur ... »: vecchie questioni e nuove prospettive sui testi zaratini del Trecento*, in: Venier, Matteo/Zanello, Gabriele (edd.), *Cultura in Friuli* II. *Atti della Settimana della Cultura Friulana (7–17 maggio 2015)*, Udine, Società Filologica Friulana, 2016, 63–77.

Duro, Aldo (ed.), Matteo Giulio Bartoli, *Il Dalmatico. Resti di un'antica lingua romanza parlata da Veglia a Ragusa e sua collocazione nella Romània appennino-balcanica*, Roma, Istituto della Enciclopedia Italiana, 2000.

Eufe, Rembert, *Politica linguistica della Serenissima: Luca Tron, Antonio Condulmer, Marin Sanudo e il volgare nell'amministrazione veneziana a Creta*, Philologie im Netz 23 (2003), 15–43, (<http://web.fu-berlin.de/phin/phin23/p23t2.htm>).

Eufe, Rembert, *Vicende coloniali e usi linguistici. I veneziani ed il volgare a Creta e a Venezia*, in: Guardiano, Cristina, et al. (edd.), *Lingue, istituzioni, territori. Riflessioni teoriche, proposte metodologiche ed esperienze di politica linguistica, Atti del XXXVIII Congresso internazionale di studi della Società di Linguistica Italiana (SLI), Modena, 23–25 settembre 2004*, Roma, Bulzoni, 2005, 193–206.

Folena, Gianfranco, *Introduzione al veneziano «de là da mar»*, Bollettino dell'Atlante Linguistico Mediterraneo, 10–12 (1968–1970), 331–376 [quindi in: Pertusi, Agostino (ed.), *Venezia e il Levante fino al secolo XIV. Atti del I Convegno internazionale di storia della civiltà veneziana promosso e organizzato dalla fondazione Giorgio Cini (Venezia, 1–5 giugno 1968)*, vol. I: *Storia – Diritto – Economia*, Firenze, Olschki, 1973, 297–346; rist. in: Folena, Gianfranco, *Culture e lingue nel Veneto medievale*, Padova, Editoriale Programma, 1990, 227–267].

Folena, Gianfranco, *La Romània d'oltremare: francese e veneziano nel Levante*, in: Vàrvaro, Alberto (ed.), *XIV Congresso Internazionale di Linguistica e Filologia Romanza (Napoli, 15–20 Aprile 1974)*, *Atti*, vol. I, Amsterdam/Napoli, Benjamins/Macchiaroli, 1978, 399–406 [rist. in: Id., *Culture e lingue nel Veneto medievale*, Padova, Editoriale Programma, 1990, 269–286].

Formentin, Vittorio, *La «scripta» dei mercanti veneziani del Medioevo (secoli XII e XIII)*, Medioevo Romanzo 36:1 (2012), 62–97.

Formentin, Vittorio, *Rendiconti duecenteschi in volgare dall'archivio dei Procuratori di San Marco*, con una *Nota paleografica* di Antonio Ciaralli, Lingua e Stile 49:1 (2014), 5–42 (= 2014a).

Formentin, Vittorio, *Note dorsali veneziane del Duecento*, La lingua italiana 10 (2014), 17–38 (= 2014b).

Formentin, Vittorio, *Il mercante veneziano del Duecento tra latino e volgare: alcuni testi esemplari*, con *Annotazioni paleografiche* di Antonio Ciaralli, Studi Linguistici Italiani 41:1 (2015), 3–53.

Formentin, Vittorio, *Baruffe muranesi. Una fonte giudiziaria medievale tra letteratura e storia della lingua*, Roma, Edizioni di Storia e Letteratura, 2017.

Janeković-Römer, Zdenka (ed.), Filip de Diversis, *Opis slavnoga grada Dubrovnika*, Zagreb, Dom i Svijet, 2004.
Jireček, Konstantin, *Die Romanen in den Städten Dalmatiens während des Mittelalters. I. Theil*, Denkschriften der Kaiserlichen Akademie der Wissenschaften. Phil.-hist. Classe 48:3 (1902), 1–104.
Jireček, Konstantin, *Die mittelalterliche Kanzlei der Ragusaner*, Archiv für Slavische Philologie 25 (1903), 501–521.
Jireček, Konstantin, *Die mittelalterliche Kanzlei der Ragusaner*, Archiv für Slavische Philologie 26 (1904), 161–214.
Kahane, Henry/Kahane, Renée/Tietze, Andreas, *The Lingua Franca in the Levant. Turkish terms of Italian and Greek origin*, Urbana, University of Illinois Press, 1958.
Krekić, Bariša, *Dubrovnik (Raguse) et le Levant au Moyen Âge*, Paris, Mouton & Co. La Haye, 1961.
Krekić, Bariša, *Contributions of foreigners to Dubrovnik's economic growth in the late Middle Ages*, Viator 9 (1976), 375–394.
Krekić, Bariša, *On the Latino-Slavic cultural symbiosis in the late Medieval and Renaissance Dalmatia and Dubrovnik*, Viator 26 (1995), 321–332.
Krekić, Bariša, *Venezia e l'Adriatico*, in: Arnaldi, Girolamo, et al. (edd.), *Storia di Venezia. Dalle origini alla caduta della Serenissima*, vol. 3: *La formazione dello Stato patrizio*, Roma, Istituto della Enciclopedia Italiana, 1997, 51–85.
Krekić, Bariša, *Unequal rivals. Essays on relations between Dubrovnik and Venice in the thirteenth and fourteenth centuries*, Zagreb/Dubrovnik, HAZU Zavod za povijesne znanosti u Dubrovniku, 2007.
Larson, Pär, *Ingiurie e villanie dagli Atti podestarili pistoiesi del 1295*, Bollettino dell'Opera del Vocabolario Italiano 9 (2004), 349–354.
Lib. ref. = *Monumenta ragusina. Libri reformationum*, 5 vol., Zagreb, Jugoslavenska akademija znanosti i umjetnosti, 1879–1897.
Lonza, Nella, *Srednjovjekovni zapisnici dubrovačkog kaznenog suda: izvorne cjeline i arhivsko stanje*, Anali Zavoda za povijesne znanosti HAZU u Dubrovniku 41 (2003), 45–74.
Metzeltin, Michele, *Aree linguistiche IV. Veneziano e italiano in Dalmazia*, in: Holtus, Günter, et al. (edd.), *Lexikon der Romanistischen Linguistik*, vol. 4: *Italienisch, Korsisch, Sardisch*, Tübingen, Niemeyer, 1988, 551–569.
Minervini, Laura, *Les langues romanes comme langues véhiculaires: Moyen Age*, in: Ernst, Gerhard, et al. (edd.), *Romanische Sprachgeschichte. Ein internationales Handbuch zur Geschichte der romanischen Sprachen*, vol. 3, Berlin/Boston, de Gruyter, 2008, 3308–3318.
Mollat, Michel/Braunstein, Philippe/Hocquet, Jean-Claude, *Réflexions sur l'expansion vénitienne en Méditerranée*, in: Pertusi, Agostino (ed.), *Venezia e il Levante fino al secolo XIV. Atti del I Convegno internazionale di storia della civiltà veneziana promosso e organizzato dalla Fondazione Giorgio Cini (Venezia, 1–5 giugno 1968)*, vol. 1: *Storia – Diritto – Economia*, Firenze, Olschki, 1973, 515–539.
Mosino, Franco, *Glossario del calabrese antico (sec. XV)*, Ravenna, Longo Editore, 1985.
Mueller, Reinhold C., *Aspects of Venetian sovereignty in Medieval and Renaissance Dalmatia*, in: Dempsey, Charles (ed.), *Quattrocento Adriatico. Fifteenth-century art of the Adriatic Rim, Papers from a colloquium held at the Villa Spelman, Florence, 1994*, Bologna, Nuova Alfa Editoriale, 1996, 29–56.

Muljačić, Žarko, *Dalmatski elementi u mletački pisanim dubrovačkim dokumentima 14. st.*, Rad 327 (1962), 237–380.

Muljačić, Žarko, *Le traitement des groupes «-nn-», «-ll-», «-rr-» dans le ragusain*, Revue Roumaine de Linguistique 14 (1969), 155–161.

Muljačić, Žarko, *Noterelle lessicologiche*, Ricerche slavistiche 17–19 (1970–1972), 407–416.

Muljačić, Žarko, *Il gruppo linguistico illiro-romanzo*, in: Holtus, Günter, et al. (edd.), *Italica et Romanica. Festschrift für Max Pfister zum 65. Geburtstag*, vol. 3, Tübingen, Niemeyer, 1997, 59–72.

Muljačić, Žarko, *L'imbarazzo della scelta: «veneziano orientale», «veneziano coloniale», «veneziano de là da mar»?*, in: Van den Bossche, Bart, et al. (edd.), *«. . .e c'è di mezzo il mare»: lingua, letteratura e civiltà marina, Atti del XIV Congresso dell'Associazione Internazionale Professori di Italiano (A.I.P.I.), Spalato (Croazia), 23–27 agosto 2000*, vol. 1, Firenze, Franco Cesati, 2002, 103–111.

Nencioni, Giovanni, *Parlato-parlato, parlato-scritto, parlato-recitato*, Strumenti critici 10 (1976), 1–56.

Petrucci, Livio, *Il volgare nei carteggi tra Pisa e i paesi arabi*, in: Lugnani, Lucio, et al. (edd.), *Studi offerti a Luigi Blasucci dai colleghi e dagli allievi pisani*, Lucca, Maria Pacini Fazzi, 1996, 413–426.

Praga, Giuseppe, *Testi volgari spalatini del Trecento*, Atti e memorie della Società Dalmata di Storia Patria 2 (1927), 36–131.

Ravančić, Goran, *Crna smrt 1348.–1349. u Dubrovniku. Srednjovjekovni grad i doživljaj epidemije* [*Doktorska disertacija*], Zagreb, Sveučilište u Zagrebu Filozofski Fakultet, 2006.

Renzi, Lorenzo, *La linguistica di Gianfranco Folena*, Lingua e Stile 27 (1992), 461–482.

Sattin, Antonella, *Ricerche sul veneziano del sec. XV (con edizione di testi)*, L'Italia dialettale 49 (1986), 1–172.

Stussi, Alfredo (ed.), *Testi veneziani del Duecento e dei primi del Trecento*, Pisa, Nistri-Lischi, 1965.

Stussi, Alfredo, *Esempi medievali di contatto linguistico nell'area mediterranea*, Studi e saggi linguistici 36 (1996), 145–155.

Stussi, Alfredo, *Medioevo volgare veneziano*, in: Id., *Storia linguistica e storia letteraria*, Bologna, il Mulino, 2005, 23–80.

Šimunković, Ljerka, *Proclami veneziani bilingui (italiano-croati) in Dalmazia*, Atti dell'Istituto Veneto di Scienze, Lettere ed Arti 149 (1990–1991), 267–303.

Tadić, Jorjo (ed.), *Pisma i uputstva Dubrovačke Republike / Litterae et commissiones ragusinae*, Beograd, SKA, 1935.

TLIO = *Tesoro della lingua italiana delle origini*, fondato da Pietro G. Beltrami, ed. Leonardi, Lino, (<http://tlio.ovi.cnr.it/TLIO/>) [ultimo accesso: 30.06.2016].

Tomasin, Lorenzo, *Storia linguistica di Venezia*, Roma, Carocci, 2010.

Tomasin, Lorenzo, *Quindici testi veneziani 1300–1310*, Lingua e Stile 48:1 (2013), 3–48.

Ursini, Flavia, *Sedimentazioni culturali sulle coste orientali dell'Adriatico: il lessico veneto-dalmata del Novecento*, Atti e memorie della Società Dalmata di Storia Patria 15 (1987), 20–179.

Vàrvaro, Alberto, *Capitoli per la storia linguistica dell'Italia meridionale e della Sicilia*. IV. *Il «Liber visitationis» di Atanasio Calceopulo (1457–1458)*, Medioevo Romanzo 11 (1986), 55–110.

Vàrvaro, Alberto, *Identità linguistiche e letterarie nell'Europa romanza*, Roma, Salerno editrice, 2004.

Vuletić, Nikola, *Le dalmate: panorama des idées sur un mythe de la linguistique romane*, Histoire Épistémologie Langage 35:1 (2013), 45–64.

Vuletić, Nikola, *Il dalmatico di Muljačić: note sull'evoluzione di un modello complesso di storia linguistica*, Studi italiani di linguistica teorica e applicata 44:1 (2015), 143–154.

Zamboni, Alberto, *Note linguistiche dalmatiche*, in: *Atti della tornata di studio nel cinquantesimo anniversario della fondazione in Zara*, Venezia, Società Dalmata di Storia Patria, 1976, 9–66.

Zamboni, Alberto, *Veneto*, in: Holtus, Günter, et al. (edd.), *Lexikon der Romanistischen Linguistik*, vol. 4: *Italienisch, Korsisch, Sardisch*, Tübingen, Niemeyer, 1988, 517–538.

III Candia e il Levante

Rembert Eufe

6 La cancelleria del *Duca di Candia* e il volgare a Creta

1 Creta veneziana

Il dominio veneziano su Creta impressiona anzitutto per la sua eccezionale durata. Ebbe inizio poco dopo la quarta crociata con l'acquisizione dell'isola nel 1204 e l'affermazione definitiva del potere veneziano nel 1211. Terminò nel 1669, quando la guerra di Candia o quinta guerra turco-veneziana, iniziata nel 1645, si concluse con la presa ottomana della capitale Candia (dopo ben ventun anni di assedio).[1] Di conseguenza, la *venetokratía*, come si è soliti chiamare in greco gli anni della dominazione veneziana, si protrasse per più di quattro secoli e mezzo, superando in durata i domini degli spagnoli sul Messico, dei francesi sul Québec e degli inglesi sull'India (McKee 2000, 2).

Il ducato di Candia si distingue fortemente dalle altre esperienze talassocratiche veneziane per la sua natura, in quanto le aspirazioni espansionistiche dei veneziani miravano principalmente alla fondazione di colonie mercantili e di basi per il commercio ed il controllo militare delle rotte marittime frequentate dalle galee veneziane. Le colonie erano isole e centri portuali costieri con una estensione territoriale ridotta, che secondo la classificazione dello storico Osterhammel corrispondono al tipo di *Stützpunktkolonien*, colonie d'appoggio che facilitano lo sfruttamento economico dell'entroterra, consolidano il potere marittimo e favoriscono il controllo informale di stati formalmente indipendenti (Osterhammel/Jansen 2012, 17–18). A Creta, al contrario, i veneziani instaurarono una forma di *Siedlungskolonie*, colonia d'insediamento, che prevede l'occupazione di territori più vasti e una loro colonizzazione più intensa, assicurata dall'impiego di forze militari.[2] Dopo aver diviso l'isola in *sestieri*, i veneziani infatti ridistribuirono i terreni a nobili veneti arrivati dalla madrepatria secondo modelli apparentemente feudali. Sebbene però le loro tenute venissero designate come *feudi*, non si trattò tuttavia di feudalesimo vero e proprio, perché i proprietari non disponevano di prerogative

1 Una breve ma utile panoramica storica del dominio veneziano offre Maltezou (2010); cf. anche Maltezou (1991).

2 Il dominio veneziano su Creta corrisponde più precisamente al sottotipo (b), secondo il quale i coloni dipendono dalla manodopera indigena, che quindi non viene soppiantata (sottotipo a) o sostituita mediante l'importazione di schiavi (sottotipo c, Osterhammel/Jansen 2012, 18).

https://doi.org/10.1515/9783110652772-007

statali come l'imposizione fiscale e la giurisdizione, che invece rimasero sempre nelle mani delle autorità veneziane (McKee 2000, 33).[3] Inoltre si trattò pur sempre del dominio di una repubblica marinara medievale e non di uno stato territoriale moderno, sicché i termini di *colonia* e *colonizzazione* possono sembrare fuorvianti e anacronistici. Ciò nondimeno, il caso della Creta veneziana sembra prefigurare per certi aspetti[4] le avventure espansionistiche di tanti paesi europei dopo il 1500: esso si configura come «the premier example of pre-modern colonization and deserves its place in medieval and early modern colonial history as such» (McKee 2000, 5).

2 La situazione demografica e linguistica

Secondo McKee (2000, 40–41) all'inizio del periodo veneziano arrivarono a Creta 2000 famiglie feudatarie (con mediamente 4,5 teste per nucleo), il cui numero ammontava a sole 1000 unità alla metà del XIV secolo.[5] Anche se non disponiamo di cifre esatte, è sicuro che la popolazione greca era in proporzione molto più numerosa. Perciò non sorprende che relazioni di viaggio ed altre fonti testimonino una netta preponderanza della lingua greca a Creta, soprattutto tra le donne. Pare che di fatto molti uomini veneziani si unissero in matrimonio a donne greche,[6] i cui figli crescevano con la lingua della

3 Per di più si verificarono importanti cambiamenti durante la lunga storia del dominio veneziano. Secondo Maltezou (2010, 22) soprattutto l'espansione ottomana costrinse la Serenissima a seguire una linea più accondiscendente verso i propri sudditi cretesi. L'autrice constata anche che, per il Cinquecento, «con lo scioglimento del vecchio schema sociale medievale, inizia a svilupparsi progressivamente un nuovo strato sociale che finirà per formare una piccola ma florida società borghese» (ibidem).

4 Nelle colonie d'insediamento si osservano, tra l'altro, molto spesso dei tentativi precoci di autogoverno. Risulta vero anche per Creta, dove le varie sommosse dei primi secoli culminarono nella rivolta di San Tito del 1363–1364 con circa un anno di indipendenza transitoria. Invece di analizzarla come un conflitto puramente etnico, McKee (2000, 133–167) vede in questa rivolta un'insurrezione dei nobili veneziani cretesi contro la madrepatria, nei cui confronti si sentivano svantaggiati. L'episodio prova che anche nella Creta veneziana il controllo e l'equilibrio dei diversi gruppi di popolazione rappresentavano una sfida permanente, delicata e spinosa, come nei casi di molte colonie moderne.

5 Secondo Panagiotakes (1995, 289), una colonizzazione che avesse mirato ad una venezianizzazione di lunga durata dell'isola avrebbe al contrario puntato ad aumentare la quota dei veneziani a Creta.

6 In questi casi i contratti di nozze venivano spesso tradotti dai notai in greco per chiedere l'assenso delle spose (Tiepolo 1998, 71), come nel caso della figlia del nobile cretese e poeta neogreco Marcantonio Foscolo (su cui cf. Vincent 1998, 134).

madre come prima lingua. Di conseguenza, anche molti nobili veneziani usavano il greco, cosicché la distinzione tra questi ultimi e il resto della popolazione non si poteva basare sulla lingua (un criterio in realtà ancora poco adoperato nel Medioevo): «the absence of language among the distinguishing characteristics that the regime counted on is important» (McKee 2000, 126). La differenziazione tra veneziani, greci ed ebrei dipendeva piuttosto dalla religione;[7] tuttavia, le cifre che ne risultano indicano proporzioni simili a quelle menzionate. Il nunzio Alberto Bolognetti intorno al 1580 calcolava che tra i 200000 abitanti dell'isola si contavano solo 2000 cattolici; da altre stime degli anni 1592 e 1659 risultano rispettivamente 4000 e 5000 cattolici (Maltezou 1990, 86).

Inoltre, va tenuto presente che i nobili veneziani erano obbligati a risiedere nelle grandi città. Questo fa supporre che, mentre nelle campagne la lingua usuale era probabilmente il greco, la situazione nelle tre città principali, La Canea/Chanià, Rettimo/Rethymnon e soprattutto Candia/Iraklio/Megalo Kastro, era contrassegnata da un crescente bilinguismo sociale ed individuale. A tale riguardo riveste una certa importanza il racconto del clerico lombardo Pietro Casola su un terremoto verificatosi a Candia il 30 giugno 1494, il quale annota: «sentivamo tuta la cità cridare misericordia, chi in greco, chi in latino, e tuti correvano a l'aperta» (Paoletti 2001, 148–149). Una testimonianza simile ci dà il viaggiatore Fynes Moryson, che nel 1596 registra con sollievo che al contrario degli abitanti della campagna «tutti i Candiani parlavano l'italiano oltre alla loro madrelingua greca» (Vincent 1998, 133).

Alla luce di questi dati non sorprende che il governo veneziano desse di fatto poco peso alla lingua per differenziare i suoi sudditi:

> «[...] the day-to-day spoken languages of Candia, unlike the cultural expressions of those languages, were not largely confined to one community or the other. In the eyes of neither Candiotes nor the government was language an ethnic marker. Many people of Latin descent spoke Greek as their first language; not quite so many people of Greek descent spoke Italian, in spite of its advantages in trade, but enough to make that tongue useless as the determining ethnic criterion. On this point most scholars agree: many Latins of Candia spoke Greek fluently, if not as their first language».[8]

---

7 L'importanza della religione per la distinzione dei gruppi tuttavia non impediva sincretismi nelle pratiche religiose, per esempio nella venerazione dei santi (cf. oltre a McKee 2000, passim le osservazioni di Maltezou 2010, 23–24).

8 McKee (2000, 115).

Sembra che la grecizzazione linguistica dei veneziani insediatisi a Creta si fosse verificata già nel primo secolo o addirittura nei primi decenni del dominio veneziano. È indicativa a questo riguardo la letteratura veneto-cretese, perché a Creta si formò una letteratura neogreca importante della quale si conoscono almeno 70 opere.[9] Essa deve la sua originalità anche allo stretto contatto con la letteratura dell'Occidente latino, agevolato dalla presenza veneziana sull'isola. Tale contatto riguardò non soltanto i motivi e i soggetti di questi testi e la loro trasmissione,[10] ma anche la loro forma linguistica. Il fatto che una parte importante dei testi sia redatta in neogreco cretese sembra ispirato o almeno favorito dall'uso a fini letterari dei volgari accanto al latino nelle regioni neolatine. Due degli autori più importanti di questa letteratura neogreca cretese sono Marinos Falieros[11] per il Quattrocento e Vikentios/Vitsentzos Kornaros[12] per il Cinque e Seicento, tutti e due membri della nobiltà veneziana locale. Il secondo di questi poeti è l'autore presunto dell'opera più famosa della letteratura cretese, l'*Erotokritos*,[13] e perciò uno degli esponenti principali del cosiddetto rinascimento cretese. Suo fratello, Andrea Kornaros, fondò nel 1591 l'Accademia degli Stravaganti di Candia, di cui diventò il primo presidente. Insieme all'Accademia dei Vivi di Rettimo (fondata nel 1562 da Francesco Barozzi, diplomato dell'università di Padova) e all'Accademia dei Sterili della Canea (documentata al più tardi nel 1632), essa costituiva il contesto istituzionale per la ricezione e produzione di opere letterarie anche in italiano – nell'italiano letterario di base toscano-fiorentina, beninteso –.[14] È illuminante in questo senso la testimonianza di Giambattista Basile, attivo nell'Accademia degli Stravaganti durante il suo soggiorno a Creta come soldato al servizio della Serenissima, che celebra i suoi membri perché vede in loro «uniti insieme, il tosco, il latio, e 'l greco» (Benzoni 1983, 266) – ma non il veneziano. Sotto questo aspetto il caso di

9 Van Gemert (2002) menziona 85 opere della letteratura cretese, di cui più del 60% risale al Quattrocento. Lo stesso van Gemert (2009, 638) spiega questa concentrazione con l'avvento della stampa veneziana e un particolare interesse per la letteratura popolare nei primi decenni del Cinquecento.

10 Per quel che riguarda i soggetti, basti l'esempio dell'*Erotokritos* (tradotto in inglese da Betts/Gauntlett/Spilias 2004), ispirato al *Paris et Vienne*, un *roman* francese molto popolare nel XV secolo. Quanto alla trasmissione, un ruolo fondamentale ebbero le stamperie di Venezia, ossia di quella che era all'epoca la capitale mondiale della stampa.

11 In questa sede rimandiamo solo alla recente edizione dei suoi *logoi didaktikoi* a cura di van Gemert/Bakker (2014).

12 Cf. Benzoni (1983).

13 Cf. Betts/Gauntlett/Spilias (2004).

14 Per le accademie cretesi vedi ad esempio Vincent (1998, 135–140) e anche Holton (1991). Per i legami con Venezia e l'inserimento degli Stravaganti nella capitale dopo la caduta di Candia cf. Pilidis (2009).

Creta ricorda il ruolo che l'esistenza di opere letterarie[15] pregevoli gioca nella percezione e nella valutazione, da parte di uno o più gruppi di parlanti, di un determinato idioma. Il veneziano era carente di un tale prestigio agli occhi degli autori influenti di allora, come suggeriscono le cronache del nobile greco cretese Antonio Calergi e del già menzionato Andrea Cornaro di Cinque e primo Seicento:

> «Following the general trend in Italian literary circles, Calergi rejected the Venetian dialect, once commonly used in official documents. Equally he rejected the Venetian-flavoured 'chancery language' of Venice's official chronicler, Marin Sanudo, and the less formal, Venetianising varieties of Italian widely used in Venice and its territories in written communication. Calergi clearly considered such linguistic forms unacceptable for a writer who wished to be taken seriously in intellectual circles. His precedent was followed not only by Cornaro but by other writers of historical or geographical and antiquarian works [...]».[16]

Cornaro assume un atteggiamento simile verso il greco cretese, quando afferma nella sua *Historia Candiana* che i cretesi parlavano la lingua greca, «non però quella antica nobile, che in pochi e rari si trova, et che con lo studio et fatica s'apprende, ma la conmune e volgare, et totalmente corrotta, et è lingua che non ha alcuna regola, et piena di vocaboli italiani alterati et corrotti anch'essi».[17] Apparentemente questo verdetto non recò danno all'uso del greco cretese nelle opere letterarie, nelle quali però Vincent constata lo scarso numero di prestiti italiani (ad eccezione delle commedie e delle satire; Vincent 2013, 819).

3 L'amministrazione veneziana e la cancelleria del *Duca di Candia*

Una parte molto consistente delle fonti della Creta veneziana proviene dalla documentazione della cancelleria del *Duca di Candia*, il più alto rappresentante

---

15 Anche se il concetto di 'letteratura' dell'epoca era certamente diverso da quello di oggi.
16 Vincent (2013, 816). Un'eccezione sembra rappresentare Giovanni Papadopoli, che del resto «[p]er vari decenni [...] seguì una carriera nella cancelleria ducale di Candia, raggiungendo alla fine il posto importante di Nodaro e Secretario Ducale» (Vincent 1998, 160): «egli non cerca di riprodurre un toscano letterario; il suo italiano rispecchia una koinè con forte patina veneziana tipica dei documenti del tempo, e probabilmente vicina a quella che la popolazione con qualche grado di istruzione parlava come lingua franca per le strade di Candia» (ivi, 161, in riferimento ai ricordi del Papadopoli del 1696 intitolati *L'occio*, pubblicati modernamente dallo stesso Vincent 2007).
17 Vincent (2013, 818).

dell'amministrazione veneziana sull'isola. Il Duca veniva inviato da Venezia per un periodo di due anni – una regola, questa, rispettata attentamente, come è provato dalle liste dei titolari dell'ufficio –. I Duchi erano membri della nobiltà veneziana, e il loro ricoprire questa carica rappresentava una tappa importante del proprio *cursus honorum*. Il Duca (affiancato, negli ultimi secoli della *venetocrazia*, dal *capitanio da mar*, che si occupava delle questioni militari) si appoggiava a due *consiglieri* e comandava i *rettori* e i *castellani*, che nelle città e nelle fortezze assicuravano il potere veneziano a Creta.

La registrazione delle decisioni del Duca e del suo consiglio, della sua corrispondenza con la capitale, con i funzionari dell'isola e di altre parti del dominio e con gli ambasciatori, come anche delle sentenze giudiziarie, spettava alla cancelleria del Duca. Essa era diretta da un *cancelliere grande*, scelto dal Maggior Consiglio a Venezia per un periodo illimitato.[18] Tra i suoi impiegati, designati come *scribae* o *notai/nodari*, sono attestati almeno a partire dal Quattrocento anche dei greci (Tiepolo 1998, 45), anche se in un registro di ordinamenti riguardanti la cancelleria sono menzionate delle *lettere Ducal* del 19 marzo 1436 in cui fu intimato che «li nodari della cancellaria siano reduti al numero di xii solamente latini da esser elleti per il Reggimento».[19] Nel 1501 il Senato approvò la supplica di un'ambasciata da Candia che chiedeva «che li officii de qui siano contributi alli habbitanti de qui»,[20] ma nel 1540 il Duca di Candia Francesco Bernardo si mostrò preoccupato del fatto che gli impiegati della cancelleria erano quasi tutti greci, di cui temeva l'insubordinazione. Per questo propose di sostituirli con «quattro o cinque sufficienti Nodari Italiani» e di assumere un «bon et fidel interprete della lingua Greca che però fusse ancor lui Italiano» (Barbaro 1940, 30–31, citato per esteso in Eufe 2005, 195; 2006, 203).

Apparentemente, però, questa disposizione non fu messa in pratica, come fa supporre una serie di atti che registrano le nomine ai posti di cancelleria e ad altri uffici dell'amministrazione coloniale: i *libri officiali*.[21] Essi elencano molti

18 Alcuni nominativi di cancellieri grandi cretesi sono segnalati da Eufe (2006, 203). Le vacanze del posto prima dell'elezione di un nuovo cancelliere grande venivano coperte con l'aiuto di un vice-cancelliere scelto tra i notai più anziani. Questo era il rango di Tommaso Sachiellari, l'ultimo cancelliere che ebbe cura del trasporto dei documenti a Venezia dopo la conquista ottomana (Tiepolo 1998, 50).

19 Archivio di Stato di Venezia, *Duca di Candia*, busta 50bis, registro 6 «Repertorio di regg. della Cancelleria Ducale di Candia», foglio 67v, citato in Eufe (2006, 203).

20 Archivio di Stato di Venezia, *Duca di Candia*, busta 50bis, registro 10 «Ambascerie di Candia e scritture diverse», foglio 95v, citato in Eufe (2003, 28).

21 Archivio di Stato di Venezia, *Duca di Candia*, «Officiali», buste 55 e 56; i registri rimasti del Cinquecento (accanto ad altri del Seicento) riguardano gli anni 1537–1541, 1572–1579, 1579–1587 e 1593.

nomi completamente o in parte greci,[22] che indicano quindi persone del luogo (in alcuni casi imparentate tra di loro, cf. Eufe 2006, 205) piuttosto che scrivani arrivati da Venezia. All'inizio del Seicento tre ispettori veneziani, i *Proveditori et inquisitori generali in oriente* Giovanni Pasqualigo, Ottaviano Bon e Marco Loredan, limitarono il personale a 12 *notari*, 12 *coadiutori ordinarii* e 6 *coadiutori estraordenarii*, «che in tutto ascendeno alla summa di trenta»,[23] da essere eletti esclusivamente dal *Consiglio di Dieci*. A parte il numero dei *coadiutori* ordinari, raddoppiato dai provveditori, queste cifre e cariche rispecchiano quelle che risultano dai *libri officiali*. Ma l'osservazione dei provveditori che «sono hora in essa cancellaria quaranta duo ne' quali vi sono anco introdotti persone si di pueril ettà, innetta et bassissima conditione eletti solo a voglia et compiacenza»[24] conferma l'impressione di un sensibile divario tra le direttive della Serenissima e la realtà nella lontana colonia. I tre provveditori proposero anche dei nomi per i posti rimasti vacanti dopo la loro riforma, tra i quali spiccano nuovamente molti greci, come Manoli Zancaropulo, Zorzi Andronichi, Piero e Zuanne Papadopulo, Proclo Xantho e Zorzi Gerossolimici.[25] Ancora una volta, quindi, i posti di cancelleria furono occupati dai locali, senza obiezioni da parte dei provveditori.

Certo, questi posti rappresentavano probabilmente, per i cittadini greci, delle ambite e proficue fonti di potere e redditi sicuri.[26] Ciò nonostante, una profonda conoscenza della lingua greca doveva sembrare, agli occhi dell'amministrazione veneziana, un vantaggio o perfino un requisito indispensabile per il lavoro a Creta, dove, ad esempio, i notai privati, in caso di nozze tra un nobile veneziano e una donna greca, dovevano spesso tradurre il contratto in greco per ottenere l'accordo della sposa prima della stesura dell'atto in latino o in volgare (Tiepolo 1998, 71).[27]

---

22 Cf. Eufe (2006, 204) per alcuni esempi. Alla luce degli sviluppi delineati nel paragrafo precedente, i nomi di persona non permettono di trarre conclusioni sicure sulle lingue parlate dai loro portatori. È comunque probabile che i nomi greci indicassero per lo più dei greci (cf. McKee 2000, 86–88).

23 Archivio di Stato di Venezia, *Duca di Candia*, busta 50bis, registro 9 «Ordini degli Inquisitori, Sindici, Avogadori in Levante», 1r–5r, citato in Eufe (2006, 204). Cf. per la cancelleria, organizzata secondo il modello della cancelleria ducale a Venezia, e i suoi esami d'entrata Eufe (2006, 202–206).

24 Ibidem.

25 La lista completa si trova riprodotta in Eufe (2006, 205).

26 A Venezia la cancelleria e in particolare il cancelliere grande come «doge del popolo» (Zannini 1993, 125) erano i simboli di uno «stato misto» (ivi, 24 e 47) che offriva ai non patrizi la possibilità di una limitata partecipazione politica.

27 Cf. nota 6. Non abbiamo trovato tracce di interpreti pubblici per il greco (cf. Eufe 2005, 195–196), ma Papadia-Lala (2009, 125) deduce, da fonti cretesi del 1584 che parlano di *nodari interpretti della lingua greca e turca* e altre fonti del 1619 che menzionano il *carico dell'interprete della lingua greca e turca*, che gli interpreti per il turco traducevano anche dal greco.

Gli stessi registri della cancelleria conservati contengono alcune copie di documenti greci (ed ebraici), né dei proclami del Duca di Candia si dava lettura solo in latino o in volgare, come vedremo fra poco.

4 Il volgare nei documenti della cancelleria del Duca di Candia

Per esaminare più nel dettaglio il passaggio definitivo dal latino al volgare da un lato e il crescente influsso del toscano-fiorentino letterario dall'altro, ci siamo proposti di sottoporre a un confronto linguistico due annate delle principali serie di atti della cancelleria del Duca di Candia. Queste due annate dovevano essere collocate rispettivamente nella seconda metà del Quattrocento e nella seconda metà del Cinquecento al fine di cogliere i cambiamenti linguistici avvenuti nella prima metà del Cinquecento, quando la questione della lingua era al suo apogeo. La scelta di queste due annate è stata condizionata dalle vaste lacune nella documentazione conservata. Esse suggeriscono il 1472 ed il 1567 come due dei rari anni di cui ci siano rimasti *bandi*, *missive* e *memoriali*, che rappresentano tre delle più importanti serie della cancelleria.[28] Così abbiamo potuto trascrivere 16 *bandi*,[29] 10 *missive*[30] e un lunghissimo *memoriale* per il 1472, per compararli poi con 19 *bandi*, 8 *missive*[31] e 37 *memoriali* del 1567. Questi testi aspettano ancora di essere pubblicati, ma abbiamo già presentato i risultati di una loro prima analisi linguistica in Eufe (2006, 215–225), ripresa in Eufe (2008) con riguardo ai tratti più significativi. Nei paragrafi seguenti daremo un esempio per ciascuno dei tre tipi di atti per le due annate menzionate, seguito da un breve commento

L'autrice inoltre rintraccia nei documenti un *interprete della lingua greca nel capitaneato* attivo a Creta nel 1589, che probabilmente serviva alla «comunicazione fra [i] contadini e l'amministrazione veneziana» (ivi, 127).

28 Un'altra serie importante è costituita dalle *sentenze*, ma le lacune sono tali da non permettere la loro inclusione nella nostra indagine. Esse erano elaborate sulla base dei *memoriali*, di cui rappresentano delle copie molto fedeli.

29 Si tratta di tutti i *bandi* in volgare di quell'anno, ancora in minoranza rispetto ai *bandi* in latino.

30 Si tratta ugualmente di tutte le *missive* in volgare di quell'anno, che sono in netta preponderanza su quelle in latino. Cf. Eufe (2006, 210–215) per la ripartizione delle lingue nei documenti della cancelleria del Duca di Candia.

31 Non si tratta di tutte le *missive* in volgare di quell'anno, perché il materiale sarebbe stato troppo esteso. Abbiamo semplicemente scelto le prime *missive* dell'anno, per una lunghezza complessiva simile a quella delle 10 lettere del 1472.

linguistico che ha lo scopo di fare luce sulla loro veste linguistica e sui cambiamenti avvenuti negli usi linguistici cancellereschi fra il 1472 e il 1567.

4.1 Un *bando* del 1472

I registri dei *bandi* contengono delle grida ufficiali promulgate a Candia in forma orale. Esse si riferiscono a tutti gli aspetti della vita quotidiana a Candia e riguardano in particolare misure di protezione militare, civile e sanitaria, offerte di impiego e azioni legali, ma anche casi singoli come la ricerca di un cavallo andato perduto, oggetto del proclama seguente. Questo è uno dei 16 *bandi* in volgare dell'anno 1472 da noi trascritti, ma non ancora editi.

> Die 19 maii 1472. | Chiamato fuo publicamente p(er) Sebastia(n) Dandolo gastol(do) in lobio s(an)cti Marci et for | de porta de la cità de Candia in latino et greco s(er)mone: Conçossiach(é) Nicola Archonde ch(e)falo | de casal Scutelona del destreto de la Cania (con)p(ar)sse a la Signor(ia),[32] digando hav(er) p(er)sso | un suo ronsin zà zorni 6 dal dito casal, rosso fora tute do le reche,[33] non | snarado,[34] et domandava la sovventio(n), p(er)ò el m(agnifi)co mis(ser) lo ducha et el suo (con)segio | fa noto a tuti e (com)manda ch(e) se l'è algu(n) ch(e) l'abia ov(er) sapia, lo deba p(rese)ntar ov(er) | manifestar al dito Nicola, e p(er) la soa catadura[35] hav(er)à duc(ato) uno dal dito N(icol)a | p(rese)nte e (con)tento, alt(r)a mente se no(n) vorà manifestar ov(er) p(rese)ntar q(ue)llo e da possa | fosse trovà ne le soe ma(n), s(er)à p(er) laro et et(iam) la Signor(ia) p(ro)vederà (con)t(r)a de lui | sovra (etcetera).
>
> Die xxj maii 1472. | G(iorg)i Salivara h(ab)it(ator) in borgo in la (con)trada de Gorgopatussa (com)p(ar)sse et fese | scriver, digando hav(er) trovado lo dito ronsin ligado in un t(er)re(n) de calamis | et pasculavase, lo qual ronsin se trova ne le soe ma(n).[36]

In confronto a quanto riportato negli altri testi dello stesso anno, la formula introduttiva *chiamato fuo publicamente per Sebastian Dandolo gastoldo in lobio sancti Marci et for de porta de la cità de Candia in latino et greco sermone* appare qui in una forma atipica: è stata registrata in volgare (eccetto i due sintagmi preposizionali latini), mentre negli altri casi la si legge in latino. Precisiamo

32 *a la Signor(ia)* è scritto sopra la riga, come correzione a ~~in la can~~[. . .].

33 A nostro avviso, <ch> si legge in questo caso [ʧ] (vedi sotto).

34 Secondo il GDLI (XIX, 200) *snarare* significa «[p]rivare qualcuno del naso, mozzandoglielo».

35 Il sostantivo deriva da *catar* 'trovare; ritrovare; rinvenire' (Boerio 1856, 148, che lemmatizza solo il verbo).

36 Archivio di Stato di Venezia, *Duca di Candia, Bandi*, busta 15, registro 4, foglio 30r.

in quest'occasione che con *latino* s'intende in questo contesto 'volgare italiano', contrapposto al greco (cf. Tomasin 2001, 16). Peraltro, in cinque dei sedici *bandi* non è affatto menzionata la lingua di proclamazione. Degli altri undici uno fu enunciato *in iudaica et greco sermone* (dunque nel quartiere ebraico solo in greco, la lingua della stragrande maggioranza degli ebrei candioti),[37] i dieci restanti invece in «latino» e greco (incluso l'esempio riprodotto qui). Per di più in uno di essi è suggerita una correlazione tra le due lingue e i luoghi in cui esse furono usate, con la precisazione *in lobio in latino et ex(tra) porta(m) civitat(is) in greco s(er)mone*. Questa indicazione molto preziosa ci conferma in parte le condizioni linguistiche a Creta delineate sopra, vale a dire l'utilizzazione predominante o perfino esclusiva del greco nelle campagne e il limitato raggio d'uso del volgare romanzo, impiegato nelle grandi città accanto al greco.

A parte il sintagma *in lobio sancti Marci* già accennato e l'ambiguo *in latino et greco sermone*, il *bando* contiene alcuni altri elementi latini o latineggianti, tutt'altro che inconsueti per i documenti amministrativi del tempo: è ancora in latino la *datatio*, e inoltre prevalgono *et* (7 occ.) e *et(iam)* su *e* (4 occ.); *haver* (2 occ.), *haverà* e *h(ab)it(ator)* presentano *h-* e *pasculavase* mostra la vocale intertonica del suo etimo latino.

Nel vocalismo salta all'occhio il dittongo in *fuo*, che postula [fɔ] come forma di partenza; probabile anche la pronuncia di *suo* (2 occ.) come [swɔ], ipotizzabile a partire da forme quali *suoa* e *suoe* in altri testi del periodo (su cui cf. *infra*).[38] In più notiamo *consegio* senza anafonesi e *ligado* con la vocale protonica della forma veneta (registrata da Boerio 1856, 371). La forma *s(er)à*, a causa dell'abbreviazione, è poco indicativa; tuttavia in tutti i nostri 16 *bandi* del 1472 troviamo 13 occorrenze di *(s)serà* e una di *sserano* contro solo una di *sarà*. In *se*, *de* (6 occ.) e *destreto* manca l'innalzamento delle *e* protoniche in *i* caratteristico del fiorentino. Le frequenti apocopi dopo *-n*, *-l*, *-r* rispettano le condizioni del veneziano, come provano *casal* (2 occ.), gli infiniti *ha(ver)*, *p(rese)ntar*, *manifestar* e *scriver*, e inoltre *ronsin* (3 occ.), *sovventio(n)*, *mis(ser)*, *algu(n)*, *ov(er)* (3 occ.), *lo qual*, *ma(n)*, *h(ab)it(ator)*, *t(er)re(n)* (anche se in molti di questi casi le desinenze si presentano in forma abbreviata). Eccezionalmente cade anche la *-a* di *fora*, ma solo nella locuzione *for de porta*.

Riflettono il noto scempiamento delle consonanti lunghe, caratteristico dei dialetti settentrionali antichi e moderni, le voci *cità*, *destreto*, *dito* (4 occ.), *tute*, *tuti*, *abia*, *ov(er)* (3 occ.), *sapia*, *deba*, *vorà* e *p(ro)vederà*, e anche *de la* (2 occ.),

37 Cf. Jacoby (2008, 41–42). La proclamazione nel quartiere ebraico poteva avvenire anche in *latino et greco sermone*, come conferma uno dei *dieci bandi* pubblicati in forma bilingue.

38 Cf. Sattin (1986, 101, 104), secondo la quale sia l'accentazione *sùo* sia *suò* sono ipotizzabili.

ne le (2 occ.) e *a la*, che contrastano solo con le doppie (puramente grafiche) in *sovventio(n)*, *quello* e forse *t(er)ren*; va considerato a parte il caso della sequenza (anch'essa solo grafica) *ss*, impiegata per indicare la sorda in *conçossiach(é)*, *(con)-p(ar)sse*, *p(er)sso*, *rosso*, *possa*, *fosse*, *Gorgopatussa* e *(com)p(ar)sse*. Si aggiungono le sonorizzazioni di [t] latina intervocalica in *contrada*, *snarado*, *trovado* e *ligado*, fino al dileguo in posizione intersonantica in *laro* 'ladro' e anche nel participio tronco *trovà*. Appare sonorizzata ugualmente [k] in *algun* e spirantizzata [p] in *sovra*.

Per le sibilanti si segnala *possa* (corrispondente all'italiano *poscia* con fricativa postalveolare). Tra le affricate prevalgono le alveolari [ʣ] di *zà*, *zorni* e [ʦ] di *conçossiach(é)*, ridotta a fricativa in *fese* e *ronsin* (3 occ.). Vi si contrappone solamente *cità* (anche se è poco probabile che la <c> fosse veramente realizzata come [ʧ]). Le affricate postalveolari però non mancano del tutto: in *reche* 'orecchie' il digramma <ch> sembra indicare proprio [ʧ],[39] sviluppatasi da CL latina (presente in *oricla* < AURĬCULA(M)), che si osserva ad esempio anche nel veneziano *ocio* per *occhio* (da *oclo* < OCULU(M)). L'affricata [ʤ] appare in *consegio*, esito specificamente veneziano di CONSĬLIU(M), accanto al quale nei documenti amministrativi troviamo anche *conseio* come forma di koinè veneta. Per la morfologia elenchiamo *l'è* per la 3ª persona singolare del verbo *essere*[40] e *digando* (2 occ.) con generalizzazione della desinenza del gerundio dei verbi in *-ar(e)*. Nel lessico del testo spiccano il già menzionato *reche* come forma aferetica per *orecchie* e la forma settentrionale *fora* 'fuori' < lat. FORAS[41], ma soprattutto il termine giuridico *catadura*, per il quale rimandiamo al manuale veneto-tedesco di maistro Zorzi da Norimberga, dove *la chatadura* è tradotta come *daz funtrecht* 'il diritto del ritrovatore' (Pausch 1972, 176).[42] Oltre a ciò meritano attenzione due grecismi: mentre *chefalo* appartiene ai titoli e ranghi greci che, come i nomi di misure e monete bizantine, appaiono frequentemente nei documenti cretesi da noi esaminati, *calamis* 'canna' rappresenta uno dei rarissimi grecismi di altri domini che

39 Anche Boerio (1856, 558) scrive *rechia*, chiarendo però nel «discorso preliminare» al suo dizionario che «Quando leggiamo *Chiamare, Chiodo, Chiave, Chiesa* e simili, noi le pronunciamo come pronuncierebbero i Toscani *ciamare, ciodo, ciave, ciesa*, senza l'aspirata» (ivi, 11).

40 Considerando la variazione diatopica odierna tra *el xé*, *l'è* ed *è*, Marcato/Ursini (1998, 343–344) qualificano *xé* come «forma tipica dell'uso cittadino», di molte isole della laguna e anche della terraferma veneziana, «pur non mancando attestazioni di *l'è* nelle aree di interferenza col padovano rustico». Per di più l'uso di *xé* a Treviso con «la ormai definitiva frattura tra l'uso della città capoluogo e il territorio circostante» sembra indicare *l'è* come la forma più antica.

41 Durante/Turato (1995, 71).

42 Cf. anche Cortelazzo (2007, 310, s.v. *cataùra*) e LEI (XI, 48–49), che indica sia 'ritrovamento' che 'mancia per chi ritrova e restituisce un oggetto smarrito' come significato di *chatadura*.

normalmente ne sono assenti. Di conseguenza questi testi non rivelano quasi nessuna traccia di un eventuale contatto linguistico tra volgare e greco. A parte questo il *bando* esibisce tutto sommato una *scripta* veneziana piuttosto marcata, anche se per niente inconsueta nelle sue caratteristiche.[43]

4.2 Un *bando* del 1567

Nel gruppo dei 19 *bandi* del 1567 da noi trascritti, solo in due è esplicitamente indicata la lingua della loro proclamazione. Il volgare è ormai a quest'altezza cronologica la lingua di promulgazione usuale, alla quale a volte, come in questi due casi, viene aggiunto il greco. Lo conferma il fatto che in questi due *bandi* la proclamazione *nella colona de san Marco* da parte di un impiegato con nome italiano e quella *nella piaza di fora in sermon greco* da parte di un'altra persona con nome greco vengono riferite in due note distinte, come nell'esempio seguente:

> De man(da)to d(e)l cl(arissi)mo s(ign)or Duca si fa intender a tutti, cu[ssì] | picolli come grandi, ch(e) no(n) ardiscano trazer[44] delle piere, | né con le man né con serendigole,[45] cussì in piaza come | fora de piaza et p(er) il borgo,[46] Fossati et Sabionera, | sotto pena a chi contrafarà de pagar p(er)p(eri) diece p(er) | ogni volta ch(e) contrafarà, applicati ad arbitrio | di sua S(ignori)a cla(rissi)ma.
>
> Die 14 aprilis 1567 r(effer)ì Bortolo Bonazo coman(dad)or haver | publicame(n)te stridato il s(opra)s(crit)to p(ro)clama nella colona | de s(an) Marco a so(n) de trombeta.
>
> Ditto | r(effe)rì Serante Xeno haver fatto il proclama nella | piaza di fora in sermon greco a son de trombeta.[47]

---

43 Cf. l'analisi linguistica delle deliberazioni dei consigli più importanti a Venezia, in particolare del Maggior Consiglio, in Tomasin (2001, 73–81, 86–90, 135–140), sulla quale torneremo più avanti.

44 Secondo Boerio (1856, 766) *trazer* rappresenta un'antica forma per *trar*, tra i cui significati viene indicato 'scagliare' (ivi, 763).

45 È difficile stabilire con certezza se si debba leggere, nel manoscritto, *serendigola* o *ferendigola*. Secondo Cortelazzo (1999, 47, s.v. *frandìgo'lo* 'fionda') si tratta di un'«antica parola veneta, testimoniata a Venezia, nelle forme *sarandégola* (sec. XV), *cerendegolo, sarandegolo, cerendagolo* (sec. XVI), *sarandçgulo* [sic] (schiavonesco del Cinquecento), e a Vicenza (*frandìgolo, fransègolo*)». Per quanto riguarda la sua veste fonetica, lo studioso osserva che «oscuro sembrò sempre il passaggio da *f-* a *s-*, che di solito avviene quando è in gioco una interdentale. Ma questo tipo di consonante pare escluso dal dialetto di Venezia, per cui bisogna pensare ad una probabile importazione dai dialetti di terraferma» (ibidem).

46 Si intende la città nuova, inclusa dai veneziani in una nuova cinta muraria terminata nel Cinquecento.

47 Archivio di Stato di Venezia, *Duca di Candia, Bandi*, busta 16, registro 10, foglio 18r.

Nel vocalismo si noterà la protonica in *cussì* (2 occ.) e l'atona finale di *diece*. La forma *de* (6 occ.) è più frequente di *di* (2 occ.), mentre per l'articolo maschile singolare si ha solo *il* (3 occ.). Le apocopi sono ancora usuali negli infiniti *intender*, *trazer*, *pagar* e *haver* (2 occ.), e si osservano anche in *man*, *sermon*, *son* (2 occ., una volta però abbreviata come *so(n)*) e *coman(dad)or*. Per il consonantismo, si registra l'alternanza tra forme (anche ipercorrette) che presentano la geminata (*tutti*, *picolli*, *delle*, *sotto*, *applicati*, *nella* [2 occ.], *ditto*, *fatto*) e forme che presentano la scempia (*piaza* [3 occ.], *trazer*, *Bonazo*, *colona* e *trombeta* [2 occ.]). Le occlusive sorde intervocaliche sono mantenute nelle desinenze participiali di *applicati*, di *stridato* e di *de man(da)to* (tuttavia anche interpretabile come locuzione latina), mentre si ha sonorizzazione in *serendigole*; la forma tipicamente veneta *piere* 'pietre' presenta il dileguo dell'occlusiva sorda in posizione intersonantica. In *diece* (non *diese*) è stato impiegato il grafema per l'affricata postalveolare, in *trazer* invece quello per l'alveolare. Nel lessico resiste *fora*, e attira ancora di più l'attenzione la parola veneta *serendigole* 'fionde'. In linea generale, se confrontato con il *bando* del 1472 il testo del 1567 si distingue per un sensibile adattamento al toscano. Si conserva allo stesso tempo una certa impronta regionale, tipica del linguaggio cancelleresco veneziano fino alla fine della Repubblica.

4.3 Una *missiva* del 1472

Per l'anno 1472 abbiamo trovato 10 *missive* in volgare. Queste sono state scritte solamente da due mani ben distinguibili che danno al registro che le contiene un aspetto molto più ordinato rispetto a quello dei *bandi*. La lettera che segue è indirizzata al doge[48] a Venezia e ha lo scopo di informarlo sugli sviluppi militari e politici in Oriente.

> Benedictus G(r)itti Ducha (et)c(etera)
>
> S(er)enissime princeps (et)c(etera). ~~e~~ L'ultime sc(r)ipte alla S(ereni)tà V(ost)ra fono de 27 del passato, p(er) le quale la advi[semo] | particularit(er) de quello ne occor(r)eva; dapoy in questo giorno 20 de l'instant(e) da (Con)stant(inopoli) è q(ui) giunto g[ripparia] | 1ª zenove(x)e

48 Certamente sarebbe interessante indagare in quale misura le scelte linguistiche dipendano dai diversi destinatari – un aspetto che purtroppo non possiamo prendere in considerazione in questa sede –. La nostra impressione è comunque che la variazione dovuta a questo fattore non sia grande.

> co(n) salumi, partì a d(ì) xj; havuto a nui el patro(n) p(er) intender d(e) le cosse de lì, refferisse el Tur[cho] | es(ser) a (Con)stant(inopoli), dove concore gent(e) da ogni lato et alla giornata ne passa i(n) Atolia [*sic*] ~~de,~~ e ch(e) de Uson Cass[an] | ognu(n) parlava, zoè ch(e) co(n) p(er)sone 700 m(ila)[49] se drizava v(er)so el paixe del Carama(n) e co(n)fermàvasse come el dit[o] | s(i-gn)or Uson Cassan havea havuto do terre de l'Othoma(n) ap(re)sso a Burssa, l'una de le qual l'avea brusato, le qual | nuove a tutte [*sic*] deva teror assai; co(n)ferma p(re)t(er)ea la rota del fiol de l'Othoma[n], et(iam) el prender del nepot(e) | del p(re)fato s(ign)or Uson Cassan, el qual(e) con do altri erano stà co(n)duti a (Con)stant(inopoli) e fati morire; dice anchora | como el Turcho mandava ambassata al Soldan, la qual ambassata mandava su la nave Scarzafiga de | botte 2500, la qual se atrovava a Marmorea al partir de questa g(r)ipparia p(er) Alex(andri)a; dice anchora | ch(e) a (Con)stant(inopoli) no(n) era alguna demostratio(n) d(e) co(n)zar galie et p(er) (con)sequens de armata da mar, né | era(n) possib(i)le p(er) es(ser) gra(n) nu(mer)o de le suoe galie marze. Questo è q(ua)nto refferisse ditto patro(n) ~~fra,~~ | le qual cosse sì como le habiamo, cussì le sc(r)ivemo alla S(ereni)tà V(ost)ra; al desbocar del streto[50] dice q(ue)sto | patro(n) es(ser) intrate le do galiace fiorentine co(n) cargo de valuta secondo el divulgo de duc(ati) cc^{m},[51] | nec alia Gr(ati)e v(est)re s(erenita)tis (et)c(etera). Cand(i)d(e), xx ianu(arii) 1472.[52]

I numerosi elementi latini o latineggianti riguardano soprattutto le parti formulaiche della lettera, precisamente il nome del mittente (*intitulatio*) *Benedictus G(r)itti Ducha (et)c(etera)*, la formula di allocuzione (*inscriptio*) *S(er)enissime princeps (et)c(etera)* all'inizio, e l'indicazione del luogo e della data di redazione (*datatio*) *Cand(i)d(e), xx ianu(arii) 1472* alla fine, ma anche la frase precedente ad essa *nec alia Gr(ati)e v(est)re s(erenita)tis (et)c(etera)*. Oltre a ciò si trovano le espressioni avverbiali latine *particularit(er)*, *p(re)t(er)ea* e *p(er) (con)sequens* e le congiunzioni *et* (2 occ., a fronte di 3 occ. di *e*) e *et(iam)*, senza dimenticare il gruppo <pt> in *sc(r)ipte*, la <h> di *havuto* (2 occ.), *havea* e *habiamo* e la <x> in *Alex(andri)a* (che invece in *paixe* indica una *s* sonora, dunque [z], in opposizione a <ss> per la sorda; cf. *infra*).

Tra le vocali toniche notiamo il dittongo di *suoe*, che troviamo anche in altre forme dello stesso possessivo attestate nel *memoriale* del 1472 (cf. *infra*). La forma di partenza è *soe*, la cui tonica corrisponde probabilmente a una [ɔ]. Presenta anafonesi la vocale tonica di *giunto*, che convive nell'uso con il non anafonetico *zonta* in un *bando* dello stesso anno.[53] Un'impronta regionale conferiscono al testo, oltre

---

49 La *m* è annotata sopra la cifra.

50 In questo caso *streto* si riferisce all'«insieme dei passaggi (Dardanelli, Mar di Marmara e Bosforo) che mettono in comunicazione l'Egeo e il Mar Nero» (GDLI XX, 348).

51 La *m* è annotata sopra la cifra.

52 Archivio di Stato di Venezia, *Duca di Candia, Missive e Responsive*, busta 8, registro 4, foglio 13r.

53 Ivi, foglio 33v.

a *cussì* e *nui*, anche *paixe*, *galie* (2 occ.) e *galiace* 'grosse galee' (menzionate da Boerio 1856, 296). Le *e* protoniche sono mantenute in *el* (8 occ.), *de* (9 occ.), *refferisse* (2 occ.) e *desbocar*, mentre le finali sono apocopate negli infiniti *intender*, *prender*, *partir* e probabilmente anche in *es(ser)* (3 occ.), e inoltre in *teror*, *mar*, *fiol*, *Uson Cassan* (2 occ.)[54] e *soldan*, che ci permettono di sciogliere anche *patro(n)* (3 occ.), *ognu(n)*, *Carama(n)*, *Othoma(n)* (2 occ.)[55] e *demostratio(n)* nello stesso modo. Sulla base della maggiore frequenza delle forme apocopate rispetto alle voci con conservazione della finale, si è preferito sciogliere il *titulus* con *-n* in *era(n)* nonostante un'occorrenza di *erano*; a *le qual* (3 occ.) e *la qual* (2 occ.) si oppongono *le quale* e *el qual(e)*.

Passando al consonantismo, registriamo le consonanti scempie di *concore*, *drizava*, *teror*, *rota*, *p(re)fato*, *co(n)duti*, *fati*, *streto* e delle preposizioni articolate *su la*, *de l'* (3 occ.) e *de le* (2 occ.), mentre *alla* (3 occ.) e *quello* presentano la geminata, come anche *g(r)ipparia*, *occor(r)eva*, *terre*, *tutte*, *botte*, *ditto*[56] e, con <ss> per [s], *passato*, *refferisse* (2 occ.), *cosse* (2 occ.), *passa*, *Cassan* (3 occ.), *co(n)fermàvasse*, *ap(re)sso*, *Burssa*, *possib(i)le* e *cussì*, senza tener conto di *es(ser)* (3 occ.) abbreviato. Nel nostro testo mancano quasi del tutto casi di lenizione delle occlusive sorde intervocaliche (*mutae cum liquidae* comprese): *passato*, *havuto* (2 occ.), *brusato*, *intrate*, *patro(n)* (3 occ.), *lato*, *giornata*, *nepot(e)*, *ambassata* (2 occ.) e *armata*; fanno eccezione *alguna* e *stà* (*stao* < *stado*). Caratteristicamente settentrionali sono le affricate alveolari e le sibilanti di *zenove(x)e*, *zoè*, *Scarzafiga*, *co(n)zar* 'conciare', *marze* 'marce', *brusato* 'bruciato' e *ambassata* (2 occ.), di contro alle postalveolari (anche se probabilmente solo a livello grafico) in *giorno*, *giunto*, *gent(e)*, *giornata*, *dice* (3 occ.) e nell'ipercorretto *galiace*. Nell'ambito della morfologia verbale meritano attenzione la desinenza di prima persona plurale in *sc(r)ivemo* (che contrasta con *habiamo*) e la forma di imperfetto *deva* per *dava*, «[a]ssai diffusa» nelle varietà settentrionali secondo Rohlfs (1966–1969, § 551), che menziona *steva* e *devan* per l'antico lombardo e invece per il veneto antico *staseva* e *daseva*. In *deva* la desinenza della terza persona del plurale è ancora identica a quella del singolare; ma per la 6ª troviamo anche le forme *fono* (costruita apparentemente secondo lo schema *fo* + *-no* morfema di plurale), *erano* e *era(n)*. Per la morfologia pronomi-

---

54 Senza tenere conto di una terza occorrenza in cui abbiamo integrato la desinenza congetturando *Uson Cass[an]*.

55 In uno dei due casi lo scrivano ha probabilmente dimenticato il trattino di abbreviazione.

56 Non teniamo conto di *dit[o]*.

nale menzioniamo *le quale* come forma di femminile plurale (cf. *infra*). A livello lessicale risaltano *se atrovava*,[57] *fiol*,[58] *conzar*,[59] *desbocar*[60] e *gripparia* 'nave da trasporto e da commercio', di origine greca (Cortelazzo 1970, 109–110;[61] 2007, 621). Anche *como* (2 occ.), usato nella *missiva* accanto a *come*, è registrato in Cortelazzo (2007, 367),[62] al contrario di *dapoy*,[63] che si collega tuttavia a *dapò* 'dopo' (ivi, 434).

Come nel *bando* dello stesso anno discusso in § 4.1, anche la lingua della *missiva* del 1472 si rivela essere una *scripta* di chiaro stampo veneziano. Nel dettaglio vi sono però delle differenze piccole, ma importanti: nel *bando* le occlusive sorde intervocaliche appaiono per lo più sonorizzate e prevalgono le affricate alveolari sulle palato-alveolari, mentre nella *missiva* predominano le occlusive sorde e il rapporto tra alveolari e palato-alveolari si presenta più equilibrato.[64] A questo riguardo le *missive* del 1472 si mostrano più ricettive verso «una tendenza nella quale [...] modello toscano e modello latino agiscono di concerto»[65] (Tomasin 2001, 88), perfino rispetto alla lingua usata a Venezia nelle deliberazioni (*parti*) del Maggior Consiglio registrate durante l'ultimo quarto del XV secolo: dall'analisi di queste ultime si evince infatti che tra le sibilanti «prevalgono ancora le forme tradizionali» e che «[l]e occlusive sorde intervocaliche sono sonorizzate nella maggioranza dei casi» (ibidem).

57 Registrato da Cortelazzo (2007, 114) col significato di 'trovarsi'. Il GDLI (I, 836) qualifica *attrovare* come «ant[ico]» e ne dà un'attestazione dell'Alberti.

58 Cortelazzo (2007, 554) cita Boerio (1856, 274), che qualifica *fiol* come «Voce più padovana, ma usata talvolta anche in Venezia».

59 Boerio (1856, 194–195) indica come significato del verbo, che equivale al tosc. *(ac)conciare*, «Accomodare, ridurre a ben essere e mettere in sesto e in buon ordine». Baglioni (2010, 427) segnala tre attestazioni del verbo nei suoi documenti tunisini, di cui una con l'accezione 'equipaggiare una nave'.

60 Boerio (1856, 225) qualifica la parola come «Voce antiq[uata]», glossandola con *sbucare*; vale qui, quindi, 'sboccare'.

61 Cortelazzo (1970, 110) osserva che la parola «è ricordata nella prima metà del Trecento in documenti non veneziani, ma sempre relativi al Mediterraneo orientale».

62 Cortelazzo rimanda a Boerio (1856, 183).

63 Il GDLI (IV, 21) invece registra *dappòi*, classificandolo come letterario.

64 La tendenza è confermata dall'analisi quantitativa presentata in Eufe (2008, vedi sotto). Cf. anche Eufe (2006, 222–223).

65 Si noti qui la concordanza di toscano e latino nel trattamento di -T- e di C/G davanti a vocale palatale.

4.4 Una *missiva* del 1567

Nel 1567 tutte le *missive* del Duca di Candia erano ormai scritte in volgare. Potendone analizzare solo un campione limitato, ne abbiamo trascritte otto (vergate tutte da una stessa mano), per una lunghezza complessiva simile a quella delle dieci lettere del 1472. Ecco un esempio, per queste lettere, del 1567:

> Ser(enissi)mo principe, siamo stà necessitati per pagar le refusure | delle galee ritornate a disarmar l'anno passato in|tacar diversi depositi di questa cam(er)a e(t) servirsi | d(e) d(uca)ti 13861 £4319 in tal negotio di q(ue)lla impor|tanza ch(e) è noto alla Ser(eni)tà V(ost)ra, oltra quelli ch(e) io duca | al mio venir qui portai, e(t) essendone necessario | reintegrar detti depositi p(er) potersi valer de essi nelle | occorentie ordinarie, habbiamo voluto p(er) tempo man|dar il conto d(e)l ditto danaro ch(e) serà qui occluso, supli|cando la Ser(eni)tà V(ost)ra ch(e) si degni commeter la reinte|gratione di esso, a fine ch(e), come dicemo, nei bisogni non | si atroviamo a mancare. Racordaremo simelm(en)te | alla Ser(eni)tà V(ost)ra in questa cam(er)a non vi esser deposito alc(un)o | p(er) l'armar estraordinario, essendo stà speso nel tempo | passato il deposito a ciò deputato, ch(e) p(er)ò la vogli | commeter ch(e) si mandi il danaro ordinario p(er) tal | armare, acciò venendo l'occasione si posiamo servir | di esso nelli servitii della Ser(eni)tà V(ost)ra; e(t) p(er)ch(é) al desar|mar delle quatro galee de questo regno serà ne|cessario haver in pronto il danaro da pagar le | refusure di esse, la suplicamo che insieme con la | provisione de quanto dicemo, la faci far in tempo | quella de dette refusure, p(er)ò ch(e) quando la non si | havesse de qui in tempo, non saperess(i)mo a qual | modo prevalersi, havendo questa cam(er)a tanto esha|usta di danaro quanto è noto alla Ser(eni)tà V(ost)ra, alla | quale humelmente [etc].
>
> Di Candia il p(ri)mo di mazo 1567.
>
> Col navilio del Malachi.[66]

Differentemente dalla lettera del 1472, il testo è ormai completamente in volgare. Esso accoglie tuttavia le grafie latineggianti *ti* in *reintegratio(n)* e *reintegratione*, *negotio*, *occorentie*, *servitii*, *h* etimologica in *habbiamo*, *haver*, *havesse*, *havendo*, *eshausta* e *humelmente* e *li* in *navilio*.[67] Quanto al vocalismo, *galee* (2 occ.) ha sostituito *galie* e *ditto* è ormai minoritario rispetto a *detti*, *dette*. Tra le vocali protoniche si mantiene *e* in *refusure* (3 occ.), *desarmar* e *de* (4 occ.),[68] che è però meno rappresentato rispetto a *di* (8 occ.); nel testo la chiusura di *e* in protonia si registra anche in *ritornate*, *disarmar*, *si* (7 occ., di cui tre in posizione enclitica), *il*

66 Archivio di Stato di Venezia, *Duca di Candia*, *Missive e Responsive*, busta 9, registro 3, fogli 117v–118r. Nel margine della carta si trova un riassunto del contenuto della lettera: *P(er) la reintegratio(n) | d(e) depositi p(er) l'armar | e(t) altro*.

67 La forma è elencata accanto a *naviglio* in GDLI (XI, 267).

68 Si noti che *reintegratio(n)*, *reintegrar*, *reintegratione*, *depositi* (3 occ.), *deposito* (2 occ.) e *deputato* si sono mantenuti in italiano fino ad oggi rispettivamente con *re-* e *de-*.

(5 occ.) e *vi*. Le vocali finali appaiono apocopate in *pagar* (2 occ.), *disarmar*, *intacar*, *venir*, *reintegrar*, *valer*, *mandar*, *commeter* (2 occ.), *esser*, *armar*, *servir*, *desarmar*, *haver*, *far*; l'atona finale è invece mantenuta in *mancare* e *armare*. Venendo al consonantismo, si registrano le poche forme con la scempia *intacar*, *suplicando*, *suplicamo*, *posiamo*, *quatro*, di contro alle più numerose con geminata *anno*, *necessitati*, *essendo* (2 occ.), *necessario* (2 occ.), *essi*, *esso*, *esse*, *esser*, *passato*, *havesse*, *saperessimo*, *detti*, *dette*, *ditto*, *quella* (2 occ.), *quelli*, *alla* (4 occ.), *della*, *delle* (2 occ.), *nelle*, *nelli*, *occorentie*, *habbiamo*, *occluso*, *commeter* (2 occ.), *acciò* e *occasione*. Le occlusive sorde intervocaliche sono conservate in *necessitati*, *ritornate*, *passato*, *voluto*, *deputato* e anche in *alc(un)o* (< *ALICUNU(M)). Si incontra, poi, solo una affricata alveolare, in *mazo*, di contro all'esito palatoalveolare di *principe*, *necessitati*, *necessario* (2 occ.), *dicemo* (2 occ.), *ciò*, *acciò* e *faci*.

Nella morfologia resiste la desinenza *-emo* in *dicemo* (2 occ.), mentre *suplicamo* sembra tradire una certa insicurezza nell'uso di *-iamo*, terminazione qui maggiormente adoperata (*siamo*, *habbiamo*, *atroviamo* e *posiamo*). Antiveneziane sono anche le forme di gerundio *essendo* (2 occ.), *venendo*, *havendo*,[69] mentre tra i tratti non toscani registriamo la forma di futuro con *-ar- racordaremo*. Notevole la forma di condizionale *saperess(i)mo*, la cui terminazione è analogica su quella del congiuntivo imperfetto *sapessimo*.[70] Forme di questo tipo sono attestate nel veneziano antico e in vari altri dialetti, come anche nelle opere di diversi scrittori in lingua almeno fino al Settecento (cf. Rohlfs 1966–1969, § 598). L'ultima osservazione vale anche per la forma di congiuntivo presente *faci* (cf. Baglioni 2010, 192, nei cui testi prevalgono tuttavia le forme in *-a*/*-ano*). Degno d'interesse anche il participio tronco *stà* (2 occ.), che sembra esercitare la funzione di «marcatore» del passivo in *siamo stà necessitati* e *essendo stà speso*. Nell'ambito della morfologia pronominale merita un commento la forma del riflessivo di 4ª: come mittente della lettera, il duca di Candia usa la prima persona plurale, accompagnata dal riflessivo atono *si*, in *siamo stà necessitati [...] servirsi, per potersi valer de essi, si atroviamo, si posiamo servir di esso* e *non saperess(i)mo a qual modo prevalersi*.

Il lessico presenta il termine tecnico *refusura* nell'accezione di «[i]ndennizzo pagato a coloro che prestavano servizio sulle galee mercantili di Venezia» (GDLI XV, 684) e ancora il verbo *atrovare* già discusso sopra. Nell'insieme la

69 Cf. le forme *siando* et *habiando* nel *memoriale* di 1472 (cf. *infra*).

70 La forma appare nelle tabelle di coniugazione delle *Regole della volgar lingua* di Giovanni Francesco Fortunio (Richardson 2001, 72, 74, 76).

lingua della *missiva* rispetto a quella della lettera del 1472 mostra un innegabile e considerevole adeguamento al toscano-fiorentino, che però non esclude la persistenza di un certo colorito veneziano.

4.5 Un *memoriale* del 1472

Nel 1472 i memoriali sono ancora in latino. Questi, che hanno la forma di brevi annotazioni che documentano processi privati di varia natura con le relative sentenze, contengono tuttavia i testi presentati dalle parti coinvolte nei processi, che spesso sono redatti in volgare. Si tratta dunque di testi che in realtà sono stati preparati all'esterno della cancelleria del Duca di Candia per poi essere copiati dai suoi impiegati come parti integranti della documentazione processuale.[71] Essi non danno prova pertanto della competenza linguistica del personale di questa cancelleria, ma degli usi al di fuori di essa, rappresentando così un utile punto di confronto rispetto al volgare cancelleresco usato negli altri documenti riprodotti sopra; oltre a ciò, permettono di confermare l'esistenza di un veneziano *de là da mar* cretese, come vedremo qui sotto. A titolo d'esempio riproduciamo qui un brano di un lunghissimo *memoriale* del 1472 che si riferisce a una lite sorta tra il monastero di San Giorgio Fardulari, rappresentato dalla badessa Ergina Sirigo, dal *presbyter Jacobus Sirigo canonicus ecclesie cretensis* e dal procuratore del monastero, il notaio Giorgio Dono, ed Ergina, vedova di *Micaleto Philipo dito Sculudi*, per una casa abitata da quest'ultima. Il documento conta in tutto circa 7800 parole, delle quali solo circa 360 corrispondono a brevi appunti latini formulati in cancelleria (introduzione, brevi note introduttive ai testi presentati dalle parti e il verdetto emesso alla fine del processo). Il resto invece è costituito da quattro lunghe dichiarazioni in volgare rese dalle parti coinvolte, delle quali riproduciamo (oltre alle note introduttive latine) l'inizio della seconda. In essa la vedova presenta un'annotazione del defunto marito «altre volte per lui apresentada in Corte», scritta dunque qualche tempo prima del 1472. Si tratta di una fonte molto preziosa, che, prefigurando con la sua maldestrezza sintattico-testuale e la sua forte marcatura

---

71 Non si tratta dunque di documenti originali, la cui veste linguistica poteva naturalmente essere stata ancora più lontana dal volgare letterario in via di formazione. In genere, però, i notai veneziani copiavano i documenti in modo molto fedele, alterando solo pochissimi minimi dettagli, come prova Tomasin (2001, 227–228). Anche noi ci siamo potuti convincere di questo fatto per mezzo di un confronto, condotto a titolo esemplificativo, tra un memoriale e una sentenza del Duca di Candia.

diatopica le scritture dei cosiddetti semicolti,[72] ci dà delle indicazioni molto utili sulla situazione linguistica di Creta:

> Die ij martii 1472. | Coram m(agnifi)co Regimine Cret(e) comparveru(n)t vener(abilis) | d(omi)na Ergina Sirigo abbatissa et vener(abilis) vir dominus | p(res)b(yte)r Jacobus Sirigo can(oni)cus Eccl(es)ie cret(ensis) et p(ro)vidus vir | s(er) Georgius Dono notarius Curie Maioris Cret(e) procur(ator) | monasterii Sancti Georgii no(m)i(n)ati Fardulari monialium | burgi Cand(i)d(e) et citatis legittime c(om)missariis s(er) | Michaelis de Philipo d(i)c(t)i Sculudi p(rese)ntaveru(n)t petitionem | suam i(n) scriptis huius tenoris: | [. . .] | Ex adverso aut(em) co(m)missarii | p(rae)dicti p(rese)ntaverunt defensione(m) suam i(n) sc(ri)ptis huius tenoris: | Nui Ergina relicta e Piero Zusto comissarii de s(er) Mica|leto Philipo dito Sculudi contra la dimanda de la badessa | et procuradori del monastier de mis(ser) Sancto Zo(r)zi reap(rese)n|temo la p(rese)nt(e) risposta, notada p(er) mane [*sic*] del dito | (com)mittent(e) n(ost)ro, altre volte p(er) lui ap(rese)ntada i(n) Corte et | restituta, co(n) la dimanda a le part(e)[73] p(er) adverse (com)p(ro)misse: | Davanti del m(agnifi)co et iustissimo rezimento ap(rese)nto io | Micaleto de Phylipo dito Sculudi questa mia resposta | sop(r)a a la dimanda iniusta et desonesta ap(rese)ntada p(er) d(ona) | Ergina Sirigo abadessa de san Zorzi Fardulari e p(er) | s(er) Zorzi Dono noder procurador del dito monastier. Digo | ch(e) l'è circa an(n)i 150 ch(e) p(er) uno antigo s(er) Nicolò da Pont(e) | tigniva e possedeva molte case de raxo(n) del dito mon(astier) | in p(er)p(etu)o; et dapò la mort(e) del d(i)c(t)o s(er) Nicolò da Pont(e) quelle | tal caxe lagò a s(er) Zo(r)zi da Pont(e) ch(e) fo suo fio e possedeva | molti tempi,[74] p(er) le qual caxe dapò la mort(e) del dito s(er) Zorzi | da Pont(e) p(er) suoa muger int(r)omesse quelle p(er) suo zudegado | e vendé quelle p(er) l'incanto e tolte [*sic*] quella da l'incanto sopra | in lo suo zudegado e dapò maridò una so fiola e tolsse p(er) so | zenero s(er) Bortholomio Ze(n) e dè[75] part(e) d'esse p(er) i(n)promessa | de la dita suo fiola, çerte caxe ruinade et i(n) mal gov(er)no. | E dapò p(er) lo dito s(er) Bortholomio Ze(n) fo fabricad(o) e fato uno | portego co(n) do soe camere e coxina et uno magaze(n) avanti | in le dit(e) caxe. Et una caxa fo ruinada avanti i(n) le dite caxe | ch(e) al p(rese)nt(e) sta Antonio mio fio na(t)u(r)al, le qual cax(e) sono i(n) p(er)p(etu)o. | E dapò p(er) lo dito s(er) Bortholomio Ze(n) q(uondam) tolse da la d(ona) soror | Catellan, ch(e) fo abbadessa p(ri)mo del d(i)c(t)o monastier, caxete | ij ruinade ad an(n)i xxviiij a renovar de pagar a l'an(n)o | yp(er)p(eri) iij p(er) taradego,[76] como appar p(er) car(ta) de noder p(er) le q(ua)l | sono l'una d'esse lo magaze(n) fato p(er) lo dito s(er) Bortholomio | q(uondam) zoè la mitade d'eso, p(er)

72 Sottolineiamo che a fine Quattrocento, in assenza di una norma codificata, è ancora molto difficile valutare il grado di padronanza della lingua scritta comune da parte di uno scrivente, di modo che la classificazione di un testo come «semicolto» risulta anacronistica.

73 Abbiamo sciolto l'abbreviazione della desinenza con *-e*, perché ancora nei *memoriali* del 1567 appare *le parte* come forma usuale del plurale (cf. *infra*).

74 La virgola appare anche nel manoscritto.

75 Si tratta di una forma di passato remoto: Rohlfs (1966–1969, § 585) menziona *dè* 'diede' per il lombardo antico.

76 Ossia 'terratico; canone in natura per l'affitto di un appezzamento di terreno' (Cortelazzo 2007, 1377, che lo attesta in Sanudo). Per *terratico*, la cui forma latina *terraticum* è attestata nel tredicesimo secolo a Ravenna, il GDLI (XX, 950) elenca – fra altre – l'accezione «Ciascuno dei vari tipi di tributo che il coltivatore di un terreno pagava allo Stato o comunque all'autorità politica» (dandone esempi veneziani).

> le qual sono quelle cax(e) che | dixe le sigortade fatome p(er) d(ona) abbadessa soror Catella(n) | e p(er) la dita d(ona) Ergina Sirigo al p(rese)nt(e) abbadessa e p(er) lo resto | de monage del dito monastier ch(e) zà an(n)i 38 da an(n)o i(n) an(n)o | p(er) segurtade paga lo so tarad(e)go a p(er)p(eri) viij a l'an(n)o. | [. . .][77]

Non mancano latinismi come *relicta*, *et* (6 occ., accanto a *e* 11 occ.), *iustissimo*, *iniusta*, *sancto*, *d(i)c(t)o*, *restituta*, *p(er) adverse (com)p(ro)misse*, *i(n) p(er)p(etu)o*, *primo* e *soror* (2 occ.). Per il vocalismo tonico segnaliamo in primo luogo *noder* (2 occ. nel nostro estratto e 22 nell'intero *memoriale*), con l'esito più specificamente veneziano del suffisso latino -ARIU(M), di fronte alla forma piuttosto di terraferma e di koinè *nodaro* (una sola occ. nel *memoriale* intero). Presentano dittongazione della vocale tonica *monastier* (4 occ.)[78] – sempre che non si tratti di anticipo di *j* – e *suoa*: il dittongo potrebbe manifestarsi anche nella variante *suò* in *suo fiola* e forse in *suo fio* e *suo zudegado* (2 occ.), che si alternano con *so* in *so fiola*, *soe camere*, *so zenero* e *lo so taradego*. Sempre per il vocalismo tonico sono degni di nota *nui*, *dito* (10 occ.), *dita* (2 occ.), *dite* e *tigniva* e il prestito dall'arabo *magaze(n)* (2 occ.). Tra le vocali pre- e postoniche predominano le *e* in *de* (10 occ., nessuna occorrenza di *di*), *resposta*, *desonesta*, *portego*, *taradego* (2 occ.) e *segurtade* di fronte a *sigortade* e *dimanda* (3 occ.). Invece, nel caso delle vocali velari, il rapporto tra conservazione e chiusura si mostra più equilibrato: a *coxina*, con *o* conservata, si contrappongono *ruinada* e *ruinade* (2 occ.), che però sono forse latinismi; in compenso, la *u* di *segurtade* si apre in *o* in *sigortade*. È regolare l'apocope secondo le condizioni del veneziano: *noder* (2 occ.), *procurador*, *renovar*, *pagar*, *appar*, *le qual* (4 occ.), *natural*, *Catellan* (che permette di sciogliere nella stessa maniera l'abbreviazione di *Catella(n)*), a cui si possono aggiungere *raxo(n)* e *magaze(n)* (2 occ.). Testimoniano lo scempiamento delle doppie *comissarii*, *dito* (10 occ.), *dita* (2 occ.), *dite*, *Micaleto Philipo* (2 occ.), *a la*, *a le*, *a l'* (2 occ.), *da la*, *da l'*, *de la* (2 occ.), *Nicolò*, *fato* (3 occ.), *magaze(n)*, mentre *ap(rese)nto*, *ap(rese)ntada* (2 occ.), *reap(rese)ntemo* contrastano con *appar* e *abadessa* (accanto a *badessa*) con *abbadessa* (3 occ.). Sono usate le doppie *-ll-* e (per la sibilante sorda) *-ss-* in *quella*, *quelle* (4 occ.), *Catellan* (2 occ.) e *possedeva* (2 occ.), *iustissimo*, *int(r)omesse*, *i(n)promessa*, *esse* (ma anche *eso*) e, eccezionalmente dopo consonante, *tolsse* (ma anche *tolse*). Le occlusive intervocaliche e intersonantiche latine sono per lo più sonorizzate: -T- passa a *-d-* in *procuradori*, *notada*, *ap(rese)ntada* (2 occ.), *ruinada*, *ruinade* (2 occ.), *fabricad(o)*, *noder* (2 occ.), *procurador*, *maridò*, *zudegado* (2 occ.),

77 Archivio di Stato di Venezia, *Duca di Candia, Memoriali*, busta 32, registro 46, numero 90, fogli 4r–6r.

78 Accanto a un'altra occorrenza con abbreviazione, che per analogia sciogliamo come *mon(astier)*.

taradego, *mitade*, *sigortade* e *segurtade*, e arriva al dileguo in *Piero*; -C- (primaria o secondaria) passa a *-g-* in *digo*, *antigo*, *portego*, *monage* e di nuovo *taradego*, *sigortade* e *segurtade*. Contrastano solo la *-c-* in *fabricad(o)* e la *-p-* in *sopra* (2 occ.), se prescindiamo dalla forma latina *restituta*. Ad eccezione di *circa* (interpretabile tuttavia anche come latinismo), si ha l'affricata alveolare in *rezimento*, *Zusto*, *Zorzi* (3 occ.), *zudegado* (2 occ.), *zenero*, *zoè*, *zà*, *çerte*, e la fricativa in *dixe*, *raxon*, *raxo(n)*, *coxina*, che mostrano un uso diffuso della <x> per [z], adoperata anche in *caxa*, *caxe* (7 occ.) e *caxete*. Da -LJ- latina si è sviluppata [j] in *fio* (2 occ.) e *fiola* (2 occ.), [ʤ] invece in *muger*, forma propria del veneziano rispetto al *muier* della koinè veneta e settentrionale. Per la morfologia verbale si segnalano la desinenza *-emo* di prima persona plurale in *reap(rese)ntemo* e *l'è* per la terza persona singolare del presente di *essere*. Quanto alla morfologia nominale, va notato il plurale in *-e* per i sostantivi femminili di tutte le declinazioni, attestato da *le part(e)* (presente anche nei *memoriali* del 1567 e in altri documenti cancellereschi veneziani) e *le sigortade*. Nel caso di *mane* in *notada p(er) mane del dito (com)mittent(e) n(ost)ro*, invece, la stessa desinenza è da interpretare come l'erronea restituzione della desinenza apocopata *-o* (cf. Stussi 1965, XXXIII). Il tratto più vistoso però, che distingue il *memoriale* dal *bando* e dalla *lettera* del 1472 riprodotti sopra, è costituito dall'uso di *lo* come forma dell'articolo maschile singolare, documentato da *in lo suo zudegado*, *lo dito* (3 occ.), *lo magaze(n)*, *lo resto*, *lo so tarad(e)go*: *lo* è in maggioranza nel *memoriale* intero, con 67 attestazioni contro 49 di *el* e nessuna di *il*. Quanto all'articolo indefinito, è degna di nota la forma *uno* in *p(er) uno antigo s(er) Nicolò da Pont(e)* e *fato uno portego [...] et uno magaze(n)* (2 occ.; cf. Eufe 2008, 64). Per il lessico vanno rilevati i già menzionati *noder* (2 occ.), *fio* (2 occ.) e *fiola* (2 occ.) oltre al termine tecnico *taradego* (2 occ.),[79] le forme verbali *ap(rese)nto*, *ap(rese)ntada* (2 occ.)[80] e il derivato *reap(rese)ntemo*, il perfetto *lagò* 'lasciò' da *lagare* (probabilmente per l'incrocio di LAXĀRE con LEGĀRE, cf. Salvioni [1904] 2008, 696), e inoltre *dapò* (5 occ., vedi sopra), *como* (vedi sopra) e *contra* per *contro*, il cui uso

79 La variante *taradego* della parola con *a* nella prima sillaba solleva la domanda se le forme inizianti con *ter(r)a-* rappresentino una reinterpretazione di una voce con una radice di origine araba simile all'it. *tara* < ar. *ṭarḥ*, ar. volg. *ṭaraḥ* 'detrazione' (DELI*n*, 1662), che si collegherebbe molto bene con un'eventuale origine orientale della parola. Sottolineiamo tuttavia che la comparsa di *a* davanti a *r* è tutt'altro che inusuale in veneziano, come ad esempio nelle forme del futuro, di modo che anche per *terremoto* è attestato *taramòto* (accanto a *teramòto* e *traramòto*, Cortelazzo 2007, 1361). La parola *terratico*, *taradego* meriterebbe comunque uno studio più dettagliato.

80 Il GDLI (I, 584) qualifica *appresentare* 'presentare' come «[a]nt[ico] e letter[ario]», dandone degli esempi tratti da Dante, Ariosto, Tasso ed altri. Nei nostri testi è da notare tuttavia l'alta frequenza del verbo e l'attestazione del derivato *reapresentar*, che testimoniano della sua particolare vitalità.

continua nel Cinquecento (vedi sotto). I due *che* polivalenti[81] in *in le dite caxe che al presente sta Antonio mio fio natural* e *quelle cax(e) che dixe le sigortade fatome p(er) d(ona) abbadessa soror Catella(n)*, dove colpisce anche il mancato accordo tra *le sigortade* e *fatome*, danno l'impressione di uno scrivente che ha poca dimestichezza nel gestire una testualità elaborata.[82]

4.6 Un *memoriale* del 1567

Come prova l'esempio che segue, nel Cinquecento i *memoriali* cambiano forma. Dal 1500 in poi si presentano come testi redatti quasi interamente in volgare. In particolare, a partire dal 1540 si nota una loro netta prevalenza su quelli latini.[83]

> Die xiiij maij 1567. | Aldito[84] m(isser) Prospero Colona el qual havendo citato il n(obil) | h(om)o m(isser) Hier(oni)mo Ruzier q(uondam) s(er) Mathio rechiedeva fosse revo|cata la pignora fatta contra esso m(isser) Prosp(er)o ad instantia del | ditto m(isser) Hier(oni)mo sotto dì 26 avril 1567 p(er) le rason et | cause ditte et esposte p(er) esso et avocato suo, allegando | et producendo p(er) favor delle sue raso(n) il coman(damen)to inzuntog[li] | ad instantia di esso m(isser) Hier(oni)mo de d(ì) 13 marzo p(ro)x(imo) passato | et le citatio(n) fatte tra essi da dì 15 ditto fin dì ult(im)o | avril p(redit)to, una poliza d'incanto ellevata ad inst(anti)a | delli p(ro)curatori della Camera de Christo della portio(n) | della q(uondam) madona Petru Ruzier sorella di esso m(isser) Hier(oni)mo | sotto dì 12 mazo 1550 con il pagame(n)to della ditta | poliza, ite(m) il conto et partite tratte dal libro d(e)ll[a] | ditta Camera de Cristo, ite(m) una sigurtà fa[t]|tagli p(er) li r(everen)di p(ad)ri de m(isser) s(an) Franc(esc)o p(er) man de [misser] | Zorzi Vasmulo nodaro sotto dì 23 oct(obri)o 1561, ite(m) | duo scritti fattigli p(er) ditti r(everen)di p(ad)ri de forme(n)to m(isure) 12 | de dì 8 avosto 1565 et 17 sett(embri)o 1566, ite(m) l'in|str(umen)to | de concambio fatto tra esso m(isser) Prospero et el q(uondam) | m(isser) Vicenzo Quirini marito de madona Gradonica | fiolla della q(uondam) madona Petru Ruzier sotto d(ì) 27 | avril p(ro)x(imo) passato, et finalmente la p(redit)ta pigno[ra] | fattagli dall'una et dall'altra col ditto | esso m(isser) Hier(oni)mo, el qual rechiedeva il laudo | di essa pignora p(er) le raso(n)

---

81 Cf. Fiorentino (2010). D'Achille (1994, 77) osserva che il *che* polivalente è «usatissimo» nei testi semicolti.

82 Contribuiscono a quest'impressione anche i sintagmi preposizionali *davanti del* e *sopra a*, tuttavia molto difficili da giudicare, perché l'uso delle preposizioni si caratterizza per una certa variazione, i cui elementi possono solo parzialmente essere collocati lungo gli assi diacronico, diafasico e diatopico. Quanto al primo sintagma, è degna di nota l'esistenza del trent. *davánti de* (LEI I, 17; Treccani, 112 discute solo la differenza tra *davanti qc.* e *davanti a qc.*); quanto al secondo, ancora nell'italiano odierno «La forma *sopra a* non è da considerarsi scorretta, ma piuttosto colloquiale e informale» (Treccani, 413).

83 Cf. Eufe (2006, 212) per delle cifre più dettagliate. Abbiamo trascritto 37 memoriali del 1567 con una lunghezza complessiva simile a quella del *memoriale* del 1472.

84 Cf. Stussi (1965, XLVI–XLVII).

> et cause ditte et | esposte p(er) el deffenso(r) suo, unde p(er) el cl(arissi)mo | s(ign)or Duca aldite le raso(n) di esse parte et visto | le p(re)ditte scritture et consideratis considerand(is) | ditto et terminato ch(e) la p(re)ditta pignora fatta | contra esso m(isser) Prospero sia revocata quanto | alla portio(n) de madona Petronella, pr(ese)ntib(us) (etcetera).[85]

È sempre in latino la *datatio* all'inizio del testo, come anche la formula finale abbreviata e la locuzione *consideratis considerand(is)*. Per di più compaiono le congiunzioni *item* (4 occ.) e *et* (15 occ., mai *e*) e il relativo *unde*. Persistono *h-* in *havendo*, *homo* e *Hieronimo* (5 occ.) e l'uso di alcuni nessi consonantici latini in *oct(obri)o*, *instrumento*, *citatio(n)*, *portio(n)* e *instantia* (2 occ.).[86] Nell'ambito del vocalismo tonico, meritano attenzione le forme veneziane *ditto* (4 occ.), *ditta* (2 occ.), *ditti*, *ditte* (2 occ.), *p(re)ditta* e *p(re)ditte*,[87] e inoltre *duo scritti*, forse da interpretare come *do* con la vocale dittongata. Tra le protoniche, *il* (5 occ.) è ormai in pari con *el* (5 occ.), mentre *de* (10 occ.) prevale ancora nettamente su *di* (4 occ.) e, tra i prefissati, non presentano chiusura *rechiedeva* (2 occ.) e *deffensor*. Le apocopi sono ancora ben attestate: *el qual*, *avril* (3 occ.), *rason*,[88] *favor* e *man*.[89] Nel consonantismo sono ormai in minoranza le scempie: *Colona*, *madona* (4 occ.) e *poliza* (2 occ.); le geminate sono documentate da *esso* (7 occ.), *essi*, *essa*, *esse*, *fosse*, *passato* (2 occ.), *fatto*, *fatti*, *fatta* (3 occ.),[90] *fatte*, *ditto* (4 occ.), *ditta* (2 occ.), *ditti*, *ditte* (2 occ.), *p(re)ditta*, *p(re)ditte*,[91] *sotto* (4 occ.), *scritti*, *scritture*, *tratte*, *sett(embri)o*, *alla*, *allegando*, *sorella*, *Petronella*, *delli*, *della* (6 occ.), *delle* e *dall'* (2 occ.), e dagli ipercorretti *fiolla*, *ellevata* e *deffensor*. Le occlusive intervocaliche e intersonantiche sono sonorizzate nelle due parole appartenenti al linguaggio giuridico *nodaro* e *sigurtà*, e in *avril* (3 occ.); in *avosto* la fricativa sonora si è introdotta come «suono consonantico di transizione» (Rohlfs 1966–1969, § 369) dopo il dileguo dell'occlusiva velare. Conservano invece l'occlusiva sorda etimologica i participi *citato*, *terminato* e *revocata*, ai quali si aggiungono *marito* e *Gradonica*. Similmente, per le affricate e per le sibilanti si ha alternanza tra forme con l'alveolare e forme con la postalveolare: *Ruzier* (2 occ.), *Zorzi*, *inzuntogli*, *mazo* e *rason* (4 occ.), ma anche *citato*, *citatio(n)*, *producendo* e *Vicenzo*. Nell'ambito della morfologia nominale *esse parte* conferma l'uso continuato di *-e* per il plurale di tutti i sostantivi femminili

85 Archivio di Stato di Venezia, *Duca di Candia, Memoriali*, Serie IIa, busta 36, registro 32, foglio 1r.

86 Senza considerare un'altra occorrenza abbreviata, *inst(anti)a*.

87 Senza tener conto di *p(redit)*to e *p(redit)ta* abbreviati.

88 Escludendo la forma abbreviata *raso(n)* (3 occ.).

89 Senza tener conto di le *citatio(n)*, *portio(n)* (singolare, 2 occ.) e *deffenso(r)*.

90 Senza tener conto di *fa[t]|tagli*.

91 Senza tener conto di *p(redit)to* e *p(redit)ta* abbreviati.

(cf. Stussi 1965, LXII; Tomasin 2001, 114). La morfologia verbale è povera di forme finite, per via della struttura testuale del *memoriale*, concepito come un unico periodo. Il suo nodo verbale principale è rappresentato da *ditto et terminato* che introduce la *dispositio* alla fine del testo, reggendo varie subordinate participiali e gerundiali antecedenti per l'esposizione dei fatti. Tra i gerundi troviamo *havendo* e *producendo* con una desinenza ormai ben distinta da quella dei verbi in *-ar(e)*.[92] Il lessico si caratterizza per *fiolla*, e per i termini giuridici *laudo*[93] e *pignora* (3 occ.).[94] Resiste inoltre *contra* (2 occ.), forma esclusiva in questo periodo in Sanudo (Crifò 2016, 334).

Possiamo infine constatare che anche nei *memoriali* si verifica tra il 1472 e il 1567 un chiaro adattamento agli usi sovraregionali influenzati dal modello della lingua letteraria toscano-fiorentina, che tuttavia non impedisce la persistenza di alcuni tratti caratteristici della koinè veneta e di quella settentrionale. Questa tendenza è comune a tutti e tre i tipi di testo, che non presentano differenze sostanziali tra di loro a tal riguardo. Si potrebbe obiettare che i pochi esempi di testi discussi qui non siano sufficienti. Abbiamo tuttavia condotto, in Eufe (2008), un'analisi quantitativa su una serie circoscritta di tratti[95] in tutti i testi volgari da noi trascritti, che conferma in maniera inequivocabile la tendenza emersa da questo lavoro. Per di più, lo studio del 2008 ha dimostrato come le *missive* abbiano incluso, prima dei *bandi* e dei *memoriali*, molti tratti del toscano-fiorentino. A questo fenomeno possiamo dare le seguenti spiegazioni: in primo luogo, i *memoriali* e i *bandi* conoscevano una circolazione sostanzialmente intra-cancelleresca, mentre le *missive* costituivano il mezzo di comunicazione attraverso cui avveniva lo scambio con l'esterno, che favoriva un loro adattamento agli usi linguistici di corrispondenti lontani.[96] In secondo luogo, il genere epistolare è stato per secoli al centro

---

92 Cf. Eufe (2008, 65) per questo tratto. Nei nostri 37 *memoriali* del 1567 abbiamo trovato in tutto 23 gerundi di verbi della coniugazione in *-er(e)* con la desinenza *-endo* e solo due con *-ando*.

93 Secondo Boerio (1856, 363) si tratta di un «T[ermine] del Foro ex Veneto, vale Conferma, Approvazione della prima sentenza – *Lodo* è propriam[ente] la Sentenza degli arbitri».

94 Il GDLI (XIII, 465) riporta un'attestazione per *pìgnora* nelle opere del Sanudo, qualificandolo come una forma antica per *pignoramento*.

95 Abbiamo analizzato i riflessi di CE, CI (*cioè* vs *zoè*), di GE, GI (*gente* vs *zente*) e di LJ (in posizione intervocalica, *luglio* vs *lugio* e *luio*) latini; e inoltre le forme dell'articolo definito maschile singolare (*il* vs *el* e *lo*) e quelle del gerundio dei verbi in *-ere* e *-ire (volendo* vs *vogliando* o *vogiando* – accanto ai quali dovrebbe essere esistito anche *voiando*, che però non è attestato nei nostri testi).

96 Le lettere non erano naturalmente l'unica via di trasmissione a Creta di un italiano di base toscana: Vincent (1998, 134) menziona casi di soldati italofoni ingaggiati durante i loro soggiorni a Creta dalle famiglie agiate per insegnare l'italiano ai loro figli. Non dimentichiamo, però, che l'italiano è all'origine un idioma letterario puramente scritto, che non poteva essere

della *Ars dictaminis*, di modo che le *missive* rappresentavano, rispetto ai *bandi* e ai *memoriali*, la più elaborata delle tre tipologie testuali, la più soggetta a riflessioni metalinguistiche e la meno aliena da aspirazioni letterarie.[97] I *memoriali* appaiono invece più ancorati alle tradizioni giuridiche latine e i *bandi* sono da considerarsi come registrazioni di una prassi principalmente orale.

4.7 Il testamento di un nobile veneto-cretese del Seicento redatto a Tunisi

Lo spezzone di testo che analizzeremo di seguito fa supporre che accanto al veneziano cancelleresco d'ambito ufficiale, amministrativo e notarile, di cui nei paragrafi precedenti abbiamo descritto la natura e i cambiamenti avvenuti tra Quattro e Cinquecento, circolasse a Creta un vero e proprio veneziano *de là da mar*. Con quest'espressione ci riferiamo a una varietà spiccatamente veneziana, trapiantata e conservata dai veneziani sull'isola dopo la sua conquista e da loro utilizzata fino alla fine della venetocrazia in situazioni informali, a volte anche in testi scritti da persone che mostrano scarsa confidenza con le testualità elaborate. Questa varietà mostra le tendenze descritte nell'ormai canonico articolo di Folena ([1968–1970] 1990), di cui menzioniamo qui solo la conservazione di tratti soppiantati o spariti nella madrepatria e la più intensa presenza di fenomeni di contatto linguistico.

Nel caso presente l'uso del veneziano cretese si spiega con le circostanze della registrazione scritta del documento, avvenuta, differentemente dalla prima stesura del testo, a Creta. Si tratta del testamento di un nobile veneziano fatto schiavo e per questo costretto a redigere le sue ultime volontà a Tunisi, nel 1662. Dopo la sua morte il documento fu mandato a Candia, provvisto della sottoscrizione di «noi, Gio Levachet, prettre della congregatione della miss(io)ne | per la gr(ati)a di io [*sic*] missionario e vicario apostolique in questa | citta e regno di Tunisi vicario generale di Cartagine in Africa», che dichiara di aver «sottoscritto (con) le presente di manu | proprio [*sic*] et all'hora fatto apponere il sigillo ordinario | della nostra missione». A Creta il testamento fu presentato

tramandato per via orale: sotto questo aspetto è indicativo che nelle commedie neogreche cretesi appaia «la figura del pedante che di continuo fa sfoggio del suo latino e del suo italiano letterario» (Vincent 1998, 135).

97 Per gli indizi offertici dalle fonti riguardo al livello d'istruzione dei cancellieri grandi cretesi e all'esistenza di opere metalinguistiche e letterarie sull'isola cf. Eufe (2006, 202–206, 225–229; 2008, 66–68). L'importanza delle lettere è provata tra l'altro dal fatto che gli aspiranti al primo grado della carriera in cancelleria nell'esame d'entrata dovevano redigere una lettera in volgare (Eufe 2006, 205; 2008, 67).

alle autorità dal «pre(sbiter) Machario Arfara, economo | del monasterio di s(an)-ta Catterina Monte Sinai» e quindi aperto, previa emanazione di un *bando* che invitava ogni eventuale interessato a presentarsi nella cancelleria del Duca di Candia per «far notar [. . .] la sua contrad(izio)ne esprimendo le ragioni | che in ciò intende usare». Il testamento, insieme a questo proclama, fu finalmente copiato dal vicecancelliere Tommaso Sachiellari in un registro dei *bandi*.

copia inomine Patris et Filij et Spiritui [*sic*] Santi, amen Jesus
li | 15 | di agosto 1662

Il giorno di ogi io Zuane Foscarini q(uondam) s(e)r Nicollò di la cità di Candia | grande hò voluto col mio core di ordinar la mia anima, | vedendo in questo paese tanta mortalità de peste e che | mi hatrovo schiavo e non hò visto nisuno di agiutarme de queste mie afletioni se non sollo Iddio e la beatiss(i)ma | Vergine, però domando perdono a tuti li fideli cristiani, | così religiosi come e laici. Segondariamente mi atrovo | schiavo qui in Barbaria incirca sarano /17/ ani et hora | si atrovano dì /15/ di agosto 1662 con grandis(si)-ma e silirota | schiavitù, vedendo la peste e lo fogo che hà mandà | il s(e)r Iddio, ora che mi ritrovo vivo e sano in gratia | del nostro Sig(no)re hò voluto far quatro parolle con la propria mia mano per despensar la mia roba daspò la | mia morte per l'anima mia donde mi darà fine il Sig(no)r | Iddio, adesso che mi hatrovo sano con tutti li miei sensi, | e scrivo con la propria mia mano, però voglio che questo | mio testamento daspò la la [*sic*] mia morte sia vivo e valido. | Voglio che tutte le lettere che hò fatto de qui e l'o[98] mandate | in Candia al s(e)r Michel Sermoni et al sig(no)r dottor Lolin, mio cariss(i)mo | barba, siano tagliate et anulate sì come che mai non gli | havesse fatte io, perché mi son inganato come schiavo con | le loro lettere; perché il sig(no)r Sermoni, sè lui voleva, non | mi lassava à morire così miseramente, che fine mi | par impor de case ali sui mani – valevano incirca quat|tro mille ducati –: mi hà mandato reali di spagna n(ume)ro[99] /60/ / con grandiss(i)ma stenta; e sono disisette anni che tene le mie | case che io ge li hò dato per affitto: cada ano pagano per | affitto trentacinque ducati che podeva con li affitti forarme | di questa schiavitù; e lui à volsuto senza pietà e malitia | di lassarme à morire in queste miserie come si fosse la | guera di Candia qualche sie ani, aciò che quille[100] litere | che io go mandato, lo povereto, podisero eser valide morendo | io; e morendo lui porà il soprascritto sig(no)r Sermoni di testar | la mia roba ad altri come si apare[101] anca et io morirè in questa | schiavitù, prometendomi con le sue letere che mi forasse | de la schiavitù: però voglio che siano tagliate et anulate | tutte le letere che hò mandato al s(e)r Sermoni et cedulla | testamentaria sia tagliata et anulata. Però voglio et | lasso daspò la mia morte à Santa Caterina

98 L'originale reca *lo*.

99 Si potrebbe leggere anche *n*^{so}, che però non sapremmo come sciogliere.

100 Secondo la nostra lettura si tratta proprio di una <i>. Avvertiamo tuttavia che le <i> e le <e> del manoscritto non sono facili da distinguere. Per di più si tratta di una copia – già il copista Sachiellari poteva avere avuto le stesse difficoltà a identificare il grafema in questione, alterando eventualmente una <e> dell'originale in una <i>. Questi fatti ci invitano a non dare troppo peso alla forma del testo. Comunque, Baglioni (2010, 71–72, 75–76, 82–88) nota una certa oscillazione tra *e* e *i* sia toniche che atone nei testi tunisini.

101 Nell'originale si legge *siapare*.

ala Grega | queste predite case, che tiene ch(e) tiene [*sic*] el sig(no)r Michel | Sermoni come affitator, soto ala parochia di Ghristo | Chefala Porta Orea, il qual queste case mi son vegniute | dalla mia consorte, de la q(uondam) sig(no)ra Madalena Querini come | residuario delli mei figlioli Carlo, Nicholochi e Margeta, | le quale case erano del q(uondam) s(e)r Carlo Querini, suo padre, come | beni paterni [. . .].[102]

Il testo presenta alcuni elementi tipici e giuridicamente indispensabili di un testamento autografo veneziano,[103] come l'*invocatio* e l'*arenga* con la dichiarazione della salute mentale. Salta tuttavia all'occhio la mancata conoscenza delle formule esatte da usare in questi luoghi: lo documenta l'*invocatio* con le parole *inomine Patris et Filij et Spiritui Santi, amen Jesus*, che mostra anche una ristretta padronanza del latino, confermata dagli errori di segmentazione in *inomine*, di desinenza in *Spiritui* e di grafia in *Santi*, ma anche dall'aggiunta di un inusuale *amen Jesus*. Non mancano allo stesso tempo forme latineggianti come *et*, *gratia* e *hora*; è anetimologica invece l'*h* in *hatrovo* (2 occ.) – grafie di questo tipo, peraltro, non sono del tutto sconosciute ai documenti scritti a Tunisi (cf. Baglioni 2010, 57–58) –. Un uso, invece, non riscontrabile né negli altri documenti cretesi da noi consultati, né in quelli editi da Baglioni (2010) è rappresentato dagli accenti su *à* 'a' (3 occ.), *à* 'ha' e *hà* 'ha' (2 occ.), *hò* (6 occ.) e *sè* 'se'.[104] A prima vista, l'accento sulla preposizione *à* potrebbe indurre a pensare a un tratto d'influenza grafica del francese,[105] che però non darebbe conto dell'uso del diacritico in *hò*; esso si spiega invece col fatto che nello spazio italofono «era largamente diffusa l'abitudine di accentare tutti i monosillabi atoni» (Maraschio 1993, 145) prima che Benedetto Buommattei (1581–1648) proponesse di usare l'accento solo per distinguere i monosillabi omofoni.[106]

Colpiscono, poi, il lessico di registro comune e le espressioni idiomatiche che il testatore usa nell'*arenga*: *fare quatro parolle* e *despensar la mia roba* appartengono ad uno stile colloquiale tipico di una situazione familiare piuttosto che al registro che ci si attenderebbe in un documento ufficiale. Alla luce di queste osservazioni e in ragione anche dell'uso errato delle formule latine

102 Archivio di Stato di Venezia, *Duca di Candia, Bandi*, busta 17, registro 19, foglio 3r–3v.

103 Per i testamenti veneziani cf. Stussi (1965), Sattin (1986) e per quelli scritti a Creta McKee (1998).

104 Si tratta degli unici accenti presenti nell'originale, mentre quelli sulle forme del futuro e sui sostantivi tronchi si devono al nostro intervento.

105 Infatti l'accento grave veniva usato in francese già nel Cinquecento, anche se in modo tutt'altro che uniforme (per ulteriori dettagli cf. Catach 2001, 130–131).

106 Maraschio (1993, 145) chiarisce anche che «è decisamente fuori norma oggi l'accento sulle voci *ò*, *ài*, *à* e *ànno*, per 'ho', 'hai', 'ha' e 'hanno', uso che era comune fino a due generazioni fa. Si trattava di un'invenzione di vecchia data, sostenuta nel Seicento ad esempio dal Magalotti e riproposta nell'Ottocento dal Petrocchi».

possiamo considerare il testo – similmente alla dichiarazione di *Micaleto de Phylipo dito Sculudi* contenuta nel *memoriale* del 1472 discussa in § 4.5 – come un'altra testimonianza di un semicolto, ossia di una persona poco preparata e non abituata alle produzioni scritte.[107]

È tipica dei testi dei semicolti anche una certa mancanza di agilità e fluidità nel periodare, che rende spesso difficile al lettore odierno l'identificazione dell'inizio e della fine delle unità frasali e la ricostruzione delle relazioni sintattiche. A quest'impressione contribuiscono tra l'altro i numerosi *che* polivalenti,[108] che si ritrovano ad esempio in «vedendo in questo paese tanta mortalità de peste e che mi hatrovo schiavo», «sì come che mai non gli havesse fatte», «non mi lassava à morire così miseramente, che fine mi par impor de case ali sui mani», «cada ano pagano per affitto trentacinque ducati che podeva con li affitti forarme di questa schiavitù». Sempre a questo proposito, interessa anche l'uso che lo scrivente fa delle preposizioni[109] *di* e *a* in «hò voluto col mio core di ordinar la mia anima», «non hò visto nisuno di agiutarme de queste mie afletioni», «non mi lassava à morire», «lui à volsuto senza pietà e malitia di lassarme à morire».[110] Sono da evitare tuttavia giudizi affrettati circa l'origine di questi impieghi delle due preposizioni, perché non sappiamo con sicurezza se si tratti di usi propri della varietà del veneziano sottostante, o se si tratti invece di un effetto del contatto con un'altra lingua, in particolare il greco, oppure se siamo di fronte a soluzioni improvvisate dall'autore del testamento che le crede adeguate per un testo scritto amministrativo.

Ci sembrano degni di nota anche i casi di frasi marcate, perché queste strutture, anche se non sono certamente del tutto assenti nei testi scritti odierni e

---

107 Ribadiamo tuttavia che l'etichetta *semicolto* si riferisce a tutta una gamma di profili di competenze diverse, da collocare non su uno stesso livello, ma «piuttosto su vari gradini, dato che gli studi utilizzano il termine con riferimento a scriventi culturalmente abbastanza diversi» (D'Achille 1994, 42–43). Nel nostro caso, il *Micaleto de Phylipo dito Sculudi* della *dichiarazione* contenuta nel *memoriale* del 1472, in quanto probabilmente semplice contadino, avrà avuto un altro livello d'istruzione rispetto al nobile Zuane Foscarini. Ciò nonostante, tutte e due le nostre fonti appartengono nondimeno al filone dei testi semicolti «burocratico-amministrativi» (ivi, 54).

108 Seguiamo sempre la descrizione di Fiorentino (2010).

109 Per *sotto a* in *soto ala parochia di Ghristo Chefala Porta Orea* rimandiamo invece a GDLI (XIX, 580), secondo il quale *sotto* appare «[c]on il compl. di stato in luogo anche in unione con *a* e con *di*».

110 Un tale uso di *a* non è osservato da Baglioni (2010, 176–179) nei documenti tunisini. Stussi (1965, LXXX) menziona *lasar a* + infinito nell'accezione 'lasciare in eredità', come in *laso [...] s[oldi] X [...] a dar in aiutorio*. Rohlfs (1966–1969, § 710) nota che «[r]ispetto al toscano, parte dei dialetti fanno un uso maggiore dell'infinito con *a*», adducendo anche esempi dell'antico veneziano, e registra la costruzione di 'lasciare' con *a* nel genovese e nel siciliano (ivi, 95).

antichi,[111] appaiono nel testamento di Zuane Foscarini con un'eccezionale densità. Nel brano citato,[112] troviamo all'inizio della *dispositio* un costrutto difficile da classificare: in «voglio che tutte le lettere che hò fatto de qui e l'o mandate in Candia al s(e)r Michel [. . .] siano tagliate et anulate» il clitico di ripresa di *e l'o mandate* è inconsueto e fa assomigliare il costrutto a una dislocazione a sinistra. In «perché il signor Sermoni, sè lui voleva, non mi lassava à morire così miseramente» il soggetto *il signor Sermoni* è topicalizzato e si ha ripresa pronominale tramite *lui*. Compare inoltre una frase scissa in «e sono disisette anni che tene le mie case che io ge li hò dato per affitto». Nella stessa frase è ridondante il pronome oggetto *li* della relativa, che corrisponde a *le mie case*, già ripreso dal *che* relativo.

L'analisi fono-morfologica mostra da un lato un certo orientamento verso la lingua scritta toscano-fiorentina, che ormai, nel Seicento inoltrato, non sorprende. Dall'altro rivela un innegabile fondo veneto, che si collega bene con le caratteristiche veneziane osservate nei testi analizzati di sopra, in particolare nel *memoriale* del 1472. Registriamo la mancanza dei dittonghi in *tene* e *mei* di contro a *tiene* (2 occ.) e *miei* (usato ancora altre tre volte da Foscarini nella parte qui non riprodotta), e anche alla forma veneta *sìe* 'sei' con ritrazione dell'accento (Crifò 2016, 323 e Sattin 1986, 64, 114, che nota la mancanza di questa forma nei documenti di Stussi 1965, dove si registra sempre *sei*). Appaiono senza dittongo anche *core* e *fogo*, accanto a *homini*, *sociera*, *socera* e *socero*, di contro a *suoi* e *luoco* (3 occ.) nel resto del documento. Notiamo ancora la *i* tonica in *predite*, nel testo intero insieme a *preditte*, *sopradito* e *dito* in equilibrio con *sudetto*, *sopradetto*, *predetto* e *predete*. La stessa vocale si ha anche, inaspettatamente, in *quille litere*[113] e *podisero*. Nel vocalismo atono, invece, si registrano la prevalenza di *di* (12 occ.) su *de* (4 occ.), il pronome clitico *mi* (11 occ.) e il riflessivo *si* (3 occ.); la congiunzione *si* è usata qui accanto a *se* e *sè*. Presentano l'innalzamento di *e* protonica in *i* anche *ordinar*, *ritrovo* e forse *silirota* per 'scellerata',[114] mentre il fenomeno manca in *despensar*, un lessema più marcato diatopicamente; la chiusura si osserva anche nelle forme veneziane *disisette*[115] e *nisuno*. Le vocali finali subiscono apocope in *afitator*, *Lolin*, *son*, *ordinar*, *far*,

111 Cf. Stussi (1965, LXXVII–LXXVIII) e Baglioni (2010, 230) per Tunisi. Le dislocazioni rappresentano uno dei «tratti universali del parlato» (Koch 2005, 47), di cui gli scriventi poco esperti nella comunicazione scritta fanno uso più spesso che altri (cf. *infra*).

112 Accanto ad altri nel resto del testo.

113 La <i> di *quille*, però, potrebbe anche leggersi <e>, dal momento che, come abbiamo spiegato sopra, le due vocali si distinguono appena in questo caso.

114 Questa variante potrebbe leggersi *silerota*, per la già osservata scarsa distinzione tra <e> e <i> .

115 La vocale della prima sillaba può essere spiegata come il risultato di uno sviluppo *i* < *iè* in posizione proclitica (cf. Stussi 1965, XLI).

despensar, *impor*, *eser*, *testar* e *par*, mentre si ha conservazione in *apare* (ma due occorrenze di *apar* nel resto del testamento), *morire* (2 occ.), *sono*, *Signore*, *core*, *mano* (2 occ.) e *fine* (2 occ.).[116] Di regola *-e* cade anche nei sostantivi suffissati in *-on* anche al plurale, con l'unica eccezione di *afletioni*.

Nel consonantismo si manifesta un innegabile sforzo da parte dello scrivente di rispettare l'opposizione tra scempie e geminate, che – come in molti testi dell'epoca – genera una certa oscillazione grafica:[117] *tuti* compare accanto a *tutti* e *tutte* (2 occ.), *ani* (2 occ.) accanto a *anni*, *quatro* accanto a *quattro*, *litere* e *letere* (2 occ.) accanto a *lettere* (2 occ.), *affitator* accanto a *affitto* (2 occ.), *affitti* e *di la*, *de la* (2 occ.) e *ala* accanto a *dalla* e *delli*. Si ha la scempia al posto della geminata in *ogi*, *cità*, *atrovo*, *hatrovo* (2 occ.), *atrovano*, *nisuno*, *afletioni*, *sarano*, *silirota*, *inganato*, *guera*, *aciò*, *povereto*, *podisero*, *eser*, *apare*, *prometendomi*, *anulate*, *anulata*, *predite*, *soto*, *parochia* e *Madalena*; occorrono invece regolarmente con la geminata *Iddio*, *beatissima*, *cariss(i)mo* e *grandiss(i)ma*,[118] *adesso*, *fatto* e *fatte*, *dottor*, *havesse*, *fosse* e *forasse*, *lassava*, *lassarme* e *lasso*, *mille*, *disisette*, *quille* e *soprascritto*; infine, sembrerebbe ipercorretta la doppia <l> in *Nicollò*, *sollo*, *parolle* e *cedulla*. Presentano l'occlusiva sorda intervocalica le desinenze participiali di *voluto* (2 occ.) e *volsuto*, *tagliate* e *anulate* (2 occ.), *tagliata* e *anulata*, *inganato*, *mandato* (3 occ.), *vegniuto*, mentre si ha sonorizzazione in *fogo*, *segondariamente*, *podeva*, *podisero*. Per quanto riguarda gli esiti di c^{e,i}, g^{e,i}, j iniziale e dei nessi di consonante + j, si osserva una netta prevalenza dei riflessi toscani su quelli veneziani: *cità*, *laici*, *incirca* (2 occ.), *trentacinque*, *aciò*, *cedulla*, *giorno*, *ogi*, *vergine*, *religiosi*, *voglio* (4 occ.), *tagliata*, *tagliate* (2 occ.),[119] *figlioli* di contro a *disisette*, *Zuane*, *agiutarme* (cf. Cortelazzo 2007, 30). Seguono invece il modello veneziano gli esiti di -x- e sc davanti a vocale palatale: *lassava*, *lassarme* e *lasso*, *silirota* 'scellerata'.

Nella morfologia verbale meritano attenzione i participi *vegniuto*, *volsuto*[120] e *mandà*. Per il verbo *avere*, accanto alla forma della prima persona del presente *hò* (6 occ.) e *o*, si osserva una volta *go*, in *io go mandato*; inoltre, si registra il futuro *morirè*, in *io morirè in questa schiavitù*, con un'uscita in *-è* attestata ad esempio nei testamenti veneziani del Quattrocento (Sattin 1986, 118), propria delle parlate venete antiche e usata ancora oggi nelle Dolomiti e a

---

116 Cf. *fin* nel *memoriale* del 1567 commentato nel § 4.6.

117 Il nostro testo diverge quindi chiaramente dall'uso delle geminate nei documenti delle cancellerie tunisine, dove ad esempio abbondano le doppie su influsso del francese (Baglioni 2010, 60–67).

118 Senza tenere conto della forma abbreviata *grandis(si)ma*.

119 Cf. i numerosi composti e derivati da *tagiar* e *taiar* in Cortelazzo (2007, 1352–1355).

120 Marcato/Ursini (1998, 310) menzionano *vegnùdo* e *vosùdo* come varianti dei participi passati dei due verbi.

Burano (Marcato/Ursini 1998, 264). Per il verbo *essere* è attestato invece il futuro *sarano*, accanto al quale troviamo nei *bandi* del 1567 anche *serano*. La morfologia nominale presenta il plurale *ali sui mani*, che – se non si tratta di un'altra imprecisione grafica – contrasta con il singolare *la propria mia mano*, al quale corrispondono *ale mie mani*, *dalle sue mani* e *alle sue mani* nel resto del documento (non riprodotto qui). La voce *quale* in *le quale case* invece documenta la conservazione dell'uscita in *-e* per gli aggettivi femminili plurali della seconda classe, forse favorita in questo contesto dall'uguale terminazione dell'articolo e del sostantivo. Tra i pronomi notiamo *ge* come clitico di oggetto indiretto maschile singolare nel già commentato *le mie case che io ge li hò dato per affitto*, «da leggersi probabilmente [ge]» (Baglioni 2010, 166) anche nel nostro caso, conformemente alla forma diffusa nei dialetti settentrionali, anche veneti (Rohlfs 1966–1969, § 459; Marcato/Ursini 1998, 159). In questo estratto merita ancora la nostra attenzione la forma *li* usata come clitico per un oggetto diretto femminile. Se non si tratta di un'imprecisione grafica[121] o della chiusura di [e], essa si spiegherà come un esempio dell'occasionale «confusione tra i due generi al plurale» (Baglioni 2010, 166, che però osserva il caso contrario, cioè l'estensione di *le* al maschile). Questo varrà anche per *lettere* [...] *l'o mandate* [...] *non gli havesse fatte*, dove è adoperata la forma palatalizzata *gli*.[122] Molto interessante è nel nostro testo la forma dell'articolo maschile singolare, che è *lo* in *lo fogo* e *lo povereto*. Abbiamo già rilevato la sua frequenza nel *memoriale* del 1472. Interessa notare ora che nei documenti italo-romanzi di Tunisi «*lo* è attestato anche in contesti in cui [...] ci si attenderebbe la forma debole» (Baglioni 2010, 149); mentre però a Tunisi «in quasi la metà degli esempi utili (34 su 78) *lo* è usato davanti al pron. rel. *quale* o al coesivo *detto*» (Baglioni 2010, 150), nel testamento di Zuane Foscarini i casi di *lo* davanti a *quale* / *soprascritto* / *sopradetto* o simili si trovano in netta minoranza, con 4 vs 26 occorrenze (di cui 25 *il* e un *el*).

Nel lessico si distinguono *anca* (Boerio 1856, 33), *daspò* col significato di 'dappoi, dopo che, da quel tempo' (Boerio 1856, 219), e i verbi *atrovar* (4 occ.; già discusso nei commenti alle due *missive*), *despensar* 'distribuire' (Boerio 1856, 232) e *tagliare* nel senso di 'annullare', che sembra aver goduto di una particolare fortuna nel linguaggio burocratico veneziano.[123] Potrebbe essere un ispanismo *cada*,

---

121 Cf. le nostre considerazioni a proposito di *quille*.

122 Baglioni (2010, 166) elenca sette attestazioni di *gli* come clitico oggetto al plurale, però per il maschile.

123 Cf. Rezasco (1881, 1160–1161): «TAGLIARE [...] Annullare. Detto primamente delle scritte di obbligazione; donde le Carte tagliate od incise, le quali prendevano quel nome da ciò, che, dopo pagate, si annullavano tagliandole realmente colle cesoje in molte parti e poi si

in *cada ano* – questo sintagma era però in uso anche nel Nordest, come suggerisce il REW (1992, 168), riportando *chadan* 'annuale' per il friulano antico –.[124] Merita una particolare attenzione il verbo *forar* 'liberare' (2 occ.), perché si tratta di un «neologismo dell'italiano levantino e nordafricano» (Baglioni 2010, 439). Non compaiono, invece, grecismi nel brano sopracitato, ma nel resto del documento ne incontriamo alcuni casi. Ai nomi di monete e misure appartiene *mistachi*, che si riferisce a una misura di capacità. Fa parte del linguaggio burocratico *aere* < **aricum* (Cortelazzo 1970, 273), in relazione a una contribuzione. Sempre alla realtà geografico-sociale cretese è legato *carcadhioti*, in *casalli carcadhioti Agalandes et Gurnari*, che interpretiamo come 'recintati, fortificati', ritenendolo un derivato di *κάρκαδο* 'recinto'. Lo stesso vale probabilmente per *xoghorafi*, in «lasso pér l'anima mia case, tereni, sorori | xoghorafi, vigne, arbori et altre actioni», anche se non siamo riusciti a determinarne il significato.[125] Ancora più difficile da interpretare è *restare aspri*, in «alora voglio che | lo residuario delo Sermoni posa sentar ale case fina che | io vengo della schiavitù, aciò che non habia perdita se | ge resto aspri, però pretendo lo interosurio del danaro p(er) | lo tempo che li teniva»: il gr. *ἄσπρον* si riferisce a una moneta d'argento bizantina e turca di poco valore (LBG II:2, 217),[126] ed è attestato come prestito in testi italiani e veneziani a partire dal '300 (cf. Baglioni 2010, 407; Cortelazzo 1970, 142; 2007, 107). Tuttavia nella frase in questione manca un elemento di negazione per interpretarla nel senso di 'se ci resto senza un aspro'. Questo dato ci invita a prendere in considerazione il fatto che l'aspetto della moneta ha ispirato la formazione dell'aggettivo

---

restituivano al debitore. [...] Più qua si disse delle sentenze delle Corti, delle proposte a' Consigli, de' privilegi e simili, nel senso di Riprovare quegli atti, a contrapposto di Laudarli, segnatamente nel Veneto».

124 Inoltre un'informatrice veneta ci dichiara di averlo sentito usare comunemente dai suoi nonni, nati intorno al 1910, della zona di Ponte di Piave. Il sintagma, tuttavia, non è registrato in Boerio (1856), Stussi (1965) e Cortelazzo (1970, 2007); anche in Sattin (1986, 38) troviamo solo *ogno ano*. Secondo il LEI la funzione distributiva di lat. CATA < gr. *κατά* si è conservata negli idiomi ibero-romanzi, ma anche nel sardo antico e nell'occitanico antico, per il quale dà l'esempio di *cad'an* del roverghese antico, mentre nei volgari italo-romanzi si conserva «[c]ome relitto [...], soprattutto nell'Italia meridionale» (LEI XII, 1380).

125 Potrebbe ricondursi al gr. *χωράφι* 'campo' con la prima sillaba raddoppiata a causa della difficoltà di rendere la fricativa velare in scrittura latina. Si noti che nel testamento il digramma <gh> è usato per <χ> in *parochia di Ghristo / Chefala Porta Orea* secondo l'uso normale nei testi cretesi in grafia latina (cf. Manolessou 2017, 158).

126 Il nome deriva «dal lat. *asper* nella particolare accezione di 'ruvido' attribuita a moneta di fresco conio» (Cortelazzo 1970, 142).

neogreco *άσπρος* 'argenteo, bianco' (cf. Schwyzer 1931, 29), come similmente (ma in direzione inversa) il venez. *alba* era usato nel senso di *moneta*, di cui testimonia ancora l'espressione *nol m'ha dà gnanca l'alba* (Cortelazzo 1970, 142 con riferimento a Boerio 1856, 27). Per questo ci troviamo forse davanti a una locuzione idiomatica con il significato di 'essere al verde' (cf. il tedesco *blank sein*). Anche se non possiamo escludere completamente che si tratti di una locuzione italoromanza finora sconosciuta, e anche se nel testamento di Zuane Foscarini i grecismi sono, come nei testi della Cancelleria del Duca di Candia, piuttosto rari, possiamo constatare che essi sono tuttavia meglio rappresentati che nei testi amministrativi analizzati sopra.

Occorre ancora porsi la domanda se la lingua del testo rappresenti davvero un esempio di volgare cretese o se non si tratti dell'idioma italo-romanzo in uso a Tunisi. Fortunatamente disponiamo per le cancellerie tunisine dell'accurata analisi di Baglioni (2010), alla quale abbiamo già accennato varie volte. L'autore osserva nei numerosi testi editi un'«elevata polimorfia della lingua» (ivi, 259), che certamente non escluderebbe la produzione di un testo con caratteristiche più marcatamente veneziane. Per di più nota che «[a]lcuni fenomeni rimandano alle varietà settentrionali, in particolar modo al veneziano [...]» (ivi, 261), fenomeni che si manifestano però in maniera molto più intensa nel testamento di Foscarini. Nel nostro testo manca al contrario l'influenza del francese tipica dei documenti tunisini, che traspare ad esempio, invece, nella sottoscrizione del prete Levachet aggiunta al testamento, di cui abbiamo riportato un piccolo estratto all'inizio di questo paragrafo. Per il resto nel porto africano come «varietà di riferimento» (Baglioni 2010, 261) serviva la lingua letteraria italiana di marca fiorentina, che lasciava spazio nondimeno a fenomeni riconducibili a un «elemento toscano popolare» (ivi, 262) – quest'ultimo, insieme a un consistente apporto spagnolo, attribuibile all'importante comunità di ebrei livornesi a Tunisi –. Nel testamento di Foscarini, delle due componenti linguistiche toscana popolare e ibero-romanza non si trova traccia, mentre si osserva nello scrivente un certo sforzo di adeguarsi alla lingua letteraria, ad esempio relativamente all'uso delle doppie, alle desinenze dei participi con l'occlusiva sorda e alla presenza di *il* come forma dell'articolo preferita al venez. *el* (anche se in minoranza di fronte a *lo*). Apparentemente questo modello era però ormai tanto consolidato da condizionare ovunque, in misura maggiore o minore, l'accesso alla scrittura, persino a Tunisi e a Creta, come suggeriscono anche i cambiamenti osservabili nei documenti del *Duca di Candia* tra gli anni 1472 e 1567. Peraltro la lingua del testamento di Foscarini diverge notevolmente dalle parti restanti del *bando* con cui è stato aperto e registrato il testamento, mentre concorda in certi aspetti importanti con la dichiarazione di *Micaleto de Phylipo dito Sculudi* contenuta nel *memoriale* del 1472.

Quest'osservazione ci permette di postulare l'esistenza di un veneziano *de là da mar* cretese, nel senso di un veneziano «dislocato», trapiantato attraverso i mari Adriatico e Ionio, che col tempo sviluppò delle leggere differenze rispetto all'idioma della madrepatria.

A causa del suo uso prevalente nell'ambito dell'immediatezza comunicativa, cioè in situazioni piuttosto informali e private,[127] questa varietà entrò nella documentazione scritta solo marginalmente accanto al veneziano cancelleresco delle istituzioni coloniali.

5 Conclusioni

Secondo Folena ([1968–1970] 1990), il veneziano *de là da mar* si caratterizza per una più forte variazione e un più marcato polimorfismo rispetto ai documenti di terraferma. Tralasciando il problema di come misurare con precisione la variazione, dobbiamo ricordare che i documenti presi in esame da Folena sono del Due e del Trecento, al contrario dei nostri, scritti da dopo la metà del Quattrocento in poi, quando i processi di conguaglio linguistico erano più avanzati e i modelli linguistici del volgare più consolidati. Ciò nondimeno si è visto che i documenti redatti al di fuori della cancelleria del Duca di Candia e dell'ambiente notarile[128] mostrano «un'altra variazione», di tendenza molto più marcatamente veneziana, rispetto a quelli formulati dai suoi impiegati. I testi di cancelleria, dunque, e dei notai professionisti esibiscono una *scripta* veneziana che nel tardo Quattrocento è segnata profondamente dall'influsso del modello

127 Per la distinzione tra immediatezza e distanza comunicativa cf. i numerosi contributi di Peter Koch e Wulf Oesterreicher, dei quali citiamo qui solo Koch (2005; 2009). Al contrario dell'opposizione tra scritto e parlato nel senso di una semplice dicotomia tra trasmissione fonica o grafica, i concetti d'immediatezza e distanza comunicativa si riferiscono ai due poli di un *continuum* concettuale determinato da «certi parametri comunicativo-funzionali molto elementari, ricorrenti peraltro, in varie forme, in tutte le sistematizzazioni delle proprietà pragmatiche sia della conversazione umana che dell'oralità e della scrittura» (Koch 2009, 23). I parametri in questione, come i gradi di privatezza e d'intimità dei locutori o quelli di emotività e dialogicità della loro comunicazione, condizionano la scelta delle strategie di formulazione, ad esempio tra strutture più aggregative o integrative, e delle forme linguistiche. I cosiddetti semicolti sanno scrivere (nel senso di registrare graficamente, tramite le lettere dell'alfabeto) i loro enunciati, ma non sono pratici degli usi della distanza comunicativa, e di conseguenza si arrangiano spesso con strategie dell'immediatezza comunicativa nel rivolgersi ai loro familiari (cf. Koch 2005, 48).

128 Comprensivo dei numerosi notai privati attivi a Creta, dei quali si conservano i lasciti documentari nell'Archivio di Stato di Venezia.

toscano-fiorentino, mantenendo nondimeno alcune caratteristiche veneziane e configurandosi in questa maniera come un veneziano cancelleresco conforme a quello usato nella madrepatria. Questo ci sembra un fatto molto significativo, utile alla comprensione del funzionamento dell'amministrazione veneziana. A quanto pare la Serenissima riusciva a provvedere alla formazione di un numero consistente di notai a Creta, con una competenza linguistica scritta di un certo livello, simile a quella dei colleghi nella lontana Venezia. Così il viavai di persone e l'uso dei loro diversi idiomi venivano accolti ed inquadrati da un apparato amministrativo coloniale consolidato – e straordinariamente longevo, se si considera che esso durò ininterrottamente per più di quattro secoli –, che disponeva di una tradizione scrittoria salda. Questo fatto chiarisce anche la mancanza di tracce di altri idiomi romanzi, registrate ad esempio in un documento privato del Duecento edito da Stussi (1987) o a Cipro e a Tunisi (Baglioni 2006; 2010). Per quanto riguarda, invece, un eventuale maggiore influsso di lingue non-neolatine sul veneziano *de là da mar* cretese, ribadiamo nuovamente la complessiva scarsità degli elementi greci nei nostri documenti,[129] che però, come abbiamo già detto, ci sembrano allo stesso tempo lievemente più frequenti che in quelli redatti a Venezia.

Un altro aspetto rilevante è rappresentato dalla conservazione di tratti linguistici nel frattempo scomparsi dal veneziano della madrepatria. Non ci si deve aspettare un grande numero di arcaismi, se consideriamo la *facies* linguistica dei documenti di cancelleria e il suo sviluppo descritti sopra, che denunciano uno stretto e continuo legame linguistico con Venezia. Abbiamo nondimeno potuto rilevare l'uso più frequente di *lo* come forma dell'articolo maschile singolare, che probabilmente costituisce una caratteristica arcaica. Merita una particolare attenzione anche la presenza di eventuali innovazioni interne al veneziano dei domini d'Oltremare, assenti nel veneziano della capitale. Ne potrebbe rappresentare un esempio il sopramenzionato verbo *forar* 'liberare', di cui si deve però ancora verificare l'uso a Creta, visto che Zuane Foscarini potrebbe averlo imparato solo nella schiavitù a Tunisi. Gli ultimi due fenomeni citati necessitano certamente di essere chiariti più nel dettaglio, rappresentando gli spunti più interessanti per future ricerche basate su altri documenti, nuovi, che sicuramente riservano ancora qualche sorpresa.

129 Naturalmente non è da escludersi l'esistenza di altri testi redatti a Creta con mescolanze di lingue più intense.

Bibliografia

Baglioni, Daniele, *La «scripta» italoromanza del regno di Cipro. Edizione e commento di testi di scriventi ciprioti del Quattrocento*, Roma, Aracne, 2006.

Baglioni, Daniele, *L'italiano delle cancellerie tunisine (1590–1703). Edizione e commento linguistico delle «Carte Cremona»*, Roma, Scienze e Lettere, 2010.

Barbaro, Emiliano (ed.), *Legislazione veneta. I capitolari di Candia*, Venezia, Tip. S. Marco, 1940.

Benzoni, Gino, *Corner, Vincenzo*, in: AA.VV., *Dizionario Biografico degli Italiani* 29 (1983), (<www.treccani.it/enciclopedia/vincenzo-corner_Dizionario-Biografico>).

Betts, Gavin/Gauntlett, Stathis/Spilias, Thanasis (edd.), Vitsentzos Kornaros, *Erotokritos*, Melbourne, Australian Association for Byzantine Studies, 2004.

Boerio, Giuseppe, *Dizionario del dialetto veneziano*, Venezia, Cecchini, 1856.

Catach, Nina, *Histoire de l'orthographe française*, Paris, Honoré Champion, 2001.

Cortelazzo, Manlio, *L'influsso linguistico greco a Venezia*, Bologna, Pàtron, 1970.

Cortelazzo, Manlio, *Itinerari dialettali veneti*, Padova, Esedra, 1999.

Cortelazzo, Manlio, *Dizionario veneziano della lingua e della cultura popolare nel XVI secolo*, Limena (Padova), La Linea Editrice, 2007.

Crifò, Francesco, *I «Diarii» di Marin Sanudo (1496–1533): sondaggi filologici e linguistici*, Berlin/Boston, de Gruyter, 2016.

D'Achille, Paolo, *L'italiano dei semicolti*, in: Serianni, Luca/Trifone, Pietro (edd.), *Storia della lingua italiana*, vol. 2: *Scritto e parlato*, Torino, Einaudi, 1994, 41–79.

DELI*n* = Cortelazzo, Manlio/Zolli, Paolo, *DELI – Dizionario etimologico della lingua italiana*, Bologna, Zanichelli, 2ª edizione in volume unico, edd. Cortelazzo, Manlio/Cortelazzo, Michele A., 1999.

Durante, Dino/Turato, Gianfranco, *Dizionario etimologico veneto italiano*, Battaglia Terme, La Galiverna, 1995.

Eufe, Rembert, *Politica linguistica della Serenissima: Luca Tron, Antonio Condulmer, Marin Sanudo e il volgare nell'amministrazione veneziana a Creta*, Philologie im Netz 23 (2003), 15–43, (<http://web.fu-berlin.de/phin/phin23/p23t2.htm>).

Eufe, Rembert, *Vicende coloniali e usi linguistici. I veneziani ed il volgare a Creta e a Venezia*, in: Guardiano, Cristina, et al. (edd.), *Lingue, istituzioni, territori. Riflessioni teoriche, proposte metodologiche ed esperienze di politica linguistica, Atti del XXXVIII Congresso internazionale di studi della Società di Linguistica Italiana (SLI), Modena, 23–25 settembre 2004*, Roma, Bulzoni, 2005, 193–206.

Eufe, Rembert, *Sta lengua ha un privilegio tanto grando. Status und Gebrauch des Venezianischen in der Republik Venedig*, Frankfurt am Main, Peter Lang, 2006.

Eufe, Rembert, *Continuité linguistique et discontinuité territoriale. Le «volgare» des documents du «Duca di Candia»*, in: Heinemann, Sabine/Videsott, Paul (edd.), *Sprachwandel und (Dis-)Kontinuität in der Romania*, Tübingen, Niemeyer, 2008, 57–69.

Fiorentino, Giuliana, *«Che» polivalente*, in: Simone, Raffaele (ed.), *Enciclopedia dell'Italiano*, vol. 1, Roma, Istituto della Enciclopedia Italiana, 2010, (<http://www.treccani.it/enciclopedia/che-polivalente_%28Enciclopedia-dell%27Italiano%29/>).

GDLI = Battaglia, Salvatore/Bàrberi Squarotti, Giorgio, *Grande dizionario della lingua italiana*, 21 vol. + 3 suppl., Torino, UTET, 1961–2009.

Folena, Gianfranco, *Introduzione al veneziano «de là da mar»*, Bollettino dell'Atlante Linguistico Mediterraneo, 10–12 (1968–1970), 331–376 [quindi in: Pertusi, Agostino (ed.), *Venezia e il Levante fino al secolo XIV. Atti del I Convegno internazionale di storia della civiltà veneziana promosso e organizzato dalla fondazione Giorgio Cini (Venezia, 1–5 giugno 1968)*, vol. I: *Storia – Diritto – Economia*, Firenze, Olschki, 1973, 297–346; rist. in: Folena, Gianfranco, *Culture e lingue nel Veneto medievale*, Padova, Editoriale Programma, 1990, 227–267].

Holton, David (ed.), *Literature and society in Renaissance Crete*, Cambridge, Cambridge University Press, 1991.

Jacoby, David, *Multilingualism and Institutional Patterns of Communication in Latin Romania (Thirteenth–Fourteenth Centuries)*, in: Beihammer, Alexander D., et al. (edd.), *Diplomatics in the Eastern Mediterranean 1000–1500. Aspects of Cross-Cultural Communication*, Leiden/Boston, Brill, 2008, 27–48.

Koch, Peter, *«Parlato/scritto» quale dimensione centrale della variazione linguistica*, in: Burr, Elisabeth (ed.), *Tradizione & Innovazione. Il parlato: teoria – corpora – linguistica dei corpora. Atti del VI Convegno SILFI, Società Internazionale di Linguistica e Filologia Italiana (Gerhard-Mercator Universität Duisburg 28 giugno–2 luglio 2000)*, Firenze, Franco Cesati, 2005, 41–56.

Koch, Peter, *I generi del/nel parlato*, in: Amenta, Luisa/Paternostro, Giuseppe (edd.), *I parlanti e le loro storie. Competenze linguistiche, strategie comunicative, livelli di analisi. Atti del Convegno Carini-Valderice, 23–25 ottobre 2008*, Palermo, Centro di studi filologici e linguistici siciliani (Materiali e ricerche dell'Atlante linguistico della Sicilia, 22), 2009, 21–38.

LEI = *LEI. Lessico Etimologico Italiano*, fondato da Max Pfister, Wiesbaden, Reichert, 1979–.

LBG = Trapp, Erich, *Lexikon zur byzantinischen Gräzität, besonders des 9.–12. Jahrhunderts*, 8 vol. + 1 suppl., Wien, Verlag der Österreichische Akademie der Wissenschaften, 1994–2017.

Maltezou, Chryssa A. [Μαλτέζου, Χρύσα A.], *Η Κρήτη στη διάρκεια της περιόδου της Βενετοκρατίας (1211–1669)*, Κρήτη: Σύνδεσμος τοπικών ενώσεων, 1990.

Maltezou, Chryssa A., *The historical and social context*, in: Holton, David (ed.), *Literature and society in Renaissance Crete*, Cambridge, Cambridge University Press, 1991, 17–48.

Maltezou, Chryssa A., *Creta durante la venetocrazia: cenni storici*, in: Scroccaro, Mauro/ Andrianakis, Michalis G. (edd.), *Tra Candia e Cipro. Le isole «maggiori» di Venezia*, Milano, Biblion, 2010, 13–24.

Manolessou, Io, *Graphematic evidence for Cretan phonology from the 16th to the 20th century*, in: Giannakopoulou, Liana/Skordyles, E. Kostas (edd.), *Culture and society in Crete. From Kornaros to Kazantzakis*, Newcastle Upon Tyne, Cambridge Scholars Publishing, 2017, 151–169.

Maraschio, Nicoletta, *Grafia e ortografia: evoluzione e codificazione*, in: Serianni, Luca/ Trifone, Pietro (edd.), *Storia della lingua italiana*, vol. 1: *I luoghi della codificazione*, Torino, Einaudi, 1993, 139–227.

Marcato, Gianna/Ursini, Flavia, *Dialetti veneti. Grammatica e storia*, Padova, Unipress, 1998.

McKee, Sally, *Wills from late medieval Venetian Crete, 1312–1420*, 3 vol., Washington, Dumbarton Oaks Research Library and Collection, 1998.

McKee, Sally, *Uncommon dominion. Venetian Crete and the myth of ethnic purity*, Philadelphia, University of Pennsylvania Press, 2000.

Osterhammel, Jürgen/Jansen, Jan C., *Kolonialismus. Geschichte, Formen, Folgen*, München, Beck, 2012.

Panagiotakes, Nikolaos M., *The Italian background of early Cretan literature*, in: Barker, John W./Laiou, Angeliki E. (edd.), *Dumbarton Oaks Symposium 1993 – Byzantium and the Italians, 13th–15th centuries*, Washington, Dumbarton Oaks Research Library and Collection (= *Dumbarton Oaks Papers* 49), 1995, 281–323.

Paoletti, Anna (ed.), Casola, Pietro, *Viaggio a Gerusalemme*, Alessandria, Edizioni dell'Orso, 2001.

Papadia-Lala, Anastasia, *L'interprete nel mondo greco-veneziano (XIV–XVIII sec.). Lingua, comunicazione, politica*, in: Maltezou, Chryssa A., et al. (edd.), *I Greci durante la venetocrazia. Uomini, spazio, idee (XIII–XVIII), Atti del Convegno Internazionale di Studi, Venezia, 3–7 dicembre 2007*, Venezia, Istituto Ellenico di Studi Bizantini e Postbizantini di Venezia, 2009, 121–130.

Pausch, Oskar, *Das älteste italienisch-deutsche Sprachbuch. Eine Überlieferung aus dem Jahre 1424 nach Georg von Nürnberg*, Wien, Böhlau, 1972.

Pilidis, Georgios I., *«Fuor dal comun sentiero». L'Accademia degli Stravaganti di Candia: innesto socio-culturale italiano*, in: Maltezou, Chryssa A., et al. (edd.), *I Greci durante la venetocrazia. Uomini, spazio, idee (XIII–XVIII), Atti del Convegno Internazionale di Studi, Venezia, 3–7 dicembre 2007*, Venezia, Istituto Ellenico di Studi Bizantini e Postbizantini di Venezia, 2009, 675–687.

REW = Meyer-Lübke, Wilhelm, *Romanisches etymologisches Wörterbuch*, Heidelberg, Winter, 1935.

Rezasco, Giulio, *Dizionario del linguaggio italiano storico ed amministrativo*, Firenze, Le Monnier, 1881.

Richardson, Brian (ed.), Giovan Francesco Fortunio, *Regole grammaticali della volgar lingua*, Roma/Padova, Antenore, 2001.

Rohlfs, Gerhard, *Grammatica storica della lingua italiana e dei suoi dialetti*, 3 vol., Torino, Einaudi, 1966–1969.

Salvioni, Carlo, *Illustrazioni sistematiche all'«Egloga pastorale e sonetti, ecc.»*, Archivio glottologico italiano 16 (1904), 245–332 [rist. in: Loporcaro, Michele, et al. (edd.), Carlo Salvioni, *Scritti linguistici*, vol. 3, Locarno, Edizioni dello Stato del Cantone Ticino, 2008, 633–720].

Sattin, Antonella, *Ricerche sul veneziano del sec. XV (con edizione di testi)*, L'Italia dialettale 49 (1986), 1–172.

Schwyzer, Eduard, *Awest. «asparənō» und byzantin. «ἄσπρον». Beiträge zur griechisch-orientalischen Münznamenforschung*, Indogermanische Forschungen 49 (1931), 1–45.

Stussi, Alfredo (ed.), *Testi veneziani del Duecento e dei primi del Trecento*, Pisa, Nistri-Lischi, 1965.

Stussi, Alfredo, *Notizie dall'Egeo*, in: Holtus, Günter/Kramer, Johannes (edd.), *Romania et Slavia Adriatica. Festschrift für Žarko Muljačić*, Hamburg, Buske, 1987, 341–349.

Tiepolo, Maria Francesca, *Le fonti documentarie di Candia nell'Archivio di Stato di Venezia*, in: Ortalli, Gherardo (ed.), *Venezia e Creta. Atti del Convegno Internazionale di Studi, Iraklion-Chanià, 30 settembre–5 ottobre 1997*, Venezia, Istituto Veneto di Scienze, Lettere ed Arti, 1998, 43–71.

Tomasin, Lorenzo, *Il volgare e la legge. Storia linguistica del diritto veneziano (secoli XIII–XVIII)*, Padova, Esedra, 2001.

Treccani = Bray, Massimo (ed.), *Grammatica*, Roma, Istituto della Enciclopedia Italiana, 2013.

van Gemert, Arnold, et al., *Οδηγός έργων της κρητικής λογοτεχνίας (1370–1690)*, Iraklio, Κέντρο Κρητικής Λογοτεχνίας, 2002.

van Gemert, Arnold, *The 15th century Cretan literature*, in: Maltezou, Chryssa A., et al. (edd.), *I Greci durante la venetocrazia. Uomini, spazio, idee (XIII–XVIII), Atti del Convegno Internazionale di Studi, Venezia, 3–7 dicembre 2007*, Venezia, Istituto Ellenico di Studi Bizantini e Postbizantini di Venezia, 2009, 637–649.

van Gemert, Arnold/Bakker, Wim (edd.), Marinos Falieros [Μαρίνος Φαλιέρος], *Λόγοι διδακτικοί του πατρός προς τον υιόν*, Thessaloniki, Αριστοτέλειο Πανεπιστήμιο Θεσσαλονίκης, Ινστιτούτο Νεοελληνικών Σπουδών, 2014.

Vincent, Alfred, *Scritti italiani di Creta veneziana*, Sincronie 2:3, 1998, 131–162.

Vincent, Alfred (ed. e trad.), Zuanne Papadopoli, *L'occio (Time of Leisure)*, Venezia, Istituto Ellenico di Studi Bizantini e Postbizantini di Venezia, [1696] 2007.

Vincent, Alfred, *Language and ideology in two Cretan historians*, in: Varzelioti, Gogo K./ Tsiknakis, Kostas G. [Βαρζελιώτη, Γωγώ Κ./Τσικνάκης, Κώστας Γ.], *Γαλινοτάτη. Τιμή στη Χρύσα Μαλτέζου*, Athina, Εθνικό και Καποδιστριακό Πανεπιστήμιο Αθηνών, Τμήμα Θεατρικών Σπουδών/Μουσείο Μπενάκη, 2013, 809–820.

Zannini, Andrea, *Burocrazia e burocrati a Venezia in Età Moderna. I cittadini originari (sec. XVI–XVIII)*, Venezia, Istituto Veneto di Scienze, Lettere ed Arti, 1993.

Laura Minervini

7 Veneziano e francese nell'Oriente latino

1 Il repertorio linguistico degli italiani negli Stati latini d'Oriente*

Una riflessione sulla circolazione del veneziano (e degli altri volgari italiani) nell'Oriente latino – sulla terraferma così come, dal 1191, a Cipro – non può che partire da alcuni dati fattuali relativi ai tempi e ai modi della circolazione dei parlanti in uno spazio politico non-veneziano.[1] È certo inutile ripetere, in questa sede, quanto il rapporto fra lingue ed entità politiche sia nel Medioevo diverso rispetto all'età moderna e contemporanea – anche se poi andrebbe indagato meglio, caso per caso, il ruolo avuto dalla lingua nei processi di costruzione di nuclei identitari tendenzialmente nazionali in epoca tardomedievale –.

Dunque, le principali città costiere dell'Oriente latino – Acri, Giaffa, Tiro, Sidone, Tripoli, Beirut, Famagosta, Limassol ecc. – ospitano delle comunità mercantili, principalmente italiane e provenzali, poi anche catalane, di variabili dimensioni, che stabiliscono *in loco* prima delle basi commerciali, poi dei quartieri autonomi, parzialmente sottratti alle leggi locali e soggetti al governo della metropoli. All'origine di questa condizione di (quasi) extra-territorialità vi è l'assistenza militare offerta da Venezia, Pisa, Genova, Marsiglia nella fase di conquista e poi di difesa del litorale siro-palestinese, in cambio di privilegi commerciali che assicurino l'accesso ai mercati orientali.

Venezia, che pure partecipa meno di altre città marinare alle spedizioni militari oltremare (1095–1124), acquisisce notevoli privilegi grazie ai negoziati per la conquista di Tiro: il *Pactum Warmundi* (1123) sancisce infatti il principio che chiunque risieda nel quartiere veneziano della città sia soggetto alla giurisdizione veneziana; tale quartiere, inoltre, include aree rurali, con villaggi e

* Le sigle adoperate per dizionari e corpora di testi sono quelle largamente in uso in ambito romanistico, a cui si deve solo aggiungere il recente DFM = Matsumura (2015); la lista completa si può trovare sul sito della *Revue de Linguistique Romane:* <http://www.slir.org/revue-linguistique-romane/sigles-et-listes-dabreviations-2/>; tutte le consultazioni online sono state fatte entro il 31 luglio 2016. Sono molto grata a Lorenzo Tomasin e Fabio Zinelli che hanno letto e commentato una prima versione di questo testo.

1 Gli studi sugli italiani nell'Oriente latino sono moltissimi, di diversa portata e impostazione; fra i principali, si vedano Prawer (1980); Favreau-Lilie (1989); Balard (1994); Jacoby ([1989] 1997); Edbury ([1997] 1999); Kedar/Stern ([1995] 2006), nonché il recente volume collettivo curato da Musarra (2014).

https://doi.org/10.1515/9783110652772-008

abitanti, che possono essere infeudati e attraggono membri di famiglie nobili dalla metropoli.[2] La concessione di proprietà terriere e di diritti di giurisdizione segna il passaggio da una comunità puramente mercantile a una in qualche modo «coloniale»:[3] una presenza fissa, anziché stagionale, e insieme il conseguimento di diritti non esclusivamente di tipo commerciale.

Se l'impatto dei mercanti italiani sui traffici commerciali del Levante è oggetto di valutazioni divergenti, gli storici generalmente concordano nell'attribuire alla forza economica e all'autonomia politica delle comunità mercantili una parte significativa nel processo di indebolimento e frammentazione del Regno di Gerusalemme nel XIII secolo (Balard 2006, 128–134, 246–251; Del Punta 2014). Quel che più conta ai fini del nostro discorso è sottolineare da una parte il carattere essenzialmente urbano della presenza italiana in Oltremare, che prevede una intensa cooperazione fra mercanti stabilmente residenti e mercanti itineranti; e dall'altra, la propensione di interi gruppi familiari, talvolta di estrazione nobiliare, a installarsi in Oriente, senza che questo escluda spostamenti individuali di funzionari delle grandi società attive nel commercio, di marinai e artigiani in cerca di fortuna.

Nel complesso la società delle colonie mercantili d'Oltremare ci appare una comunità a sé stante, intenta soprattutto a sostenere e difendere gli interessi, commerciali *in primis*, dei propri connazionali. Non si può escludere che questa impressione derivi, almeno in parte, dalle fonti che usiamo, in primo luogo da quelle narrative; e che le cose non siano poi così semplici, essendoci, come si vedrà meglio più avanti, non pochi casi di italiani assimilati (o desiderosi di assimilarsi) al mondo franco.

Lo storico Alan V. Murray, riflettendo sulla formazione di un'identità latina (o franca) nel Levante, ha osservato che

> «beneath the surface of several of the primary accounts of the First Crusade we can find cases of solidarity and antipathy based on national or linguistic identity, which also fed into loyalties accorded to leaders and to the disputes in which they became involved».[4]

E tuttavia, una volta costituite le entità politiche che noi chiamiamo Stati Crociati – e cioè il Regno Latino di Gerusalemme, il Principato di Antiochia e le

---

2 Il termine «quartiere» è in realtà inadeguato alla realtà dell'epoca; nel *Pactum* si menzionano i «burgenses in uico et domibus Venetorum habitantes» e a loro si assegna «tertiam partem [ciuitatis Tyri] cum suis pertinencijs» (Tafel/Thomas 1856–1857, I, 88).

3 Non è qui il caso di addentrarsi nella polemica relativa al carattere più o meno «coloniale» dell'esperienza latina in Oriente; per una ricostruzione (non imparziale) dell'acceso dibattito storiografico cf. Ellenblum (2007).

4 Murray (2011, 125).

Contee di Tripoli e di Edessa – sembra che le identità nazionali e/o linguistiche siano state in qualche modo riassorbite entro una denominazione più ampia e inclusiva, quella di «Franchi» o «Latini»:

> «Neither of these terms [*Franci*, *Latini*] derived directly from any European tradition of nationality, but rather serves to describe the Europeans of Outremer in a way which primarily stresses their distinctiveness from the other peoples of the Middle East, whether Muslims or Oriental Christians. These terms are also quite separate from concepts of statehood, being applied to the Europeans of Outremer irrespective of which particular state they belonged to».[5]

Ci si può chiedere, a questo punto, quali caratteri siano percepiti come distintivi degli italiani d'Oltremare, e se fra questi eventualmente figuri l'uso di varietà italo-romanze. I dati in nostro possesso non permettono risposte nette.

Notiamo, innanzi tutto, il giudizio pesantemente negativo espresso da Gérard de Ridefort, maresciallo del Regno, su «ciaus d'Ytalie»,[6] in occasione del matrimonio della figlia di Guillaume Dorel, signore di Botron, con Plivain, «un riche homme de Pise» (ca. 1180):

> «Quant Girart de Ridefort vit que le conte li ot refusé celui mariage, il en fut mout durement corocié porce qu'il l'avoit donee, ce disoit, a un vilain. Car ciaus de France tienent ciaus d'Ytalie en despit. Car ja tant riches ne sera ne preus que il nel tieignent por vilain. Car le plus de ciaus d'Ytalie sont usuriers ou corsans ou marchaanz ou mariniers, et porce qu'il sont chevaliers tienent il cil en despit».[7]

Gérard de Ridefort, che diventerà poi Templare e Maestro dell'Ordine (1185–1189), è all'epoca dell'accaduto in una posizione molto in vista e dunque il rifiuto del conte di Tripoli, Raimondo III, di concedergli in sposa l'ereditiera di Botron è considerato particolarmente offensivo – l'inimicizia fra i due personaggi avrà in seguito pesanti ricadute politiche (Barber 2012, 294) –. Questo spiega l'asprezza del giudizio sugli italiani ma non ne attenua il significato, che il cronista si premura di esplicitare: gli italiani sono qui caratterizzati solo in chiave socio-professionale, svolgono cioè dei lavori indegni di un cavaliere – sono mercanti, banchieri, marinai, pirati[8] – attirandosene il disprezzo.

---

5 Murray ([1997] 2015, 13).

6 Da notare che il continuatore della versione francese di Guglielmo di Tiro non usa qui l'aggettivo *ytalien*, la cui prima attestazione risale al *Tresor* di Brunetto Latini (1265 ca.); per le più antiche documentazioni della voce (che in forma francese precede quella toscana) cf. Tomasin (2011, 36–38); DEAF I, 479–480; TLFi.

7 Morgan (1982, 46).

8 L'editrice del testo, Margaret Morgan, corregge la lezione *corsaus* del suo manoscritto di base (Lyon, Bibl. Mun. 828) in *corsans* 'usuriers', ma la correzione è immotivata, essendo la

Se spostiamo la nostra attenzione al caso ben documentato di Filippo da Novara (1190 ca.–1268 ca.), il quadro cambia sensibilmente: intanto Filippo, che nella sua opera autobiografica si definisce *lombart*,[9] non appartiene a nessuna delle categorie professionali stigmatizzate dal continuatore di Guglielmo di Tiro – egli è un raffinato giurista, uno scrittore di talento, un abile diplomatico, oltre che un valoroso uomo d'armi – e appare un esempio di compiuta integrazione sociale e linguistica. Nelle sue opere – un manuale di diritto feudale, un testo di tipo didattico-moralistico e un libro di memorie contenente alcuni poemi satirici – Filippo si serve esclusivamente del francese, la lingua della classe dirigente degli Stati Crociati: un francese non privo di italianismi, difficilmente però, come si dirà più avanti, attribuibili all'originaria italofonia dello scrivente.

L'eccellente competenza linguistica di Filippo è garantita tra l'altro da un episodio della sua giovinezza: recatosi all'assedio di Damietta (1118–1119) al seguito di Pierre Chappe, vassallo cipriota del re Ugo I di Lusignano, Filippo entra in dimestichezza con un membro dell'alta nobiltà dell'Oriente latino: Raoul, figlio cadetto della signora di Tiberiade e figliastro del conte di Tripoli Raimondo III, insigne giureconsulto e già siniscalco del Regno di Gerusalemme.

> «Il avint que je fui au premier siege de Damiete o messire Piere Chape, et messire Rau de Tabarie menga un jor o lui. Aprés mengier messire Piere me fist lire devant lui en .i. romans. Messire Rau dist que je lisoie moult bien. Aprés fu messire Rau malade, et messire Piere Chape, a la requeste de messire Rau, me manda lirre devant lui. [...] Messire Rau dormet poi et malvaisement, et quant je avoie leu tant com il voleit, il meismes me conteit moult de chozes dou royaume de Jerusalem et de us et des assises, et disoit que je les retenisse».[10]

Non solo, dunque, Filippo si fa apprezzare come buon lettore di testi francesi,[11] ma si guadagna la fiducia di Raoul divenendone interlocutore privilegiato e depositario delle sue conoscenze storico-giuridiche – è stato infatti osservato (Edbury 2009, 333) come la fama di Raoul poggi in gran parte sulle ripetute dichiarazioni

parola *corsal* (*corsar*, *corsaire* ecc.) ben documentata nel francese d'Oltremare; l'altro manoscritto usato nell'edizione (BnF, fr. 2628) ha *corsaires*. Si vedano anche Zinelli (2016, 230); Minervini (2016a, 196–197).

9 Cf. Melani (1994, 114, 116, §§ 47 e 48); la seconda occorrenza del termine nel testo è congetturale, la lezione del manoscritto essendo *bon lait* (cf. ivi, 247).

10 Edbury (2009, 122, § 47).

11 Il significato della parola *romans* è qui tutt'altro che chiaro: si tratta certo di un testo in volgare, presumibilmente in francese, ma non sappiamo di che tipo. Negli statuti dell'Ordine dell'Ospedale promulgati a Acri nel 1262, per esempio, si allude ai libri posseduti dai cavalieri riferendosi a «breviariis, romanciis seu cronicis et psalteriis planis» nella versione latina, «breviaires, romans et sautiers» nella versione francese (Delaville Le Roulx 1894–1906, III, 52).

di stima e ammirazione da parte di Filippo. L'integrazione di Filippo nella classe nobiliare dell'Oriente latino è testimoniata anche dai suoi matrimoni con due donne appartenenti alle illustri famiglie dei Mimars e dei Morf.

Su altri italiani attivi oltremare siamo meno informati, ma possiamo spesso osservarne l'assimilazione linguistica, cioè l'uso del francese come lingua di quotidiana pratica sociale e segno di appartenenza alla società franca d'Oriente.

È possibile che sia da identificare con Guglielmo di Santo Stefano, residente per qualche tempo nel priorato di Lombardia, l'ospitaliere Guillaume de Saint-Étienne, comandante dell'ordine a Cipro (1296–1303): questi commissiona a Jean d'Antioche la traduzione francese della *Rhetorica ad Herennium* e del *De inventione* ciceroniano (Acri, 1282) e più tardi a Cipro allestisce, sempre in francese, una raccolta di testi relativi alla storia e alla legislazione dell'ordine (Luttrell 1998; Calvet 2000; Guadagnini 2009). Se per quest'ultima opera la scelta del francese non è sorprendente – gli ordini religioso-cavallereschi si servono abitualmente dei volgari locali per i loro statuti e altre scritture interne –, meno scontato è il caso de *La Rectorique de Cyceron*, legata certo all'ambiente socio-culturale acritano, di cui solo oggi cominciamo a conoscere meglio la fisionomia (Rubin 2018).

Si serve del francese il mercante veneziano Obertin de Saint Antonin (Albertino di Sant'Antonin) per il suo testamento, redatto a Famagosta nel 1294 dallo scriba Pandoufle (Bertolucci Pizzorusso [1988] 2011). Obertin, attivo a Acri fino alla caduta della città (1291), e spostatosi poi a Cipro, chiede tra l'altro di essere sepolto nella chiesa famagostana di San Michele e che in sua memoria siano cantate mille messe a Venezia e cento a Famagosta, nella cattedrale di San Nicola. Il ricorso al francese si spiega in questo contesto con la necessità di allestire un atto giuridico valido e servibile *in loco*, la sua efficacia essendo legata all'intellegibilità – Obertin non ha evidentemente motivo di preoccuparsi della comprensione delle sue disposizioni a Venezia, città già segnata da un notevole grado di «cosmopolitismo linguistico» (Tomasin 2010a, 27) –. Un ulteriore elemento di interesse è costituito dal redattore del testo, da identificarsi probabilmente con un Pandolfo pisano; non si tratterebbe di un caso isolato, giacché nella stessa Famagosta troviamo nel 1299 un pubblico notaio Andreas de Vercellis cui si deve la redazione di due atti latino-francesi relativi alla controversia fra i francescani e il capitolo della cattedrale di Nicosia (Schabel 2009).

È significativo infine il fatto che fra gli epitaffi francesi ritrovati a Cipro – assai più numerosi, per ovvi motivi, di quelli degli Stati Crociati di terraferma – alcuni siano riferibili a degli italiani. Così, ad esempio:

> + ICI GIST SIRE JOFRE LE VE|NECIEN QUI FU JADIS BAILL | DES VENECIENS A LIMESON Q|UI TRESPASA DE CE CIECLE | A LAUTRE LE SAMADI DE LA | REMOLIVE L AN DE III C V | VIII DE CRIST PRIES A SARME (1308, Kyrenia?)

+ ICI GIT SIRE FRANCES ACUARIS D[E] | FLOURENCE LEQUEL TRESPASSA D[E] CE | SIECLE LE VENERDI A X [JOURS] | [DE] MAI LAN DE M CCC . . . (13??, Nicosia)[12]

Più problematico il caso seguente, che potrebbe riferirsi a una famiglia di genovesi bianchi, cioè siriani, a cui il Comune aveva accordato la cittadinanza genovese (Balard 2008, 244):

+ ICI GIST DAMA ALIS [FIL]LIE | DE SIRE SAYS LE JENOEIS QU|E FU FEME DE SIRE NICOLOSE | SAONEIS LA QUELE ARME VIV|E IN XPIST LAN DEL INCARNAC|ION DE NOSTRE SEIGNOR JHESU | CRIST M CC LXXIX A XX JORS | DE DECEMBRE . . . (1279)[13]

Abbiamo qui un antico bailo della comunità veneziana di Limassol, un fiorentino e una donna di famiglia genovese, morti a Cipro e ricordati – per scelta propria o dei loro congiunti – con epitaffi in francese. Se l'uso del francese nell'epigrafia funeraria non è raro nell'Oriente latino, come si dirà meglio più avanti, i dati onomastici suggeriscono una forte prevalenza di laici di estrazione nobiliare e di origine francese. L'opzione linguistica dei tre epitaffi è dunque tanto più interessante in quanto i defunti non sono francesi e la loro appartenza ad altre comunità è dichiarata esplicitamente: *le venecien*, *de Flourence*, *le jenoeis*.

Negli epitaffi si possono notare le forme italiane o italianizzanti *dama*, *venerdi*, *genoeis* e *Remolive* 'la Domenica delle Palme' – quest'ultima di particolare interesse, trattandosi dell'adattamento francese del termine *ramoliva* (*rama oliva*, *ramo olivo* ecc.), documentato in testi trecenteschi di provenienza lombarda, genovese, toscana, siciliana ecc. e, nel XX secolo, nelle forme *ramuliva*, *remuliva*, *rimuliva*, *raməlüyva* ecc. nei dialetti di Piemonte, Val d'Aosta, Liguria, Lombardia –.[14]

Una provvisoria e prudente conclusione in base a quanto finora esaminato potrebbe essere che nell'Oriente latino «quelli d'Italia» – definiti più precisamente come lombardi, veneziani, genovesi, pisani ecc. – non posseggono o quanto meno non ostentano una propria identità linguistica nella sfera pubblica, essendo disponibili ad assumere una lingua seconda come il francese per

12 L'intera raccolta delle iscrizioni medievali cipriote, in latino, greco e francese, si può leggere in Imhaus (2004); per quelle qui citate, cf. Imhaus (2004, I, 201, 122, n° 377, 242).

13 Ivi, 233 (n° 445). *Saoneis* potrebbe riferirsi a una persona proveniente da Savona oppure da Saône (ar. Ṣahyūn), in Siria.

14 *Ramoliva* è il ramo che si porta in mano la domenica precedente la Pasqua e per metonimia designa la domenica stessa; però nei testi italiani antichi il riferimento è esteso ad altri giorni della Settimana Santa: «lo sabao de ramo d'oliva» (*Passione genovese*, ca. 1353); «lu venniri di la rama oliva» (*Sposizione del Vangelo della Passione secondo Matteo*, 1373) ecc. (TLIO). Per i dialetti moderni cf. AIS, IV, 776; FEW, VI, 348 e X, 48–49.

una varietà di usi pratici e simbolici. Questo accade perché negli Stati Crociati, come in ogni altro contesto segnatamente plurilingue, la funzionalità sociale delle singole lingue è ben delimitata – il che non esclude che nella sfera privata, o all'interno di ogni comunità, si faccia uso nell'oralità e anche nella scrittura di una lingua normalmente assente dal discorso pubblico –.

2 Convergenze interlinguistiche romanze nell'Oriente latino

Nell'Oltremare franco il francese è la lingua veicolare di maggior uso e prestigio: a partire dal XIII secolo, esso è documentato, accanto al latino, come lingua delle *élites* socio-politiche in scritture documentarie e letterarie.[15] Ma c'è motivo di credere che già nel secolo precedente diverse varietà di lingua d'oïl siano largamente diffuse nell'oralità grazie alla preponderanza dell'elemento francofono fra i membri della classe nobiliare che guida le spedizioni militari in Oltremare e fra i soldati e i coloni al loro seguito. Insieme a costoro si stabilisce in Oriente un numero difficilmente quantificabile ma certo non trascurabile di persone provenienti dalla Francia meridionale, dalla Penisola italiana e dall'iberica, dall'Inghilterra, dalle terre dell'Impero, appartenenti dunque a diverse tradizioni linguistiche, romanze e non romanze – i latini inoltre non sono che un segmento della popolazione degli Stati Crociati, composta in gran parte, e in alcune zone certo in modo predominante, da autoctoni, per lo più arabofoni e grecofoni –.

E dunque l'affermazione del francese come principale lingua veicolare della componente latina della popolazione, usata probabilmente anche nei rapporti con gli autoctoni, avviene comprimendo gli spazi di espressione delle altre lingue, eppure vivendo con esse in un rapporto spesso simbiotico. Dell'intenso e prolungato contatto fra le varietà d'oïl e i volgari italiani le forme riscontrate nei tre epitaffi sopra citati sono delle piccole spie. Molte altre se ne possono trovare nei testi redatti in francese negli Stati Crociati di terraferma e a Cipro, in relazione soprattutto ai campi lessicali della navigazione e del commercio: *boire*, *bo(u)nace*, *canton*, *chourme*, *cons(e)le*, *corsa(i)re*, *(e)splage*, *fortune*, *go(u)lfe*, *grote*, *nave*, *nochier*, *pedot*, *tramontane* ecc. Si tratta di un nucleo

15 Le prime documentazioni del francese nell'Oriente latino risalgono agli anni '20 del Duecento, quando esso comincia a usarsi in scritture della pratica giuridico-amministrativa (Richard 2005; Hiestand 2013; Morreale 2014).

piuttosto cospicuo di parole che Fabio Zinelli (2016) ha opportunamente denominato *mots méditerranéens*, sottraendosi così all'interrogativo sull'origine di ogni lessema – spesso indeterminabile, data la quasi simultaneità delle prime attestazioni nelle lingue veicolari romanze – e mettendo al tempo stesso in rilievo la dimensione internazionale della loro circolazione. E tuttavia se queste «parole mediterranee» entrano di diritto nel discorso relativo ai volgari italiani nell'Oriente latino è perché questi ultimi svolgono un ruolo cruciale nella disseminazione di materiale lessicale romanzo, ma anche arabo e greco,[16] nello spazio mediterraneo e al di là di esso. In particolare nei confronti del francese la mediazione italiana appare in tutta una serie di casi puntuale e documentata.[17]

Se il tramite italiano nella diffusione di parole di varia origine è spesso evidente, o almeno molto plausibile, più sfuggente è un'altra importante funzione svolta dai volgari italiani all'interno della comunità linguistica latina d'Oriente, quella di «appoggio» nella selezione di forme lessicali presenti nelle varietà d'oïl parlate sul posto, quando queste coincidano con (o si avvicinino a) forme italo-romanze.[18] In questo processo di convergenza interlinguistica o interdialettale i volgari italiani si affiancano ai dialetti occitani nell'orientare le scelte dei parlanti all'interno del ricco polimorfismo del francese medievale.[19] Così, ad esempio, *casal* è una delle varianti formali di un

16 Fra gli arabismi e i bizantinismi passati nel francese d'Oltremare probabilmente tramite i volgari italiani vi sono le voci *car(a)vane*, *guerbin*, *panf(i)le*, *taride*, *tarsenal* ecc., per le quali cf. Minervini (2012); Zinelli (2016, 216–217). Sul tema si veda anche l'importante contributo di Tomasin (2010b).

17 Fra i tanti, ricordiamo le trattative fra gli emissari di Luigi IX e il comune di Genova per il nolo di alcune navi per la VII Crociata (1268), la partecipazione di maestranze italiane allo sviluppo dei cantieri navali di Rouen, fondati da Filippo il Bello nel 1292 e attivi per oltre due secoli, e l'armamento a Venezia di cinque galere per Carlo di Valois (1311) (Zinelli 2016, 214–215; il cap. 1 di questo volume).

18 Con il termine *appui* Yakov Malkiel (1978, 40–41), riflettendo sulla frammentazione linguistica della Romània, si riferisce all'appoggio esterno a un processo potenzialmente realizzabile con elementi interni al sistema, che andrebbe dunque ad affiancarsi agli effetti di sostrato e superstrato; il concetto è ripreso da Lope Blanch (1989, 137), che parla piuttosto di *refuerzo* (delle lingue amerindiane dello Yucatán agli sviluppi dello spagnolo locale), e poi da Vàrvaro ([1980] 2004, 83–84), che riprende la terminologia di Malkiel nel suo stesso ambito di applicazione.

19 Naturalmente la posizione dei volgari italiani non è simmetrica a quella dei dialetti occitani, poiché nello spazio gallo-romanzo medievale esiste un *continuum* linguistico fra questi e i dialetti d'oïl, e dunque molte forme occitaniche o occitaneggianti sono documentate in testi francesi antichi provenienti da regioni di frontiera – frontiera che, peraltro, tende a spostarsi col passare del tempo –. Si tratta di una questione molto complessa, per la quale si trovano utili indicazioni in Glessgen (2008, 2954); Pfister (2016).

tipo lessicale derivante dal lat. CASALE(M) e diffuso in antico francese come *chasel*, *chasal*, *chesal*, *chaisel*, *casel* e anche *casal* (per lo più in testi piccardi e anglo-normanni). L'affermazione della forma *casal* nel francese del Levante è supportata dalla presenza di *casal* e *casale* nei dialetti occitani e italiani, che contano in Oltremare un buon numero di parlanti. Nell'Oriente latino, inoltre, il *casal* è un agglomerato rurale spesso fortificato e costituisce l'unità di base dell'organizzazione agraria, risultando quindi cosa ben diversa dal *chasel* del francese generale, e anche dal *casal* piccardo e anglo-normanno.[20] Saremmo in questo caso di fronte ad allotropi – parole diverse sul piano formale e semantico riconducibili a uno stesso etimo –[21] a conferma di come la variazione fonetica favorisca l'emergenza e lo sviluppo di regionalismi lessicali (Chauveau 2016, 159–160). Analoghi casi di «appoggio» fornito dai volgari italiani (e dai dialetti occitani) a forme antico francesi sono quelli di *aigue*, *boute*, *feuc*, *segur* ecc.

È ancora Zinelli (2016, 209–211), sulla scorta delle osservazioni di Vidos (1965, 295–310), a rilevare il paradosso degli italianismi medievali entrati in francese essenzialmente tramite gli italofoni bilingui, che parlano e/o scrivono in francese. Il fenomeno su cui si richiama qui l'attenzione non è in effetti ignoto agli studi sull'interferenza linguistica: si tratta della cosiddetta *source language agentivity* (Winford 2010), per cui il parlante trasferisce materiale linguistico dalla sua lingua primaria a un'altra, di cui è meno competente (in genere L2); la diffusione nella lingua ricevente (*recipient language*) è un processo successivo e indipendente, legato a diversi fattori socio-culturali. E tuttavia quello degli italianismi del francese medievale è un caso molto particolare di *source language agentivity*, più comunemente associata a tratti fonologici e sintattici trasposti involontariamente dai parlanti in una lingua acquisita – dunque a fenomeni di sostrato e superstrato in processi di cambiamento di lingua individuali o collettivi (Haspelmath 2009, 50–51) –. Il contatto fra varietà italiane e francesi è invece, nel Levante medievale, di tipo adstratico, poiché normalmente italofoni e francofoni risiedono in quartieri contigui e hanno diverse occasioni di incontro – nelle piazze, nei mercati, nei porti, a bordo delle navi, nei luoghi di pellegrinaggio, ma anche a corte, nei

---

20 In queste varietà oitaniche *casal* ha piuttosto il senso di 'capanna', laddove in antico francese "generale" *chasel* vale 'abitazione circondata da terre coltivabili', cf. FEW 2/1, 454–455; Gdf 1, 791; 2, 107; 9, 4; TL 2, 295–296; DFM 505, 567; Rn. 1, 348; AND; DMF; TLIO; Minervini (2016a, 197–198). Per le problematiche relative ai nuclei abitativi delle comunità rurali negli Stati Crociati cf. Ellenblum(1998).

21 Ma la definizione del rapporto fra allotropi è tutt'altro che pacifica, cf. D'Achille (2010).

conventi, nelle cancellerie, negli *scriptoria* –, senza che il contatto fra le due comunità dia luogo a un *language shift* di massa a favore del francese.[22]

Dunque nell'Oriente latino il travaso di materiale lessicale dalle varietà italiane al francese è riconducibile a meccanismi di interferenza che operano, in modo più o meno controllato, nel francese parlato da italofoni. Se questo *transfer* presuppone una competenza bilingue da parte di un certo numero di parlanti, la successiva propagazione del lessico italiano, variamente adattato, nel francese locale – il francese del Levante o d'Oltremare – è un processo graduale che a sua volta implica, se non proprio una situazione di bilinguismo generalizzato, quanto meno una qualche familiarità diffusa con la lingua o le lingue di provenienza del lessico. Così, secondo Martin Haspelmath,

> «unless there are significant purist attitudes among the (influential) speakers, new concepts adopted from another culture are the more likely to be expressed by loanwords, the more widely the donor language is known. If only very few people speak the donor language, native neologisms and meaning shifts are more likely to be used for the new concepts».[23]

Il discorso riguarda qui i *cultural borrowings*, cioè i prestiti da una lingua che hanno per referenti *realia* nuovi, non precedentemente noti nella cultura della lingua ricevente o comunque in essa non esplicitamente denominati. Ma esso vale a maggior ragione per i *core borrowings*, i prestiti che si affiancano a parole già esistenti nella lingua ricevente, ed eventualmente le sostituiscono: qui, oltre a un diffuso bilinguismo, bisogna postulare un notevole prestigio goduto dalla lingua donatrice (Haspelmath 2009, 49). In realtà la differenza tra *cultural borrowings* e *core borrowings* non è sempre agevolmente individuabile, almeno in prospettiva storica: se in alcuni casi un prestito è evidentemente un *gap filler*, in altri non è ovvio in che misura esso riempia un vuoto nella lingua ricevente o si sovrapponga, almeno in parte, a una parola patrimoniale – la sinonimia è in genere parziale e i lessemi raramente si equivalgono dal punto di vista pragmatico (Matras 2009, 150) –. Così, fra le «parole mediterranee» sopra considerate, *boire* o *tramontane* sono equivalenti, almeno dal punto di vista denotativo, ad altri termini del francese antico riferentisi al vento del nord, e poi al punto cardinale, il più comune dei quali è *bise* (Alleyne 1960). Più incerta la situazione di *corsa(i)re*: dal 1213 in antico francese è documentato il latinismo *pirate*, ma siamo poi sicuri

22 L'osservazione di Zinelli (2016, 210) secondo cui non c'è nel Medioevo contatto adstratico fra dialetti italiani e francesi si riferisce naturalmente alla realtà storico-geografica europea, dove non c'è contiguità fra le regioni dove si parlano dialetti d'oïl e quelle dove si parlano dialetti italiani; viaggi e imprese di «colonizzazione» portano invece alla creazione di reti più ampie e permettono di parlare di una vera e propria «diatopie de la dissémination» (ivi, 211).
23 Haspelmath (2009, 48).

che *corsa(i)re* e *pirate* siano dei perfetti sinonimi e non si riferiscano piuttosto a forme diverse, o attori diversi, del brigantaggio sul mare?[24]

Al di là della pertinenza nel nostro caso della distinzione fra diversi tipi di prestiti lessicali, resta che la loro quantità nel francese del Levante lascia ipotizzare che qui alla competenza attiva del francese da parte di un buon numero di italofoni si affianchi la competenza almeno passiva di uno o più volgari italiani da parte di non pochi membri della comunità linguistica francofona. Qui naturalmente il discorso si fa assai malcerto, perché non ci è dato sapere il grado di reciproca intercomprensione fra le varie lingue romanze medievali né fra i diversi dialetti locali o varietà regionali di ogni lingua – la situazione è forse meno scontata di quanto si tenda a credere (Tomasin 2015) –. E tuttavia, con tutte le cautele del caso, l'Oriente latino si può assimilare per certi aspetti alle società moderne e contemporanee in cui, in seguito a movimenti migratori di massa, si è potuto studiare il processo di convergenza fra varietà linguistiche in qualche misura fra loro comprensibili – processo che, almeno in una prima fase, si basa su meccanismi di mutuo adattamento (*accommodation*) linguistico nelle interazioni personali (Trudgill 1986, 2004; Kerswill 2002; Auer 2007; Britain 2010) –. La *scripta* del francese d'Oltremare mostra tracce di questa convergenza a livello grafico-fonetico (Minervini 2016b), e in questa direzione si possono interpretare, come si è detto, anche i numerosi casi di «appoggio» italiano e/o occitano a forme lessicali francesi originariamente di diffusione limitata. Ed è possibile che qualcosa di simile si dia, negli Stati Crociati, anche in ambito italofono, almeno nell'oralità; il fenomeno non va in ogni caso collegato alla genesi della cosiddetta «lingua franca mediterranea», la cui documentazione risale alla prima età moderna e proviene essenzialmente da altre zone.[25]

3 Le lingue della comunicazione scritta nell'Oltremare franco

Un discorso diverso, e però lontano dal tema del presente lavoro, riguarda la penetrazione nel francese generale degli italianismi diffusi nel francese d'Oltremare.

24 Cf. FEW, VIII, 752; Gdf, X, 344; TLFi; DMF.

25 La proposta di collocare nell'Oriente latino l'origine della «lingua franca mediterranea», formulata per la prima volta da Robert Hall (1966, 3–6), si ritrova nella maggior parte dei manuali di pidginistica e creolistica attuale, senza nessun elemento concreto a suo supporto. Per i problemi relativi alla definizione e allo studio di questa sfuggente varietà linguistica si vedano Minervini (1996); Minervini (2010); Aslanov (2006, 16–26); Baglioni (2006, 130–133); Baglioni (2010, 259–269); Baglioni (2018).

Ci si limiterà qui a ricordare come l'uso da parte di Filippo da Novara o Martin da Canal di tanti lessemi di origine italiana non vada considerato segno di scarsa competenza del francese o espressione di creatività linguistica individuale, bensì riflesso dell'ampia diffusione di questo lessico nel francese parlato negli ambienti in cui essi si muovono (Zinelli 2016, 220–221, 252–253).[26] E certo la *mise par écrit* garantisce a questo patrimonio lessicale una circolazione ulteriore, anche se l'esigua tradizione manoscritta dei *Mémoires* e delle *Estoires de Vénise* non consente valutazioni troppo ottimistiche – ma lo stesso non si può dire del *Trésor* di Brunetto Latini, che pur lontano dagli scenari orientali recepisce e diffonde una certa quantità di «parole mediterranee» –.[27]

Il francese medievale è dunque lingua veicolare e lingua di cultura in spazi solo parzialmente coincidenti, e la sua dimensione internazionale va misurata tanto sul piano dell'oralità quanto su quello della scrittura, con possibilità di interazione fra i due (Zinelli 2016, 211). Occorre a questo punto chiedersi se lo stesso possa dirsi dei volgari italiani: la risposta, ancora una volta, non è semplice e i dati di cui disponiamo inevitabilmente frammentari.

Se da una parte abbiamo, come si è visto, indizi molto convincenti della circolazione orale dei volgari italiani, la produzione scritta proveniente dai nuclei italiani negli Stati Crociati è piuttosto in latino o in francese. Così, per esempio, è in latino la relazione del bailo Marsilio Zorzi sui possedimenti veneziani a Acri e a Cipro (1243), un testo di grande interesse storico, in cui compaiono numerosi francesismi e qualche arabismo, filtrato probabilmente dal francese locale: *barchilia* 'cisterne', *businis* '(con) buccine', *funda* 'fondaco', *garet* 'terra incolta', *grailis* '(con) trombette', *grifones* 'greci', *guastina* 'terra incolta', *homliges* 'vassalli ligi', *machomaria* 'moschea' ecc. (Folena [1978] 1990, 278–279; Berggötz 1991; Minervini 2012). E sono in francese, all'interno di una cornice latina, gli accordi fra Genova e il re Ugo IV di Lusignano (Nicosia, 1338) relativi ai privilegi dei genovesi a Cipro e alla guerra di corsa nel Mediterraneo orientale: fra i negoziatori figurano da una parte cinque nobili genovesi, insieme al rappresentante del Comune Sorleone Spinola, e dall'altra tre cavalieri

26 Nelle *Estoires de Venise* vi sono in effetti alcuni venezianismi estemporanei, accanto a numerosi lessemi propri del francese del Levante, cf. Limentani (1972, ccxxvii–ccxxxiv); Zinelli (2016, 230 e 255).

27 Per il lessico «mediterraneo» del *Trésor* – la cui valutazione è resa difficile dalla precoce circolazione dell'opera in Oltremare (Zinelli 2007) – si veda Zinelli (2016, 227–229). Per quanto riguarda Filippo da Novara, se *i Mémoires* sono conservati parzialmente in un solo manoscritto, in cui sono incorporati all'interno delle cosiddette *Gestes des Chiprois*, le altre opere hanno avuto maggior successo (Melani 1994; Edbury 2009; Tagliani 2013).

dell'*entourage* del sovrano, insieme al vescovo di Famagosta e di Tortosa (Mas Latrie 1852, 166–179).[28]

Sembrerebbe un'eccezione il testo toscano dei privilegi accordati da Enrico II di Lusignano ai pisani (Nicosia, 1291), trascritto poi da Piero di ser Bartolomeo di Pontedera, notaio e pubblico scrivano della Curia maris pisana. Ma che si tratti di una traduzione dal francese è suggerito da una serie di francesismi, talvolta maldestri: *vassello* 'nave', *borgesia* 'proprietà', *dricture* 'imposta', *staghanti* 'residenti', *convenabilmente* e probabilmente *onelo* per *onclo* < fr. *oncle* (Müller 1879, 108–109).[29] Non è tuttavia privo di interesse il fatto che a Pisa si preferisca conservare una versione in volgare toscano piuttosto che in francese, diversamente da quanto accade a Genova e Venezia. Nella cancelleria veneziana, in particolare, è pratica corrente trascrivere e preservare documenti ufficiali o semi-ufficiali scritti originariamente in francese (Tomasin 2013, 4; 2015, 282):[30] fra quelli relativi al Levante possiamo ricordare gli accordi (*ante* 1283) fra il signore di Tiro e gli emiri di Safed per l'amministrazione di alcuni villaggi di confine (Tafel/Thomas 1856–1857, III, 398–400; Richard [1953] 1976),[31] e i privilegi concessi ai veneziani dall'emiro di Aleppo al-Nāṣir Yūsuf (Aleppo, 1254) e dai re dell'Armenia cilicia Leone II, Leone III e Leone IV (Sis, 1271, 1307, 1321) (Pozza 1990, 56–63; Sopracasa 2001, 57–79, 89–93).

La stessa cancelleria conserva in duplice copia – una terza, la più antica, è andata perduta – la versione in volgare veneziano del trattato con l'emiro di Aleppo al-Ẓāhir Ġāzi (ca. 1208). Tradotto probabilmente dall'arabo, esso rappresenta «il primo testo documentario pubblico assumibile come veneziano che sia dato ricostruire» (Belloni/Pozza 1990, 12), ed è rinnovato nel 1225 da al-'Azīz, successore di al-Ẓāhir (Belloni/Pozza 1990; Pozza 1990, 26–43). In un veneziano denso di gallicismi sono anche le due versioni (specie la prima) della breve lettera

28 Il testo incorpora prevedibilmente alcune «parole mediterranee» e qualche crudo italianismo: *corsaire, corseger, esplage, fortune, merches, perses* ecc.

29 Il notaio sembrerebbe aver solo copiato, e non tradotto, il testo: «Que quidem omnia et singula suprascripta scripta fuerunt in presenti libro et carta per me Pierum ser Bartholomei notarii de Ponte Here, notarium et scribam publicum dicte Curie maris, prout in quadam privata copia inveni, de verbo ad verbum» (Müller 1879, 109); la traduzione potrebbe quindi essere stata eseguita a Cipro. Per i francesismi nell'italiano antico si veda il lavoro di sintesi di Cella (2003). La voce *staghanti* sembra calcata sul fr. *estagans* 'residenti', dal verbo *estagier*, documentato in questa forma essenzialmente in Oltremare, e che potrebbe a sua volta basarsi sulla forma it. sett. *stagando* (TLIO).

30 Nonché, dello stesso Tomasin, il cap. 1 di questo volume.

31 Secondo Richard ([1953] 1976, 78) il testo sarebbe la traduzione francese di un originale arabo, inviato dal sultano mamelucco al signore di Tiro e poi da questi usato come base per i negoziati con gli emiri locali; la sua conservazione nei Registri dei Patti si dovrebbe al fatto che vi si menzionano delle proprietà dei veneziani.

dell'*ilḫān* di Persia Ġāzān al doge Pietro Gradenigo, anch'esse scritte ad Aleppo come traduzioni di originali verosimilmente in una lingua orientale (Formentin 2018). Si conosce qualche altro caso di uso dei volgari italiani nella diplomazia internazionale, come il trattato di pace del califfo di Tunisi Abū 'Abd Allāh Muḥammad al-Mustanṣir con Pisa (Tunisi, 1264), di fattura assai solenne (Petrucci 1996; 2000; 2009), e quello del *khān* dei Tatari con Genova (Caffa, 1380–1381), valido per «tuti li franchi che stam in Caffa e in le Citay de lo grande Comun» (Toso 1997, 141–143; 2000, 329): si tratta sempre di versioni che si affiancano ai testi originali e li traducono, dall'arabo in volgare pisano nel primo caso, dal cumano in volgare genovese nel secondo. Questa tipologia testuale è parte di quel «processo lento di conquista da parte del volgare di territori appartenenti allo spazio di scrittura giuridica in latino» (Lubello 2014, 229). Livio Petrucci (2000, 41; 2009, 212), analizzandone le caratteristiche di fondo, ha attribuito la deroga alla pratica corrente dell'uso del latino – una vera e propria «licenza d'Oltremare» – a un insieme di motivi, legati tutti al contesto esotico della redazione, quali la frequente presenza di una mediazione volgare, il contatto con una tradizione diplomatica irriducibile a quella corrente in Italia, le esigenze di rendere noti e garantiti patti stipulati altrove in lingue inaccessibili ai più.[32]

A giudicare dai testi oggi noti – ma nuove scoperte potrebbero fornirci elementi di valutazione ben diversi – questa «licenza d'Oltremare» sarebbe stata poco esercitata nell'Oriente latino, in quelle regioni cioè dove il francese si è affermato come lingua veicolare della comunità franca. Qui la lingua d'oïl è la sola varietà vernacolare in grado di competere con il latino nelle scritture della pratica giuridica e amministrativa, e anche molto marginalmente in quelle di carattere diplomatico. Dunque se il testamento del mercante veneziano Pietro Veglione, redatto a Tabrīz, in Persia, nel 1263, è in volgare toscano (Stussi 1962), quello redatto a Famagosta nel 1294 dal suo concittadino Obertin de Saint Antonin è, come si è detto, in francese (Bertolucci Pizzorusso [1988] 2011).

Se passiamo a tipologie di scrittura *lato sensu* letteraria, ancora una volta osserviamo come nell'Oltremare franco solo il francese insidi il monopolio del latino, almeno in alcuni settori quali la storiografia, la letteratura didattica, la poesia satirico-politica, le guide di pellegrinaggio. Conosciamo infatti un buon numero di testi in antico francese scritti, tradotti o copiati negli Stati Crociati: fra di essi spicca l'*Eracles* che rielabora e continua la cronaca latina di Guglielmo di Tiro e la cui ricca tradizione manoscritta proviene in buona parte dagli *scriptoria* di Acri.[33] Non

32 Per questi usi del volgare in area mediterranea in età medievale cf. Banfi (2014, 49–147) e Testa (2014, 259–272), Baglioni (2016, 133–135).

33 Per una panoramica sulla letteratura francese d'Oltremare cf. Jacoby ([1986] 1989) e Minervini (2002); per la tradizione manoscritta dell'*Eracles* cf. Edbury (2007; 2010); Handyside (2015);

troviamo traccia, invece, dell'uso dei volgari italiani in scritture di tipo letterario – che possono esser certo esistite, e però con carattere informale ed effimero, non essendo destinate a conservarsi e a circolare al di là dell'immediato contesto di produzione –.[34]

Sono invece coinvolte in processi di «ordinaria conservazione» libraria o documentaria (Petrucci 1994, 30) alcune scritture pratiche, sempre di circolazione essenzialmente intra-comunitaria, per esempio il rudimentale zibaldone mercantile in volgare veneziano con inserti latini composto probabilmente a Acri verso il 1270 e copiato poi in un manoscritto miscellaneo: il testo comprende una tariffa commerciale relativa al Mediterraneo orientale, una lista delle unità di misura per diversi prodotti e un frammento di portolano, il cosiddetto «Portolano marciano».[35] Oppure la vivace relazione delle disavventure professionali (e non solo) patite a Famagosta e a Nicosia dal mercante Marco Michiel, detto «lo Tataro» (1298–1299): il testo in volgare veneziano, conservato nella raccolta dei *Commemoriali*, sarebbe forse basato su un libro di ricordanze, menzionato nel testamento di Michiel come «uno mio quaderno». Nello stesso testamento, redatto a Venezia nel 1314 sempre in volgare veneziano, egli trasmette ai suoi eredi i diritti sull'eventuale recupero di quanto, secondo la relazione, gli sarebbe stato trafugato a Cipro dal genovese Franceschino Grimaldi (Tomasin 2013, 4–5, 27–30; Stussi 1965, 111–122).

---

per altri manoscritti francesi copiati oltremare cf. Zinelli (2007). Molto complesso il problema dell'epica prodotta e/o circolante in Oltremare, dove nessuno dei poemi del cosiddetto «ciclo delle Crociate» sarebbe stato composto, almeno nella forma con cui li conosciamo oggi; si vedano Flori (2010, 72–73, 269–278) e Minervini (2015).

34 I libri di viaggio e le relazioni di pellegrinaggio in Terra Santa si scrivono nei volgari italiani a partire dal Trecento (i rari testi duecenteschi, come quello toscano edito da Dardano [1966] 1992, sono traduzioni dal latino o dal francese), dunque in un periodo in cui gli Stati Crociati di terraferma non esistono più; questi testi sono di solito redatti al ritorno in patria sulla base di appunti presi *in itinere* e destinati a un uso privato, personale o familiare; gli autori sono visitatori, non essendovi più comunità mercantili italiane stanziali nella regione. Per l'esperienza di viaggio in Terra Santa nel Medioevo e le scritture relative si vedano Graboïs (1998); Cardini (2002); Pringle (2011) e, con un'ottica più centrata sul mondo francese, Romanini/Saletti (2012) e Giannini (2016). Un discorso a parte meriterebbe la scoperta che il celebre codice Saibante (Staatsbibliothek Berlin, Hamilton 390), prodotto nell'Italia settentrionale nel XIII secolo, è transitato a metà Trecento per Famagosta (Meneghetti et al. 2012). La recente decifrazione di una nota di possesso apre interessanti prospettive sulla cultura e le letture dei mercanti veneziani *de là da mar*, senza però alterare il quadro relativo alla scrittura di testi volgari italiani al di fuori della Penisola.

35 Il testo, conservato dal ms. Cl. XI, 87 (7353) della Biblioteca Nazionale Marciana, è edito da Kretschmer (1962, 235–237) e in parte da Gautier-Dalché (1995, 181–182); la sua origine acritana è suggerita dal fatto che l'itinerario nautico va da Acri a Venezia e da Acri ad Alessandria d'Egitto, cf. Jacoby (1986), Debanne (2011, 20), Formentin (2015).

I volgari italiani sono infine del tutto assenti in Oltremare dal settore della scrittura esposta, dominata dal latino, la cui unica alternativa sembra essere il francese.[36] La cosa può sembrare sorprendente se si pensa alla situazione italiana coeva, e a quella veneziana in particolare,[37] ma occorre considerare il fatto che nella Penisola i volgari sono largamente usati nell'epigrafia civile, mentre nell'Oriente latino l'epigrafia in francese è soprattutto funeraria – si conoscono appena cinque iscrizioni di tipo documentario-amministrativo, a fronte di oltre 200 epitaffi –.[38] Perciò anche quando, nel corso del XV secolo, l'uso del volgare genovese, veneziano e poi toscano penetra a Cipro nella scrittura documentaria (Richard 2005; Baglioni 2006, 38–52), le iscrizioni restano sempre latine o, minoritariamente, francesi. Se il testo destinato alla pubblica esposizione – caratterizzato in genere da un certo grado di solennità e formalità esecutiva – «ha costituito e costituisce in ogni società di scrittura il grado più alto di espressione scritta» (Petrucci 1997, 45–46), si conferma come il francese abbia nella società latina di Oltremare – e conservi a lungo, anche in condizioni storiche ormai mutate – uno *status* sociolinguistico diverso da quello di tutte le altre lingue vernacolari.

4 Conclusioni

Nell'insieme le situazioni, i casi e i testi sopra evocati aiutano a comporre il quadro di un Oriente latino multilingue, in cui diverse varietà coesistono in spazi socialmente funzionali e in modi tendenzialmente complementari, seppur con parziali sovrapposizioni. Resta di difficile decifrazione, come si è detto, il sistema di valori e di appartenenze che regge i rapporti fra le singole lingue: la comunità latina ha naturalmente una sua dimensione linguistica, ma questa non va immaginata come una semplice proiezione di quella, non ne riflette necessariamente le dinamiche e le gerarchie, non essendoci mai perfetto isomorfismo fra le strutture sociali di una collettività e i suoi usi linguistici.

In fondo, come dimostra il caso di Jofré, bailo dei veneziani di Limassol sepolto con un epitaffio in francese, o quello di Obertin de Saint Antonin, che

36 Ci si riferisce naturalmente, qui come prima, solo alla popolazione latina, perché quella autoctona usa nella scrittura (anche esposta) altre lingue: l'arabo, il greco, l'ebraico, il siriaco ecc.

37 Si vedano i saggi raccolti in Ciociola (1997), cui si può aggiungere Stussi (2005, 56–63); Petrucci (2010); Tomasin (2012); Geymonat (2014).

38 Per le iscrizioni cipriote cf. Imhaus (2004); per quelle del litorale siro-palestinese cf. Pringle (2004; 2007); Treffort (2011); Claverie (2013).

predispone (in francese) mille messe di suffragio a Venezia e cento a Famagosta, si possono sperimentare diversi livelli di identità comunitaria e linguistica. Perché, nelle parole di Irving Thompson,

> «The consciousness of community is not, of course, singular. Communities coexist, in concentric layers, or in adjacent sectors, imposing different loyalties which are not necessarily mutually exclusive, although they may ultimately be so. The hierarchalization and rehierarchalization of community loyalties is what the political process, at bottom, is all about».[39]

Potremmo concludere che la gerarchizzazione delle lealtà e delle appartenenze è anche al cuore del processo con cui una collettività continuamente organizza e riorganizza i sistemi linguistici in essa coesistenti. Di tutto questo l'Oriente latino offre un esempio prezioso e ancora poco esplorato.

Bibliografia

AIS = Jaberg, Karl/ Jud, Jakob, *Sprach- und Sachatlas Italiens und der Südschweiz*, Zofingen, Ringier & Co., 1928–1940.

Alleyne, Mervyn, *Les noms des vents en gallo-roman*, Revue de linguistique romane 25 (1960), 75–136, 391–445.

Aslanov, Cyril, *Le français au Levant, jadis et naguère. À la recherche d'une langue perdue*, Paris, Honoré Champion, 2006.

Auer, Peter, *Mobility, contact and accommodation*, in: Llamas, Carmen, et al. (edd.), *The Routledge companion to sociolinguistics*, London/New York, Routledge, 2007, 109–115.

Baglioni, Daniele, *La «scripta» italoromanza del regno di Cipro. Edizione e commento di testi di scriventi ciprioti del Quattrocento*, Roma, Aracne, 2006.

Baglioni, Daniele, *L'italiano delle cancellerie tunisine (1590–1703). Edizione e commento linguistico delle «Carte Cremona»*, Roma, Scienze e Lettere, 2010.

Baglioni, Daniele, *L'italiano fuori d'Italia: dal Medioevo all'Unità*, in: Lubello, Sergio (ed.), *Manuale di linguistica italiana*, Berlin/Boston, de Gruyter, 2016, 125–145.

Baglioni, Daniele, *Attestazioni precinquecentesche della lingua franca? Pochi dati, molti problemi*, in: Malagnini, Francesca (ed.), *Migrazioni della lingua. Nuovi studi sull'italiano fuori d'Italia*, Firenze, Cesati, 2018, 69–92.

Balard, Michel, *Les républiques maritimes italiennes et le commerce en Syrie–Palestine (XIe–XIIIe siècles)*, Anuario de estudios medievales 24 (1994), 313–348.

Balard, Michel, *Les Latins en Orient (XIe–XVe siècle)*, Paris, PUF, 2006.

Balard, Michel, *La «Massaria» génoise de Famagouste*, in: Beihammer, Alexander D., et al. (edd.), *Diplomatics in the Eastern Mediterranean, 1000–1500. Aspects of Cross-Cultural Communication*, Leiden/Boston, Brill, 2008, 235–250.

39 Thompson (1995, 125).

Banfi, Emanuele, *Lingue d'Italia fuori d'Italia. Europa, Mediterraneo e Levante dal Medioevo all'età moderna*, Bologna, il Mulino, 2014.

Barber, Malcolm, *The crusader states*, New Haven/London, Yale University Press, 2012.

Belloni, Gino/Pozza, Marco, *Il più antico documento in veneziano. Proposta di edizione*, in: Cortelazzo, Manlio (ed.), *Guida ai dialetti veneti XII*, Padova, CLEUP, 1990, 5–32.

Berggötz, Oliver (ed.), *Der Bericht des Marsilio Zorzi. Codex Querini-Stampalia IV 3 (1064)*, Frankfurt am Main, Peter Lang, 1991.

Bertolucci Pizzorusso, Valeria, *Testamento in francese di un mercante veneziano (Famagosta, gennaio 1294)*, in: Ead., *Scritture di viaggio. Relazioni di viaggiatori ed altre testimonianze letterarie e documentarie*, Roma, Aracne, 2011, 243–268 [già in: Annali della Scuola Normale Superiore di Pisa, Classe di Lettere e Filosofia, s. 3, vol. 18:3 (1988), 1011–1033].

Britain, David, *Contact and dialectology*, in: Hickey, Raymond (ed.), *The handbook of language contact*, Oxford, Wiley-Blackwell, 2010, 208–229.

Calvet, Antoine (ed.), *Les Légendes de l'Hôpital de Saint-Jean de Jérusalem*, Paris, Presses de l'Université de Paris-Sorbonne, 2000.

Cardini, Franco, *In Terrasanta. Pellegrini italiani tra Medioevo e prima età moderna*, Bologna, il Mulino, 2002.

Cella, Roberta, *I gallicismi nei testi dell'italiano antico (dalle origini alla fine del sec. XIV)*, Firenze, Accademia della Crusca, 2003.

Chauveau, Jean-Paul, *Régionalismes médiévaux et dialectalismes contemporains en Haute-Bretagne*, in: Glessgen, Martin/Trotter, David (edd.), *La régionalité lexicale du français au Moyen Âge*, Strasbourg, Éditions de Linguistique et de Philologie, 2016, 131–166.

Ciociola, Claudio (ed.), *«Visibile parlare». Le scritture esposte nei volgari italiani dal Medioevo al Rinascimento. Atti del Convegno Internazionale di studi, Cassino-Montecassino, 26–28 ottobre 1992*, Napoli, Edizioni Scientifiche Italiane, 1997.

Claverie, Pierre-Vincent, *Les difficultés de l'épigraphie franque de Terre sainte aux XIIe et XIIIe siècles*, Crusades 12 (2013), 67–89.

D'Achille, Paolo, *Allotropi*, in: Simone, Raffaele (ed.), *Enciclopedia dell'Italiano*, vol. 1, Roma, Istituto della Enciclopedia Italiana, 2010, (<http://www.treccani.it/enciclopedia/allotropi_(Enciclopedia-dell'Italiano)/>).

Dardano, Maurizio, *Un itinerario dugentesco per la Terra Santa*, in: Id., *Studi sulla prosa antica*, Napoli, Morano, 1992, 129–186 [già in: Studi medievali 7, s. 3 (1966), 154–196].

DFM = Matsumura, Takeshi, *Dictionnaire du français médiéval*, sous la direction de Michel Zink, Paris, Les Belles Lettres, 2015.

Debanne, Alessandra, *Lo Compasso de navegare. Edizione del codice Hamilton 396, con commento linguistico e glossario*, Bruxelles, Peter Lang, 2011.

Delaville Le Roulx, Jean (ed.), *Cartulaire général de l'Ordre des Hospitaliers de Saint-Jean de Jérusalem (1100–1310)*, 4 vol., Paris, Leroux, 1894–1906.

Del Punta, Ignazio, *Le colonie mercantili italiane in Terrasanta, le crociate e il problema del loro impatto sull'economia dell'area euro-mediterranea nei secoli XII e XIII*, in: Musarra, Antonio (ed.), *Gli italiani e la Terrasanta*, Firenze, SISMEL-Edizioni del Galluzzo, 2014, 201–217.

Edbury, Peter W., *The Genoese community in Famagusta around the year 1300: a historical vignette*, in: Id., *Kingdom of the Crusaders. From Jerusalem to Cyprus*, Aldershot, Ashgate Variorum, 1999, § XVIII [già in: Balletto, Laura (ed.), *Oriente e Occidente tra Medioevo ed età moderna. Studi in onore di Geo Pistarino*, Genova, Brigati, 1997, 235–244].

Edbury, Peter W., *The French translation of William of Tyre's «Historia»: the manuscript tradition*, Crusades 6 (2007), 69–105.

Edbury, Peter W. (ed. e trad.), Philip of Novara, *Le livre de forme de plait*, Nicosia, Cyprus Research Centre, 2009.

Edbury, Peter W., *New perspectives on the Old French continuations of William of Tyre*, Crusades 9 (2010), 107–113.

Ellenblum, Ronnie, *Frankish rural settlement in the Latin Kingdom of Jerusalem*, Cambridge, Cambridge University Press, 1998.

Ellenblum, Ronnie, *Crusader castles and modern histories*, Cambridge, Cambridge University Press, 2007.

Favreau-Lilie, Marie-Luise, *Die Italiener im Heiligen Land, vom ersten Kreuzzug bis zum Tode Heinrichs von Champagne (1098–1197)*, Amsterdam, Hakkert, 1989.

Folena, Gianfranco, *La Romània d'oltremare: francese e veneziano nel Levante*, in: Vàrvaro, Alberto (ed.), *XIV Congresso Internazionale di Linguistica e Filologia Romanza (Napoli, 15–20 Aprile 1974), Atti*, vol. I, Amsterdam/Napoli, Benjamins/Macchiaroli, 1978, 399–406 [rist. in: Id., *Culture e lingue nel Veneto medievale*, Padova, Editoriale Programma, 1990, 269–286].

Formentin, Vittorio, *Il mercante veneziano del Duecento tra latino e volgare: alcuni testi esemplari*, con *Annotazioni paleografiche* di Antonio Ciaralli, Studi Linguistici Italiani 41:1 (2015), 3–53.

Formentin, Vittorio, *Notizie da Aleppo. Una lettera dell'ilkhan Ghazan al doge di Venezia*, in: Id., *Prime manifestazioni del volgare a Venezia. Dieci avventure d'archivio*, Roma, Edizioni di Storia e Letteratura, 2018, 285–309.

Flori, Jean, *Chroniqueurs et propagandistes. Introduction critique aux sources de la Première Croisade*, Genève, Droz, 2010.

Gautier-Dalché, Patrick, *Carte marine et portulan au XIIe siècle. Le «Liber de existencia riveriarum et forma maris nostri Mediterranei»*, Rome, École Française, 1995.

Geymonat, Francesca, *Scritture esposte*, in: Antonelli, Giuseppe, et al. (edd.), *Storia dell'italiano scritto*, vol. 3: *Italiano dell'uso*, Roma, Carocci, 2014, 57–100.

Giannini, Gabriele, *Un guide français de Terre Sainte, entre Orient latin et Toscane occidentale*, Paris, Classiques Garnier, 2016.

Glessgen, Martin-Dietrich, *Histoire interne du français (Europe): lexique et formation des mots*, in: Ernst, Gerhard, et al. (edd.), *Romanische Sprachgeschichte. Ein internationales Handbuch zur Geschichte der romanischen Sprachen*, vol. 3, Berlin/Boston, de Gruyter, 2008, 2947–2974.

Graboïs, Aryeh, *Le pélerin occidental en Terre Sainte au Moyen Âge*, Bruxelles, De Boeck, 1998.

Guadagnini, Elisa (ed.), *La «Rectorique de Cyceron» tradotta da Jean d'Antioche. Edizione e glossario*, Pisa, Edizioni della Normale, 2009.

Hall, Robert, *Pidgin and creole languages*, Ithaca/London, Cornell University Press, 1966.

Handyside, Philip, *The Old French William of Tyre*, Leiden/Boston, Brill, 2015.

Haspelmath, Martin, *Lexical borrowing: Concepts and issues*, in: Haspelmath, Martin/Tadmor, Uri (edd.), *Loanwords in the world's languages. A comparative handbook*, Berlin/Boston, de Gruyter Mouton, 2009, 35–54.

Hiestand, Rudolf, *La langue vulgaire dans les chartes de Terre Sainte avec un regard sur la chancellerie royale française*, in: Herbers, Klaus/Könighaus, Waldemar (edd.), *Von Outremer bis Flandern. Miscellanea zur Gallia Pontificia und zur Diplomatik*, Berlin/Boston, de Gruyter, 2013, 271–302.

Imhaus, Brunehilde (ed.), *Lacrimae Cypriae. Corpus des pierres tombales de Chypres*, 2 vol., Nicosia, Department of Antiquities, 2004.

Jacoby, David, *A Venetian manual of commercial practice from Crusader Acre*, in: Airaldi, Gabriella/Kedar, Benjamin Z. (edd.), *I Comuni italiani nel Regno Crociato di Gerusalemme*, Genova, Università di Genova, 1986, 403–428.

Jacoby, David, *Knightly values and class consciousness in the Crusader States of the eastern Mediterranean*, in: Id., *Studies on the Crusader States and on Venetian Expansion*, Northampton, Variorum Reprints, 1989, § I [già in: Mediterranean History Review 1 (1986), 158–186].

Jacoby, David, *Les communes italiennes et les Ordres militaires à Acre: aspects juridiques, territoriaux et militaires (1104–1187, 1191–1291)*, in: Id., *Trade, commodities, and shipping in the Medieval Mediterranean*, Aldershot, Variorum, 1997, § VI [già in: Balard, Michel (ed.), *État et colonisation au Moyen Âge*, Lyon, La manufacture, 1989, 193–214].

Kedar, Benjamin Z./Stern, Eliezer, *Un nuovo sguardo sul quartiere genovese di Acri*, in: Kedar, Benjamin Z., *Franks, Muslims and Oriental Christians in the Latin Levant. Studies in frontier acculturation*, Aldershot, Ashgate Variorum, 2006, § XVIII [già in: Airaldi, Gabriella/Stringa, Paolo (edd.), *Mediterraneo genovese. Storia e architettura. Atti del Convegno Internazionale di Genova, 29 ottobre 1992*, Genova, ECIG, 1995, 11–28].

Kerswill, Paul, *Koineization and accommodation*, in: Chambers, Jack K., et al. (edd.), *The handbook of language variation and change*, Oxford, Blackwell, 2002, 669–702.

Kretschmer, Konrad, *Die italienischen Portolane des Mittelalters. Ein Beitrag zur Geschichte der Kartographie und Nautik*, Hildesheim, Olms, 1962 [rist. anast. dell'ediz. orig.: Berlin, Ernst Siegfried Mittler und Sohn, 1909].

Limentani, Alberto (ed.), Martin da Canal, *Les estoires de Venise. Cronaca veneziana in lingua francese dalle origini al 1275*, Firenze, Olschki, 1972.

Lope Blanch, Juan Manuel, *Estudios de lingüística hispanoamericana*, México, UNAM, 1989.

Lubello, Sergio, *Cancelleria e burocrazia*, in: Antonelli, Giuseppe, et al. (edd.), *Storia dell'italiano scritto*, vol. 3: *L'italiano dell'uso*, Roma, Carocci, 2014, 225–259.

Luttrell, Anthony, *The Hospitallers' early written records*, in: France, John/Zajac, William G. (edd.), *The Crusades and their sources. Essays presented to Bernard Hamilton*, Aldershot, Ashgate, 1998, 135–154.

Malkiel, Yakov, *Critères pour l'étude de la fragmentation du latin*, in: Vàrvaro, Alberto (ed.), *XIV Congresso Internazionale di Linguistica e Filologia Romanza (Napoli, 15–20 Aprile 1974), Atti*, vol. I, Amsterdam/Napoli, Benjamins/Macchiaroli, 1978, 27–47.

Mas Latrie, Louis de, *Histoire de l'Ile de Chypre sous le règne des princes de la maison de Lusignan*, Paris, Imprimerie Nationale, to. II/1: *Documents et Mémoires*, 1852.

Matras, Yaron, *Language contact*, Cambridge, Cambridge University Press, 2009.

Melani, Silvio (ed.), Filippo da Novara, *Guerra di Federico II in Oriente (1223–1242)*, Napoli, Liguori, 1994.

Meneghetti, Maria Luisa, et al., *Nuove acquisizioni per la protostoria del codice Hamilton 390 (già Saibante)*, Critica del testo 15:1 (2012), 75–126.

Minervini, Laura, *La lingua franca mediterranea. Plurilinguismo, mistilinguismo, pidginizzazione sulle coste del Mediterraneo tra tardo medioevo e prima età moderna*, Medioevo Romanzo 20 (1996), 231–301.

Minervini, Laura, *Modelli culturali e attività letteraria nell'Oriente latino*, Studi Medievali 43 (2002), 337–348.

Minervini, Laura, *Lingua franca, italiano come*, in: Simone, Raffaele (ed.), *Enciclopedia dell'Italiano*, vol. 1, Roma, Istituto della Enciclopedia Italiana, 2010, (<http://www.treccani.it/enciclopedia/lingua-franca-italiano-come_(Enciclopedia-dell'Italiano)/>).

Minervini, Laura, *Les emprunts arabes et grecs dans le lexique français d'Orient (XIIIe–XIVe siècles)*, Revue de linguistique romane 76 (2012), 99–197.

Minervini, Laura, *Sui frammenti epici della moschea di Damasco («Fierabras», lasse 106–108, 117–118)*, in: Di Luca, Paolo/Piacentino, Doriana (edd.), *Codici, testi, interpretazioni. Studi sull'epica romanza medievale*, Napoli, Photocity.it Edizioni, 2015, 93–103.

Minervini, Laura, *La variation lexicale en fonction du contact linguistique: le français dans l'Orient latin*, in: Glessgen, Martin/Trotter, David, *La régionalité lexicale du français au Moyen Âge*, Strasbourg, Éditions de Linguistique et de Philologie, 2016, 195–206 (= 2016a).

Minervini, Laura, *Dinamiche del contatto linguistico nell'Oriente latino*, in: Babbi, Anna Maria/Concina, Chiara (edd.), *Francofonie medievali. Lingue e letterature gallo-romanze fuori di Francia (sec. XII–XV)*, Verona, Fiorini, 2016, 323–338 (= 2016b).

Morgan, Margaret R. (ed.), *La continuation de Guillaume de Tyr (1184–1197)*, Paris, Geuthner, 1982.

Morreale, Laura K., *French-language documents produced by the Hospitallers, 1231–1310*, Journal of Medieval History 40 (2014), 439–457.

Müller, Giuseppe (ed.), *Documenti sulle relazioni delle città toscane coll'Oriente cristiano e coi Turchi fino all'anno MDXXXI*, Firenze, Cellini, 1879.

Murray, Alan V., *National identity, language and conflict in the Crusades to the Holy Land, 1096–1192*, in: Kostick, Conor (ed.), *The Crusades and the Near East. Cultural histories*, London, Routledge, 2011, 107–130.

Murray, Alan V., *How Norman was the principality of Antioch? Prolegomena to a study of the origins of the nobility of a crusader state*, in: Id., *The Franks in Outremer. Studies in the Latin principalities of Palestine and Syria, 1099–1187*, Farnham, Ashgate Variorum, 2015, § VI [già in: Keats-Rohan, Katharine S. B. (ed.), *Family trees and the roots of politics. The prosopography of Britain and France from the tenth to the twelfth century*, 1997, Woodbridge, Boydell Press, 349–359].

Musarra, Antonio (ed.), *Gli italiani e la Terrasanta*, Firenze, SISMEL-Edizioni del Galluzzo, 2014.

Petrucci, Armando, *Il volgare esposto: problemi e prospettive*, in: Ciociola, Claudio (ed.), *«Visibile parlare». Le scritture esposte nei volgari italiani dal Medioevo al Rinascimento. Atti del Convegno Internazionale di studi, Cassino-Montecassino, 26–28 ottobre 1992*, Napoli, Edizioni Scientifiche Italiane, 1997, 45–58.

Petrucci, Livio, *Il problema delle Origini e i più antichi testi italiani*, in: Serianni, Luca/Trifone, Pietro (edd.), *Storia della lingua italiana*, vol. 3: *Le altre lingue*, Torino, Einaudi, 1994, 5–73.

Petrucci, Livio, *Il volgare nei carteggi tra Pisa e i paesi arabi*, in: Lugnani, Lucio, et al. (edd.), *Studi offerti a Luigi Blasucci dai colleghi e dagli allievi pisani*, Lucca, Maria Pacini Fazzi, 1996, 413–426.

Petrucci, Livio, *Rassegna dei più antichi documenti del volgare pisano*, in: Werner, Edeltraud/Schwarze, Sabine (edd.), *Fra toscanità e italianità. Lingua e letteratura dagli inizi al Novecento*, Tübingen/Basel, Francke, 2000, 15–46.

Petrucci, Livio, *Documenti in volgare nei carteggi tra Pisa e i paesi arabi*, in: Battaglia Ricci, Lucia/Cella, Roberta (edd.), *Pisa crocevia di uomini, lingue e culture. L'età medievale. Atti del Convegno, Pisa, 25–27 ottobre 2007*, Roma, Aracne, 2009, 207–216.

Petrucci, Livio, *Alle origini dell'epigrafia volgare. Iscrizioni italiane e romanze fino al 1275*, Pisa, Edizioni PLUS/Pisa University Press, 2010.

Pfister, Max, *L'influence lexicale de l'occitan sur le français*, in: Glessgen, Martin/Trotter, David (edd.), *La régionalité lexicale du français au Moyen Âge*, Strasbourg, Éditions de Linguistique et de Philologie, 2016, 169–177.
Pozza, Marco (ed.), *I trattati con Aleppo, 1207–1254*, Venezia, Il Cardo, 1990.
Prawer, Joshua, *The Italians in the Latin Kingdom*, in: Id., *Crusader institutions*, Oxford, Oxford University Press, 1980, 217–249.
Pringle, Denys, *Crusader inscriptions from Southern Lebanon*, Crusades 3 (2004), 131–151.
Pringle, Denys, *Notes on some inscriptions from Crusader Acre*, in: Shagrir, Iris, et al. (edd.), *In Laudem Hierosolymitani. Studies in Crusades and medieval culture in honour of Benjamin Z. Kedar*, Aldershot, Ashgate, 2007, 191–209.
Pringle, Denys, *Pilgrimage to Jerusalem and the Holy Land, 1187–1291*, Burlington, Ashgate, 2011.
Richard, Jean, *Un partage de seigneurie entre Francs et Mamelouks: les «casaux de Sur»*, in: Id., *Orient et Occident au Moyen Age. Contacts et relations, XIIe–XVe siècle*, London, Variorum, 1976, § XVIII [già in: Syria 30 (1953), 72–82].
Richard, Jean, *Le plurilinguisme dans les actes de l'Orient latin*, in: Guyotjeannin, Olivier (ed.), *La langue des actes. Actes du XIe Congrès international de diplomatique (Troyes, jeudi 11–samedi 13 septembre 2003)*, Paris, École Nationale des Chartes, 2005, (<http://elec.enc.sorbonne.fr/CID2003/richard>).
Romanini, Fabio/Saletti, Beatrice, *I «Pelrinages communes», i «Pardouns de Acre» e la crisi del regno crociato. Storia e testi*, Padova, Libreriauniversitaria.it Edizioni, 2012.
Rubin, Jonathan, *Learning in a Crusader city. Intellectual activity and intercultural exchanges in Acre, 1191–1291*, Cambridge, Cambridge University Press, 2018.
Schabel, Chris, *A neglected quarrel over a house in Cyprus in 1299: The Nicosia Franciscans vs. the Chapter of Nicosia cathedral*, Crusades 8 (2009), 173–190.
Sopracasa, Alessio (ed.), *I trattati con il regno armeno di Cilicia, 1201–1333*, Roma, Viella, 2001.
Stussi, Alfredo, *Un testamento volgare scritto in Persia nel 1263*, L'Italia dialettale 25 (1962), 23–37.
Stussi, Alfredo (ed.), *Testi veneziani del Duecento e dei primi del Trecento*, Pisa, Nistri-Lischi, 1965.
Stussi, Alfredo, *Medioevo volgare veneziano*, in: Id., *Storia linguistica e storia letteraria*, Bologna, il Mulino, 2005, 23–80.
Tafel, Gottlieb L. Fr./Thomas, Georg M. (edd.), *Urkunden zur älteren Handels- und Staatsgeschichte der Republik Venedig*, 3 vol., Wien, Kaiserlich-Königliche Hof- und Staatsdruckerei, 1856–1857.
Tagliani, Roberto, *Un nuovo frammento dei «Quatre âges de l'homme» di Philippe de Novare tra le carte dell'Archivio di Stato di Milano*, Critica del testo 16:2 (2013), 39–77.
Testa, Enrico, *L'italiano nascosto. Una storia linguistica e culturale*, Torino, Einaudi, 2014.
Thompson, Irving A. A., *Castile, Spain and the monarchy: the political community from «Patria Natural» to «Patria Nacional»*, in: Kagan, Richard L./Parker, Geoffrey (edd.), *Spain, Europe and the Atlantic World. Essays in honour of John H. Elliott*, Cambridge, Cambridge University Press, 1995, 125–159.
TLIO = *Tesoro della lingua italiana delle origini*, fondato da Pietro G. Beltrami, ed. Leonardi, Lino, (<http://tlio.ovi.cnr.it/TLIO/>).
Tomasin, Lorenzo, *Storia linguistica di Venezia*, Roma, Carocci, 2010 (= 2010a).

Tomasin, Lorenzo, *Sulla diffusione del lessico marinaresco italiano*, Studi Linguistici Italiani 36:2 (2010), 263–292 (= 2010b).

Tomasin, Lorenzo, *Italiano. Storia di una parola*, Roma, Carocci, 2011.

Tomasin, Lorenzo, *Epigrafi trecentesche in volgare nei dintorni di Venezia*, Lingua e Stile 47:2 (2012), 23–44.

Tomasin, Lorenzo, *Quindici testi veneziani 1300–1310*, Lingua e Stile 48:1 (2013), 3–48.

Tomasin, Lorenzo, *Sulla percezione medievale dello spazio linguistico romanzo*, Medioevo Romanzo 39/2 (2015), 268–292.

Toso, Fiorenzo, *Storia linguistica della Liguria*, vol. I: *Dalle origini al 1528*, Recco, Le Mani, 1997.

Toso, Fiorenzo, *Per una storia linguistica del genovese «d'Otramar»*, in: Fusco, Fabiana, et al. (edd.), *Processi di convergenza e differenziazione nelle lingue dell'Europa medievale e moderna, Atti del Convegno Internazionale (9–11 dicembre 1999, Università degli Studi di Udine/Centro Internazionale sul Plurilinguismo)*, Udine, Forum, 2000, 327–341.

Treffort, Cécile, *Les inscriptions latines et françaises des XIIe et XIIIe siècles découvertes à Tyr*, in: Gatier, Pierre-Louis, et al. (edd.), *Sources de l'histoire de Tyr. Textes de l'Antiquité et du Moyen Âge*, Beyrouth, Presses de l'Université Saint-Joseph/Presses de l'Ifpo, 2011, 221–251.

Trudgill, Peter, *Dialects in contact*, Oxford, Blackwell, 1986.

Trudgill, Peter, *New-dialect formation. The inevitability of Colonial Englishes*, Edinburgh, Edinburgh University Press, 2004.

Vàrvaro, Alberto, *La frammentazione linguistica della Romània*, in: Id., *Identità linguistiche e letterarie nell'Europa romanza*, Roma, Salerno editrice, 2004, 74–108 [già *Introduzione*, in: von Wartburg, Walther, *La frammentazione linguistica della Romània*, Roma, Salerno editrice, 1980, 7–44].

Vidos, Benedek, *Prestito, espansione e migrazione dei termini tecnici nelle lingue romanze e non romanze. Problemi, metodo e risultati*, Firenze, Olschki, 1965.

Winford, Donald, *Contact and borrowing*, in: Hickey, Raymond (ed.), *The handbook of language contact*, Oxford, Wiley-Blackwell, 2010, 170–187.

Zinelli, Fabio, *Sur les traces de l'atelier des chansonniers occitans IK: le manuscrit de Vérone, Biblioteca Capitolare, DVIII et la tradition méditerranéenne du «Livre dou Tresor»*, Medioevo Romanzo 31 (2007), 7–69.

Zinelli, Fabio, *Espaces franco-italiens: les italianismes du français-médiéval*, in: Glessgen, Martin/Trotter, David (edd.), *La régionalité lexicale du français au Moyen Âge*, Strasbourg, Éditions de Linguistique et de Philologie, 2016, 207–268.

Daniele Baglioni

8 Il veneziano dopo Venezia: sondaggi sulle varietà italiane(ggianti) dell'Impero Ottomano

1 Premessa

Il veneziano *de là da mar*, così come lo ha definito Folena nella sua *Introduzione* (Folena [1968–1970] 1990) e come ben illustrano i capitoli di questo volume, è una realtà fondamentalmente basso-medievale, le cui manifestazioni si concentrano fra il XIII e il XV secolo, cioè all'apice della fortuna di Venezia nel Mediterraneo. Folena però aveva ben presente che la storia mediterranea del veneziano non si esaurisce con la stagione dell'espansione politica e commerciale di Venezia, e lo afferma chiaramente in un unico ma significativo passo del suo fondamentale saggio, quando osserva che:

> «i Veneziani, [...] con una penetrazione più lenta e cauta, e dopo aver già affermato la loro egemonia linguistica nell'Adriatico orientale e nei Balcani, soppianteranno pian piano tutti i concorrenti vecchi, e i nuovi, come i temibili Catalani, e creeranno nel loro impero commerciale una nuova comunità linguistica che *pur nella lenta ritirata davanti ai Turchi* ha continuato ad esercitare la sua azione fino alla caduta della Repubblica e possiamo dire anche oltre» (Folena [1968–1970] 1990, 230; corsivo mio).

L'uso del *pur* concessivo lascia presumere che l'avanzata ottomana venisse identificata da Folena con la causa, se non della fine, quanto meno della progressiva riduzione degli spazi della venetofonia nel Mediterraneo, e che lo studioso alludesse quindi alla sopravvivenza del veneziano soltanto in quei territori, come l'Istria, la Dalmazia e le isole Ionie, che erano rimasti fino al Settecento sotto il controllo di Venezia e avrebbero continuato anche dopo a far parte della sfera d'influenza culturale e linguistica veneziana. D'altronde, quando Folena scriveva non era ancora minimamente intuibile la straordinaria fortuna dell'italiano nel Levante ottomano e nelle reggenze nordafricane, un dato che ci è noto oggi – sia pure in modo assai parziale e sulla base di una documentazione estremamente frammentaria – grazie agli studi di Cremona (1996; 2002; 2003), Bruni ([1999] 2013; [2007] 2013), Minervini (2006), Tommasino (2010) e altri, nessuno dei quali è anteriore agli anni novanta del secolo scorso.

Lo stato attuale delle ricerche, allora, impone di volgere lo sguardo anche al di fuori dei limiti territoriali e cronologici dello *stato da mar* e soffermarsi, in

https://doi.org/10.1515/9783110652772-009

particolare, sulla capitale e sulle province ottomane, chiedendosi che tipo di correlazione esista fra questi due macroepisodi dell'irradiazione italo-romanza nel Mediterraneo, ossia il foleniano veneziano *de là da mar* e il bruniano – ma l'espressione è di Byron – *Levant Italian* (o «italiano d'Oltremare», secondo l'etichetta recentemente proposta da Testa 2014, 259–272). La questione non è tanto stabilire se ci sia del veneziano nell'italiano d'Oltremare, che data la contiguità cronologica e l'ampia area di sovrapposizione geografica della diffusione delle due varietà è un dato quasi scontato; semmai, occorre determinare quanto veneziano ci sia nell'italiano del Levante e, di conseguenza, quanto le due varietà siano connesse fra loro.

Per tentare di dare una risposta a questi interrogativi converrà passare rapidamente in rassegna i principali ambiti d'uso dell'italiano nell'Impero Ottomano, dalle scritture ufficiali dei dragomanni (§ 2) a quelle meno curate di agenti diplomatici e commerciali (§ 3), fino al livello in massima parte inattingibile della comunicazione orale (§ 4). Ai fini di una tale rassegna, in questa sede sarà sufficiente fondarsi su materiali editi, accontentandoci di considerare documenti già noti *sub specie Venetianitatis* e ricercando, nella frammentarietà della documentazione, un filo rosso tra l'esperienza oltremarina del veneziano e quella successiva dell'italiano del Levante. Di questo filo – sarà bene anticiparlo fin d'ora – si potranno trovare tracce, ma non ricostruire l'esatta consistenza: il presente contributo è dunque da intendersi più come la proposta di una pista di ricerca, con tutti i limiti di questo tipo di indagini, che come una sintesi, che per un tema tanto vasto e ancora «giovane» appare decisamente prematura. Chi scrive potrà comunque ritenersi soddisfatto se, alla fine del saggio, sarà riuscito a impostare correttamente un problema storiografico di non trascurabile rilevanza, che altri in futuro, sulla base di un più consistente corpus di documenti, potranno affrontare ed eventualmente risolvere con strumenti più affinati.

2 Le *scriptae* dei dragomanni

Gli studiosi che per primi si sono occupati della diffusione dell'italiano nell'Impero Ottomano si sono anzitutto premurati di distinguere quest'episodio da quello della circolazione medievale del veneziano nel Levante, mirando opportunamente a correggere la *communis opinio* secondo cui l'irradiazione dell'italo-romanzo nel Mediterraneo avrebbe riguardato esclusivamente varietà diverse dal fiorentino comune. In particolare Bruni, nel saggio fondativo di questo filone di studi, qualifica il *Levant Italian* come «un episodio italiano», benché «di base toscana non ortodossa», dunque una «cosa diversa [...] dal *veneziano de là da mar* così come dalla lingua franca», pur non escludendo «che tra queste varietà linguistiche siano intercorsi rapporti, che restano da individuare» (Bruni [1999] 2013, 160).

Effettivamente, per quel che riguarda il veneziano, l'affermazione di Bruni è senz'altro vera se si considerano i testi sette e ottocenteschi da lui analizzati: non c'è dubbio, infatti, che le traduzioni italiane di documenti ufficiali come trattati, privilegi, diplomi e firmani, che i sultani commissionavano alla selezionata *équipe* di dragomanni al loro servizio o che venivano eseguite nei consolati dei paesi europei da un personale altrettanto qualificato, presentino già a fine Cinquecento un aspetto chiaramente toscano, con minime deviazioni dal modello fiorentino, normali del resto anche nel coevo italiano burocratico. Ancor meno distinguibili dai documenti delle coeve cancellerie italiane sono quei trattati bilaterali redatti in versione originale in italiano e poi tradotti nelle lingue delle due parti (secondo la pratica della *two-tier translation*, su cui cf. Lewis 2004, 24), come la celebre pace di Küçük Kaynarca che suggella la fine della guerra russo-ottomana del 1768–1774: la cosa non stupisce, dal momento che la stesura dei trattati dal XVII al XIX secolo si deve per lo più a dragomanni della Porta reclutati fra l'alta borghesia greca di Costantinopoli, i cosiddetti *fanarioti* (dal nome del quartiere del Phanari, dove risiedevano), che si erano formati negli atenei di Padova, Roma e di altre sedi universitarie italiane ed erano dunque in grado di scrivere in una lingua non dissimile da quella dei segretari nostrani di più alta responsabilità.[1]

Il bilancio però è diverso se si esamina il primo periodo della fortuna dell'italiano in ambiente ottomano, ossia il secolo abbondante che va dalla presa di Costantinopoli fino alla morte di Solimano il Magnifico (o, all'orientale, *al-Qānūnī* 'il Legislatore') nel 1566. I documenti di questi anni, infatti, mostrano una *facies* che, se pure non può essere definita veneziana *tout court*, ha però con le *scriptae* lagunari non pochi elementi in comune. Ciò appare con evidenza nelle primissime traduzioni in italiano fatte eseguire dai sultani, come quella del salvacondotto concesso nel 1478 da Maometto II, il conquistatore (*al-Fātiḥ*) di

1 Sui dragomanni, oltre ai contributi raccolti in Hitzel (1997), alla voce di Bosworth (2002) per *l'Encyclopédie de l'Islam* e alla sintesi di Lewis (2004, 21–39), si veda il bel saggio di Rothman (2012) dedicato ai *trans-imperial subjects* che operavano tra l'Impero Ottomano e Venezia, specie alle pagine 163–247. Per un'analisi socio e antropolinguistica delle *élites* dragomannali come «comunità di pratiche» si rimanda invece ai contributi raccolti da Di Salvo/Muru (2016), in particolare a Muru (2016), utile anche per i profili prosopografici di alcuni fra i più importanti dragomanni al servizio di Venezia tra il XVI e il XVII secolo (Girolamo Civran, Michele Membré, Giacomo de Nores, i fratelli Giacomo e Tommaso Tarsia).

Costantinopoli, all'ambasciatore veneziano Tommaso Malipiero, che si riporta di seguito nell'edizione di Ménage (1965, 85):[2]

Mehemet Dei gratia Turchie Gretieq(ue) Imp(er)ator &c.

P(er) la auctorità et tenor di le p(rese)nte do, concedo et atribuisco | pleno, amplo, valido et securo salvoconducto et fede | ampla, valida et secura a lo M^{co} ambasiator de la Illma || Signoria d(i) Venetia mis(ser) Tomasio Malipiero ch(e)'l possa | vegnir libera et securam(en)te p(er) tuti luoci et t(er)re de l'|Imp(er)io mio et a la Porta mea imp(e-r)ial p(er) t(er)ra cu(m) tuta la | cometiva, c(om)pagnia et famegli sui, chavali, chariazi, dena(r)i, | argenti, robe et beni del ditto M^{co} ambasiator et d(i) tuta || la c(om)pagnia sua d(i) ch(e) c(on)dictio(ne) s(e) fossi, coma(n)dando a tuti li | capitanei, sanzachi, timarati, chadì e eschiavi mei et | a tuti li offitiali d(i) ch(e) natura se fossi ch(e), sutto pena | di la disgratia et indignatio(ne) mea, ch(e) a lo ditto amba|siator, c(om)pagnia et famegli sui cu(m) li beni loro no(n) li fossi || fatto pu(n)cto d(i) inpacio, anzi ogni favore, schorta e cur|tixia bexogna(n)doli sia p(ro)visto p(er) fina ch(e) vegna a la | Porta mea. E vegna(n)do a la p(rese)ntia mea et a la imp(er)ial | p(re)fata Po(r)ta o facando paxi cu(m) lo Imp(er)io meo o non | facando paxi cusì anche libera et honoratam(en)te || cu(m) tuti li favori sup(ra)scripti se ne possa partir zenza | alchuno impedim(en)to nì d(i) p(er)sone nì d(i) haver loro | e chaminar p(er) tuti li luoci et t(er)re mee come di sup(ra) | è scrito p(er) fina ch(e) se ne va al suo paexe seguro. | Coma(n)-dando a tuti sup(ra)ditti ch(e) sia fato cusì al to(r)nar || honor e curtixia come al vegnir a lo ditto miss(er) | Tomasio ambasiator ut sup(ra) de la p(re)fata Illma S. | di Venetia. E questa tal scriptura, fede e salvoconducto | è scrito p(er) coma(n)damento del mio Imp(er)io p(er) ma(no) d(i) uno de li | mei scrivani latini. E p(er) fede e roborazio(ne) del p(re)no-(m)i(n)ato salvo || co(n)ducto segnato e del mio imp(er)ial solitto signo e p(er) sigurtà | e chautella d(e)l p(re)fato, faco sagramento p(er) lo S. Idio ch(e) | à creato cello e la ter(r)a e p(er) lo n(ost)ro propheta Mahomet | e p(er) li cento e vinti quat(tr)o milia p(r)opheti d(i) Dio e p(er) lo chamin | e vie ch(e) facemo e p(er) la cimittara ch(e) me cenzo e p(er) la || fede musromana qual credimo nui musromani ch(e) | questa p(re)messa fede e salvoconducto fato dal coma(n)dam(en)to mio | sia fermo, rato e valituro e ch(e) p(er) nullo modo i(n) alchuno | pu(n)cto serà contrafato cusì da la mia p(er)sona p(ro)pria | come da tuti li mei viziri, basse et officiali d(i) che|| c(on)dicti(ne) s(e) fossi, anzi confermato i(n) tuto e p(er) tuto come | è scrito nel suo tenore.

Dat(a) in residentia mea imp(er)iali civitatis Constanti|nopolis die vigesimo quinto mensis februarii.

2 Nel riportare il testo edito da Ménage si sono operati i seguenti adattamenti: 1. si è distinto fra <u> e <v> attribuendo al primo grafema valore vocalico e semiconsonantico e al secondo valore esclusivamente consonantico; 2. <j> è stata ridotta a <i> quando indica [i] in fine di parola; 3. si è adattata l'interpunzione all'uso moderno; 4. si sono uniformate all'uso moderno l'alternanza tra maiuscole e minuscole e la separazione e univerbazione delle parole; 5. le preposizioni articolate con la laterale scempia sono state trascritte sempre in modo analitico; 6. non si sono sciolte le abbreviazioni *M^{co}* 'magnifico', *Illma* 'illustrissima', *S.* 'Signoria' e 'Signore'; 7. la rigatura dell'originale è stata segnalata per mezzo di barre verticali, doppie di cinque in cinque righe.

In questo testo, che per esplicita dichiarazione del sultano è stato fatto redigere «p(er) ma(no) d(i) uno deli mei scrivani latini» (rr. 28–29), si nota anzitutto un gran numero di tratti genericamente antitoscani, che vanno dalla mancanza del dittongo in *mei* (rr. 11, 29, 39), alla frequente conservazione della vocale in iato di *mea* (rr. 7, 13, 17[2], 42) *meo* (r. 18) e *mee* (r. 22), all'assenza dell'anafonesi (*famegli* rr. 8 e 14, *cenzo* 'cingo' r. 34, ma *pu(n)cto* r. 15), alla generale conservazione di *e* protonica (*securo* r. 3, *securam(en)te* r. 6, *seguro* r. 23, *se* 'si' r. 12, *bexogna(n)doli* r. 16 ecc.), fino alle uscite *-emo* e *-imo* delle 4[e] persone dei verbi di 2[a] classe (*facemo* r. 34, *credimo* r. 35). A questi fenomeni si aggiunge un cospicuo manipolo di tratti che indizia chiaramente un modello settentrionale: non ci si riferisce tanto al comunissimo scempiamento delle consonanti geminate (*tuti* rr. 6, 10, 12, 20, 22, 24 e 39, *tuta* 7 e 9, *tuto* 40[2], *chavali* r. 8, *scrito* rr. 23, 28 e 41 ecc.) e allo speculare affioramento di raddoppiamenti ipercorretti (*solitto* r. 30, *chautella* r. 31, *cello* r. 32, *cimittara* r. 34), che sono fenomeni poco caratterizzanti attribuibili alla competenza verosimilmente non nativa dell'anonimo scrivente, quanto piuttosto all'uso di <x> per la sibilante sonora (*curtixia* rr. 15–16 e 25, *bexogna(n)doli* r. 16, *paexe* r. 23 ecc.), alle sonorizzazioni (oltre alle forme appena citate con [z] intervocalica, cf. *seguro* r. 23, *sigurtà* r. 30), alle assibilazioni (*paxi* 'pace' rr. 18 e 19) e all'avanzamento delle affricate (*Gretie* = *Graeciae* r. 1, *facando* [fa'tsando] 'facendo' rr. 18 e 19, *faco* ['fatso] r. 31, *cenzo* 'cingo' – con estensione del tema palatalizzato alla 1[a] persona – r. 34), quest'ultimo fenomeno costante nell'adattamento dei turcismi (*chariazi* < ottom. *ḫarāc* 'tributo' 8, *sanzachi* 'sangiacchi' < ottom. *sancāq* 'bandiera' 11), nonché alla preposizione *fina* (rr. 16, 23), con *-a* estranea al toscano e diffusa invece nei volgari del Nord Italia, e nell'infinito con tema palatalizzato *vegnir* (r. 6). Rimandano infine al Veneto, e più specificamente a Venezia, due tratti particolarmente significativi: l'estensione di *-ando* dal gerundio dei verbi di 1[a] classe ai verbi delle altre classi (*vegna(n)do* r. 17, *facando* rr. 18 e 19) e le condizioni dell'apocope (*tenor* r. 2, *ambasiator* rr. 4, 9, 13–14 e 26, *imp(er)ial* rr. 7, 17 e 30, *partir* r. 20, *haver* r. 21, *chaminar* r. 22, *tornar* r. 24, *honor* r. 25, *vegnir* r. 25, *chamin* r. 33), che coincidono con quelle della varietà lagunare. A questo proposito, è opportuno osservare che il dileguo di *-e* dopo *l*, *n*, *r* e di *-o* dopo *n* ha un carattere di tale sistematicità (fanno eccezione solo *alchuno* r. 37 e *tenore* r. 41) da legittimare dubbi sulla scelta dell'editore, che di fronte a parossitoni con il *titulus* sulla tonica integra non solo la nasale, ma anche la vocale finale secondo il modello toscano (*co(n)dictio(ne)* r. 10, *indignatio(ne)* r. 13, *ma(no)* r. 28), laddove invece è probabile che la vocale mancasse del tutto; anche la forma *favore* (r. 15), che costituirebbe un raro caso di conservazione di *-e*, va forse segmentata diversamente in *favor* + *e* congiunzione (*favor e schorta*) oppure *favor* + *e*-

prostetica davanti a sibilante implicata (*favor eschorta*), dal momento che la prostesi di *e-* è attestata con sicurezza poche righe sopra in *eschiavi* (r. 11).

Si potrebbe obiettare che la prossimità al veneziano della lingua del salvacondotto si spiega per il fatto che il documento era rivolto alle autorità veneziane, ed è dunque attribuibile alla specificità del destinatario. Allo stesso modo si potrebbero giustificare i numerosi tratti settentrionali e, più precisamente, veneziani riscontrati da Di Salvo (2016) e Muru (2016, 171–174) nelle traduzioni dei dragomanni al servizio della Serenissima. A ben vedere, però, l'influenza del modello veneziano è evidente anche in testi che nulla hanno a che fare con Venezia, vale a dire nelle comunicazioni della Porta Ottomana non solo con altre potenze italiane (*in primis* Firenze), ma persino con stati non italiani. Un caso emblematico è quello delle cosiddette «capitolazioni», cioè i privilegi commerciali accordati direttamente dal sultano alle potenze europee, noti in ottomano come *'aḥ(ı)dnāme* (Pedani 1996; van de Boogert/Fleet 2003; Özsu 2012), che i sultani concessero a più riprese a vari stati occidentali, tra cui il regno di Polonia. Questi interessantissimi documenti, che nella prima metà del Cinquecento venivano spesso redatti in italiano, in genere in traduzione dal turco, più raramente persino in stesura originale, sono oggi disponibili per quel che riguarda la Polonia nell'edizione allestitane da Kołodziejczyk (2000) e presentano una lingua in cui l'elemento veneziano è ancora più manifesto che nel salvacondotto. Di seguito si riporta l'*incipit* delle capitolazioni turco-polacche del gennaio 1533, concesse da Solimano a Sigismondo I (nel testo *Mengiermendo* per un'errata trascrizione dall'ottomano), la cui versione italiana, anonima, è l'unica rimastaci, visto che l'originale turco è andato perduto (Kołodziejczyk 2000, 230–231):[3]

1 Co la gratia ett aiuto del'Altisimo e Sumo Idio, e con la grandeza e guida de profeti e con lo aiuto di Mecmet Mustafa, e con la gratia di quatro consiglieri del profeta nostro: Ebubechir e Omer, Osman ett Ali – che Idio sia favorevole a tuti! – e più di tuto el resto di santi e profeti.

2 Io che sono l'inperator d'inperatori e incoronator sopra la tera di corone e stadi di signiori par me aprezentadi e più sopra la tera sono la onbra di Dio; e del Mar Biancho e Nero, di la Gretia e Anatolia, Caramania e del paize di Rum, di Durgadir e Diarbeck, Giurgania e de Ederbaizan, de la Giamia, Alepo e Domascho, e Cairo e Mecha, e di Medina, e di Ieruzalem, e di tuta l'Arabia e del paize di Iemen, e più di quanti paezi aquistadi per li nostri padri antecesori et io con la mia lucente spada quanti paezi che ò subiugati e son segnior. Io de Sultan Baiazit fiol, Sultan Selim fiol son io Suleiman Sach Inperator. Tu che deli principi de la fede de Cristo sei li di magiori, Re di Polonia Mengiermendo sapi chome:

3 Il testo edito da Kołodziejczyk è riportato fedelmente, tranne che per *son'io* alla fine del secondo capoverso, che è stato emendato in *son io*. Poiché l'editore non indica la rigatura dell'originale, ci si è limitati a numerare i capoversi.

3 Al presente el vostro favorito et fidato, che de qui aveti mandato per orator a lo ecelso soier de la mia porta, el qual è locho, dove li altri signori e principi dieno bazar, al qua locho aveti mandato el vostro omo [. . .]

In queste poche righe di testo non solo si ritrovano fenomeni analoghi a quelli che si sono già osservati nel salvacondotto (degeminazioni: *Altisimo*, *Sumo*, *Idio*, *quatro* ecc.; sonorizzazioni: *stadi* 'stati', *aprezentadi*, *paize* 'paese', *paezi*, *aquistadi* ecc.; assibilazioni: *Gretia*; apocope di *-e* dopo *r*, anche in posizione prepausale: *inperator*, *incoronator*, *segnior*, *orator*) e altri tratti analoghi di matrice non toscana (come l'assenza del dittongo in *locho* e *omo*), ma risaltano singole forme d'indubitabile matrice veneziana, vuoi perché la compresenza di più tratti non si registra che nel volgare lagunare (come nel caso di *fiol*, con caratteristico esito di LJ in *i* semiconsonantica, poi assorbita dalla precedente vocale omorganica, e del suff. -EOLU(M)), vuoi perché a una già di per sé rivelatrice spia formale si aggiunge un dirimente indizio semantico (come per *soier* in «lo ecelso soier de la mia porta», che corrisponde solo etimologicamente al toscano *solaio* e indica invece venezianamente la 'soglia').[4]

È evidente che, se non disponessimo dei documenti ben più toscaneggianti dei secoli dal XVII al XIX, non esiteremmo a includere questi testi nella variegata gamma delle manifestazioni del veneziano d'Oltremare. Certo, non potremmo non riconoscere, rispetto alle testimonianze tre e quattrocentesche, un notevole avanzamento dei processi di smunicipalizzazione e toscanizzazione, i quali tuttavia, sia pure con diversa intensità, sono caratteristici nel Cinquecento anche delle *missive e responsive* del Duca di Candia studiate da Eufe (2006), nonché della stessa lingua giuridica che si scriveva a Venezia, come ha mostrato con abbondanza di esempi Tomasin (2001), e di generi affini come le relazioni degli ambasciatori e la diaristica (*in primis* quella di Sanudo, dettagliatamente analizzata da Crifò 2016, 230–383). In particolare, non riusciremmo a cogliere nessuna frattura palese tra l'italiano venezianeggiante della diplomazia ottomana tardoquattrocentesca e primocinquecentesca e il veneziano, nei secoli sempre meno caratterizzato, dei precedenti trattati di Venezia con le varie potenze del Levante, ossia di quegli *instrumenta* in volgare di vario genere editi da Thomas (1880; 1889) nel suo monumentale *Diplomatarium Veneto-Levantinum*.

D'altronde, non potrebbe essere altrimenti. Sappiamo infatti dallo studio pionieristico di Lampros (1908) e poi dalle più recenti ricerche di Vatin (1997) che gli Ottomani, una volta arrivati a Costantinopoli, continuarono a lungo a servirsi della formidabile squadra di burocrati ereditata dai Bizantini, al punto che il greco fu sotto Maometto II (1451–1481) e Bāyezīd II (1481–1512) lingua

4 Cf. Boerio (1856, 670b, s.v. *sogier*).

ufficiale dell'Impero, comunemente impiegata nelle cancellerie accanto al turco, al persiano e all'arabo, e che sempre il greco, prima dell'italiano, venne impiegato come lingua diplomatica nelle relazioni con gli stati occidentali. Poiché il greco demotico dei documenti costantinopolitani veniva letto a fatica in Occidente, da parte ottomana si passò presto all'italiano, la lingua occidentale – o meglio, a quest'altezza cronologica, l'insieme di varietà – che i commerci e l'espansione coloniale di Venezia e di Genova avevano contribuito a diffondere maggiormente nel Levante. Quest'italiano però non veniva dall'Italia ma, come ha messo ben in luce Minervini (2006, 52), era un italiano di greci e di altre comunità cristiane d'Oriente (tra cui le famiglie italiane rimaste *in partibus infidelium*, i cosiddetti «levantini»), con una forte coloritura veneziana e tracce evidenti delle *scriptae* diplomatiche preottomane (una su tutte: l'indicazione del sultano con la locuzione *Gran Signor*, un calco sul greco *μέγας αὐθέντης*, cioè sul titolo originariamente attribuito all'imperatore bizantino).[5] Tra fine Quattrocento e primo Cinquecento, la straordinaria espansione dell'Impero ebbe per conseguenza da un lato l'irradiazione dell'italiano diplomatico ben oltre le coordinate geografiche del veneziano *de là da mar*, dall'altro la sua progressiva svenetizzazione, che andò di pari passo con la graduale professionalizzazione delle figure dei dragomanni e con il sempre più frequente reclutamento d'interpreti fra i «rinnegati», ossia fra quegli occidentali di provenienza assai varia che, messisi al servizio della Porta Ottomana, tendevano a ricorrere alla varietà italo-romanza a loro più familiare, non necessariamente il veneziano.[6]

Ecco perché le traduzioni ufficiali di fine Cinquecento hanno un aspetto tanto diverso da quelle della prima metà del secolo. Se consideriamo, ad esempio, la versione italiana della lettera che Ṣāfiye, vedova di Murād III, indirizzò nel 1599 a Elisabetta I d'Inghilterra, la quale, come c'informa l'editrice Skilliter (1965, 136, nota 56), si deve con certezza a un dragomanno del consolato britannico a Costantinopoli, notiamo che della *scripta* venezianeggiante in uso circa mezzo secolo prima è rimasto davvero molto poco:[7]

5 Cf. Lewis (2001, 105); Baglioni (2010, 445–446, s.v.).

6 Si pensi al caso del lucchese Hürrem bey, Gran Dragomanno della Porta, che nel 1581 redasse, in doppia versione italiana e turco-ottomana, l'armistizio semiufficiale (*temessük* 'ricevuta') tra il sultano Murād III e l'imperatore di Spagna Filippo II (Skilliter 1971, edizione alle pagine 493–494): la versione italiana del documento è scritta in un toscano per nulla interferito con i volgari settentrionali, tranne che per la vocale tonica di *ditto* (r. 13) e *ditti* (r. 14), che parrebbe doversi all'influenza del veneziano (*seghondo* rr. 21 e 22, invece, è più facilmente imputabile al nativo toscano occidentale).

7 Il testo edito da Skilliter (1965, 138) è stato adattato per quel che riguarda l'alternanza maiuscole/minuscole, l'introduzione di accenti e apostrofi e l'interpunzione, in sostanziale conformità con le scelte di Minervini (2006, 60–61). Inoltre, si sono sciolte le abbreviazioni tra

Alla Gloriosissima fra le castiss(i)me delli Sig(n)ori grandi che se|guitano Iesu, Eletta fra li Magni & Potenti della legge | Christiana, moderatrice delle cosse della natione Naza|rena, fulgidissima Splendidiss(i)ma & Honoratiss(i)ma Sig(n)ora Regina || d'Inghilterra, la cui fine sia con prosperità & | ogni bene. Doppo che a vo(st)ra Ser(eni)tà sarano presentate le | n(ost)re pure & sincere salutationi & recom(m)andationi le quale | procedono della no(st)ra molta sincera amicitia & benevolen|za, a vostra Ser(eni)tà sarà noto & manifesto qualm(en)te la l(ette)ra di v(ost)ra || Ser(eni)tà, essendo qui venuta & da noi ricevuta, | habbiamo inteso tutto quello che la Ser(eni)tà vostra abbia scritto. & piaccendo | a Dio secondo quella da noi sarà oss(er)vato, della qual osservan|za non solamente v(ost)ra Ser(eni)tà sia certiss(i)ma ma anche si assicuri | che non mancaremo sempre essortare il Ser(enissi)mo Re n(ost)ro figli||uolo acciò che debba osservare secondo gli suoi privilegii, | sì che la v(ost)ra Ser(eni)tà per questa causa non habbia nissuna | cura, ma degniarsi sempre stare ferma nella n(ost)ra mutua | amicitia, piaccendo a Dio non sarà male. La carozza | qual v(ost)ra Ser(eni)tà habbia mandato, essendo da noi stata || consegniata, habbiamo accetato con gratissimo animo. | Noi ancora a v(ost)ra Ser(eni)tà habbiamo mandato, per mano della | Kira, che sta nel n(ost)ro servitio, una girlanda | con diamenti mescolato al modo di Franchia, qual acceta|rete in buona parte, & oltra di questo per mano di Bos||tangi Bassi la habbiamo mandato una n(ost)ra l(ette)ra & alcune | robbe & una altra girlanda mescolato con perle, | così le sarà noto. Nel restante la salutiamo.

I tratti antitoscani si riducono a un paio di futuri dei verbi di 1ª classe in *-ar-* (*mancaremo* r. 14, *accetarete* rr. 23–24), alla preposizione *oltra* (r. 24) e a qualche raro caso di scempiamento consonantico (*sarano* r. 6, *carozza* r. 18, *accetato* r. 20, *accetarete* rr. 23–24), accompagnato forse da una manciata di raddoppiamenti ipercorretti.[8] In compenso, i dittonghi abbondano (*suoi* r. 15, *buona* r. 24), anche dopo consonante palatale (*figliuolo* rr. 14–15), l'articolo maschile è esclusivamente *il*, e non c'è traccia né di apocopi, né di assibilazioni, né tanto meno di 4e persone etimologiche in *-emo*, *-imo*, mentre si trovano ben quattro occorrenze di *habbiamo* (rr. 11, 20, 21, 25) e una di *salutiamo* (r. 27). Attesi infine in uno scrivente evidentemente non nativo – e, come tali, poco significativi ai fini di questa analisi – sono le grafie aberranti (*Franchia* r. 23), il vocalismo di *diamenti* (r. 23), che si dovrà a errata restituzione dal fr. *diamant*

parentesi anziché in corsivo e la rigatura originale è stata segnalata per mezzo di barre verticali, doppie di cinque in cinque righe.

8 *Piaccendo* (rr. 11 e 18) potrebbe essere analogico sul tema della 1^a e 6^a persona plurale del presente indicativo (*piaccio, piacciono*) e dell'intero paradigma del presente congiuntivo. La doppia <s> in *cosse* (r. 3) indicherà una sibilante sorda scempia, secondo una consuetudine ben attestata nelle *scriptae* medievali settentrionali, non solo venete (Migliorini [1955] 1957, 215). Poco caratterizzante, infine, la geminazione di <b> in *robbe* (r. 26), che è molto comune nell'italiano coevo (anche fuori d'Italia nel contesto mediterraneo: cf. Baglioni 2010, 64) e potrebbe indicare un'effettiva fortizione della bilabiale intervocalica, com'è normale nell'Italia centro-meridionale.

(in base all'equivalenza di molti participi fr. in *-ant* con forme it. in *-ente*), e ancora l'uso di *la* come clitico dativale (*la habbiamo mandato una n(ost)ra l(ette)ra* r. 25), l'incertezza nell'impiego dei modi verbali nelle relative (*habbiamo inteso tutto quello che la Ser(eni)tà vostra abbia scritto* r. 11, *la carozza qual v(ost)ra Ser(eni)tà habbia mandato* rr. 18–19) e un paio di sconcordanze tra nome e attributo (*una girlanda con diamenti mescolato* rr. 22–23, *una altra girlanda mescolato con perle* r. 26).

La distanza tra la lingua di questo documento e quella delle capitolazioni primocinquecentesche è indubbia, e tuttavia non si deve all'avvio di una tradizione scrittoria nuova, bensì all'evoluzione della *scripta* precedente in direzione del toscano, secondo dinamiche non dissimili da quelle osservabili nell'Italia coeva: nello specifico ambito delle scritture ufficiali, quindi, veneziano *de là da mar* e italiano d'Oltremare appaiono come due diverse fasi di un'unica realtà in evoluzione, con una sostanziale continuità fra l'una e l'altra varietà.

3 La lingua degli scriventi non professionali: il caso dei sefarditi

Il discorso è più complesso per quel che riguarda gli scriventi non professionali, cioè quanti tra agenti commerciali, ufficiali doganali, diplomatici minori e spie reclutate dall'Occidente si trovavano spesso a scrivere in italiano per comunicare con gli italiani e in genere con gli occidentali, senza però poter vantare la preparazione dei dragomanni della Porta o di quelli dei consolati. Lo studio della lingua di questi scriventi è complicato per almeno due fattori. Il primo è che i testi, poiché evidentemente hanno un interesse minore per gli storici, sono spesso inediti e, a differenza dei trattati o di altri documenti ufficiali, non sono raccolti in fondi d'archivio ben organizzati e catalogati: esaminare la lingua di questi documenti vuol dire quindi anzitutto trovarli, poi farne l'edizione e soltanto al termine di queste due operazioni considerarne i tratti della grafia, della fonologia, del lessico e della grammatica. Il secondo fattore è che gli scriventi non professionali erano molto più esposti dei dragomanni sia all'interferenza delle altre lingue sia, in genere, a fenomeni d'imperizia ortografica e di scarsa pianificazione sintattica, sicché, analogamente a quanto si osserva nelle scritture dei semicolti nostrani, i modelli linguistici soggiacenti possono essere individuati solo una volta interpretate le numerose grafie aberranti e le frequenti forme, locuzioni e frasi di senso oscuro. A complicare ulteriormente l'analisi si aggiunge poi l'ambivalenza di molti dei tratti fonologici e morfologici più comuni, che possono spiegarsi tanto per influenza di una varietà italoromanza particolare quanto per interferenza delle madrelingue degli scriventi.

Un caso paradigmatico è quello degli ebrei spagnoli e portoghesi, i sefarditi, che a partire dalla seconda metà del Cinquecento diventano a Costantinopoli e nel resto dell'Impero, dal sangiaccato di Bosnia alla reggenza di Algeri, i mediatori per eccellenza, occupandosi di traffici commerciali, riscatti di schiavi, compravendite di navi e quant'altro, fungendo non di rado anche da interpreti e diplomatici occasionali.[9] Sefardita, ad esempio, era Esperanza Malki, *kira* (ossia agente commerciale) della già citata sultana madre Ṣāfiye. Di Esperanza non ci è rimasta che una breve lettera, scritta verosimilmente di propria mano e inviata, con le missive della sua padrona, a Elisabetta d'Inghilterra. Purtroppo non si è conservato il testo originale, ma solo la trascrizione – spesso inesatta – fattane nella prima metà dall'Ottocento da Ellis (1824, vol. 3, 52–55), che è stata riportata da Skilliter nel già citato articolo su Ṣāfiye. Se ne trascrive l'*incipit* di seguito:[10]

> Alla Serenissima Reggina de Ingelterra, Francia, et Iberna.
>
> Como il Solle allumina con soi raggi sopra la terra, | la virtù et grandeza di Sua Maestà si stende per tutto | el universo, sin tanto che quelli che sonno di differ||ente nacioni et legge desidreno servir Sua Maestà. | Questo dico io per me, che essendo io hebrea di legge | et nacione diferente di Sua Maestà, da la prima hora che | piache al Sr Iddio di mettere nel cuore di questa nos|tra Serenissima Reggia Madre servirse di me, sempre || sonno stata desiderosa che me venisse hocasion di pot|ter mustrar a Sua Maestà questa mia vulluntà [. . .].

Al netto dei problemi di attendibilità del testo, la lingua di Esperanza si rivela piuttosto distante da quella del traduttore della lettera di Ṣāfiye, con tratti che parrebbero indiziare l'influenza non secondaria di un modello non toscano e, più precisamente, veneziano. Il condizionale però è d'obbligo, perché la gran parte delle deviazioni dal toscano letterario, ossia l'assenza del dittongo in *soi* (r. 2 – ma cf. *cuore* alla r. 8 –), la sporadica conservazione di *e* in protonia sintattica (*de* r. 1, *me* r. 10; e cf. anche l'enclitico *-se* in *servirse* r. 9), la vocale finale di *como* (r. 2), l'occorrenza isolata dell'articolo *el* (r. 4, allato a *il* alla r. 2 e ad altri esempi della stessa forma nella parte di testo non riportata) e l'apocope di

9 Sulla diaspora sefardita e le relazioni fra gli ebrei di origine spagnola e portoghese tra il Levante ottomano e l'Occidente cf. Shaw (1991); Levy (1992; 1994); Molho (1997); Trivellato (2009).

10 La trascrizione di Skilliter (1965, 141–142) è stata adattata per quel che riguarda l'alternanza maiuscole/minuscole, l'introduzione di accenti e apostrofi e l'interpunzione. La rigatura riprodotta in trascrizione è stata segnalata per mezzo di barre verticali, doppie di cinque in cinque righe.

-*e* in *hocasion* (r. 10), può spiegarsi altrettanto bene per interferenza dello spagnolo, la madrelingua di Esperanza. Non aiutano a dirimere la questione i consueti fenomeni di confusione tra scempie e geminate (fra i più notevoli *Solle* r. 2, *diferente* r. 7, *sonno* 'sono' r. 10, *potter* rr. 10–11, *vulluntà* r. 12). Altri tratti, invece, fanno propendere per l'influenza dell'ibero-romanzo: il digramma <ch> in *piache* (r. 8), che però potrebbe doversi a un fraintendimento dell'editore ottocentesco, visto che dal contesto ci si attenderebbe *piacque*; l'uso dell'articolo debole davanti a vocale in *el universo* (r. 4); l'innalzamento di *o* protonica in *mustrar* e *vulluntà* (r. 11), conforme a una tendenza comune ad altri documenti coevi scritti in italiano da sefarditi (Baglioni 2011, 40–41); la collocazione preverbale di *sempre* (*sempre sonno stata desiderosa* rr. 9–10). È forse prudente concludere, allora, che l'influenza del veneziano, certamente molto probabile, è stata però significativamente favorita dai numerosi casi di accordo con il sostrato ibero-romanzo, che sembrerebbe predominante.

Analoghi problemi d'interpretazione pongono i documenti scritti lontano dalla capitale, nelle province dell'Impero e nelle aree limitrofe, dove l'elemento ibero-romanzo è spesso ben più pervasivo. Si prenda ad esempio la breve lettera mandata nel 1625 da Meḥmet bey, sangiacco di Szekszárd (in Ungheria), al doge di Venezia Giovanni Corner. La lettera proviene da Spalato, dove Meḥmet si trovava in missione diplomatica presso il conte veneziano Francesco Venier, ed è stata scritta da un certo «Bengiamin Tazeo hebro [scil. *ebreo*]», come si evince da altre missive del sangiacco vergate dalla stessa mano (Baglioni 2014a, 139–140):

> Ser^{mo} Principe,
>
> sendo venutto in Spalatto, dove sono estato da l'ill^{mo} sig^{r} | conte benissimo tratato et visto, et le resto obligato. Dapoi | vene nova como il locotenente del paxà de la Bozna veniva || con gran gente sopra Traù, Sebenico et Zara, et avendo | passato da Clissa con la detta gente. Onde, i(n)vitado da l'ill^{mo} | sig^{r} conte, io vado a trovarme con lui et divirtir ogni suo | pensiero et doperar la autorità de l'ex^{mo} sig^{r} vezir de Buda. | Et in quanto questo se farà ogni cossa pusibile, o con questo || o con il paxà de la Bozna, al quale de longo andarò. Et | quello che se farà mandarò avisso a il ill^{mo} sig^{r} conte de essa | l'atto, secundo aviemo apuntato, p(e)rché dé avisso a V(ost)ra Ser(eni)tà. | Et cossì fino, pregando a Idio p(e)r sua felicittà et augmento. | Sopra il formento ò escripto quatro letere fin adesso por || estrada: V(ost)ra Ser(eni)tà podrà mandar il ordine al s^{r} conte p(e)rché | lei me la mandarà dove io estarò. De Spalatto, 7 de febr^{o} | de 1626.
>
> [*timbro del sangiacco in caratteri arabi*]
>
> Di V(ost)ra Ser(eni)tà devoto servitore
> Mehemed bey
> sanzaco de Secsar

Nel testo l'influenza delle varietà ibero-romanze coeve è evidente a tutti i livelli: nella grafia, per l'uso di <x> per [ʃ] (*paxà* rr. 4 e 10) e di <z> per la sibilante sonora (*Bozna* rr. 4 e 10, *vezir* r. 8); nella fonologia, per la sistematica prostesi di *e-* davanti a sibilante implicata (*estato* r. 2, *estarò* r. 16, *escripto* r. 14, *estrada* r. 15), a cui si sottrae solo il toponimo *Spalatto* (rr. 2 e 16); nella morfologia, per il congiuntivo *dé* 'dia' (r. 12) e la 1ª persona pres. ind. *fino* (r. 13); nella sintassi, per il marcamento preposizionale dell'oggetto (*pregando a Idio* r. 13); nel lessico, per l'uso della preposizione *por* (r. 14). Dato il quadro, allora, sono probabilmente da attribuirsi all'ibero-romanzo anche quei tratti che, in astratto, sarebbero imputabili al veneziano e, in genere, alle varietà settentrionali: la conservazione di *e* in protonia sintattica (*de* rr. 8, 10, 11, 16², 17, 19, *se* rr. 9 e 11 – e cf. anche *-me* in *trovarme* r. 7 –), l'occasionale sonorizzazione della dentale intervocalica (*i(n)vitado* r. 6, *estrada* r. 15, *podrà* ibidem), la vocale finale di *como* (r. 4), l'infisso *-ar-* nei futuri (*mandarò* r. 11, *mandarà* r. 16, *andarò* r. 10 – e cf. in quest'ultimo anche la mancanza della sincope –), il gerundio aferetico *sendo* (r. 2). Di ragionevolmente assegnabile al veneziano rimane ben poco: l'aferetico *doperar* (r. 8), il metatetico *formento* (r. 14) e la locuzione *andar de longo* 'andar di seguito' (per i quali si rinvia a Boerio 1856, rispettivamente 245a, 282b e 375b, s.vv.), a cui si possono aggiungere l'avanzamento dell'affricata palatale in *sanzaco* (r. 19) e forse l'assenza del dittongo in *nova* (r. 4), che è però un tratto troppo generico per poter essere attribuito all'influenza di una sola varietà. Il bilancio, insomma, non è dissimile da quello che si è fatto per la lettera di Esperanza Malki: il veneziano è sì un ingrediente probabile della scrittura (nella lettera di Meḥmet ancor più che nel testo di Esperanza, evidentemente per via del destinatario e soprattutto del contesto spalatino), ma il suo contributo è oscurato da quello ben più massiccio delle varietà ibero-romanze, che di frequente vi si sovrappongono.

Nelle due lettere esaminate la competenza non nativa degli scriventi non inficia la tenuta testuale dei documenti, che risultano ben comprensibili in tutte le loro parti. In altri testi però, specie quelli provenienti dalle aree più periferiche, si registra da parte degli estensori un'attitudine a scrivere in italiano talmente scarsa e, al contempo, un tale straripamento di elementi eteroglotti di varia origine che ad essere compromessa è l'efficacia stessa della comunicazione: è qui che si coglie al meglio, secondo la bella definizione di Testa (2014, 272), la «costitutiva natura di *bricolage*» di queste scritture, alle quali «s'affida un pensiero linguistico mosso, in assenza – voluta o patita – di altre risorse, dal solo, primario bisogno di dirsi». Un esempio limite è la lettera del bey di Scio Ḥüseyin al granduca di Toscana Ferdinando II, conservata insieme a molte altre missive dal Levante ottomano e dalle reggenze barbaresche nel fondo Mediceo del Principato dell'Archivio di Firenze. La lettera, con la quale il bey chiede al granduca di proibire alle sue galee di fare schiavi sull'isola, è datata 7 marzo 1631 ed è stata anch'essa verosimilmente prima scritta in turco e poi tradotta da un certo «Myhyr ebbreo [Azolay]» (cf. r. 24), che alla r. 4 è presentato come «la casione» della lettera e che presumibilmente sarà stato anche il latore della scrittura (Baglioni 2011, 29–30):

> Szerenisimmo Gran Duca de Toskana, cum la presente | mandata de vostro servitor Eoszein bee, recognosendo de suy | patruny, s'à trivito iscrivir de ~~dango~~ /~~dasando~~\ ~~dalu~~ manu, trovando | la casione cum Myhyr ebbreo, ky è stato aky cun 4 vasell || a cargar de grano: e per seri da lu vostro bandera l'à ayutato | io quant'ò potuto ku lu meo gallera, nu vardando a quelo ky my | fatto sinor Szinzia e Tomas de Albys la anno paszaty. Ky | venive eky la su vasell e portar meo la nipot; mi facin cargar | la vasell e misi dintro de 4 mille pecce de otto de grano, szenza || la fatiga ki io à dorato a cargar lu vaselly. E quando àn haveroto | cargy, àn piliato a meo denar e 'l meo nipot e l'àn turnato allà. | E da poy àn fatto mylle imbroyu, la àn vendutu arminy e | gregy e l'àn turnato a portar aquà. Però en prego a V. Sere|nisimy Alltyzy ky nu laza a quizti veselly ki venin a cargar || grano ki portan escavy, perky pilian de ly escavy e venin | cirgar all bee per my far gran dana cun le mea pattruni; | ki si io vorò nesum escava io izcrivirò a Vostra Alticy Szerenis(si)mo. | E i' ò fato ku lu Gran Turk e 'll ~~G p~~ kapita(n) bassà quanto è podutto, | dicendolli da lu bene de Vostro ~~testa~~ Alteczia Sere(nissi)my ki io ay scritto || cun Cozmo Urlando, sì ben ky le vostry kavalleri ki podissen | venir a Costantinapoli segury cum cy fussin a vostro payze. Si voly | far ninty per conto de la paczy, io farò co lo Gran Turki e 'l Gran | Vezier quanto podirò. E cun questo basza ly manu de Vostro | Alteczczy e mando cum Myher Azolay una peczola de quisti ky || sz'uzan in quisty payezi per mostra, ky sy la piaczin mandarà de | l'altry. E voleva di Vostra Altycza un poko de kutunina | per far una alla vela, ky sy voly de ly nostri cutuniny mandarò. | [*verso*] Cum quezto le bazo le manu e tutty quant'eztà lu my | pattrun.
>
> Anno 16<0>31, a la die 7 de marczy
> Eoszein beey, beey de Syo
>
> Io voleva mandar cum questo vaselly un kavally e 4 cane | leprere. E ancora ell Gran Vezier voleva mandar un cavaly. | L'altro presenty per nu trovar vaselly nu mandarò,|| ky manda a dir cum ky vaselly voli ki manda ky ly mandarò.
>
> Vale vale valete

Nella fisionomia assai bizzarra della lingua della lettera ricorrono non pochi tratti teoricamente ascrivibili al veneziano o a un'altra varietà settentrionale (che, poiché Scio fu colonia di Genova fino al 1566, potrebbe essere il genovese): la frequente sonorizzazione delle occlusive intervocaliche (*cargar* rr. 5, 8, 10, 14, *cirgar* 'id.' r. 16, *cargy* 'carichi' r. 11, *gregy* 'greci' r. 13, *podutto* r. 18, *podissen* 'potessero' r. 20, *podirò* r. 23, *segury* r. 21) e forse anche di -[s]- (*payze* r. 21, *payezi* r. 25, *uzan* ibidem), se <z> indica una sibilante sonora (ma cf. *laza* = ['lasa] 'lascia' alla r. 14, oltre ai casi di <z> davanti a consonante sorda: *quizti* r. 14, *quezto* r. 28, *izcrivirò* r. 17, *eztà* r. 28); l'esito *v*- di *W- germanica (*vardando* r. 6); il riflesso assibilato di SC^{e,i} e di -SJ-, rispettivamente in *recognosendo* (r. 2) e *bazo* 'bacio' (r. 28); la presenza esclusiva di infiniti apocopati (tranne che per *seri* 'essere' r. 5). Questi tratti però convivono con fenomeni di segno opposto, che parrebbero rimandare al Meridione estremo: l'uscita *-u* di *manu* (r. 3 e r. 23, con funzione di plurale), *imbroyu*

(r. 12, con funzione di plurale) e *vendutu* (ibidem); la speculare terminazione *-i* (*-y*) di *voly* 'vuole' (rr. 21 e 27), *ninty* 'niente' (r. 22), *paczy* 'pace' (ibidem), *cutuniny* 'cotonine' (r. 27), *presenty* (r. 34), a volte persino al posto di una vocale non anteriore (*Serenisimy Alltyzy* rr. 13–14, *Alteczia Sere(nissi)my* r. 19, *Alteczczy* r. 24, *Gran Turki* r. 22, *marczy* 'marzo' r. 25); l'impiego sistematico dell'articolo forte, nelle forme *lo* e *lu* (fanno eccezione solo *'l* r. 11, *'ll* r. 18 e *ell* r. 33).[11] Ci sono poi i consueti fenomeni del sostrato ibero-romanzo, come la prostesi di *e-* (*escavy* r. 15^2, *escava* 'schiavo' r. 17, *eztà* = *sta* 'è' r. 28), la 1^a persona *è* 'ho' (r. 18), gli infiniti *iscrivir* e *seri* 'essere' (rispettivamente alle rr. 3 e 5), il marcamento preposizionale dell'oggetto (*àn piliato a meo denar e 'l meo nipot* r. 11, *nu laza a quizti veselly* 'non lascia questi vascelli' r. 14), le forme *aky* 'qui' (r. 4, *eky* r. 8), *aquà* 'qua' (r. 13), *allà* 'là' (r. 11), *s'à trivito* = *se ha atrivido* 'ha osato' (r. 3), mentre è dubbio se allo stesso sostrato vadano attribuiti anche la conservazione della *e* di *de* (regolare tranne che per *di* alla r. 26) e quella di *-ar-* nei futuri (*mandarà* r. 25, *mandarò* rr. 27, 34 e 35), entrambe condivise con la gran parte delle varietà italo-romanze non toscane. In questo quadro già di per sé disorientante spiccano infine tratti d'origine chiaramente non romanza, particolarmente evidenti nella grafia, dove si hanno, oltre a <y> per [i] (pressoché costante se la vocale è in posizione finale), <k> per la velare sorda (*Toskana* r. 1, *ky* e *ki* 'che' rr. 4, 6, 7, 10 ecc., *perky* r. 15, *aky* 'qui' r. 4, *eky* r. 8 ecc.) e i digrammi <sz> per [s] (*Szerenisimmo* r. 1, *Szerenis(si)mo* r. 17, *Eoszein* = *Ḥüseyin* r. 2, *paszaty* r. 7, *szenza* r. 9, *basza* = *bassa* 'pascià' r. 23, *sz'* 'si' r. 25) e <cz> per l'affricata alveolare (*Alleczia* r. 19, *Alteczczy* r. 24, *Altycza* r. 26, *peczola* r. 24, *marczy* r. 30) e anche palatale (probabilmente non distinta fonologicamente da [ts]: *paczy* 'pace' r. 22, *piaczin* r. 25).

Di fronte a una congerie così caotica di tratti tanto eterogenei qualsiasi tentativo di razionalizzazione è destinato a fallire: per quel che riguarda l'apocope, ad esempio, la già osservata sistematicità del fenomeno negli infiniti non è sufficiente a caratterizzare il tratto come certamente veneziano, perché *-e* cade anche in *nipot* (rr. 8 e 11), e cade persino la *-o* di *vasell* (rr. 4, 8 e 9), in contesti cioè estranei tanto alla varietà lagunare quanto alle altre varietà italo-romanze del Levante. Del resto, è l'intero vocalismo finale a non lasciarsi ridurre all'ordine: come spiegare infatti sequenze del tipo di *la anno paszaty* (r. 7), *gran dana cun le mea pattruny* (r. 16) o *Vostra Alticy Szerenis(si)mo* (r. 17),

11 Fra i tratti sicuramente antiveneziani, benché non estranei al resto del Settentrione, vanno menzionate anche le forme verbali di 3^a persona plurale sistematicamente distinte dalle rispettive persone singolari (*facin* r. 8, *àn* rr. 10, 11^2, 12^2, 13, *venin* rr. 14, 15, *portan* r. 15, *pilian* ibidem, *podissen* r. 20, *fussin* r. 21, *uzan* r. 25, *piaczin* ibidem).

se non immaginando una competenza talmente precaria dello scrivente da non consentirgli di dominare nemmeno le più elementari regole dell'accordo? Ciò non vuol dire che non ci sia spazio per nessuna considerazione, specie quando la combinazione di più fenomeni permetta di ridurre il numero di componenti ipotizzabili per la lingua del testo: per esempio, l'uso di <sz> per [s] «all'ungherese» e i frequenti innalzamenti vocalici, non solo in posizione finale (cf. *patruny* r. 3, *pattruni* r. 16, *pattrun* r. 29), potrebbero convergere nell'indiziare i Balcani come area di provenienza di Myhyr Azolay, consentendo così di escludere un'influenza delle varietà italiane meridionali, che nell'Egeo risulterebbe difficilmente giustificabile.[12] Tuttavia, per altri fenomeni si fa fatica a trovare una matrice comune, specie lì dove la morfologia e la sintassi appaiano talmente insolite (come in *àn haveroto* 'hanno avuto' o 'ebbero avuto' r. 10, oppure *meo la nipot* 'il mio nipote' r. 8) da far sospettare una bassissima dimestichezza dell'estensore non solo con l'italiano, qualsiasi fosse la varietà diatopica a lui più familiare, ma con la scrittura in generale.

La lettera di Ḥüseyin bey – lo si è detto – è un caso estremo, ma non per questo isolato. Anche in altre scritture in cui s'indovina un contributo non secondario dei sefarditi, come i numerosissimi atti di giustizia ordinaria registrati nei consolati francesi e inglesi di Tunisi e delle altre reggenze barbaresche tra la fine del XVI e il XVIII secolo (Baglioni 2010), la molteplicità delle lingue in contatto, congiuntamente alla stratificazione risultante dalle operazioni di copiatura, rendono assai difficile riconoscere e, soprattutto, quantificare la componente veneziana. Secondo Cremona (2003, 964), negli atti consolari tunisini i tratti veneziani sarebbero ben presenti, ma «c'est le type linguistique toscan qui prédomine». La perizia di Cremona è sostanzialmente confermata in Baglioni (2010, 259–262), dove anzi è ridimensionato il contributo del veneziano alla fonologia e alla morfologia, mentre si ribadisce l'indubbia origine veneziana di singole forme come *viegio* 'vecchio', *mogere* 'moglie' e *escapolare* 'scappare'. Bisogna però tener presente che siamo ormai fuori dall'area storica d'influenza linguistica e culturale di Venezia: il quadro andrebbe perciò articolato secondo non solo gli scriventi, ma anche i luoghi e i tipi di scritture, ciò che però al momento la documentazione non consente ancora di fare.

---

12 Devo il suggerimento a Nikola Vuletić, al cui capitolo in questo volume rimando per le condizioni dell'innalzamento delle vocali medie nel veneziano di Dalmazia, un tratto ancora nel Cinquecento talmente caratteristico da essere regolarmente parodiato nei componimenti in *schiavonesco*.

4 Sulle tracce della lingua parlata

Quel veneziano che in alcuni testi, specie dal Seicento in poi, s'intravvede appena doveva invece essere preponderante a livello orale, dove è inimmaginabile un'ampia diffusione dell'italiano di base toscana. Anzitutto, il veneziano era ben vitale nella vivace comunità mercantile veneziana di Costantinopoli, che grazie ai continui apporti dalla madrepatria resisteva al processo di orientalizzazione cui invece erano andati incontro i genovesi di Pera, nel XVII secolo ormai fusisi con la borghesia greca locale e in larga parte ellenofoni (Dursteler 2006, 143). La presenza in città di un nutrito gruppo di venetofoni e, al contempo, le continue relazioni diplomatiche con Venezia dovevano far sì che il veneziano fosse una lingua non del tutto straniera nemmeno per il sultano e la sua Porta, se non è un'esagerazione l'invito «Se ti vedi el Gran Turco, pàrlighe in venezian» che parrebbe essere stato comune, in forma di motto, nella Costantinopoli del Cinquecento (Banfi 2014, 122). Si può dunque ragionevolmente ipotizzare che anche quell'«italiano» di cui affermano di essersi serviti molti viaggiatori occidentali a Costantinopoli, come ad esempio, sul finire del Cinquecento, l'inglese Fynes Moryson nelle sue conversazioni con il giannizzero che gli faceva da guida (Testa 2014, 260), fosse una varietà più vicina al veneziano che alla lingua letteraria di base toscana. Di fatto, però, né Moryson né altri viaggiatori si soffermano sulle caratteristiche della lingua dei propri interlocutori, sicché anche per il parlato mancano elementi utili a valutare il grado di pervasività della varietà lagunare.

Tuttavia, qualche informazione indiretta si può ricavare dall'esame dei venezianismi nel lessico delle lingue di più ampia circolazione nel Levante dell'epoca, *in primis* il turco: nella documentazione in ottomano in caratteri latini relativa ai secc. XVI–XVIII esaminata da Rocchi (2013), infatti, le voci di origine veneziana sono nettamente prevalenti. La predominanza del veneziano risulta ancora più evidente nel suo settore d'irradiazione tradizionale, la marineria, com'è ormai noto da tempo grazie alla preziosa raccolta di Kahane, Kahane e Tietze (1958), la quale permette di misurare la diffusione dei prestiti anche nelle altre lingue del Mediterraneo, per ricezione autonoma dal veneziano (come per il turco *alboro* e il greco *άρμπουρο*) o attraverso la mediazione di una o più lingue del Levante (come nel caso del turco *morela*/*murile*/*morile*, che non deriva direttamente dal venez. *borelo*/*burelo* 'borrello, cavicchio di legno usato per unire due cavi', bensì dipende dal greco *μουρέλο*; cf. Kahane/Kahane/Tietze 1958, 117, s.v. *borelo*).

Indicativi dell'irradiazione del veneziano non solo a Costantinopoli, ma anche in molte province ottomane, sono poi gli italianismi del giudeospagnolo di Salonicco, della Bosnia e, in genere, delle aree dell'Impero a maggiore concentrazione sefardita. Nel recente studio di Minervini (2014), fondato sullo spoglio tanto di testi d'età moderna quanto di dizionari ottocenteschi, spiccano alcuni elementi chiaramente settentrionali (e verosimilmente veneziani), fra cui *achapar* 'acchiappare', *a lo manco* 'almeno' (e anche *manco* 'meno'), *ostaría*, *tavolín/tavulín* e l'interiezione *¡varda!* 'attenzione!', ai quali si possono aggiungere le voci *médigo* e *sangüeta* 'sanguisuga' riportate da Quintana Rodríguez (2006, 255–257) per il solo giudeospagnolo di Ragusa. Come nota Minervini (2014, 95), molti degli italianismi del giudeospagnolo sono comuni anche al turco e al greco e potrebbero essere quindi prestiti indiretti: di fronte a *brazola/brizola* 'braciola', ad esempio, ci si può chiedere se la voce sia stata tratta direttamente dal veneziano *bras(i)ola/brisiola*, o se sia stata piuttosto mediata dal greco *μπριζόλα* (una mediazione del turco *pirzola* sembra invece da escludersi per la distanza formale). Ad ogni modo, l'origine ultima del termine è da ricercarsi senz'altro a Venezia, come rivelano l'oscillazione nel vocalismo protonico e il riflesso [z] di -SJ-, anche se non è chiara la cronologia del prestito che, se è stato il greco a diffonderlo nel Levante, potrebbe essere precedente all'espansione ottomana nel Mediterraneo.

Infine, una spia particolarmente eloquente della forza propulsiva del veneziano sono i non pochi venezianismi che s'incontrano in varietà romanze e non romanze parlate nel Nord Africa (quella che in età moderna veniva chiamata *Barberia*), dunque in un contesto lontano dai possedimenti dello *stato da mar* basso-medievale. Il fatto che nelle testimonianze della *lingua franca* barbaresca, ossia di quella varietà romanza rudimentale che parrebbe essere servita ai musulmani per comunicazioni elementari con i cristiani ad Algeri, Tunisi, Tripoli e anche altrove, ricorrano forme come *abrusar* 'bruciare', *cargar* 'caricare', *iscapolare* 'scappare', *scortegar* 'scorticare', *sparmniar* 'risparmiare', *risigo* 'rischio' e *sigouro* 'sicuro' (Cifoletti 2011; Baglioni 2017), lascia immaginare che l'influenza linguistica di Venezia fosse consistente anche tra gli schiavi occidentali prigionieri nel Maghreb e i loro padroni. Molte di queste forme, ad esempio *cargare*, *escapolare*, *spargnare*, *risigo* e *siguro/seguro*, erano d'uso comune nell'italiano scritto e sicuramente anche parlato a Tunisi, così come ci è testimoniato dagli atti delle cancellerie francese e inglese e dalla corrispondenza dei governatori ottomani locali (Baglioni 2010, s.vv.), e ricorrono in parte ancora oggi in maltese, dove 'caricare' si dice *ikkarga*, 'scappare' *skapula* e 'sicuro' *żgur* (Borg 1996; Baglioni 2014b).

Come sono arrivate queste parole fino ad Algeri, Tunisi e Malta? Difficilmente saranno state portate dai veneziani, che certo erano presenti nel Mediterraneo meridionale, ma in proporzione assai minore rispetto ai genovesi, ai siciliani e ad altre comunità di mercanti e schiavi italiani. Più plausibile è che, così come si è visto per la lingua scritta, anche a livello orale il veneziano, o meglio un italiano venezianeggiante, s'irradiasse dal Levante, nelle interlingue di livello assai variabile di greci, sefarditi, armeni e anche inglesi, francesi, fiamminghi.

5 Considerazioni conclusive

Dal complesso quadro che a fatica si è tentato di ricomporre in queste pagine, saltando arbitrariamente da un contesto all'altro in uno spazio tanto vasto quanto composito per eterogeneità degli scriventi, dei parlanti e dei contesti della comunicazione, emerge con nettezza una presenza non marginale del veneziano, che non solo persiste nel Levante d'età moderna, ma si propaggina anche ad altre aree del Mediterraneo, per effetto però di dinamiche ormai in buona parte estranee alla storia di Venezia e interne invece alle vicende ottomane. Se ci si riferisce allora non alla «comunità linguistica» veneziana, come faceva Folena, ma al veneziano come varietà o, meglio ancora, come componente linguistica, è possibile cancellare il *pur* concessivo presente nell'*Introduzione* foleniana e persino, in alcuni casi specifici, rovesciarlo in un *grazie a*: è proprio grazie all'avanzata ottomana, infatti, che il veneziano guadagna nuovi spazi, nelle cancellerie della Porta, nei consolati occidentali a Costantinopoli e in altri centri dell'Impero, tra gli ebrei spagnoli e portoghesi rifugiatisi nel Levante e persino fra gli schiavi, in buona parte non veneziani, prigionieri nei porti barbareschi. Questo veneziano è però da intendersi non come un modello definito, sia pure per approssimazione, bensì come un ingrediente, non sempre immediatamente riconoscibile, di un italiano che, a sua volta, coesiste e si mescola con altre varietà romanze: la lingua burocratica di base toscana nelle scritture dei dragomanni, le lingue ibero-romanze nelle comunicazioni semiufficiali affidate agli agenti sefarditi, il francese negli atti dei consolati delle reggenze barbaresche, le altre varietà italo-romanze nei *bagni* in cui erano ammassati schiavi provenienti da ogni parte della Penisola. Così insomma come la storia del veneziano *de là da mar* può essere ricostruita solo nel contesto più ampio della «Romània d'oltremare» (Folena [1978] 1990), allo stesso modo le vicende del veneziano nel Levante e nella Barberia moderni non paiono disgiungibili da quelle della *Romània ottomana*, uno «spazio comunicativo» ancora in larga parte da descrivere.[13]

13 Sul concetto di «spazio comunicativo» *(kommunikativer Raum)* cf. Krefeld (2004), dove si fa l'esempio anche delle lingue romanze nell'Impero Ottomano, in particolare del giudeospagnolo e dell'aromuno (Krefeld 2004, 116–125).

Bibliografia

Baglioni, Daniele, *L'italiano delle cancellerie tunisine (1590–1703). Edizione e commento linguistico delle «Carte Cremona»*, Roma, Scienze e Lettere, 2010.

Baglioni, Daniele, *Lettere dall'impero ottomano alla corte di Toscana (1577–1640). Un contributo alla conoscenza dell'italiano scritto nel Levante*, Lingua e Stile 46:1 (2011), 3–70.

Baglioni, Daniele, *Tre lettere del sangiacco di Szekszárd alle autorità veneziane*, Quaderni Veneti n.s. 3 (2014), 137–147 (= 2014a).

Baglioni, Daniele, *Italian loanwords in Maltese and the vocabulary of «Levant Italian»*, in: Borg, Albert, et al. (edd.), *Perspectives on Maltese linguistics*, Berlin, Akademie Verlag, 2014, 45–58 (= 2014b).

Baglioni, Daniele, *The vocabulary of the Algerian Lingua Franca. A critical survey of the lexicon of the «Dictionnaire de la langue franque» compared with non-lexicographic sources*, Lexicographica 33 (2017), 185–205.

Banfi, Emanuele, *Lingue d'Italia fuori d'Italia. Europa, Mediterraneo e Levante dal Medioevo all'età moderna*, Bologna, il Mulino, 2014.

Boerio, Giuseppe, *Dizionario del dialetto veneziano*, Venezia, Cecchini, 1856.

Borg, Alexander, *On some Mediterranean influences on the lexicon of Maltese*, in: Lüdtke, Jens (ed.), *Romania Arabica. Festschrift für Reinhold Kontzi zum 70. Geburtstag*, Tübingen, Gunter Narr, 1996, 129–150.

Bosworth, Clifford Edmund, *Tardjumān*, in: Bearman, Peri J., et al. (edd.), *Encyclopédie de l'Islam*, nouvelle édition, vol. X, Leiden/Paris, Brill/Maisonneuve & Larose, 2002, 254–257.

Bruni, Francesco, *Lingua d'oltremare. Sulle tracce del «Levant Italian» in età preunitaria*, in: Id., *L'italiano fuori d'Italia*, Firenze, Franco Cesati, 2013, 135–162 [già in: Lingua Nostra 60 (1999), 65–79].

Bruni, Francesco, *Per la vitalità dell'italiano preunitario fuori d'Italia. I. Notizie sull'italiano nella diplomazia internazionale*, in: Id., *L'italiano fuori d'Italia*, Firenze, Franco Cesati, 2013, 163–214 [già in: Lingua e Stile 42:2 (2007), 189–242].

Cifoletti, Guido, *La lingua franca barbaresca*, Roma, Il Calamo, 2011.

Cremona, Joseph, *L'italiano in Tunisi*, in: Benincà, Paola, et al. (edd.), *Italiano e dialetti nel tempo. Saggi di grammatica per Giulio C. Lepschy*, Roma, Bulzoni, 1996, 85–97.

Cremona, Joseph, *Italian-based Lingua Francas around the Mediterranean*, in: Lepschy, Anna Laura/Tosi, Arturo (edd.), *Multilingualism in Italy: Past and present*, Oxford, Legenda, 2002, 24–30.

Cremona, Joseph, *Histoire linguistique externe de l'italien au Maghreb*, in: Ernst, Gerhard, et al. (edd.), *Romanische Sprachgeschichte. Ein internationales Handbuch zur Geschichte der romanischen Sprachen*, vol. 1, Berlin/Boston, de Gruyter, 2003, 961–966.

Crifò, Francesco, *I «Diarii» di Marin Sanudo (1496–1533): sondaggi filologici e linguistici*, Berlin/Boston, de Gruyter, 2016.

Di Salvo, Margherita, *Fenomeni di convergenza linguistica tra toscano e veneziano in documenti dell'Archivio di Stato di Venezia*, in: Di Salvo, Margherita/Muru, Cristina (edd.), *Dragomanni, sovrani e mercanti. Pratiche linguistiche nelle relazioni politiche e commerciali del Mediterraneo moderno*, Pisa, Edizioni ETS, 2016, 109–146.

Di Salvo, Margherita/Muru, Cristina (edd.), *Dragomanni, sovrani e mercanti. Pratiche linguistiche nelle relazioni politiche e commerciali del Mediterraneo moderno*, Pisa, Edizioni ETS, 2016.

Dursteler, Eric R., *Venetians in Constantinople. Nation, identity, and coexistence in the early modern Mediterranean*, Baltimore, Johns Hopkins University Press, 2006.

Ellis, Henry (ed.), *Original letters, illustrative of English history*, 3 vol., London, Harding, Triphook, and Lepard, 1824.

Eufe, Rembert, *Sta lengua ha un privilegio tanto grando. Status und Gebrauch des Venezianischen in der Republik Venedig*, Frankfurt am Main, Peter Lang, 2006.

Folena, Gianfranco, *Introduzione al veneziano «de là da mar»*, Bollettino dell'Atlante Linguistico Mediterraneo, 10–12 (1968–1970), 331–376 [quindi in: Pertusi, Agostino (ed.), *Venezia e il Levante fino al secolo XIV. Atti del I Convegno internazionale di storia della civiltà veneziana promosso e organizzato dalla fondazione Giorgio Cini (Venezia, 1–5 giugno 1968)*, vol. I: *Storia – Diritto – Economia*, Firenze, Olschki, 1973, 297–346; rist. in: Folena, Gianfranco, *Culture e lingue nel Veneto medievale*, Padova, Editoriale Programma, 1990, 227–267].

Folena, Gianfranco, *La Romània d'oltremare: francese e veneziano nel Levante*, in: Vàrvaro, Alberto (ed.), *XIV Congresso Internazionale di Linguistica e Filologia Romanza (Napoli, 15–20 Aprile 1974)*, *Atti*, vol. I, Amsterdam/Napoli, Benjamins/Macchiaroli, 1978, 399–406 [rist. in: Id., *Culture e lingue nel Veneto medievale*, Padova, Editoriale Programma, 1990, 269–286].

Hitzel, Frédéric (ed.), *Istanbul et les langues orientales*, Paris, L'Harmattan, 1997.

Kahane, Henry/Kahane, Renée/Tietze, Andreas, *The Lingua Franca in the Levant. Turkish terms of Italian and Greek origin*, Urbana, University of Illinois Press, 1958.

Kołodziejczyk, Dariusz, *Ottoman-Polish diplomatic relations (15th–18th century). An annotated edition of «'ahdnames» and other documents*, Leiden/Boston/Köln, Brill, 2000.

Krefeld, Thomas, *Einführung in die Migrationslinguistik*, Tübingen, Gunter Narr, 2004.

Lampros, Spyridon [Λάμπρος, Σπυρίδων], *Η ελληνική ως επίσημος γλώσσα των σουλτάνων*, Νέος Ελληνομνήμων 5 (1908), 40–78.

Levy, Avigdor, *The Sephardim in the Ottoman Empire*, Princeton, Darwin Press, 1992.

Levy, Avigdor (ed.), *The Jews of the Ottoman Empire*, Princeton, Darwin Press, 1994.

Lewis, Bernard, *I musulmani alla scoperta dell'Europa*, Milano, Rizzoli, 2001 [traduzione italiana dell'ed. inglese: *The muslim discovery of Europe*, London/New York, Norton, 1982].

Lewis, Bernard, *From Babel to dragomans. Interpreting the Middle East*, London, Phoenix, 2004.

Ménage, Victor, *Seven Ottoman documents from the reign of Meḥemmed II*, in: Stern, Samuel Miklos (ed.), *Documents from Islamic chanceries*, Oxford, Bruno Cassirer, 1965, 81–118.

Migliorini, Bruno, *Note sulla grafia italiana nel Rinascimento*, in: Id., *Saggi linguistici*, Firenze, Le Monnier, 1957, 197–225 [già in: Studi di filologia italiana XIII (1955), 259–296].

Minervini, Laura, *L'italiano nell'Impero Ottomano*, in: Banfi, Emanuele/Iannàccaro, Gabriele (edd.), *Lo spazio linguistico italiano e le «lingue esotiche»: rapporti e reciproci influssi. Atti del XXXIX Congresso internazionale di studi della Società di Linguistica Italiana (SLI), Milano, 22–24 settembre 2005*, Roma, Bulzoni, 2006, 49–66.

Minervini, Laura, *El léxico de origen italiano en el judeoespañol de Oriente*, in: Busse, Winfried (ed.), *La lengua de los sefardíes. Tres contribuciones a su historia*, Tübingen, Stauffenburg, 2014, 65–104.

Molho, Anthony, *Ebrei e marrani fra Italia e Levante ottomano*, in: Vivanti, Corrado (ed.), *Storia d'Italia. Annali*, vol. 11/1: *Gli ebrei in Italia. Dall'alto Medioevo all'età dei ghetti*, Torino, Einaudi, 1997, 1011–1043.

Muru, Cristina, *La variazione linguistica nelle pratiche scrittorie dei Dragomanni*, in: Di Salvo, Margherita/Muru, Cristina (edd.), *Dragomanni, sovrani e mercanti. Pratiche linguistiche nelle relazioni politiche e commerciali del Mediterraneo moderno*, Pisa, Edizioni ETS, 2016, 147–201.

Özsu, Umut, *Ottoman Empire*, in: Fassbender, Bardo/Peters, Anne (edd.), *The Oxford handbook of the history of international law*, Oxford, Oxford University Press, 2012, 429–448.

Pedani, Maria Pia, *La dimora della pace. Considerazioni sulle capitolazioni tra i paesi islamici e l'Europa*, Venezia, Cafoscarina, 1996.

Quintana Rodríguez, Aldina, *Geografía lingüística del judeoespañol. Estudio sincrónico y diacrónico*, Bern, Peter Lang, 2006.

Rocchi, Luciano, *Gli italianismi nei testi turchi in trascrizione. Un'indagine storico-lessicografica*, Zeitschrift für romanische Philologie 129:4 (2013), 888–931.

Rothman, E. Natalie, *Brokering empire. Trans-imperial subjects between Venice and Istanbul*, Ithaca/London, Cornell University Press, 2012.

Shaw, Stanford J., *The Jews of the Ottoman Empire and the Turkish Republic*, New York, New York University Press, 1991.

Skilliter, Susan, *Three letters from the Ottoman «Sultana» Ṣāfiye to Queen Elizabeth I*, in: Stern, Samuel Miklos (ed.), *Documents from Islamic chanceries*, Oxford, Bruno Cassirer, 1965, 119–157.

Skilliter, Susan, *The Hispano-Ottoman armistice of 1581*, in: Bosworth, Clifford Edmund (ed.), *Iran and Islam. In memory of the late Vladimir Minorsky*, Edinburgh, Edinburgh University Press, 1971, 491–515.

Testa, Enrico, *L'italiano nascosto. Una storia linguistica e culturale*, Torino, Einaudi, 2014.

Thomas, Georg (ed.), *Diplomatarium veneto-levantinum*, vol. 1 (*a. 1300–1350)*, Venezia, R. Deputazione veneta di storia patria, 1880.

Thomas, Georg (ed.), *Diplomatarium veneto-levantinum*, vol. 2 (*a. 1351–1454)*, Venezia, R. Deputazione veneta di storia patria, 1889.

Tomasin, Lorenzo, *Il volgare e la legge. Storia linguistica del diritto veneziano (secoli XIII–XVIII)*, Padova, Esedra, 2001.

Tommasino, Pier Mattia, *Eteroglossia e propaganda religiosa nel Mediterraneo moderno*, Lingua e Stile 45:2 (2010), 223–258.

Trivellato, Francesca, *The familiarity of strangers. The Sephardic diaspora, Livorno, and cross-cultural trade in the early modern period*, New Haven/London, Yale University Press, 2009.

van de Boogert, Maurits/Fleet, Kate (edd.), *The Ottoman capitulations. Text and context*, Oriente moderno 3 [numero monografico], Roma, Istituto per l'Oriente Carlo Nallino, 2003.

Vatin, Nicolas, *L'emploi du grec comme langue diplomatique par les Ottomans (fin du XV*e*–début du XVI*e *siècle)*, in: Hitzel, Frédéric (ed.), *Istanbul et les langues orientales*, Paris, L'Harmattan, 1997, 41–47.

Bibliografia integrale

AIS = Jaberg, Karl/Jud, Jakob, *Sprach- und Sachatlas Italiens und der Südschweiz*, Zofingen, Ringier & Co., 1928–1940.

Ališan, Ghewond M., *Hay-Venet kam yarnč'ut'iwnk' Hayoc' ew Venetac' i XIII–XIV ew XV–XVI dars*, Venezia, Ghazar, 1896.

Alleyne, Mervyn, *Les noms des vents en gallo-roman*, Revue de linguistique romane 25 (1960), 75–136, 391–445.

Ambühl, Rémy, *Prisoners of war in the Hundred Years War. Ransom culture in the late Middle Ages*, Cambridge, Cambridge University Press, 2013.

Ančić, Mladen, *The waning of the empire. The disintegration of Byzantine rule on the eastern Adriatic in the 9th century*, Hortus artium medievalium 4 (1998), 15–24.

Andreose, Alvise, *Il morfema di II persona singolare nel veronese medievale*, in: Benozzo, Francesco, et al. (edd.), *Culture, livelli di cultura e ambienti nel Medioevo occidentale. Atti del IX Convegno della Società Italiana di Filologia Romanza (Bologna, 5–8 ottobre 2009)*, Roma, Aracne, 2012, 81–106.

Antonelli, Giuseppe, et al. (edd.), *Storia dell'italiano scritto*, vol. 3: *Italiano dell'uso*, Roma, Carocci, 2014.

Arnaldi, Girolamo/Folena, Gianfranco (edd.), *Storia della cultura veneta*, vol. 1: *Dalle origini al Trecento*, Vicenza, Neri Pozza, 1976.

Ascarelli, Fernanda/Menato, Marco, *La tipografia del '500 in Italia*, Firenze, Olschki, 1989.

Aslanov, Cyril, *Le français au Levant, jadis et naguère. À la recherche d'une langue perdue*, Paris, Honoré Champion, 2006.

Asolati, Michele, *Mercanti di lane a Venezia nel XIV e XVI secolo. Bolle e contrassegni plumbei dal Lazzaretto Nuovo e dal territorio padovano*, in: Busana, Maria Stella/Basso, Patrizia (edd.), *La lana nella Cisalpina romana. Economia e società. Studi in onore di Stefania Pesavento Mattioli. Atti del convegno Padova–Verona, 18–20 maggio 2011*, Padova, Padova University Press, 2012, 289–296.

Auer, Peter, *Mobility, contact and accommodation*, in: Llamas, Carmen, et al. (edd.), *The Routledge companion to sociolinguistics*, London/New York, Routledge, 2007, 109–115.

Babinger, Franz, *Johannes Darius (1414–1494), Sachwalter Venedigs im Morgenland, und sein griechischer Umkreis*, München, Verlag der bayerischen Akademie der Wissenschaften, 1961.

Badas, Mauro (ed.), Franceschino Grioni, *La legenda de Santo Stadi*, Roma/Padova, Antenore, 2009.

Baglioni, Daniele, *La «scripta» italoromanza del regno di Cipro. Edizione e commento di testi di scriventi ciprioti del Quattrocento*, Roma, Aracne, 2006.

Baglioni, Daniele, *L'italiano delle cancellerie tunisine (1590–1703). Edizione e commento linguistico delle «Carte Cremona»*, Roma, Scienze e Lettere, 2010.

Baglioni, Daniele, *Lettere dall'impero ottomano alla corte di Toscana (1577–1640). Un contributo alla conoscenza dell'italiano scritto nel Levante*, Lingua e Stile 46:1 (2011), 3–70.

Baglioni, Daniele, *Scampoli di latino d'Oltremare*, in: Casanova Herrero, Emili/Calvo Rigual, Cesáreo (edd.), *Actas del XXVI Congreso Internacional de Lingüística y Filología Románicas (6–11 de septiembre de 2010, Valencia)*, vol. 4, Berlin/Boston, de Gruyter, 2013, 459–470.

https://doi.org/10.1515/9783110652772-010

Baglioni, Daniele, *Tre lettere del sangiacco di Szekszárd alle autorità veneziane*, Quaderni Veneti n.s. 3 (2014), 137–147.

Baglioni, Daniele, *Italian loanwords in Maltese and the vocabulary of «Levant Italian»*, in: Borg, Albert, et al. (edd.), *Perspectives on Maltese linguistics*, Berlin, Akademie Verlag, 2014, 45–58.

Baglioni, Daniele, *L'italiano fuori d'Italia: dal Medioevo all'Unità*, in: Lubello, Sergio (ed.), *Manuale di linguistica italiana*, Berlin/Boston, de Gruyter, 2016, 125–145.

Baglioni, Daniele, *Per una fenomenologia della commutazione di codice nei testi antichi*, La lingua italiana 12 (2016), 9–35.

Baglioni, Daniele, *The vocabulary of the Algerian Lingua Franca. A critical survey of the lexicon of the «Dictionnaire de la langue franque» compared with non-lexicographic sources*, Lexicographica 33 (2017), 185–205.

Baglioni, Daniele, *Attestazioni precinquecentesche della lingua franca? Pochi dati, molti problemi*, in: Malagnini, Francesca (ed.), *Migrazioni della lingua. Nuovi studi sull'italiano fuori d'Italia*, Firenze, Cesati, 2018, 69–92.

Balard, Michel, *Les républiques maritimes italiennes et le commerce en Syrie–Palestine (XIe–XIIIe siècles)*, Anuario de estudios medievales 24 (1994), 313–348.

Balard, Michel, *Les Latins en Orient (XIe–XVe siècle)*, Paris, PUF, 2006.

Balard, Michel, *La «Massaria» génoise de Famagouste*, in: Beihammer, Alexander D., et al. (edd.), *Diplomatics in the Eastern Mediterranean, 1000–1500. Aspects of Cross-Cultural Communication*, Leiden/Boston, Brill, 2008, 235–250.

Banfi, Emanuele, *Intorno al processo di formazione della moderna koiné greca*, in: Berrettoni, Pierangiolo (ed.), *Varietà linguistiche nella storia della grecità. Atti del Terzo Incontro Internazionale di Linguistica greca (Pisa, 2–4 ottobre 1997)*, Alessandria, Edizioni dell'Orso, 1999, 15–31.

Banfi, Emanuele, *Lingue d'Italia fuori d'Italia. Europa, Mediterraneo e Levante dal Medioevo all'età moderna*, Bologna, il Mulino, 2014.

Barbaro, Emiliano (ed.), *Legislazione veneta. I capitolari di Candia*, Venezia, Tip. S. Marco, 1940.

Barber, Malcolm, *The crusader states*, New Haven/London, Yale University Press, 2012.

Barbieri, Edoardo, *La tipografia araba a Venezia nel XVI secolo: una testimonianza d'archivio dimenticata*, Quaderni di Studi Arabi 9 (1991), 127–131.

Bartoli, Matteo Giulio, *Das Dalmatische. Altromanische Sprachreste von Veglia bis Ragusa und ihre Stellung in der apennino-balkanischen Romania*, 2 vol., Wien, A. Hölder, 1906.

Beihammer, Alexander D./Parani, Maria/Schabel, Chris (edd.), *Diplomatics in the Eastern Mediterranean 1000–1500. Aspects of Cross-Cultural Communication*, Leiden/Boston, Brill, 2008.

Belloni, Gino, *Nota sui testi in veneziano*, in: Ratti Vidulich, Paola (ed.), *Duca di Candia. Quaternus consiliorum (1350–1363)*, Venezia, Comitato per la pubblicazione delle fonti relative alla storia di Venezia, 2007, IX–XXXII

Belloni, Gino/Pozza, Marco, *Il più antico documento in veneziano. Proposta di edizione*, in: Cortelazzo, Manlio (ed.), *Guida ai dialetti veneti XII*, Padova, CLEUP, 1990, 5–32.

Bembo 1552 = *Della historia vinitiana di m. Pietro Bembo card. volgarmente scritta. Libri XII*, in Vinegia, [appresso Gualtero Scotto].

Benincà, Paola, et al. (edd.), *Italiano e dialetti nel tempo. Saggi di grammatica per Giulio C. Lepschy*, Roma, Bulzoni, 1996.

Benincà, Paola/Vanelli, Laura, *Morfologia del verbo friulano: il presente indicativo*, in: Eaed., *Linguistica friulana*, Padova, Unipress, 2005, 237–271 [già in: Lingua e contesto 1 (1975), 1–60].

Benzoni, Gino, *Corner, Vincenzo*, in: AA.VV., *Dizionario Biografico degli Italiani* 29 (1983), (<www.treccani.it/enciclopedia/vincenzo-corner_(Dizionario-Biografico)>).

Berchet, Guglielmo, *La Repubblica di Venezia e la Persia*, Torino, Paravia, 1865.

Berggötz, Oliver (ed.), *Der Bericht des Marsilio Zorzi. Codex Querini-Stampalia IV 3 (1064)*, Frankfurt am Main, Peter Lang, 1991.

Bernhard, Gerald/Gerstenberg, Annette, *Storia delle varietà regionali ed urbane nella Romania: Italoromania*, in: Ernst, Gerhard, et al. (edd.), *Romanische Sprachgeschichte. Ein internationales Handbuch zur Geschichte der romanischen Sprachen*, vol. 3, Berlin/Boston, de Gruyter, 2008, 2541–2551.

Bernoth, Anja, *Interne Sprachgeschichte des Dalmatischen*, in: Ernst, Gerhard, et al. (edd.), *Romanische Sprachgeschichte. Ein internationales Handbuch zur Geschichte der romanischen Sprachen*, vol. 3, Berlin/Boston, de Gruyter, 2008, 2731–2749.

Bertolucci Pizzorusso, Valeria, *Testamento in francese di un mercante veneziano (Famagosta, gennaio 1294)*, in: Ead., *Scritture di viaggio. Relazioni di viaggiatori ed altre testimonianze letterarie e documentarie*, Roma, Aracne, 2011, 243–268 [già in: Annali della Scuola Normale Superiore di Pisa, Classe di Lettere e Filosofia, s. 3, vol. 18:3 (1988), 1011–1033].

Bertoni, Giulio, *Sulla lettera di Zara del 1397*, Zeitschrift für romanische Philologie 34 (1910), 474–476.

Betts, Gavin/Gauntlett, Stathis/Spilias, Thanasis (edd.), Vitsentzos Kornaros, *Erotokritos*, Melbourne, Australian Association for Byzantine Studies, 2004.

Bidwell, Charles E., *Colonial Venetian and Serbo-Croatian in the eastern Adriatic. A case of study in language contact*, General Linguistics 7 (1967), 13–30.

Bini, Telesforo, *I lucchesi a Venezia. Alcuni studj sopra i secoli XIII e XIV*, Lucca, Tip. di Felice Bertini, 1853–1856.

Bini, Telesforo, *Lettere mercantili del 1375, mandate da Lucchesi residenti in Venezia a Giusfredi Cenami*, Atti della I. e R. Accademia Lucchese di Scienze, Lettere ed Arti 16 (1857), 129–175.

Bocchi, Andrea (ed.), *Le lettere di Gilio de Amoruso, mercante marchigiano del primo Quattrocento. Edizione, commento linguistico e glossario*, Tübingen, Niemeyer, 1991.

Boerio, Giuseppe, *Dizionario del dialetto veneziano*, Venezia, Cecchini, 1856.

Borg, Alexander, *On some Mediterranean influences on the lexicon of Maltese*, in: Lüdtke, Jens (ed.), *Romania Arabica. Festschrift für Reinhold Kontzi zum 70. Geburtstag*, Tübingen, Gunter Narr, 1996, 129–150.

Bosworth, Clifford Edmund, *Tardjumān*, in: Bearman, Peri J., et al. (edd.), *Encyclopédie de l'Islam*, nouvelle édition, vol. X, Leiden/Paris, Brill/Maisonneuve & Larose, 2002, 254–257.

Brincat, Giuseppe, *L'uso del volgare nei documenti ufficiali dei Cavalieri di San Giovanni a Rodi e a Malta tra Quattrocento e Cinquecento*, in: Maraschio, Nicoletta/Poggi Salani, Teresa (edd.), *Italia linguistica anno Mille, Italia linguistica anno Duemila. Atti del XXXIV Congresso internazionale di studi della Società di Linguistica Italiana (SLI), Firenze, 19–21 ottobre 2000*, Roma, Bulzoni, 2003, 376–391.

Brincat, Giuseppe, *Mediterraneo e lingua italiana*, in: Simone, Raffaele (ed.), *Enciclopedia dell'Italiano*, vol. 2, Roma, Istituto della Enciclopedia Italiana, 2011, (<www.treccani.it/enciclopedia/mediterraneo-e-lingua-italiana_%28Enciclopedia-dell%27Italiano%29/>).

Britain, David, *Contact and dialectology*, in: Hickey, Raymond (ed.), *The handbook of language contact*, Oxford, Wiley-Blackwell, 2010, 208–229.

Browning, Robert, *Medieval and Modern Greek*, Cambridge, Cambridge University Press, 1983.

Brunelli, Vitaliano, *La questione di San Girolamo degl'Illirici a Roma*, Il Dalmata 38: 8 (28 gennaio 1903), 1.

Brunelli, Vitaliano, *Del romanico medievale della Dalmazia, specie di quello di Zara*, Rivista dalmatica 5 (1909), 167–182.

Brunelli, Vitaliano, *Storia della città di Zara*, Trieste, Editore Lint, 1974.

Bruni, Francesco, *Lingua d'oltremare. Sulle tracce del «Levant Italian» in età preunitaria*, in: Id., *L'italiano fuori d'Italia*, Firenze, Franco Cesati, 2013, 135–162 [già in: Lingua Nostra 60 (1999), 65–79].

Bruni, Francesco, *Per la vitalità dell'italiano preunitario fuori d'Italia. I. Notizie sull'italiano nella diplomazia internazionale*, in: Id., *L'italiano fuori d'Italia*, Firenze, Franco Cesati, 2013, 163–214 [già in: Lingua e Stile 42:2 (2007), 189–242].

Bruni, Francesco, *L'italiano fuori d'Italia*, Firenze, Franco Cesati, 2013.

BTV stampa = *Bibliografia dei testi in volgare fino al 1375 preparati per lo spoglio lessicale*, Firenze, Opera del Vocabolario Italiano, 1992.

Calvet, Antoine (ed.), *Les Légendes de l'Hôpital de Saint-Jean de Jérusalem*, Paris, Presses de l'Université de Paris-Sorbonne, 2000.

Caracciolo Aricò, Angela (ed.), Marin Sanudo il Giovane, *Le Vite dei Dogi (1423–1474)*, vol. 2: *1457–1474*, Venezia, La Malcontenta, 2004.

Cardini, Franco, *In Terrasanta. Pellegrini italiani tra Medioevo e prima età moderna*, Bologna, il Mulino, 2002.

Cardona, Giorgio Raimondo, *Italiano «bucherame»*, in: *Studi linguistici in onore di Vittore Pisani*, vol. 1, Brescia, Paideia, 1969, 205–219.

Cardona, Giorgio Raimondo (ed.), Michele Membré, *Relazione di Persia (1542)*, Napoli, Istituto universitario orientale, 1969.

Carpinato, Caterina, *Studiare la lingua greca (antica e moderna) in Italia. Retrospettiva e prospettive future*, in: Carpinato, Caterina/Tribulato, Olga (edd.), *Storia e storie della lingua greca*, Venezia, Edizioni Ca' Foscari, 2014, 165–220, (<http://virgo.unive.it/ecf-workflow/upload_pdf/Antichistica_5.pdf>).

Castellani, Arrigo, *Grammatica storica della lingua italiana*, vol. 1: *Introduzione*, Bologna, il Mulino, 2000.

Catach, Nina, *Histoire de l'orthographe française*, Paris, Honoré Champion, 2001.

CD = *Codex diplomaticus regni Croatiae, Dalmatiae et Slavoniae*, 18 vol., Zagreb, Jugoslavenska akademija znanosti i umjetnosti, 1904–1990.

CDSuppl. = *Codex diplomaticus regni Croatiae, Dalmatiae et Sclavoniae. Supplementa*, 2 vol., Zagreb, Hrvatska akademija znanosti i umjetnosti, 1998–2002.

Cella, Roberta, *I gallicismi nei testi dell'italiano antico (dalle origini alla fine del sec. XIV)*, Firenze, Accademia della Crusca, 2003.

Cessi, Roberto, *La Dalmazia e Bisanzio nel sec. XI*, Atti dell'Istituto Veneto di Scienze, Lettere ed Arti 125 (1966–1967), 89–124.

Chambon, Jean-Pierre, *Vers une seconde mort du dalmate? Note critique (du point de vue de la grammaire comparée) sur «un mythe de la linguistique romane»*, Revue de linguistique romane 78 (2014), 5–17.

Chauveau, Jean-Paul, *Régionalismes médiévaux et dialectalismes contemporains en Haute-Bretagne*, in: Glessgen, Martin/Trotter, David (edd.), *La régionalité lexicale du français au Moyen Âge*, Strasbourg, Éditions de Linguistique et de Philologie, 2016, 131–166.

Ciavarini, Carisio (ed.), *Statuti anconitani del mare, del terzenale e della dogana e Patti con diverse nazioni*, Ancona, A. Gustavo Morelli, 1896.

Cifoletti, Guido, *La lingua franca mediterranea*, Padova, Unipress, 1989.

Cifoletti, Guido, *La lingua franca barbaresca*, Roma, Il Calamo, 2011.

Ciociola, Claudio (ed.), *«Visibile parlare». Le scritture esposte nei volgari italiani dal Medioevo al Rinascimento. Atti del Convegno Internazionale di studi, Cassino-Montecassino, 26–28 ottobre 1992*, Napoli, Edizioni Scientifiche Italiane, 1997.

Claverie, Pierre-Vincent, *Les difficultés de l'épigraphie franque de Terre sainte aux XIIe et XIIIe siècles*, Crusades 12 (2013), 67–89.

Coluccia, Rosario, *Puglia e Salento. a) Puglia*, in: Holtus, Günter, et al. (edd.), *Lexikon der Romanistischen Linguistik*, vol. 2:2: *Die einzelnen romanischen Sprachen und Sprachgebiete vom Mittelalter bis zur Renaissance*, Tübingen, Niemeyer, 1995, 213–219.

Commynes, *Mémoires* = Émilie Dupont (ed.), *Mémoires de Philippe de Commynes*, 4 vol., Paris, Renouard, 1840–1847.

Corpus OVI = *Corpus OVI dell'Italiano antico*, Istituto Opera del Vocabolario Italiano del Consiglio Nazionale delle Ricerche, (<http://gattoweb.ovi.cnr.it/>).

Cortelazzo, Manlio, *L'influsso linguistico greco a Venezia*, Bologna, Pàtron, 1970.

Cortelazzo, Manlio, *Rapporti linguistici fra Mediterraneo ed Oceano Indiano*, in: Id. (ed.), *Mediterraneo e Oceano Indiano. Atti del Sesto Colloquio Internazionale di Storia Marittima, tenuto a Venezia dal 20 al 29 settembre 1962*, Firenze, Olschki, 1970, 293–310.

Cortelazzo, Manlio, *Plurilinguismo celebrativo*, in: Benzoni, Gino (ed.), *Il Mediterraneo nella seconda metà del '500 alla luce di Lepanto*, Firenze, Olschki, 1974, 121–126 [già in: Lettere italiane 23 (1971), 493–497].

Cortelazzo, Manlio, *La cultura mercantile e marinaresca*, in: *Storia della cultura veneta*, Vicenza, Neri Pozza, vol. 1: *Dalle origini al Trecento*, 1976, 671–691.

Cortelazzo, Manlio, *Il linguaggio schiavonesco nel Cinquecento veneziano*, in: Id., *Venezia, il Levante e il mare*, Pisa, Pacini, 1989, 125–160 [già in: Atti dell'Istituto Veneto di Scienze, Lettere ed Arti 130 (1971–1972), 113–160].

Cortelazzo, Manlio, *Venezia, il Levante e il mare*, Pisa, Pacini, 1989.

Cortelazzo, Manlio, *Itinerari dialettali veneti*, Padova, Esedra, 1999.

Cortelazzo, Manlio, *Il veneziano «coloniale»: documentazione e interpretazione*, in: Fusco, Fabiana, et al. (edd.), *Processi di convergenza e differenziazione nelle lingue dell'Europa medievale e moderna, Atti del Convegno Internazionale (9–11 dicembre 1999, Università degli Studi di Udine/Centro Internazionale sul Plurilinguismo)*, Udine, Forum, 2000, 317–325.

Cortelazzo, Manlio, *Dizionario veneziano della lingua e della cultura popolare nel XVI secolo*, Limena (Padova), La Linea Editrice, 2007.

Cremona, Joseph, *L'italiano in Tunisi*, in: Benincà, Paola, et al. (edd.), *Italiano e dialetti nel tempo. Saggi di grammatica per Giulio C. Lepschy*, Roma, Bulzoni, 1996, 85–97.

Cremona, Joseph, *Italian-based Lingua Francas around the Mediterranean*, in: Lepschy, Anna Laura/Tosi, Arturo (edd.), *Multilingualism in Italy: Past and present*, Oxford, Legenda, 2002, 24–30.

Cremona, Joseph, *Histoire linguistique externe de l'italien au Maghreb*, in: Ernst, Gerhard, et al. (edd.), *Romanische Sprachgeschichte. Ein internationales Handbuch zur Geschichte der romanischen Sprachen*, vol. 1, Berlin/Boston, de Gruyter, 2003, 961–966.

Crifò, Francesco, *I «Diarii» di Marin Sanudo (1496–1533): sondaggi filologici e linguistici*, Berlin/Boston, de Gruyter, 2016.

Crimi, Giuseppe, *Molino, Antonio*, in: AA.VV., *Dizionario Biografico degli Italiani* 75 (2011), (<http://www.treccani.it/enciclopedia/antonio-molino_(Dizionario-Biografico)/>).

Curti, Luca, *Antichi testi siciliani in volgare*, Studi mediolatini e volgari 20 (1972), 49–139.

D'Achille, Paolo, *L'italiano dei semicolti*, in: Serianni, Luca/Trifone, Pietro (edd.), *Storia della lingua italiana*, vol. 2: *Scritto e parlato*, Torino, Einaudi, 1994, 41–79.

D'Achille, Paolo, *Allotropi*, in: Simone, Raffaele (ed.), *Enciclopedia dell'Italiano*, vol. 1, Roma, Istituto della Enciclopedia Italiana, 2010, (<http://www.treccani.it/enciclopedia/allotropi_(Enciclopedia-dell'Italiano)/>).

Dakhlia, Jocelyne, *«Lingua franca». Histoire d'une langue métisse en Méditerranée*, Arles, Actes Sud, 2008.

Dardano, Maurizio, *Un itinerario dugentesco per la Terra Santa*, in: Id., *Studi sulla prosa antica*, Napoli, Morano, 1992, 129–186 [già in: Studi medievali 7, s. 3 (1966), 154–196].

Da Rif, Bianca Maria, *La letteratura «alla bulesca». Testi rinascimentali veneti*, Padova, Antenore, 1984.

Deanović, Mirko/Folena, Gianfranco, *Prospettive dell'Atlante Linguistico Mediterraneo*, Bollettino dell'Atlante Linguistico Mediterraneo 1 (1959), 7–12.

Debanne, Alessandra, *Lo Compasso de navegare. Edizione del codice Hamilton 396, con commento linguistico e glossario*, Bruxelles, Peter Lang, 2011.

De Blasi, Nicola, *Tra scritto e parlato. Venti lettere mercantili meridionali e toscane del primo Quattrocento*, Napoli, Liguori, 1982.

Delaville Le Roulx, Jean (ed.), *Cartulaire général de l'Ordre des Hospitaliers de Saint-Jean de Jérusalem (1100–1310)*, 4 vol., Paris, Leroux, 1894–1906.

DELI*n* = Cortelazzo, Manlio/Zolli, Paolo, *DELI – Dizionario etimologico della lingua italiana*, Bologna, Zanichelli, 2ª edizione in volume unico, edd. Cortelazzo, Manlio/Cortelazzo, Michele A., 1999.

Del Punta, Ignazio, *Le colonie mercantili italiane in Terrasanta, le crociate e il problema del loro impatto sull'economia dell'area euro-mediterranea nei secoli XII e XIII*, in: Musarra, Antonio (ed.), *Gli italiani e la Terrasanta*, Firenze, SISMEL-Edizioni del Galluzzo, 2014, 201–217.

DFM = Matsumura, Takeshi, *Dictionnaire du français médiéval*, sous la direction de Michel Zink, Paris, Les Belles Lettres, 2015.

DI = Schweickard, Wolfgang, *Deonomasticon Italicum. Dizionario storico dei derivati da nomi geografici e da nomi di persona*, 4 vol. + 2 suppl., Tübingen, Niemeyer/Berlin, de Gruyter, 2002–2013.

Di Salvo, Margherita, *Fenomeni di convergenza linguistica tra toscano e veneziano in documenti dell'Archivio di Stato di Venezia*, in: Di Salvo, Margherita/Muru, Cristina (edd.), *Dragomanni, sovrani e mercanti. Pratiche linguistiche nelle relazioni politiche e commerciali del Mediterraneo moderno*, Pisa, Edizioni ETS, 2016, 109–146.

Di Salvo, Margherita/Muru, Cristina (edd.), *Dragomanni, sovrani e mercanti. Pratiche linguistiche nelle relazioni politiche e commerciali del Mediterraneo moderno*, Pisa, Edizioni ETS, 2016.

DMS = Fulin, Rinaldo, et al. (edd.), *I Diarii di Marino Sanuto (MCCCXCVI–MDXXXIII), dall'autografo Marciano Ital. A. VII Codd. CDXIX–CDLXXVII*, 58 vol., Venezia, Tipografia del commercio di Marco Visentini, 1879–1903 [rist. anast.: Bologna, Forni, 1969–1979].

Dotto, Diego, *Nuova ricognizione di un testo veneziano del XIII secolo: Ragusa, 1284*, Quaderni Veneti 46 (2007), 9–36.

Dotto, Diego, *«Scriptae» venezianeggianti a Ragusa nel XIV secolo. Edizione e commento di testi volgari dell'Archivio di Stato di Dubrovnik*, Roma, Viella, 2008.

Dotto, Diego, *Per il veneziano fuori di Venezia: due livelli d'ibridismo in un contratto marittimo raguseo della metà del Trecento*, Zeitschrift für romanische Philologie 124:2 (2008), 250–282.

Dotto, Diego, *Un testo venezianeggiante del 1323 e un cancelliere pistoiese a Ragusa*, Bollettino dell'Atlante lessicale degli antichi volgari italiani 2 (2009), 99–120.

Dotto, Diego, *Lo «status» delle varietà italoromanze di Ragusa alla luce dei documenti d'archivio medievali*, Studi italiani di linguistica teorica e applicata 44:1 (2015), 41–48.

Dotto, Diego, *«... un pochu de pala, suvra quale durmiva lu piscadur ...»: vecchie questioni e nuove prospettive sui testi zaratini del Trecento*, in: Venier, Matteo/Zanello, Gabriele (edd.), *Cultura in Friuli II. Atti della Settimana della Cultura Friulana (7–17 maggio 2015)*, Udine, Società Filologica Friulana, 2016, 63–77.

Drusi, Riccardo/Vescovo, Piermario, *Prima e dopo la letteratura. Il veneziano e il fantasma della grammatica*, Quaderns d'Italià 8/9 (2003/2004), 67–90.

Durante, Dino/Turato, Gianfranco, *Dizionario etimologico veneto italiano*, Battaglia Terme, La Galiverna, 1995.

Duro, Aldo (ed.), Matteo Giulio Bartoli, *Il Dalmatico. Resti di un'antica lingua romanza parlata da Veglia a Ragusa e sua collocazione nella Romània appennino-balcanica*, Roma, Istituto della Enciclopedia Italiana, 2000.

Dursteler, Eric R., *Venetians in Constantinople. Nation, identity, and coexistence in the early modern Mediterranean*, Baltimore, Johns Hopkins University Press, 2006.

Duso, Elena Maria (ed.), Giovanni Quirini, *Rime*, Roma/Padova, Antenore, 2002.

Edbury, Peter W., *The Genoese community in Famagusta around the year 1300: a historical vignette*, in: Id., *Kingdom of the Crusaders. From Jerusalem to Cyprus*, Aldershot, Ashgate Variorum, 1999, § XVIII [già in: Balletto, Laura (ed.), *Oriente e Occidente tra Medioevo ed età moderna. Studi in onore di Geo Pistarino*, Genova, Brigati, 1997, 235–244].

Edbury, Peter W., *The French translation of William of Tyre's «Historia»: the manuscript tradition*, Crusades 6 (2007), 69–105.

Edbury, Peter W. (ed. e trad.), Philip of Novara, *Le livre de forme de plait*, Nicosia, Cyprus Research Centre, 2009.

Edbury, Peter W., *New perspectives on the Old French continuations of William of Tyre*, Crusades 9 (2010), 107–113.

Ellenblum, Ronnie, *Frankish rural settlement in the Latin Kingdom of Jerusalem*, Cambridge, Cambridge University Press, 1998.

Ellenblum, Ronnie, *Crusader castles and modern histories*, Cambridge, Cambridge University Press, 2007.

Ellis, Henry (ed.), *Original letters, illustrative of English history*, 3 vol., London, Harding, Triphook, and Lepard, 1824.

Elsheikh, Mahmoud Salem (ed.), *Atti del podestà di Lio Mazor*, Venezia, Istituto Veneto di Scienze, Lettere ed Arti, 1999.

Ernst, Gerhard, et al. (edd.), *Romanische Sprachgeschichte. Ein internationales Handbuch zur Geschichte der romanischen Sprachen*, 3 vol., Berlin/Boston, de Gruyter, 2003–2008.

Eufe, Rembert, *Politica linguistica della Serenissima: Luca Tron, Antonio Condulmer, Marin Sanudo e il volgare nell'amministrazione veneziana a Creta*, Philologie im Netz 23 (2003), 15–43, (<http://web.fuberlin.de/phin/phin23/p23t2.htm>).

Eufe, Rembert, *Vicende coloniali e usi linguistici. I veneziani ed il volgare a Creta e a Venezia*, in: Guardiano, Cristina, et al. (edd.), *Lingue, istituzioni, territori. Riflessioni teoriche, proposte metodologiche ed esperienze di politica linguistica, Atti del XXXVIII Congresso internazionale di studi della Società di Linguistica Italiana (SLI), Modena, 23–25 settembre 2004*, Roma, Bulzoni, 2005, 193–206.

Eufe, Rembert, *Sta lengua ha un privilegio tanto grando. Status und Gebrauch des Venezianischen in der Republik Venedig*, Frankfurt am Main, Peter Lang, 2006.

Eufe, Rembert, *Marco Polo veneziano e le lingue*, in: Palagiano, Cosimo, et al. (edd.), *L'impresa di Marco Polo: cartografia, viaggi, percezione*, Roma, Tiellemedia, 2007, 125–148.

Eufe, Rembert, *Continuité linguistique et discontinuité territoriale. Le «volgare» des documents du «Duca di Candia»*, in: Heinemann, Sabine/Videsott, Paul (edd.), *Sprachwandel und (Dis-)Kontinuität in der Romania*, Tübingen, Niemeyer, 2008, 57–69.

Faraoni, Vincenzo, *L'origine dei plurali italiani in «-e» ed in «-i»*, Alessandria, Edizioni dell'Orso, 2018.

Favreau-Lilie, Marie-Luise, *Die Italiener im Heiligen Land, vom ersten Kreuzzug bis zum Tode Heinrichs von Champagne (1098–1197)*, Amsterdam, Hakkert, 1989.

Fedalto, Giorgio, *La Comunità greca, la Chiesa di Venezia, la Chiesa di Roma*, in: Tiepolo, Maria Francesca/Tonetti, Eurigio (edd.), *I greci a Venezia. Atti del Convegno Internazionale di Studio, Venezia, 5–7 novembre 1998*, Venezia, Istituto Veneto di Scienze, Lettere ed Arti, 2002, 83–102.

Fennis, Jan, *Trésor du langage des galères. Dictionnaire exhaustif*, 3 vol., Tübingen, Niemeyer, 1995.

Fiorentino, Giuliana, *«Che» polivalente*, in: Simone, Raffaele (ed.), *Enciclopedia dell'Italiano*, vol. 1, Roma, Istituto della Enciclopedia Italiana, 2010, (<http://www.treccani.it/enciclopedia/che-polivalente_%28Enciclopedia-dell%27Italiano%29/>).

Flori, Jean, *Chroniqueurs et propagandistes. Introduction critique aux sources de la Première Croisade*, Genève, Droz, 2010.

Folena, Gianfranco, *Introduzione al veneziano «de là da mar»*, Bollettino dell'Atlante Linguistico Mediterraneo, 10–12 (1968–1970), 331–376 [quindi in: Pertusi, Agostino (ed.), *Venezia e il Levante fino al secolo XIV. Atti del I Convegno internazionale di storia della civiltà veneziana promosso e organizzato dalla fondazione Giorgio Cini (Venezia, 1–5 giugno 1968)*, vol. I: *Storia – Diritto – Economia*, Firenze, Olschki, 1973, 297–346; rist. in: Folena, Gianfranco, *Culture e lingue nel Veneto medievale*, Padova, Editoriale Programma, 1990, 227–267].

Folena, Gianfranco, *Tradizione e cultura trobadorica nelle corti e nelle città venete*, in: Arnaldi, Girolamo/Folena, Gianfranco (edd.), *Storia della cultura veneta*, vol. 1: *Dalle origini al Trecento*, Vicenza, Neri Pozza, 1976, 452–562 [rist. in: Id., *Culture e lingue nel Veneto medievale*, Padova, Editoriale Programma, 1990, 1–137].

Folena, Gianfranco, *La Romània d'oltremare: francese e veneziano nel Levante*, in: Vàrvaro, Alberto (ed.), *XIV Congresso Internazionale di Linguistica e Filologia Romanza (Napoli, 15–20 Aprile 1974), Atti*, vol. I, Amsterdam/Napoli, Benjamins/Macchiaroli, 1978, 399–406 [rist. in: Id., *Culture e lingue nel Veneto medievale*, Padova, Editoriale Programma, 1990, 269–286].

Folena, Gianfranco, *Culture e lingue nel Veneto medievale*, Padova, Editoriale Programma, 1990.

Folena, Gianfranco, *Culture e lingue nel Veneto medievale*, ristampa anastatica con una nuova *Presentazione* di Paolo Trovato e *Il Veneto di Gianfranco Folena* di Alfredo Stussi, Limena, libreriauniversitaria.it, 2015.

Formentin, Vittorio, *La «scripta» dei mercanti veneziani del Medioevo (secoli XII e XIII)*, Medioevo Romanzo 36:1 (2012), 62–97.

Formentin, Vittorio, *Rendiconti duecenteschi in volgare dall'archivio dei Procuratori di San Marco*, con una *Nota paleografica* di Antonio Ciaralli, Lingua e Stile 49:1 (2014), 5–42.

Formentin, Vittorio, *Note dorsali veneziane del Duecento*, La lingua italiana 10 (2014), 17–38.

Formentin, Vittorio, *Scritture femminili veneziane del medioevo*, Atti e Memorie dell'Accademia Galileiana di Scienze, Lettere ed Arti già dei Ricovrati e Patavina 127 (2014–2015), 63–101.

Formentin, Vittorio, *Il mercante veneziano del Duecento tra latino e volgare: alcuni testi esemplari*, con *Annotazioni paleografiche* di Antonio Ciaralli, Studi Linguistici Italiani 41:1 (2015), 3–53.

Formentin, Vittorio, *Baruffe muranesi. Una fonte giudiziaria medievale tra letteratura e storia della lingua*, Roma, Edizioni di Storia e Letteratura, 2017.

Formentin, Vittorio, *Notizie da Aleppo. Una lettera dell'ilkhan Ghazan al doge di Venezia*, in: Id., *Prime manifestazioni del volgare a Venezia. Dieci avventure d'archivio*, Roma, Edizioni di Storia e Letteratura, 2018, 285–309.

Fulin, Rinaldo (ed.), *Diarii e diaristi veneziani*, Venezia, Tipografia del Commercio di Marco Visentini, 1881.

Fulin, Rinaldo (ed.), *Documenti per servire alla storia della tipografia veneziana*, Archivio veneto 13 (1882), 84–212.

Fulin, Rinaldo (ed.), Marino Sanuto, *La spedizione di Carlo VIII in Italia*, Venezia, Tipografia del Commercio di Marco Visentini, 1883.

Fusco, Fabiana, et al. (edd.), *Processi di convergenza e differenziazione nelle lingue dell'Europa medievale e moderna, Atti del Convegno Internazionale (9–11 dicembre 1999, Università degli Studi di Udine/Centro Internazionale sul Plurilinguismo)*, Udine, Forum, 2000.

Gambino, Francesca, *I Vangeli in antico veneziano. Ms. Marciano It. I 3 (4889)*, Roma/Padova, Antenore, 2007.

Gautier-Dalché, Patrick, *Carte marine et portulan au XIIe siècle. Le «Liber de existencia riveriarum et forma maris nostri Mediterranei»*, Rome, École Française, 1995.

GDLI = Battaglia, Salvatore/Bàrberi Squarotti, Giorgio, *Grande dizionario della lingua italiana*, 21 vol. + 3 suppl., Torino, UTET, 1961–2009.

Geymonat, Francesca, *Scritture esposte*, in: Antonelli, Giuseppe, et al. (edd.), *Storia dell'italiano scritto*, vol. 3: *Italiano dell'uso*, Roma, Carocci, 2014, 57–100.

Gianighian, Giorgio Nubar, *Segni di una presenza*, in: Zekiyan, Boghos Levon/Ferrari, Aldo (edd.), *Gli armeni e Venezia. Dagli Sceriman a Mechitar: il momento culminante di una consuetudine millenaria*, Venezia, Istituto Veneto di Scienze, Lettere ed Arti, 2004, 59–92.

Giannini, Gabriele, *Un guide français de Terre Sainte, entre Orient latin et Toscane occidentale*, Paris, Classiques Garnier, 2016.

Glessgen, Martin-Dietrich, *Histoire interne du français (Europe): lexique et formation des mots*, in: Ernst, Gerhard, et al. (edd.), *Romanische Sprachgeschichte. Ein internationales Handbuch zur Geschichte der romanischen Sprachen*, vol. 3, Berlin/Boston, de Gruyter, 2008, 2947–2974.
Glessgen, Martin/Trotter, David (edd.), *La régionalité lexicale du français au Moyen Âge*, Strasbourg, Éditions de Linguistique et de Philologie, 2016.
Graboïs, Aryeh, *Le pélerin occidental en Terre Sainte au Moyen Âge*, Bruxelles, De Boeck, 1998.
Graciotti, Sante, *Das Wechselverhältnis zwischen Literatursprachen und Kulturen auf dem westlichen Balkan zwischen dem 16. und dem 18. Jahrhundert*, in: Ortalli, Gherardo/Schmitt, Oliver Jens (edd.), *Balcani occidentali, Adriatico e Venezia fra XIII e XVIII secolo/Der westliche Balkan, der Adriaraum und Venedig (13.–18. Jahrhundert)*, Venezia/Wien, Verlag der Österreichischen Akademie der Wissenschaften, 2009, 179–198.
Granzotto, Camilla, *Per lo studio delle scritture italoromanze a Spalato nel Quattrocento. Edizione e commento del testamento di Nicola de Petruci (1404)*, in: Malagnini, Francesca (ed.), *Migrazioni della lingua. Nuovi studi sull'italiano fuori d'Italia*, Firenze, Cesati, 2018, 107–118.
Grubb, James S. (ed.), *Family memoirs from Venice (15th–17th centuries)*, Roma, Viella, 2009.
Guadagnini, Elisa (ed.), *La «Rectorique de Cyceron» tradotta da Jean d'Antioche. Edizione e glossario*, Pisa, Edizioni della Normale, 2009.
Hall, Robert, *Pidgin and creole languages*, Ithaca/London, Cornell University Press, 1966.
Handyside, Philip, *The Old French William of Tyre*, Leiden/Boston, Brill, 2015.
Haspelmath, Martin, *Lexical borrowing: Concepts and issues*, in: Haspelmath, Martin/Tadmor, Uri (edd.), *Loanwords in the world's languages. A comparative handbook*, Berlin/Boston, de Gruyter Mouton, 2009, 35–54.
Heyd, Wilhelm von, *Histoire du commerce du Levant au Moyen-Âge*, 2 vol., Leipzig, Harrassowitz, 1923.
Hickey, Raymond (ed.), *The handbook of language contact*, Oxford, Wiley-Blackwell, 2010.
Hiestand, Rudolf, *La langue vulgaire dans les chartes de Terre Sainte avec un regard sur la chancellerie royale française*, in: Herbers, Klaus/Könighaus, Waldemar (edd.), *Von Outremer bis Flandern. Miscellanea zur Gallia Pontificia und zur Diplomatik*, Berlin/Boston, de Gruyter, 2013, 271–302.
Hitzel, Frédéric (ed.), *Istanbul et les langues orientales*, Paris, L'Harmattan, 1997.
Holton, David, *The Cretan Renaissance*, in: Id. (ed.), *Literature and society in Renaissance Crete*, Cambridge, Cambridge University Press, 1991, 1–16.
Holton, David (ed.), *Literature and society in Renaissance Crete*, Cambridge, Cambridge University Press, 1991.
Holtus, Günter/Metzeltin, Michael/Schmitt, Christian (edd.), *Lexikon der Romanistischen Linguistik*, 8 vol., Tübingen, Niemeyer, 1988–2005.
Imhaus, Brunehilde, *Le minoranze orientali a Venezia, 1300–1510*, Roma, Il Veltro, 1997.
Imhaus, Brunehilde (ed.), *Lacrimae Cypriae. Corpus des pierres tombales de Chypres*, 2 vol., Nicosia, Department of Antiquities, 2004.
Iordan, Iorgu (ed.), *Crestomaţie romanică*, vol. 1, Bucureşti, Editura Academiei Republicii Populare Romîne, 1962.
Ive, Antonio, *Prose genovesi della fine del secolo XIV e del principio del XV*, Archivio glottologico italiano 8 (1882–1885), 1–97.

Ivetic, Egidio, *Venezia e l'Adriatico orientale: connotazioni di un rapporto (secoli XIV–XVIII)*, in: Ortalli, Gherardo/Schmitt, Oliver Jens (edd.), *Balcani occidentali, Adriatico e Venezia fra XIII e XVIII secolo/Der westliche Balkan, der Adriaraum und Venedig (13.–18. Jahrhundert)*, Venezia/Wien, Verlag der Österreichischen Akademie der Wissenschaften, 2009, 239–260.

Jacoby, David, *A Venetian manual of commercial practice from Crusader Acre*, in: Airaldi, Gabriella/Kedar, Benjamin Z. (edd.), *I Comuni italiani nel Regno Crociato di Gerusalemme*, Genova, Università di Genova, 1986, 403–428.

Jacoby, David, *Knightly values and class consciousness in the crusader states of the eastern Mediterranean*, in: Id., *Studies on the Crusader States and on Venetian Expansion*, Northampton, Variorum Reprints, 1989, § I [già in: Mediterranean History Review 1 (1986), 158–186].

Jacoby, David, *Les communes italiennes et les Ordres militaires à Acre: aspects juridiques, territoriaux et militaires (1104–1187, 1191–1291)*, in: Id., *Trade, commodities, and shipping in the Medieval Mediterranean*, Aldershot, Variorum, 1997, § VI [già in: Balard, Michel (ed.), *État et colonisation au Moyen Âge*, Lyon, La manufacture, 1989, 193–214].

Jacoby, David, *Multilingualism and Institutional Patterns of Communication in Latin Romania (Thirteenth–Fourteenth Centuries)*, in: Beihammer, Alexander D., et al. (edd.), *Diplomatics in the Eastern Mediterranean 1000–1500. Aspects of Cross-Cultural Communication*, Leiden/Boston, Brill, 2008, 27– 48.

Janeković-Römer, Zdenka (ed.), Filip de Diversis, *Opis slavnoga grada Dubrovnika*, Zagreb, Dom i Svijet, 2004.

Jireček, Konstantin, *Die Romanen in den Städten Dalmatiens während des Mittelalters. I. Theil*, Denkschriften der Kaiserlichen Akademie der Wissenschaften. Phil.-hist. Classe 48:3 (1902), 1–104.

Jireček, Konstantin, *Die mittelalterliche Kanzlei der Ragusaner*, Archiv für Slavische Philologie 25 (1903), 501–521.

Jireček, Konstantin, *Eine slavische Alexandergeschichte in Zara 1389*, Archiv für slavische Philologie 25 (1903), 157–158.

Jireček, Konstantin, *Die Romanen in den Städten Dalmatiens während des Mittelalters. II. Theil*, Denkschriften der Kaiserlichen Akademie der Wissenschaften. Phil.-hist. Classe 49:1 (1904), 1–80.

Jireček, Konstantin, *Die Romanen in den Städten Dalmatiens während des Mittelalters. III. Theil (Schluss)*, Denkschriften der Kaiserlichen Akademie der Wissenschaften. Phil.-hist. Classe 49:2 (1904), 1–77.

Jireček, Konstantin, *Die mittelalterliche Kanzlei der Ragusaner*, Archiv für Slavische Philologie 26 (1904), 161–214.

Kabatek, Johannes, *«Koinés» and «scriptae»*, in: Maiden, Martin, et al. (edd.), *The Cambridge history of the Romance languages*, vol. 2, Cambridge, Cambridge University Press, 2013, 143–186.

Kahane, Henry/Kahane, Renée/Tietze, Andreas, *The Lingua Franca in the Levant. Turkish terms of Italian and Greek origin*, Urbana, University of Illinois Press, 1958.

Katičić, Radoslav, *Litterarum studia. Književnost i naobrazba ranoga hrvatskog srednjovjekovlja*, Zagreb, Matica hrvatska, 1998.

Kedar, Benjamin Z./Stern, Eliezer, *Un nuovo sguardo sul quartiere genovese di Acri*, in: Kedar, Benjamin Z., *Franks, Muslims and Oriental Christians in the Latin Levant. Studies in frontier acculturation*, Aldershot, Ashgate Variorum, 2006, § XVIII [già in: Airaldi,

Gabriella/Stringa, Paolo (edd.), *Mediterraneo genovese. Storia e architettura. Atti del Convegno Internazionale di Genova, 29 ottobre 1992*, Genova, ECIG, 1995, 11–28].

Kerswill, Paul, *Koineization and accommodation*, in: Chambers, Jack K., et al. (edd.), *The handbook of language variation and change*, Oxford, Blackwell, 2002, 669–702.

Klaić, Nada/Petricioli, Ivo, *Zadar u srednjem vijeku do 1409.*, Zadar, Filozofski fakultet Zadar, 1976.

Koch, Peter, *«Parlato/scritto» quale dimensione centrale della variazione linguistica*, in: Burr, Elisabeth (ed.), *Tradizione & Innovazione. Il parlato: teoria – corpora – linguistica dei corpora. Atti del VI Convegno SILFI, Società Internazionale di Linguistica e Filologia Italiana (Gerhard-Mercator Universität Duisburg 28 giugno–2 luglio 2000)*, Firenze, Franco Cesati, 2005, 41–56.

Koch, Peter, *I generi del/nel parlato*, in: Amenta, Luisa/Paternostro, Giuseppe (edd.), *I parlanti e le loro storie. Competenze linguistiche, strategie comunicative, livelli di analisi. Atti del Convegno Carini-Valderice, 23–25 ottobre 2008*, Palermo, Centro di studi filologici e linguistici siciliani (Materiali e ricerche dell'Atlante linguistico della Sicilia, 22), 2009, 21–38.

Kołodziejczyk, Dariusz, *Ottoman-Polish diplomatic relations (15th–18th century). An annotated edition of «'ahdnames» and other documents*, Leiden/Boston/Köln, Brill, 2000.

Krefeld, Thomas, *Einführung in die Migrationslinguistik*, Tübingen, Gunter Narr, 2004.

Krekić, Bariša, *Dubrovnik (Raguse) et le Levant au Moyen Âge*, Paris, Mouton & Co. La Haye, 1961.

Krekić, Bariša, *Contributions of foreigners to Dubrovnik's economic growth in the late Middle Ages*, Viator 9 (1976), 375–394.

Krekić, Bariša, *On the Latino-Slavic cultural symbiosis in the late Medieval and Renaissance Dalmatia and Dubrovnik*, Viator 26 (1995), 321–332.

Krekić, Bariša, *Venezia e l'Adriatico*, in: Arnaldi, Girolamo, et al. (edd.), *Storia di Venezia. Dalle origini alla caduta della Serenissima*, vol. 3: *La formazione dello Stato patrizio*, Roma, Istituto della Enciclopedia Italiana, 1997, 51–85.

Krekić, Bariša, *Unequal rivals. Essays on relations between Dubrovnik and Venice in the thirteenth and fourteenth centuries*, Zagreb/Dubrovnik, HAZU Zavod za povijesne znanosti u Dubrovniku, 2007.

Kretschmer, Konrad, *Die italienischen Portolane des Mittelalters. Ein Beitrag zur Geschichte der Kartographie und Nautik*, Hildesheim, Olms, 1962 [rist. anast. dell'ediz. orig.: Berlin, Ernst Siegfried Mittler und Sohn, 1909].

Lach, Donald F., *Asia in the making of Europe (Volume II: A century of wonder, Book Three: The scholarly disciplines)*, Chicago/London, The University of Chicago Press, 1977.

Lamansky, Vladimir, *Secrets d'État de Venise. Documents, extraits, notices, et études servant à éclaircir les rapports de la Seigneurie avec les Grecs, les Slaves et la Porte Ottomane à la fin du XVe et au XVIe siècle*, 2 vol., New York, B. Franklin, 1968 (Saint-Pétersbourg, Imprimerie de l'Académie impériale des sciences, 1884).

Lampros, Spyridon [Λάμπρος, Σπυρίδων], *Η ελληνική ως επίσημος γλώσσα των σουλτάνων*, Νέος Ελληνομνήμων 5 (1908), 40–78.

Larson, Pär, *Ingiurie e villanie dagli Atti podestarili pistoiesi del 1295*, Bollettino dell'Opera del Vocabolario Italiano 9 (2004), 349–354.

Lazzerini, Lucia, *Il «greghesco» a Venezia tra realtà e ludus. Saggio sulla commedia poliglotta del Cinquecento*, Studi di Filologia Italiana 35 (1977), 29–95.

LBG = Trapp, Erich, *Lexikon zur byzantinischen Gräzität, besonders des 9.–12. Jahrhunderts*, 8 vol. + 1 suppl., Wien, Verlag der Österreichische Akademie der Wissenschaften, 1994–2017.

Leathers Kuntz, Marion, *L'orientalismo di Guglielmo Postello e Venezia*, in: Lanciotti, Lionello (ed.), *Venezia e l'Oriente*, Firenze, Olschki, 1987.

LEI = *LEI. Lessico Etimologico Italiano*, fondato da Max Pfister, Wiesbaden, Reichert, 1979–.

Leljak, Robert (ed.), *Andrija pok. Petra iz Cantùa: bilježnički zapisi 1353–1355/Andreas condam Petri de Canturio: quaterni imbreviaturarum 1353–1355*, 2 vol., Zadar, Državni arhiv u Zadru, 2001–2003.

Leljak, Robert (ed.), *Inventari fonda Veličajne općine zadarske Državnog arhiva u Zadru: godine 1325.–1385./Inventaria ex collectione magnificae communitatis Iadrae annorum MCCCXXV–MCCCLXXXV*, vol. 1, Zadar, Državni arhiv u Zadru, 2006.

Levi della Vida, Giorgio, *Albonesi, Teseo Ambrogio degli*, in: AA.VV., *Dizionario Biografico degli Italiani* 2 (1960), (<http://www.treccani.it/enciclopedia/teseo-ambrogio-degli-albonesi_%28Dizionario-Biografico%29/>).

Levy, Avigdor, *The Sephardim in the Ottoman Empire*, Princeton, Darwin Press, 1992.

Levy, Avigdor (ed.), *The Jews of the Ottoman Empire*, Princeton, Darwin Press, 1994.

Levy, Emil (ed.), *Der Troubadour Bertolome Zorzi*, Halle, Niemeyer, 1883.

Lewis, Bernard, *I musulmani alla scoperta dell'Europa*, Milano, Rizzoli, 2001 [traduzione italiana dell'ed. inglese: *The muslim discovery of Europe*, London/New York, Norton, 1982].

Lewis, Bernard, *From Babel to dragomans. Interpreting the Middle East*, London, Phoenix, 2004.

Lib. ref. = *Monumenta ragusina. Libri reformationum*, 5 vol., Zagreb, Jugoslavenska akademija znanosti i umjetnosti, 1879–1897.

Limentani, Alberto (ed.), Martin da Canal, *Les estoires de Venise. Cronaca veneziana in lingua francese dalle origini al 1275*, Firenze, Olschki, 1972.

Ljubić, Šime (ed.), *Listine o odnošajih izmedju južnoga slavenstva i Mletačke Republike*, 10 vol., Zagreb, Jugoslavenska akademija znanosti i umjetnosti, 1868–1891.

Ljubić, Šime (ed.), *Commissiones et relationes venetae, II*, in: *Monumenta spectantia historiam Slavorum Meridionalium*, vol. 8, Zagrabiae, Sumptibus Academiaea scientiarum et artium, 1877.

Lonza, Nella, *Srednjovjekovni zapisnici dubrovačkog kaznenog suda: izvorne cjeline i arhivsko stanje*, Anali Zavoda za povijesne znanosti HAZU u Dubrovniku 41 (2003), 45–74.

Lope Blanch, Juan Manuel, *Estudios de lingüística hispanoamericana*, México, UNAM, 1989.

Lubello, Sergio, *Cancelleria e burocrazia*, in: Antonelli, Giuseppe, et al. (edd.), *Storia dell'italiano scritto*, vol. 3: *L'italiano dell'uso*, Roma, Carocci, 2014, 225–259.

Lucchetta, Francesca, *La scuola dei «giovani di lingua» veneti nei secoli XVI e XVII*, Quaderni di Studi Arabi 7 (1989), 19–40.

Luttrell, Anthony, *The Hospitallers' early written records*, in: France, John/Zajac, William G. (edd.), *The Crusades and their sources. Essays presented to Bernard Hamilton*, Aldershot, Ashgate, 1998, 135–154.

Maiden, Martin, *Storia linguistica dell'italiano*, Bologna, il Mulino, 1998.

Malagnini, Francesca (ed.), *Migrazioni della lingua. Nuovi studi sull'italiano fuori d'Italia*, Firenze, Cesati, 2018.

Malić, Dragica, *»Red i zakon« zadarskih dominikanki iz 1345. godine: prikaz jezika najstarijeg hrvatskog latiničnog spomenika*, Rasprave Zavoda za jezik 3:1 (1977), 59–128.

Malkiel, Yakov, *Critères pour l'étude de la fragmentation du latin*, in: Vàrvaro, Alberto (ed.), *XIV Congresso Internazionale di Linguistica e Filologia Romanza (Napoli, 15–20 Aprile 1974), Atti*, vol. I, Amsterdam/Napoli, Benjamins/Macchiaroli, 1978, 27–47.

Maltezou, Chryssa A. [Μαλτέζου, Χρύσα Α.], *Η Κρήτη στη διάρκεια της περιόδου της Βενετοκρατίας (1211–1669)*, Κρήτη: Σύνδεσμος τοπικών ενώσεων, 1990.

Maltezou, Chryssa A., *The historical and social context*, in: Holton, David (ed.), *Literature and society in Renaissance Crete*, Cambridge, Cambridge University Press, 1991, 17–48.

Maltezou, Chryssa A., et al. (edd.), *I Greci durante la venetocrazia. Uomini, spazio, idee (XIII–XVIII), Atti del Convegno Internazionale di Studi, Venezia, 3–7 dicembre 2007*, Venezia, Istituto Ellenico di Studi Bizantini e Postbizantini di Venezia, 2009.

Maltezou, Chryssa A., *Creta durante la venetocrazia: cenni storici*, in: Scroccaro, Mauro/ Andrianakis, Michalis G. (edd.), *Tra Candia e Cipro. Le isole «maggiori» di Venezia*, Milano, Biblion, 2010, 13–24.

Malvezzi, Aldobrandino, *L'islamismo e la cultura europea*, Firenze, Sansoni, 1956.

Manolessou, Io, *Graphematic evidence for Cretan phonology from the 16th to the 20th century*, in: Giannakopoulou, Liana/Skordyles, E. Kostas (edd.), *Culture and society in Crete. From Kornaros to Kazantzakis*, Newcastle Upon Tyne, Cambridge Scholars Publishing, 2017, 151–169.

Maraschio, Nicoletta, *Grafia e ortografia: evoluzione e codificazione*, in: Serianni, Luca/ Trifone, Pietro (edd.), *Storia della lingua italiana*, vol. 1: *I luoghi della codificazione*, Torino, Einaudi, 1993, 139–227.

Marcato, Gianna/Ursini, Flavia, *Dialetti veneti. Grammatica e storia*, Padova, Unipress, 1998.

Mas Latrie, Louis de, *Histoire de l'Ile de Chypre sous le règne des princes de la maison de Lusignan*, Paris, Imprimerie Nationale, to. II/1: *Documents et Mémoires*, 1852.

Mas Latrie, Louis de, *Commerce et expéditions militaires de la France et de Venise au Moyen Âge*, Mélanges historiques 3 (1880), 5–240.

Matras, Yaron, *Language contact*, Cambridge, Cambridge University Press, 2009.

McKee, Sally, *Wills from late medieval Venetian Crete, 1312–1420*, 3 vol., Washington, Dumbarton Oaks Research Library and Collection, 1998.

McKee, Sally, *Uncommon dominion. Venetian Crete and the myth of ethnic purity*, Philadelphia, University of Pennsylvania Press, 2000.

Melani, Silvio (ed.), Filippo da Novara, *Guerra di Federico II in Oriente (1223–1242)*, Napoli, Liguori, 1994.

Ménage, Victor, *Seven Ottoman documents from the reign of Meḥemmed II*, in: Stern, Samuel Miklos (ed.), *Documents from Islamic chanceries*, Oxford, Bruno Cassirer, 1965, 81–118.

Meneghetti, Maria Luisa, et al., *Nuove acquisizioni per la protostoria del codice Hamilton 390 (già Saibante)*, Critica del testo 15:1 (2012), 75–126.

Metzeltin, Michele, *Aree linguistiche IV. Veneziano e italiano in Dalmazia*, in: Holtus, Günter, et al. (edd.), *Lexikon der Romanistischen Linguistik*, vol. 4: *Italienisch, Korsisch, Sardisch*, Tübingen, Niemeyer, 1988, 551–569.

Metzeltin, Michele, *La Dalmazia e l'Istria*, in: Bruni, Francesco (ed.), *L'italiano nelle regioni. Lingua nazionale e identità regionali*, Torino, UTET, 1992, 316–335.

Metzeltin, Miguel, *Romanische Kreolsprachen I. a) Die «linguae francae» des Mittelmeers*, in: Holtus, Günter, et al. (edd.), *Lexikon der Romanistischen Linguistik*, vol. 7: *Kontakt, Migration und Kunstsprachen. Kontrastivität, Klassifikation und Typologie*, Tübingen, Niemeyer, 1998, 601–610.

Migliorini, Bruno, *Note sulla grafia italiana nel Rinascimento*, in: Id., *Saggi linguistici*, Firenze, Le Monnier, 1957, 197–225 [già in: Studi di filologia italiana XIII (1955), 259–296].

Migliorini, Bruno, *Storia della lingua italiana*, Firenze, Sansoni, 1960.

Migliorini, Bruno/Folena, Gianfranco (edd.), *Testi non toscani del Trecento*, Modena, Società Tipografica Modenese, 1952.

Minervini, Laura, *La lingua franca mediterranea. Plurilinguismo, mistilinguismo, pidginizzazione sulle coste del Mediterraneo tra tardo medioevo e prima età moderna*, Medioevo Romanzo 20 (1996), 231–301.

Minervini, Laura, *Modelli culturali e attività letteraria nell'Oriente latino*, Studi Medievali 43 (2002), 337–348.

Minervini, Laura, *L'italiano nell'Impero Ottomano*, in: Banfi, Emanuele/Iannàccaro, Gabriele (edd.), *Lo spazio linguistico italiano e le «lingue esotiche»: rapporti e reciproci influssi. Atti del XXXIX Congresso internazionale di studi della Società di Linguistica Italiana (SLI), Milano, 22–24 settembre 2005*, Roma, Bulzoni, 2006, 49–66.

Minervini, Laura, *Les langues romanes comme langues véhiculaires: Moyen Age*, in: Ernst, Gerhard, et al. (edd.), *Romanische Sprachgeschichte. Ein internationales Handbuch zur Geschichte der romanischen Sprachen*, vol. 3, Berlin/Boston, de Gruyter, 2008, 3308–3318.

Minervini, Laura, *Le français dans l'Orient latin (XIIIe–XIVe siècles). Éléments pour la caractérisation d'une «scripta» du Levant*, Revue de linguistique romane 74 (2010), 119–198.

Minervini, Laura, *Lingua franca, italiano come*, in: Simone, Raffaele (ed.), *Enciclopedia dell'Italiano*, vol. 1, Roma, Istituto della Enciclopedia Italiana, 2010, (<http://www.treccani.it/enciclopedia/lingua-franca-italiano-come_(Enciclopedia-dell'Italiano)/>).

Minervini, Laura, *Les emprunts arabes et grecs dans le lexique français d'Orient (XIIIe–XIVe siècles)*, Revue de linguistique romane 76 (2012), 99–197.

Minervini, Laura, *El léxico de origen italiano en el judeoespañol de Oriente*, in: Busse, Winfried (ed.), *La lengua de los sefardíes. Tres contribuciones a su historia*, Tübingen, Stauffenburg, 2014, 65–104.

Minervini, Laura, *Sui frammenti epici della moschea di Damasco («Fierabras», lasse 106–108, 117–118)*, in: Di Luca, Paolo/Piacentino, Doriana (edd.), *Codici, testi, interpretazioni. Studi sull'epica romanza medievale*, Napoli, Photocity.it Edizioni, 2015, 93–103.

Minervini, Laura, *La variation lexicale en fonction du contact linguistique: le français dans l'Orient latin*, in: Glessgen, Martin/Trotter, David (edd.), *La régionalité lexicale du français au Moyen Âge*, Strasbourg, Éditions de Linguistique et de Philologie, 2016, 195–206.

Minervini, Laura, *Dinamiche del contatto linguistico nell'Oriente latino*, in: Babbi, Anna Maria/Concina, Chiara (edd.), *Francofonie medievali. Lingue e letterature gallo-romanze fuori di Francia (sec. XII–XV)*, Verona, Fiorini, 2016, 323–338.

Molho, Anthony, *Ebrei e marrani fra Italia e Levante ottomano*, in: Vivanti, Corrado (ed.), *Storia d'Italia. Annali*, vol. 11/1: *Gli ebrei in Italia. Dall'alto Medioevo all'età dei ghetti*, Torino, Einaudi, 1997, 1011–1043.

Mollat, Michel/Braunstein, Philippe/Hocquet, Jean-Claude, *Réflexions sur l'expansion vénitienne en Méditerranée*, in: Pertusi, Agostino (ed.), *Venezia e il Levante fino al secolo XIV. Atti del I Convegno internazionale di storia della civiltà veneziana promosso e organizzato dalla Fondazione Giorgio Cini (Venezia, 1–5 giugno 1968)*, vol. 1: *Storia – Diritto – Economia*, Firenze, Olschki, 1973, 515–539.

Morgan, Margaret R. (ed.), *La continuation de Guillaume de Tyr (1184–1197)*, Paris, Geuthner, 1982.

Morozzo della Rocca, Raimondo (ed.), *Lettere di mercanti a Pignol Zucchello (1336–1350)*, Venezia, Comitato per la pubblicazione delle Fonti relative alla storia di Venezia, 1957.

Morreale, Laura K., *French-language documents produced by the Hospitallers, 1231–1310*, Journal of Medieval History 40 (2014), 439–457.
Morton, Alexander H. (ed. e trad.), Michele Membré, *Mission to the Lord Sophy of Persia (1539–1542)*, London, School of Oriental and African Studies/University of London, 1993.
Mosino, Franco, *Glossario del calabrese antico (sec. XV)*, Ravenna, Longo Editore, 1985.
Mueller, Reinhold C., *Aspects of Venetian sovereignty in Medieval and Renaissance Dalmatia*, in: Dempsey, Charles (ed.), *Quattrocento Adriatico. Fifteenth-century art of the Adriatic Rim, Papers from a colloquium held at the Villa Spelman, Florence, 1994*, Bologna, Nuova Alfa Editoriale, 1996, 29–56.
Mueller, Reinhold C., *Immigrazione e cittadinanza nella Venezia medievale*, Roma, Viella, 2010.
Muljačić, Žarko, *Dalmatski elementi u mletački pisanim dubrovačkim dokumentima 14. st.*, Rad 327 (1962), 237–380.
Muljačić, Žarko, *Bibliographie de linguistique romane. Domaine dalmate et istriote avec les zones limitrophes (1906–1966)*, Revue de linguistique romane 33 (1969), 144–167, 356–391.
Muljačić, Žarko, *Le traitement des groupes «-nn-», «-ll-», «-rr-» dans le ragusain*, Revue Roumaine de Linguistique 14 (1969), 155–161.
Muljačić, Žarko, *Noterelle lessicologiche*, Ricerche slavistiche 17–19 (1970–1972), 407–416.
Muljačić, Žarko, *Dalmate*, in: Bec, Pierre (ed.), *Manuel pratique de philologie romane*, vol. 2, Paris, Éditions Picard, 1971, 393–416.
Muljačić, Žarko, *Il gruppo linguistico illiro-romanzo*, in: Holtus, Günter, et al. (edd.), *Italica et Romanica. Festschrift für Max Pfister zum 65. Geburtstag*, vol. 3, Tübingen, Niemeyer, 1997, 59–72.
Muljačić, Žarko, *Das Dalmatische. Studien zu einer untergegangenen Sprache*, Köln/Weimar/Wien, Böhlau, 2000.
Muljačić, Žarko, *L'imbarazzo della scelta: «veneziano orientale», «veneziano coloniale», «veneziano de là da mar»?*, in: Van den Bossche, Bart, *et al.* (edd.), *«... e c'è di mezzo il mare»: lingua, letteratura e civiltà marina, Atti del XIV Congresso dell'Associazione Internazionale Professori di Italiano (A.I.P.I.), Spalato (Croazia), 23–27 agosto 2000*, vol. 1, Firenze, Franco Cesati, 2002, 103–111.
Müller, Giuseppe (ed.), *Documenti sulle relazioni delle città toscane coll'Oriente cristiano e coi Turchi fino all'anno MDXXXI*, Firenze, Cellini, 1879.
Murray, Alan V., *National identity, language and conflict in the Crusades to the Holy Land, 1096–1192*, in: Kostick, Conor (ed.), *The Crusades and the Near East. Cultural histories*, London, Routledge, 2011, 107–130.
Murray, Alan V., *How Norman was the principality of Antioch? Prolegomena to a study of the origins of the nobility of a crusader state*, in: Id., *The Franks in Outremer. Studies in the Latin principalities of Palestine and Syria, 1099–1187*, Farnham, Ashgate Variorum, 2015, § VI [già in: Keats-Rohan, Katharine S. B. (ed.), *Family trees and the roots of politics. The prosopography of Britain and France from the tenth to the twelfth century*, Woodbridge, Boydell Press, 1997, 349–359].
Muru, Cristina, *La variazione linguistica nelle pratiche scrittorie dei Dragomanni*, in: Di Salvo, Margherita/Muru, Cristina (edd.), *Dragomanni, sovrani e mercanti. Pratiche linguistiche nelle relazioni politiche e commerciali del Mediterraneo moderno*, Pisa, Edizioni ETS, 2016, 147–201.

Musarra, Antonio (ed.), *Gli italiani e la Terrasanta*, Firenze, SISMEL-Edizioni del Galluzzo, 2014.

Mussafia, Adolfo (ed.), *Trattato De regimine rectoris di fra Paolino Minorita*, Vienna/Firenze, Tendler/Vieusseux, 1868.

Nadin, Lucia, *Migrazioni e integrazione. Il caso degli albanesi a Venezia (1479–1552)*, Roma, Bulzoni, 2008.

Nani Mocenigo, Mario (ed.), *Della milizia marittima, libri quattro, di Cristoforo Canale*, Venezia, Filippi, 2010.

Neerfeld, Christiane, *«Historia per forma di diaria». La cronachistica veneziana contemporanea a cavallo tra il Quattro e il Cinquecento*, Venezia, Istituto Veneto di Scienze, Lettere ed Arti, 2006.

Nencioni, Giovanni, *Parlato-parlato, parlato-scritto, parlato-recitato*, Strumenti critici 10 (1976), 1–56.

Nocentini, Alberto, *L'Europa linguistica. Profilo storico e tipologico*, Firenze, Le Monnier, 2004.

Nuovo, Angela, *La scoperta del Corano arabo, ventisei anni dopo: un riesame*, Nuovi annali della scuola speciale per archivisti e bibliotecari 27 (2013), 9–24.

Nuovo, Angela, *Paganini, Paganino*, in: AA.VV., *Dizionario Biografico degli Italiani* 80 (2014), (<http://www.treccani.it/enciclopedia/paganino-paganini_%28Dizionario-Biografico%29/>).

Obsidio = Gortan, Veljko/Glavičić, Branimir/Vratović, Vladimir (edd.), Anonimo Zaratino, *Obsidio Iadrensis*, in: *Monumenta spectantia historiam Slavorum Meridionalium*, vol. 25, Zagreb, Hrvatska akademija znanosti i umjetnosti, 2007.

Orlando, Ermanno, *«Iuxta ritum suum». Minoranze religiose e matrimoni misti nell'Italia tardomedievale (questioni generali e in particolare il caso veneziano)*, in: Schmauder, Andreas/Mißfelder, Jan-Friedrich (edd.), *Kaftan, Kreuz und Kopftuch. Religiöse Koexistenz im urbanen Raum (15.–20. Jahrhundert)*, Ostfildern, Thorbecke, 2010, 87–143.

Ortalli, Gherardo/Schmitt, Oliver Jens (edd.), *Balcani occidentali, Adriatico e Venezia fra XIII e XVIII secolo/Der westliche Balkan, der Adriaraum und Venedig (13.–18. Jahrhundert)*, Venezia/Wien, Verlag der Österreichischen Akademie der Wissenschaften, 2009.

Osterhammel, Jürgen/Jansen, Jan C., *Kolonialismus. Geschichte, Formen, Folgen*, München, Beck, 2012.

Özsu, Umut, *Ottoman Empire*, in: Fassbender, Bardo/Peters, Anne (edd.), *The Oxford handbook of the history of international law*, Oxford, Oxford University Press, 2012, 429–448.

Palermo, Massimo, *La lingua dei mercanti*, in: Borsellino, Nino/Pedullà, Walter (edd.), *Storia generale della letteratura italiana*, vol. 1: *Il Medioevo. Le origini e il Duecento*, Milano, Motta, 1999, 482–511.

Panagiotakes, Nikolaos M., *The Italian background of early Cretan literature*, in: Barker, John W./Laiou, Angeliki E. (edd.), *Dumbarton Oaks Symposium 1993 – Byzantium and the Italians, 13th–15th centuries*, Washington, Dumbarton Oaks Research Library and Collection (= *Dumbarton Oaks Papers* 49), 1995, 281–323.

Paoletti, Anna (ed.), Casola, Pietro, *Viaggio a Gerusalemme*, Alessandria, Edizioni dell'Orso, 2001.

Papadia-Lala, Anastasia, *L'interprete nel mondo greco-veneziano (XIV–XVIII sec.). Lingua, comunicazione, politica*, in: Maltezou, Chryssa A., et al. (edd.), *I Greci durante la venetocrazia. Uomini, spazio, idee (XIII–XVIII), Atti del Convegno Internazionale di Studi, Venezia, 3–7 dicembre 2007*, Venezia, Istituto Ellenico di Studi Bizantini e Postbizantini di Venezia, 2009, 121–130.

Pausch, Oskar, *Das älteste italienisch-deutsche Sprachbuch. Eine Überlieferung aus dem Jahre 1424 nach Georg von Nürnberg*, Wien, Böhlau, 1972.

Pedani, Maria Pia, *In nome del Gran Signore. Inviati ottomani a Venezia dalla caduta di Costantinopoli alla guerra di Candia*, Venezia, Deputazione Editrice, 1994.

Pedani, Maria Pia, *I «documenti turchi» dell'Archivio di Stato di Venezia*, Roma, Ministero per i beni culturali e ambientali, Ufficio centrale per i beni archivistici, 1994.

Pedani, Maria Pia, *La dimora della pace. Considerazioni sulle capitolazioni tra i paesi islamici e l'Europa*, Venezia, Cafoscarina, 1996.

Pedani, Maria Pia, *Inventory of the «Lettere e Scritture Turchesche» in the Venetian State Archives*, Leiden, Brill, 2010.

Pellegrini, Giovan Battista, *Appunti di fonetica italiana (i monosillabi in «-i» da «-s»)*, in: Id., *Dal venetico al veneto. Studi linguistici preromani e romanzi*, Padova, Editoriale Programma, 1991, 319–332 [già in: Studi mediolatini e volgari 4 (1956), 225–240].

Pellegrini, Giovan Battista, *Il veneziano e l'aquileiese (friulano) del Mille*, in: Id., *Dal venetico al veneto. Studi linguistici preromani e romanzi*, Padova, Editoriale Programma, 1991, 207–227 [già in: Antichità altoadriatiche 32 (1988), 363–386].

Pellegrini, Giovan Battista, *Dal venetico al veneto. Studi linguistici preromani e romanzi*, Padova, Editoriale Programma, 1991.

Pellegrini, Giovan Battista, *Osservazioni sulla lingua degli Statuti*, in: Nadin, Lucia (ed.), *Statuti di Scutari della prima metà del secolo XIV con le addizioni fino al 1469*, Roma, Viella, 2002, 63–75.

Pertusi, Agostino (ed.), *Venezia e il Levante fino al secolo XIV. Atti del I Convegno internazionale di storia della civiltà veneziana promosso e organizzato dalla fondazione Giorgio Cini (Venezia, 1–5 giugno 1968)*, vol. I: *Storia – Diritto – Economia*, Firenze, Olschki, 1973.

Petrucci, Armando, *Il volgare esposto: problemi e prospettive*, in: Ciociola, Claudio (ed.), *«Visibile parlare». Le scritture esposte nei volgari italiani dal Medioevo al Rinascimento. Atti del Convegno Internazionale di studi, Cassino-Montecassino, 26–28 ottobre 1992*, Napoli, Edizioni Scientifiche Italiane, 1997, 45–58.

Petrucci, Livio, *Il problema delle Origini e i più antichi testi italiani*, in: Serianni, Luca/Trifone, Pietro (edd.), *Storia della lingua italiana*, vol. 3: *Le altre lingue*, Torino, Einaudi, 1994, 5–73.

Petrucci, Livio, *Il volgare nei carteggi tra Pisa e i paesi arabi*, in: Lugnani, Lucio, et al. (edd.), *Studi offerti a Luigi Blasucci dai colleghi e dagli allievi pisani*, Lucca, Maria Pacini Fazzi, 1996, 413–426.

Petrucci, Livio, *Rassegna dei più antichi documenti del volgare pisano*, in: Werner, Edeltraud/Schwarze, Sabine (edd.), *Fra toscanità e italianità. Lingua e letteratura dagli inizi al Novecento*, Tübingen/Basel, Francke, 2000, 15–46.

Petrucci, Livio, *Documenti in volgare nei carteggi tra Pisa e i paesi arabi*, in: Battaglia Ricci, Lucia/Cella, Roberta (edd.), *Pisa crocevia di uomini, lingue e culture. L'età medievale. Atti del Convegno, Pisa, 25–27 ottobre 2007*, Roma, Aracne, 2009, 207–216.

Petrucci, Livio, *Alle origini dell'epigrafia volgare. Iscrizioni italiane e romanze fino al 1275*, Pisa, Edizioni PLUS/Pisa University Press, 2010.

Pfister, Max, *L'influence lexicale de l'occitan sur le français*, in: Glessgen, Martin/Trotter, David (edd.), *La régionalité lexicale du français au Moyen Âge*, Strasbourg, Éditions de Linguistique et de Philologie, 2016, 169–177.

Pilidis, Georgios I., *«Fuor dal comun sentiero». L'Accademia degli Stravaganti di Candia: innesto socio-culturale italiano*, in: Maltezou, Chryssa A., et al. (edd.), *I Greci durante la venetocrazia. Uomini, spazio, idee (XIII–XVIII), Atti del Convegno Internazionale di Studi, Venezia, 3–7 dicembre 2007*, Venezia, Istituto Ellenico di Studi Bizantini e Postbizantini di Venezia, 2009, 675–687.

Piovan, Francesco, *Fausto, Vittore*, in: AA.VV., *Dizionario Biografico degli Italiani* 45 (1995), (<http://www.treccani.it/enciclopedia/vittore-fausto_(Dizionario-Biografico)/>).

Pistarino, Geo, *The Genoese in Pera – Turkish Galata*, Mediterranean Historical Review 1 (1986), 63–85.

Ploumidis, Georghios, *Le tipografie greche di Venezia*, in: Tiepolo, Maria Francesca/Tonetti, Eurigio (edd.), *I greci a Venezia. Atti del Convegno Internazionale di Studio, Venezia, 5–7 novembre 1998*, Venezia, Istituto Veneto di Scienze, Lettere ed Arti, 2002, 365–380.

Pozza, Marco (ed.), *I trattati con Aleppo, 1207–1254*, Venezia, Il Cardo, 1990.

Praga, Giuseppe, *Testi volgari spalatini del Trecento*, Atti e memorie della Società Dalmata di Storia Patria 2 (1927), 36–131.

Prawer, Joshua, *The Italians in the Latin Kingdom*, in: Id., *Crusader institutions*, Oxford, Oxford University Press, 1980, 217–249.

Preto, Paolo, *Venezia e i Turchi*, Roma, Viella, 2013.

Princivalli, Alessandra/Ortalli, Gherardo (edd.), *Il capitolare degli Ufficiali sopra Rialto. Nei luoghi al centro del sistema economico veneziano (secoli XIII–XIV.)*, Milano, La storia, 1993.

Pringle, Denys, *Crusader inscriptions from Southern Lebanon*, Crusades 3 (2004), 131–151.

Pringle, Denys, *Notes on some inscriptions from Crusader Acre*, in: Shagrir, Iris, et al. (edd.), *In Laudem Hierosolymitani. Studies in Crusades and medieval culture in honour of Benjamin Z. Kedar*, Aldershot, Ashgate, 2007, 191–209.

Pringle, Denys, *Pilgrimage to Jerusalem and the Holy Land, 1187–1291*, Burlington, Ashgate, 2011.

Quintana Rodríguez, Aldina, *Geografía lingüística del judeoespañol. Estudio sincrónico y diacrónico*, Bern, Peter Lang, 2006.

Ravančić, Goran, *Crna smrt 1348.–1349. u Dubrovniku. Srednjovjekovni grad i doživljaj epidemije* [*Doktorska disertacija*], Zagreb, Sveučilište u Zagrebu Filozofski Fakultet, 2006.

Renzi, Lorenzo, *La linguistica di Gianfranco Folena*, Lingua e Stile 27 (1992), 461–482.

REW = Meyer-Lübke, Wilhelm, *Romanisches etymologisches Wörterbuch*, Heidelberg, Winter, 1935.

Rezasco, Giulio, *Dizionario del linguaggio italiano storico ed amministrativo*, Firenze, Le Monnier, 1881.

Ricci, Alessio, *Mercanti e lingua*, in: Simone, Raffaele (ed.), *Enciclopedia dell'Italiano*, vol. 1, Roma, Istituto della Enciclopedia Italiana, 2010, (<www.treccani.it/enciclopedia/mercantie-lingua_%28Enciclopedia-dell%27Italiano%29/>).

Richard, Jean, *Un partage de seigneurie entre Francs et Mamelouks: les «casaux de Sur»*, in: Id., *Orient et Occident au Moyen Age. Contacts et relations, XIIe–XVe siècle*, London, Variorum, 1976, § XVIII [già in: Syria 30 (1953), 72–82].

Richard, Jean, *Le plurilinguisme dans les actes de l'Orient latin*, in: Guyotjeannin, Olivier (ed.), *La langue des actes. Actes du XIe Congrès international de diplomatique (Troyes, jeudi 11–samedi 13 septembre 2003)*, Paris, École Nationale des Chartes, 2005, (<http://elec.enc.sorbonne.fr/CID2003/richard>).

Richardson, Brian (ed.), Giovan Francesco Fortunio, *Regole grammaticali della volgar lingua*, Roma/Padova, Antenore, 2001.

Rinaldin, Anna, *«De qua» e «de là da mar». Questioni filologiche e rarità lessicali dalle carte mercantili di Pignol Zucchello (1336–1350)*, in: Pîrvu, Elena (ed.), *Il tempo e lo spazio nella lingua e nella letteratura italiana. Atti dell'VIII Convegno internazionale di italianistica dell'Università di Craiova, 16–17 settembre 2016*, Firenze, Franco Cesati, 2018, 209–218.

Rocchi, Luciano, *Gli italianismi nei testi turchi in trascrizione. Un'indagine storico-lessicografica*, Zeitschrift für romanische Philologie 129:4 (2013), 888–931.

Rohlfs, Gerhard, *Grammatica storica della lingua italiana e dei suoi dialetti*, 3 vol., Torino, Einaudi, 1966–1969.

Roksandić, Drago, *The Dinaric Vlachs/Morlachs in the eastern Adriatic from the fourteenth to the sixteenth centuries: How many identities?*, in: Ortalli, Gherardo/Schmitt, Oliver Jens (edd.), *Balcani occidentali, Adriatico e Venezia fra XIII e XVIII secolo/Der westliche Balkan, der Adriaraum und Venedig (13.–18. Jahrhundert)*, Venezia/Wien, Verlag der Österreichischen Akademie der Wissenschaften, 2009, 271–285.

Romanini, Fabio/Saletti, Beatrice, *I «Pelrinages communes», i «Pardouns de Acre» e la crisi del regno crociato. Storia e testi*, Padova, Libreriauniversitaria.it Edizioni, 2012.

Romano, Ruggiero, *Marchands toscans et vénitiens au XIVe siècle*, Annales 15 (1960), 392–397.

Rota, Giorgio, *Under two lions. On the knowledge of Persia in the Republic of Venice (ca. 1450–1797)*, Wien, Verlag der Österreichischen Akademie der Wissenschaften, 2009.

Rothman, E. Natalie, *Brokering empire. Trans-imperial subjects between Venice and Istanbul*, Ithaca/London, Cornell University Press, 2012.

Rubin, Jonathan, *Learning in a Crusader city. Intellectual activity and intercultural exchanges in Acre, 1191–1291*, Cambridge, Cambridge University Press, 2018.

Runje, Petar, *Knjige glagoljaša zadarske nadbiskupije u srednjem vijeku*, Radovi Zavoda za povijesne znanosti HAZU u Zadru 49 (2007), 151–184.

Salvioni, Carlo, *Illustrazioni sistematiche all' «Egloga pastorale e sonetti, ecc.»*, Archivio glottologico italiano 16 (1904), 245–332 [rist. in: Loporcaro, Michele, et al. (edd.), Carlo Salvioni, *Scritti linguistici*, vol. 3, Locarno, Edizioni dello Stato del Cantone Ticino, 2008, 633–720].

Sattin, Antonella, *Ricerche sul veneziano del sec. XV (con edizione di testi)*, L'Italia dialettale 49 (1986), 1–172.

Schabel, Chris, *A neglected quarrel over a house in Cyprus in 1299: The Nicosia Franciscans vs. the Chapter of Nicosia cathedral*, Crusades 8 (2009), 173–190.

Schweickard, Wolfgang, *La stratificazione cronologica dei turchismi in italiano*, La lingua italiana 7 (2011), 9–15.

Schweickard, Wolfgang, *Cherzego/Chersego*, Rivista Italiana di Onomastica 18 (2012), 13–18.

Schwyzer, Eduard, *Awest. «aspərənō» und byzantin. «ἄσπρον». Beiträge zur griechisch-orientalischen Münznamenforschung*, Indogermanische Forschungen 49 (1931), 1–45.

Segre, Arturo/Cessi, Roberto (edd.), *I diarii di Girolamo Priuli, aa. 1494–1512*, in: Carducci, Giosuè/Fiorini, Vittorio (edd.), *Rerum Italicarum Scriptores, nuova serie, vol. 24/3*, 3 vol., Città di Castello et al., S. Lapi et al., 1912–1941.

Serianni, Luca/Trifone, Pietro (edd.), *Storia della lingua italiana*, 3 vol., Torino, Einaudi, 1993–1994.

Setton, Kenneth M., *The Papacy and the Levant (1204–1571)*, vol. 3: *The sixteenth century to the reign of Julius III*, Philadelphia, American Philosophical Society, 1984.

Shaw, Stanford J., *The Jews of the Ottoman Empire and the Turkish Republic*, New York, New York University Press, 1991.

Simone, Raffaele (ed.), *Enciclopedia dell'Italiano*, 2 vol., Roma, Istituto della Enciclopedia Italiana, 2010–2011.

Skilliter, Susan, *Three letters from the Ottoman «Sultana» Ṣāfiye to Queen Elizabeth I*, in: Stern, Samuel Miklos (ed.), *Documents from Islamic chanceries*, Oxford, Bruno Cassirer, 1965, 119–157.

Skilliter, Susan, *The Hispano-Ottoman armistice of 1581*, in: Bosworth, Clifford Edmund (ed.), *Iran and Islam. In memory of the late Vladimir Minorsky*, Edinburgh, Edinburgh University Press, 1971, 491–515.

Skok, Petar, *Novi prilog za proučavanje staroga dalmatinskoga govora*, Starohrvatska prosvjeta 2:1–2 (1928), 154–160 [= Recensione di Praga 1927].

Sočanac, Lelija, *Hrvatsko-talijanski jezični dodiri s rječnikom talijanizama u standardnome hrvatskom jeziku i dubrovačkoj dramskoj književnosti*, Zagreb, Nakladni zavod Globus, 2004.

Sopracasa, Alessio (ed.), *I trattati con il regno armeno di Cilicia, 1201–1333*, Roma, Viella, 2001.

Stern, Samuel Miklos (ed.), *Documents from Islamic chanceries*, Oxford, Bruno Cassirer, 1965.

Stipišić, Jakov (ed.), *Spisi zadarskog bilježnika Franje Manfreda de Surdis iz Piacenze 1349–1350/Notarii Jadrensis Francisci ser Manfredi de Surdis de Placentia acta quae supersunt 1349–1350*, Zadar, Historijski arhiv – Zadar, 1977.

Stipišić, Jakov (ed.), *Inventar dobara Mihovila suknara pokojnog Petra iz godine 1385./ Inventarium bonorum Michovilli drapparii condam Petri anno MCCCLXXXV confectum*, Zadar, Stalna izložba crkvene umjetnosti u Zadru, 2000.

Stussi, Alfredo, *Un testamento volgare scritto in Persia nel 1263*, L'Italia dialettale 25 (1962), 23–37.

Stussi, Alfredo, *Appunti su una raccolta di testi antichi*, L'Italia dialettale 26 (1963), 146–150.

Stussi, Alfredo (ed.), *Testi veneziani del Duecento e dei primi del Trecento*, Pisa, Nistri-Lischi, 1965.

Stussi, Alfredo (ed.), *Zibaldone da Canal. Manoscritto mercantile del sec. XIV*, Venezia, Comitato per la pubblicazione delle Fonti relative alla storia di Venezia, 1967.

Stussi, Alfredo, *Antichi testi salentini in volgare*, in: Id., *Studi e documenti di storia della lingua e dei dialetti italiani*, Bologna, il Mulino, 1982, 155–181 [già in: Studi di Filologia Italiana 23 (1965), 191–224].

Stussi, Alfredo, *Il mercante medievale e la storia della lingua italiana*, in: Id., *Studi e documenti di storia della lingua e dei dialetti italiani*, Bologna, il Mulino, 1982, 69–72 [già in: Beck, Hans Georg, et al. (edd.), *Venezia centro di mediazione tra Oriente e Occidente: secoli XV–XVI. Aspetti e problemi. Atti del II convegno internazionale di storia della civiltà veneziana (Venezia, 3–6 ottobre 1973)*, vol. 2, Firenze, Olschki, 1977, 545–548].

Stussi, Alfredo, *Studi e documenti di storia della lingua e dei dialetti italiani*, Bologna, il Mulino, 1982.

Stussi, Alfredo, *Un nuovo documento di veneziano coloniale*, Studi mediolatini e volgari 29 (1982–1983), 165–173.

Stussi, Alfredo, *Notizie dall'Egeo*, in: Holtus, Günter/Kramer, Johannes (edd.), *Romania et Slavia Adriatica. Festschrift für Žarko Muljačić*, Hamburg, Buske, 1987, 341–349.

Stussi, Alfredo, *Un esercizio scolastico duecentesco*, in: Belloni, Gino/Pozza, Marco (edd.), *Sei testi veneti antichi*, Venezia, Jouvence, 1987, 27–44.

Stussi, Alfredo, *Provenzali a Venezia (1258–1268)*, Annali della Scuola Normale Superiore di Pisa, Classe di Lettere e Filosofia, s. III, 18/3 (1988), 947–960.
Stussi, Alfredo, *La lingua*, in: Cracco, Giorgio/Ortalli, Gherardo (edd.), *Storia di Venezia. Dalle origini alla caduta della Serenissima*, vol. 2: *L'età del Comune*, Roma, Istituto della Enciclopedia Italiana, 1995, 783–801.
Stussi, Alfredo, *Venezia 1309*, in: Benincà, Paola, et al. (edd.), *Italiano e dialetti nel tempo. Saggi di grammatica per Giulio C. Lepschy*, Roma, Bulzoni, 1996, 341–349.
Stussi, Alfredo, *Esempi medievali di contatto linguistico nell'area mediterranea*, Studi e saggi linguistici 36 (1996), 145–155.
Stussi, Alfredo, *Epigrafi medievali in volgare dell'Italia settentrionale e della Toscana*, in: Ciociola, Claudio (ed.), *«Visibile parlare». Le scritture esposte nei volgari italiani dal Medioevo al Rinascimento. Atti del Convegno Internazionale di Studi, Cassino-Montecassino, 26–28 ottobre 1992*, Napoli, Edizioni Scientifiche Italiane, 1997, 149–175.
Stussi, Alfredo, *Filologia mercantile*, in: Masiello, Vitilio (ed.), *Studi di filologia e letteratura italiana in onore di Gianvito Resta*, vol. 1, Roma, Salerno editrice, 2000, 269–284.
Stussi, Alfredo, *Medioevo volgare veneziano*, in: Id., *Storia linguistica e storia letteraria*, Bologna, il Mulino, 2005, 23–80.
Stussi, Alfredo, *Il Veneto di Gianfranco Folena (Savigliano 1920 – Padova 1992)*, in: Folena, Gianfranco, *Culture e lingue nel Veneto medievale*, ristampa anastatica con una nuova *Presentazione* di Paolo Trovato e *Il Veneto di Gianfranco Folena* di Alfredo Stussi, Limena, libreriauniversitaria.it, 2015, 419–429 [già in: Mengaldo, Pier Vincenzo, et al. (edd.), *Gianfranco Folena dieci anni dopo. Riflessioni e testimonianze. Atti del convegno, Padova, 12–13 febbraio 2002*, Padova, Esedra, 2006, 121–132].
SW = Levy, Emil, *Provenzalisches Supplement-Wörterbuch. Berichtigungen und Ergänzungen zu Raynouards Lexique Roman*, Leipzig, Reisland, 1894–1924.
Šimunković, Ljerka, *Proclami veneziani bilingui (italiano-croati) in Dalmazia*, Atti dell'Istituto Veneto di Scienze, Lettere ed Arti 149 (1990–1991), 267–303.
Šimunković, Ljerka (ed.), *Dalmacija godine gospodnje 1553. Putopis po Istri, Dalmaciji i Mletačkoj Albaniji 1553. godine. Zapisao Zan Battista Giustinian*, Split, Hrvatsko-talijanska kulturna udruga Dante Alighieri, 2011.
Tadić, Jorjo (ed.), *Pisma i uputstva Dubrovačke Republike/Litterae et commissiones ragusinae*, Beograd, SKA, 1935.
Tadić, Jorjo, *Venezia e la costa orientale dell'Adriatico fino al secolo XV*, in: Pertusi, Agostino (ed.), *Venezia e il Levante fino al secolo XIV. Atti del I Convegno internazionale di storia della civiltà veneziana promosso e organizzato dalla Fondazione Giorgio Cini (Venezia, 1–5 giugno 1968)*, vol. 1: *Storia – Diritto – Economia*, Firenze, Olschki, 1973, 687–704.
Tafel, Gottlieb L. Fr./Thomas, Georg M. (edd.), *Urkunden zur älteren Handels- und Staatsgeschichte der Republik Venedig*, 3 vol., Wien, Kaiserlich-Königliche Hof- und Staatsdruckerei, 1856–1857.
Tagliani, Roberto, *Un nuovo frammento dei «Quatre âges de l'homme» di Philippe de Novare tra le carte dell'Archivio di Stato di Milano*, Critica del testo 16:2 (2013), 39–77.
Tagliavini, Carlo, *Le origini delle lingue neolatine*, Bologna, Pàtron, ^{7}1982 [^{1}1949].
Testa, Enrico, *L'italiano nascosto. Una storia linguistica e culturale*, Torino, Einaudi, 2014.
The Encyclopaedia of Islam, edited by Gudrun Krämer, Denis Matringe, John Nawas and Everett Rowson, Leiden, Brill, 1997.

Theunissen, Hans, *Ottoman-Venetian diplomatics: The «ʿAhd-Names». The historical background and the development of a category of political-commercial instruments together with an annotated edition of a corpus of relevant documents*, 3 vol., [s.l.], 1998.
Thomas, Georg (ed.), *Diplomatarium veneto-levantinum*, vol. 1: *a. 1300–1350*, Venezia, R. Deputazione veneta di storia patria, 1880.
Thomas, Georg (ed.), *Diplomatarium veneto-levantinum*, vol. 2: *a. 1351–1454*, Venezia, R. Deputazione veneta di storia patria, 1889.
Thompson, Irving A. A., *Castile, Spain and the monarchy: the political community from «Patria Natural» to «Patria Nacional»*, in: Kagan, Richard L./Parker, Geoffrey (edd.), *Spain, Europe and the Atlantic World. Essays in honour of John H. Elliott*, Cambridge, Cambridge University Press, 1995, 125–159.
Tiepolo, Maria Francesca, *Le fonti documentarie di Candia nell'Archivio di Stato di Venezia*, in: Ortalli, Gherardo (ed.), *Venezia e Creta. Atti del Convegno Internazionale di Studi, Iraklion-Chaniá, 30 settembre–5 ottobre 1997*, Venezia, Istituto Veneto di Scienze, Lettere ed Arti, 1998, 43–71.
Tiepolo, Maria Francesca/Tonetti, Eurigio (edd.), *I greci a Venezia. Atti del Convegno Internazionale di Studio, Venezia, 5–7 novembre 1998*, Venezia, Istituto Veneto di Scienze, Lettere ed Arti, 2002.
TLIO =*Tesoro della lingua italiana delle origini*, fondato da Pietro G. Beltrami, ed. Leonardi, Lino, (‹http://tlio.ovi.cnr.it/TLIO/›).
Tomasin, Lorenzo, *Il Capitolare dei Camerlenghi di Comun (Venezia, circa il 1330)*, L'Italia dialettale 60 (1997–1999), 25–103.
Tomasin, Lorenzo, *Il volgare e la legge. Storia linguistica del diritto veneziano (secoli XIII–XVIII)*, Padova, Esedra, 2001.
Tomasin, Lorenzo (ed.), *Testi padovani del Trecento. Edizione e commento linguistico*, Padova, Esedra, 2004.
Tomasin, Lorenzo, *Storia linguistica di Venezia*, Roma, Carocci, 2010.
Tomasin, Lorenzo, *Sulla diffusione del lessico marinaresco italiano*, Studi Linguistici Italiani 36:2 (2010), 263–292.
Tomasin, Lorenzo, *Italiano. Storia di una parola*, Roma, Carocci, 2011.
Tomasin, Lorenzo, *Epigrafi trecentesche in volgare nei dintorni di Venezia*, Lingua e Stile 47:2 (2012), 23–44.
Tomasin, Lorenzo, *Quindici testi veneziani 1300–1310*, Lingua e Stile 48:1 (2013), 3–48.
Tomasin, Lorenzo, *Sulla percezione medievale dello spazio linguistico romanzo*, Medioevo Romanzo 39/2 (2015), 268–292.
Tomasin, Lorenzo, *Documenti occitanici e balearici trecenteschi in un registro della cancelleria veneziana*, Cultura neolatina 76:3–4 (2016), 321–342.
Tomasin, Lorenzo, *Urban multilingualism. The languages of non-Venetians in Venice during the Middle Ages*, in: Selig, Maria/Ehrich, Susanne (edd.), *Mittelalterliche Stadtsprachen* (Forum Mittelalter-Studien, Bd. 11), Regensburg, Verlag Schnell&Steiner, 2016, 63–75.
Tomasin, Lorenzo, *Dai trovatori ai creditori. Destini feneratizî della «fin'amor»*, Romanische Forschungen 128 (2016), 303–315.
Tomasin, Lorenzo, *Documenti occitanici e balearici trecenteschi in un registro della cancelleria veneziana*, Cultura neolatina 76:3–4 (2016), 321–342.
Tomasin, Lorenzo, *Sugli esiti di* ZĬNGĬBER, Vox Romanica 75 (2016) [ma 2017], 59–72.
Tommasino, Pier Mattia, *Eteroglossia e propaganda religiosa nel Mediterraneo moderno*, Lingua e Stile 45:2 (2010), 223–258.

Tonnet, Henri, *Histoire du grec moderne. La formation d'une langue*, Paris, Langues et mondes-L'Asiathèque, 2003.

Toso, Fiorenzo, *Storia linguistica della Liguria*, vol. I: *Dalle origini al 1528*, Recco, Le Mani, 1997.

Toso, Fiorenzo, *Per una storia linguistica del genovese «d'Otramar»*, in: Fusco, Fabiana, et al. (edd.), *Processi di convergenza e differenziazione nelle lingue dell'Europa medievale e moderna, Atti del Convegno Internazionale (9–11 dicembre 1999, Università degli Studi di Udine/Centro Internazionale sul Plurilinguismo)*, Udine, Forum, 2000, 327–341.

Treccani = Bray, Massimo (ed.), *Grammatica*, Roma, Istituto della Enciclopedia Italiana, 2013.

Treffort, Cécile, *Les inscriptions latines et françaises des XIIe et XIIIe siècles découvertes à Tyr*, in: Gatier, Pierre-Louis, et al. (edd.), *Sources de l'histoire de Tyr. Textes de l'Antiquité et du Moyen Âge*, Beyrouth, Presses de l'Université Saint-Joseph/Presses de l'Ifpo, 2011, 221–251.

Trivellato, Francesca, *The familiarity of strangers. The Sephardic diaspora, Livorno, and cross-cultural trade in the early modern period*, New Haven/London, Yale University Press, 2009.

Trudgill, Peter, *Dialects in contact*, Oxford, Blackwell, 1986.

Trudgill, Peter, *New-dialect formation. The inevitability of Colonial Englishes*, Edinburgh, Edinburgh University Press, 2004.

Ulery, Robert W. Jr. (ed. e trad.), Pietro Bembo, *History of Venice*, 3 vol., Cambridge/London, The I Tatti Renaissance Library/Harvard University Press, 2007–2009.

Ursini, Flavia, *Sedimentazioni culturali sulle coste orientali dell'Adriatico: il lessico veneto-dalmata del Novecento*, Atti e memorie della Società Dalmata di Storia Patria 15 (1987), 20–179.

Ursini, Flavia, *La «Romania submersa» nell'area adriatica orientale*, in: Ernst, Gerhard, et al. (edd.), *Romanische Sprachgeschichte. Ein internationales Handbuch zur Geschichte der romanischen Sprachen*, vol. 1, Berlin/Boston,de Gruyter, 2003, 683–694.

van de Boogert, Maurits/Fleet, Kate (edd.), *The Ottoman capitulations. Text and context*, Oriente moderno 3 [numero monografico], Roma, Istituto per l'Oriente Carlo Nallino, 2003.

van Gemert, Arnold, et al., *Οδηγός έργων της κρητικής λογοτεχνίας* (1370–1690), Iraklio, Κέντρο Κρητικής Λογοτεχνίας, 2002.

van Gemert, Arnold, *The 15th century Cretan literature*, in: Maltezou, Chryssa A., et al. (edd.), *I Greci durante la venetocrazia. Uomini, spazio, idee (XIII–XVIII), Atti del Convegno Internazionale di Studi, Venezia, 3–7 dicembre 2007*, Venezia, Istituto Ellenico di Studi Bizantini e Postbizantini di Venezia, 2009, 637–649.

van Gemert, Arnold/Bakker, Wim (edd.), Marinos Falieros [Μαρίνος Φαλιέρος], *Λόγοι διδακτικόι του πατρός προς τον υιόν*, Thessaloniki, Αριστοτέλειο Πανεπιστήμιο Θεσσαλονίκης, Ινστιτούτο Νεοελληνικών Σπουδών, 2014.

Varanini, Gian Maria (ed.), Marino Sanudo, *Itinerario per la Terraferma veneziana*, Roma, Viella, 2014.

Varchi [1570] 1979 = *L'Ercolano. Dialogo di m. Benedetto Varchi, nel quale si ragiona delle lingue, ed in particolare della toscana e della fiorentina*, 2 vol., Milano, Società Tipografica de' Classici Italiani, 1804 [rist.: Milano, Cisalpino-Goliardica, 1979].

Vàrvaro, Alberto (ed.), *XIV Congresso Internazionale di Linguistica e Filologia Romanza (Napoli, 15–20 Aprile 1974), Atti*, vol. I, Amsterdam/Napoli, Benjamins/Macchiaroli, 1978.

Vàrvaro, Alberto, *Capitoli per la storia linguistica dell'Italia meridionale e della Sicilia. IV. Il «Liber visitationis» di Atanasio Calceopulo (1457–1458)*, Medioevo Romanzo 11 (1986), 55–110.

Vàrvaro, Alberto, *La frammentazione linguistica della Romània*, in: Id., *Identità linguistiche e letterarie nell'Europa romanza*, Roma, Salerno editrice, 2004, 74–108 [già *Introduzione*, in: von Wartburg, Walther, *La frammentazione linguistica della Romània*, Roma, Salerno editrice, 1980, 7–44].

Vàrvaro, Alberto, *Identità linguistiche e letterarie nell'Europa romanza*, Roma, Salerno editrice, 2004.

Vatin, Nicolas, *L'emploi du grec comme langue diplomatique par les Ottomans (fin du XVe–début du XVIe siècle)*, in: Hitzel, Frédéric (ed.), *Istanbul et les langues orientales*, Paris, L'Harmattan, 1997, 41–47.

Ventura, Angelo, *Badoer, Andrea*, in: AA.VV., *Dizionario Biografico degli Italiani* 5 (1963), (<http://www.treccani.it/enciclopedia/andrea-badoer_%28Dizionario-Biografico%29/>).

Vercellin, Giorgio, *Venezia e l'origine della stampa in caratteri arabi*, Padova, Il Poligrafo, 2001.

Vianello, Nereo, *«Lingua franca» di Barberia e «lingua franca» di Dalmazia*, Lingua Nostra 16 (1955), 67–69.

Vidos, Benedek Elemér, *Prestito, espansione e migrazione dei termini tecnici nelle lingue romanze e non romanze. Problemi, metodo e risultati*, Firenze, Olschki, 1965.

Vincent, Alfred, *Scritti italiani di Creta veneziana*, Sincronie 2:3, 1998 131–162.

Vincent, Alfred (ed. e trad.), Zuanne Papadopoli, *L'occio (Time of Leisure)*, Venezia, Istituto Ellenico di Studi Bizantini e Postbizantini di Venezia, [1696] 2007.

Vincent, Alfred, *Language and ideology in two Cretan historians*, in: Varzelioti, Gogo K./Tsiknakis, Kostas G. [Βαρζελιώτη, Γωγώ Κ./Τσικνάκης, Κώστας Γ.], *Γαλινοτάτη. Τιμή στη Χρύσα Μαλτέζου*, Athina, Εθνικό και Καποδιστριακό Πανεπιστήμιο Αθηνών, Τμήμα Θεατρικών Σπουδών/Μουσείο Μπενάκη, 2013, 809–820.

Vuletić, Nikola, *Para una historia social del romance temprano en Dalmacia*, Aemilianense: Revista Internacional sobre la Génesis y los Orígenes Históricos de las Lenguas Romances 2 (2010), 363–389.

Vuletić, Nikola, *Le dalmate: panorama des idées sur un mythe de la linguistique romane*, Histoire Épistémologie Langage 35:1 (2013), 45–64.

Vuletić, Nikola, *Il dalmatico di Muljačić: note sull'evoluzione di un modello complesso di storia linguistica*, Studi italiani di linguistica teorica e applicata 44:1 (2015), 143–154.

Winford, Donald, *Contact and borrowing*, in: Hickey, Raymond (ed.), *The handbook of language contact*, Oxford, Wiley-Blackwell, 2010, 170–187.

Zachariadou, Elizabeth A., *Trade and crusade. Venetian Crete and the emirates of Menteshe and Aydin (1300–1415)*, Venezia, Istituto Ellenico di Studi Bizantini e Postbizantini di Venezia, 1983.

Zamboni, Alberto, *Note linguistiche dalmatiche*, in: *Atti della tornata di studio nel cinquantesimo anniversario della fondazione in Zara*, Venezia, Società Dalmata di Storia Patria, 1976, 9–66.

Zamboni, Alberto, *Veneto*, in: Holtus, Günter, et al. (edd.), *Lexikon der Romanistischen Linguistik*, vol. 4: *Italienisch, Korsisch, Sardisch*, Tübingen, Niemeyer, 1988, 517–538.

Zannini, Andrea, *Burocrazia e burocrati a Venezia in Età* Moderna. *I cittadini originari (sec. XVI–XVIII)*, Venezia, Istituto Veneto di Scienze, Lettere ed Arti, 1993.

Zannini, Andrea, *Venezia città aperta. Gli stranieri e la Serenissima, XIV–XVIII sec.*, Venezia, Marcianum Press, 2009.

Zarker-Morgan, Leslie (ed.), *La Geste Francor. Edition of the «Chansons de geste» of MS. Marc. Fr. XIII (= 256)*, Tempe (Ariz.), Arizona Center for Medieval and Renaissance Studies, 2009.

Zekiyan, Boghos Levon, *La visione di Mechitar del mondo e della chiesa: una «Weltanschauung» tra teologia e umanesimo*, in: Zekiyan, Boghos Levon/Ferrari, Aldo (edd.), *Gli armeni e Venezia. Dagli Sceriman a Mechitar: il momento culminante di una consuetudine millenaria*, Venezia, Istituto Veneto di Scienze, Lettere ed Arti, 2004, 177–200.

Zekiyan, Boghos Levon/Ferrari, Aldo (edd.), *Gli armeni e Venezia. Dagli Sceriman a Mechitar: il momento culminante di una consuetudine millenaria*, Venezia, Istituto Veneto di Scienze, Lettere ed Arti, 2004.

Zinelli, Fabio, *Sur les traces de l'atelier des chansonniers occitans IK: le manuscrit de Vérone, Biblioteca Capitolare, DVIII et la tradition méditerranéenne du «Livre dou Tresor»*, Medioevo Romanzo 31 (2007), 7–69.

Zinelli, Fabio, *Espaces franco-italiens: les italianismes du français-médiéval*, in: Glessgen, Martin/Trotter, David (edd.), *La régionalité lexicale du français au Moyen Âge*, Strasbourg, Éditions de Linguistique et de Philologie, 2016, 207–268.

Zjačić, Mirko (ed.), *Spisi zadarskih bilježnika Henrika i Creste Tarallo 1279–1308/Notariorum Jadrensium Henrici et Creste Tarallo acta quae supersunt*, Zadar, Državni arhiv – Zadar, 1959.

Zjačić, Mirko/Stipišić, Jakov (edd.), *Spisi zadarskih bilježnika Ivana Qualisa, Nikole pok. Ivana, Gerarda iz Padove 1296 … 1337/Notariorum Jadrensium Johannis Qualis, Nicolai quondam Johannis, Gerardi de Padua acta quae supersunt 1296 … 1337*, Zadar, Historijski arhiv – Zadar, 1969.

Zjačić, Mirko/Strgačić, Ante (edd.), *Miscellanea*, vol. 1, Zadar, Državni arhiv Zadar, 1949.

Camilla Granzotto

Indice dei nomi di persona

Si avverte che, per ragioni di omogeneità, le singole unità antroponimiche, salvo casi particolari, figurano sempre nell'ordine «cognome, nome da/de/di», anche laddove il personale s'accompagni a un elemento – ipocoristico, patronimico o indicazione di provenienza – palesemente non cognominizzato.

https://doi.org/10.1515/9783110652772-011

www.ingramcontent.com/pod-product-compliance
Lightning Source LLC
LaVergne TN
LVHW010857110826
845149LV00005B/1414

* 9 7 8 3 1 1 0 7 7 7 6 7 3 *